RUSSLAND

W0228188

Troppau

SCHLESIEN

Krakau
(1846 annektiert)

GALIZIEN

Lemberg

sburg

D O N A U

Tschernowitz

Debreczen

BUDAPEST

BUKOWINA
(BUCHENLAND)

Kgr. UNGARN

Klausenburg

SIEBENBÜRGEN

Temeschburg
(Temesvár)

Hermannstadt
Kronstadt

ONIEN

Esseg
(Osijek)

RUMÄNIEN

EN
esetzt,
nektiert)

Sarajewo

SERBIEN

BULGARIEN

Mostar
HERZEGOWINA

SANDSCHAK VON NOVIBASAR
(Besetzt von 1878 bis 1908)

MONTENEGRO

100 km

Alan Sked

Der Fall
des Hauses Habsburg

Alan Sked

Der Fall des Hauses Habsburg

Der unzeitige Tod
eines Kaiserreichs

Inhalt

Prolog:
Europa und die alten Reiche –
Das letzte Jahrhundert Habsburgs

Europa war um 1900 zutiefst monarchistisch gesinnt. In den Worten eines britischen Historikers:»Die Monarchie wurde Ende des 19. Jahrhunderts als ebenso gegeben hingenommen wie heute das allgemeine Stimmrecht.«[1] Neue Staaten erhielten neue Monarchen, wobei zum Beispiel Albanien, der letzte vor dem Ersten Weltkrieg geschaffene Staat in Europa, seinen Monarchen 1914 erhielt. Monarchen waren auch das Objekt großen populären Interesses: Die immer verbreitetere Populärpresse ermöglichte immer mehr Leuten, am Klatsch über Hofskandale und Intrigen teilzuhaben, und immer mehr Eisenbahnen bedeuteten immer häufigere Staatsbesuche.

Wahre Monarchisten waren überzeugt, daß alle Monarchen zusammenzuhalten hätten. Dazu hatte Metternich in der ersten Hälfte des 19. Jahrhunderts geraten und nach 1871 auch Bismarck. 1887 sagte er Wilhelm I., daß es»mehr als zu jeder anderen Zeit in der Geschichte im Interesse der großen Monarchien sei, den Krieg zu vermeiden«[2] Eine Niederlage, fügte er hinzu, würde ihre Ablösung durch demokratische Republiken bedeuten, und dies, so fürchtete er, würde das Schicksal Englands sein:»Wenn Gladstone einige Jahre länger am Ruder bleibt, könnte Ihre Majestät, die Königin, in eigener Person die Abschaffung der Monarchie in England erleben, wie schon die Abschaffung des Oberhauses heute niemanden merkwürdig berührt. Möge Gott unser Vaterland vor Ministern wie Gladstone schützen.«[3]

Bismarck war selbstverständlich kein Anhänger Gladstones. Ihm lag ganz anderes als die Abschaffung eines deutschen Oberhauses im Sinn, nämlich die Beschneidung der Macht des Reichstags mittels eines Staatsstreichs. Das deutsche Parlament war in seinen Augen ein Geschenk der deutschen Fürsten – und was sie gegeben hatten, konnten sie genauso selbstverständlich und legitim zurücknehmen. Doch wer dann ging, war er selber, als sich Kaiser Wilhelm II. entschloß,»den Lotsen von Bord zu schicken«.

Die»großen Monarchien«, auf die Bismarck angespielt hatte, waren Österreich-Ungarn, Rußland und Deutschland. Sie waren nicht bloße Monarchien, sondern Kaiserreiche. Zwar besaßen auch andere europäische Staaten Reiche in Übersee – das republikanische Frankreich hatte eins, Victoria war»Kaiserin von Indien«, und Spanien, Portugal

7

und die Türkei besaßen alle Reiche – doch nur die Herrscher dieser drei Staaten waren zugleich europäische Kaiser. Und das hatte etwas zu besagen. Denn sie waren Autokraten: Sie verdankten ihren Thron »Gottes Gnaden« und konnten ihre Premierminister und Kanzler beliebig ernennen und entlassen; ihnen unterstand die Auslands- und Sicherheitspolitik, und keiner verdankte seinen Thron einer Revolution oder Revolte.

Im Gegenteil, ein konstitutionelles Leben gab es in ihrem Herrschaftsbereich nur kraft ihres kaiserlichen Willens. So konnte Nikolaus II. die Duma entmachten, Franz Joseph die militärische Besetzung Ungarns anordnen und Wilhelm II. erklären: »Daß ich mich mit meinen Vorstellungen und Empfindungen den Winken meines Volkes unterordnen sollte, ist in der preußischen Geschichte ebenso unerhört wie in den Traditionen meines Hauses! Der Deutsche Kaiser, der König von Preußen, tut das, was seiner Meinung nach seinem Volk am besten frommt.«[4] Und 1891 sagte er dem Prinzen von Wales: »Ich bin der einzige, der in der deutschen Politik etwas zu sagen hat, und mein Volk muß mir folgen, wo immer ich hingehe.«[5] Keines dieser Völker glaubte auch nur im entferntesten, daß das eigene Reich konstitutionell regiert werden könnte.

Aber keiner dieser Herrscher machte eine sehr beeindruckende Figur. Nikolaus war beschränkt, Franz Joseph stumpf und Wilhelm übergeschnappt. Der große Nachteil der erblichen Monarchie besteht schließlich darin, daß sie so oft Leichtgewichte erzeugt, und während dieser speziellen Epoche scheint es um das kaiserliche Erbgut besonders schlecht bestellt gewesen zu sein.

Der Charakter Franz Josephs ist bekannt. Einem seiner Biographen zufolge war er »der unpersönlichste der modernen Souveräne… Sein Charakter wies eine Überheblichkeit, eine geheime Unverbindlichkeit auf, die sich der Analyse entziehen.«[6] Er fährt fort: »Man kann sagen, daß Franz Joseph in intellektueller Hinsicht nie wirklich zum Mann wurde. Das heißt natürlich nicht, daß ihm jegliche Fähigkeiten oder Kenntnisse abgingen, aber sie bezogen sich stets ausschließlich auf praktische Angelegenheiten, und für intellektuelle Tätigkeiten scheint keinerlei Zeit übriggeblieben zu sein. Literatur, Kunst, Musik waren für ihn ein versiegeltes Buch. Er bat nie Männer der Literatur zu sich, las keine Bücher. Seine Bemerkungen über Kunstausstellungen waren unsäglich banal, und er überließ es seinen Sekretären, die für die kaiserliche Sammlung erforderlichen Bilder zu kaufen – die er wahrscheinlich in die Bedienstetenschlafzimmer hing. Was seinen Geschmack anging, war er durch und durch Philister – ein Kleinbürger der Biedermeierzeit. Ohne auch nur einen Funken Phantasie oder Romantik gab es für ihn nur die praktische Regierungsarbeit, wobei ihn deren theoretischer Hintergrund nicht besonders interessierte, während ihm alle verdächtig vorkamen, bei denen dies der Fall war.«[7] Als er älter wurde, lehnte er den Fortschritt immer mehr ab: Er zog den modernen Transportmitteln die Pferde vor, dem Lift die Treppen und wollte mit Telephonen nichts zu schaffen haben.

Die Gemütsleere, die seinen Charakter ausmachte, stieß die ab, die ihm am nächsten hätten stehen sollen. Seine Frau, die schöne Kaiserin Elisabeth, verließ ihn und brachte die meiste Zeit im Ausland zu. Sie wurde 1898 ermordet, als sie am Genfer See einen Dampfer bestieg. Da war auch schon Erzherzog Rudolph tot, sein Sohn und Erbe, der 1889 mit einer ihm verfallenen Teenagerin, der Baronesse Marie Vetsera, im kaiserlichen Jagdschloß in Mayerling Selbstmord begangen hatte. Doch war dies kaum die romantische Tragödie, von der die Legende erzählt. Rudolph, eine sensible Natur, von seinen Eltern vernachlässigt und trotz seiner intellektuellen Talente und Ambitionen gezwungen, eine militärische Laufbahn einzuschlagen, war zu einem drogensüchtigen, ausschweifenden Syphilitiker degeneriert. Da ihm der Mut fehlte, allein zu sterben, hatte er ein beeindruckbares junges Mädchen zu einem Selbstmordpakt überredet, wobei er die Nacht zuvor mit einer Schauspielerin verbrachte.

1914 wurde der von Franz Joseph verabscheute Erzherzog Franz Ferdinand Thronerbe. Er hatte eine morganatische Ehe eingehen müssen, und seine politischen Ansichten waren derart extrem, daß man befürchtete, seine Thronbesteigung könne eine Revolte zumindest der magyarischen Untertanen auslösen. Man hat ihm sehr zutreffend einen Charakter von »durch nichts gemilderter Unausstehlichkeit« zugeschrieben.[8] Franz Joseph sah in seiner Ermordung von 1914 das Eingreifen der göttlichen Vorsehung.

Um die Angelegenheiten des Hauses Romanow war es kaum besser bestellt. Der neue Zar war ebenso höflich wie Franz Joseph und verfügte über ebenso gute Manieren. Doch war er so beschränkt wie stumpf und hatte kaum eine Ahnung von den Regierungsgeschäften. Sein Vater, der Zar Alexander III., hatte Richard Pipes zufolge »von ihm verächtlich als ›Mägdlein‹ gesprochen, mit einer knäbischen Persönlichkeit und Vorstellungswelt, völlig ungeeignet für die Pflichten, die ihn erwarteten«.[9] Nikolaus selber gestand ein: »Ich weiß nichts. Der selige Fürst hatte seinen Tod nicht vorausgesehen und mich in nichts eingeführt.«[10] Doch versprach er, das Prinzip der autokratischen Herrschaft fest und standhaft zu verteidigen, indem er jeden Gedanken an Liberalisierung weit von sich wies. Er betrachtete Rußland als Familieneigentum und hatte sich einmal beinahe dazu überreden lassen, über drei Millionen Rubel, die die Türkei als Teil eines Friedensvertrags gezahlt hatte, dem Fürsten von Montenegro zum Geschenk zu machen.

Ironischerweise hätte er einen ausgezeichneten konstitutionellen Monarchen abgegeben, da er am liebsten mit seiner Familie zusammen war und sich durch die Verantwortung der Macht sehr belastet fühlte. Doch leider war ihm seine Familie keine sehr große Hilfe, da er die »deutsche Frau«, Alexandra von Hessen, geheiratet hatte, die bald jedermann gegen sich aufbrachte. Hochmütig, kalt, mißtrauisch und abergläubisch entfremdete sie sowohl Freunde, Minister wie Höflinge. Als sie entdeckte, daß ihr 1904 geborener Sohn ein Bluter war, Opfer einer Krankheit, die sie selbst übertragen hatte, wandte sie sich Mystikern und Quacksalbern und schließlich Rasputin zu. Wenn Nikolaus den Part Ludwigs XVI. spielte, war die Rolle der Marie-Antoinette mit ihr nur allzugut besetzt.

Doch vom merkwürdigsten aller Kaiser, von Wilhelm II., wurde das kaiserliche Deutschland regiert. Eingebildet, großsprecherisch und möglicherweise geistig gestört, hatte er gravierende Persönlichkeitsprobleme. Überdies war sein linker Arm seit seiner Geburt verkrüppelt, was seinem Selbstverständnis als Ritter, der in schimmernder Wehr das neue Deutschland beschützte, wenig entsprach. Dann mochte er seine Eltern nicht. Seine Mutter war die herrschsüchtige, dominante und todernste älteste Tochter der Königin Victoria. Sie las tatsächlich »Das Kapital« und nahm angeblich das »Journal für Bergbauingenieurswesen« mit ins Bett.

Seinen Vater, Kaiser Friedrich III., der seine kurze, dreimonatige Regierungszeit in Agonie zubrachte, während er an Kehlkopfkrebs dahinsiechte, verachtete er wegen seines Liberalismus. Auch für seine englischen Verwandten hatte Wilhelm I. nicht viel übrig, einschließlich seiner Großmutter, der Königin Victoria.

John Röhl, der englisch-deutsche Historiker, hat eine ausgezeichnete Charakterskizze von Wilhelm II. veröffentlicht.[11] Darin wird er als unreif, eigensinnig, voller Haß – vor allem auf Schwarze, Juden, Arbeiter und Orientalen – geschildert, mit einer Neigung zum Sadismus, den er selbst königlichen Besuchern gegenüber auslebte. Auch sein Geschlechtsleben scheint recht eigenwillig gewesen zu sein. Vor seiner Heirat hatte er Umgang mit Prostituierten und zeugte mehrere illegitime Kinder. (Das tat auch Franz Joseph.) Doch nach seiner Eheschließung interessierte er sich eher für Männer. Graf Philipp zu Eulenburg, mit Bestimmtheit homosexuell und möglicherweise in ihn verliebt, war sein enger Freund.

Ob der Kaiser selber homosexuell war, weiß man nicht, aber er hatte eine entschiedene Schwäche für hochgewachsene junge Wachsoldaten, die einzige Eigenschaft, die er, Röhl zufolge, mit Friedrich dem Großen teilte. Wilhelms Geschmack wurde aktenkundig, als der Chef seines Militärkabinetts in seiner Gegenwart an einer Herzattacke starb – vor ihm tanzend, angetan mit einem großen Federhut und Ballerinen-Tutu. Eulenburg gegenüber beschrieb der Kaiser Potsdam als sein »Eldorado«, wo er sich bei seinen Soldaten, diesen »netten, freundlichen jungen Männern« seiner Regimenter wohl fühlte. Kein Wunder, daß Röhl die Kriterien für militärische Beförderungen hinterfragt. Doch entscheidend war die Frage, wie es um Wilhelms geistige Gesundheit stand. Er litt nicht nur an seinem verkrüppelten Arm, sondern angeblich auch an Gehirntumoren und Gehirnausflüssen, wenigstens in dem seinem Ohr am nächsten gelegenen Hirnteil. Dies führte zu Anfällen, Hysterie, kleineren Nervenzusammenbrüchen und Halluzinationen. Leute, die Bescheid wußten – zum Beispiel Bismarck, Lord Salisbury, Sir Edward Grey, Bülow und Hohenlohe – beschrieben ihn immer wieder als geistig nicht normal, und um 1897 wurden bei Hofe zahlreiche Gerüchte über eine bevorstehende Einweisung laut. Ob dies die deutsche Politik geändert hätte, läßt sich nur schwer ermessen, denn unglücklicherweise war der Kronprinz in allen Dingen derselben Meinung wie sein Vater, was übrigens auch auf die meisten Militärs und Industriellen zutraf. Die monarchische Regierung forderte daher einen hohen Zoll, nicht nur in finanzieller Hinsicht.

Zur Schwerfälligkeit des Staatswesens trug auch das Hofzeremoniell bei. In Wien hatte die strenge spanische Etikette Geltung, und (abgesehen von Offizieren) niemand war hoffähig, der nicht seine sechzehn Viertelungen aufzuweisen hatte. Auch in Rußland »wurde ungeheures Gewicht auf das Dekorum und die Beachtung ritualistischer Formen« gelegt[12], während in Deutschland, um Röhl noch einmal zu zitieren, der Kaiser über »eine monströse Spätblüte der Hofkultur präsidierte: auf der einen Seite ein königliches Hofwesen, das von Oberkammerdienern, Marschällen und Jagdaufsehern verschiedener Abstufungen zu Kutschern, Gärtnern, Köchen und Dienern reichte und den Staat mehr kostete als die gesamten Ausgaben für den Kanzler und sein Büro, das Außenministerium einschließlich der diplomatischen und konsularischen Dienste, das Kolonialministerium und das ganze Rechtssystem zusammen; und anderseits eine darum kreisende Gesellschaft, die in 62 Rangabstufungen unterteilt und vom strengsten Protokoll bestimmt war, das so weit ging, den zum Hofball erscheinenden Herren die Farbe ihrer Unterwäsche vorzuschreiben«.[13]

Der Zweck einer solchen Selbstdarstellung, ob nun in Wien, Berlin oder St. Petersburg, ob bei Hofe, bei Militärparaden, Einweihungen oder anderen Zeremonien, bestand darin, das Charisma der Monarchie zu stärken. Und es klappte: Den Mitgliedern der kaiserlichen Familie wurde mit der größten Hochachtung begegnet. Die Untertanen respektierten ihre Oberen und hofften, für ihr eigenes respektvolles Benehmen eines Tages mit einem Adelstitel oder einer Rangerhöhung belohnt zu werden. Würdenträger aller Volksschichten – Vertreter von Industrie, Kirchen, Universitäten – erwarteten ihre Anweisungen vom Kaiser. Friedrich Meinecke, der Historiker, forderte etwa als junger Mann an der Freiburger Universität 1913 »einen Führer, für den wir durchs Feuer gehen können«.

Doch angesichts des Abgrunds, der zwischen Wirklichkeit und Anspruch klaffte, wie stand es tatsächlich um die Lebensfähigkeit der europäischen Reiche vor 1914, abgesehen vom Charakter ihrer Herrscher? Wie weit waren ihre Reiche modernisiert worden? Mußten sie in der extremen Prüfung des Krieges zwangsläufig versagen? Was die Schattenseiten betrifft, ist es mit dem Hinweis auf die Charaktere und die Macht der kaiserlichen Autokraten nicht getan, man muß auch auf die tatsächlichen Repressionen hinweisen, die unter ihrer Herrschaft ausgeübt wurden. Preußen zum Beispiel – der größte Staat in einem Deutschland, das praktisch von ihm annektiert worden war – wurde als »ein streng regierter Klassenstaat, mit einer aggressiven Außenpolitik und einer großenteils selbstherrlichen Regierung« beschrieben. »Ein Staat, dessen Ideologie schlicht die eigene Macht war; dessen Herrscher hauptsächlich eitlen Luftschlössern nachzuhängen schienen.«[14]

Rußland wurde in der gleichen Periode als ein »extrem reaktionärer und repressiver Staat«[15] bezeichnet. Und das trifft zweifellos zu. Unter Alexander III. von Rußland wurden über zwanzig Personen per Dekret hingerichtet, und weit über 2000 Dissidenten erhielten Gefängnisstrafen oder wurden verbannt. Unter Nikolaus II. wurde in Finnland nach nationalistischen Unruhen ein diktatorisches Regime unter Nikolaus Bobrikow eingesetzt, der dort seit 1898 Generalgouverneur war und 1904 einem Anschlag zum Opfer fiel. Und 1905 brach in Rußland selber eine Revolution aus, die brutal niedergeschlagen werden mußte. »Alles in allem geht man davon aus, daß das Regime bis zum April 1906 15 000 Leute umgebracht und weitere 70 000 verhaftet hat.«[16] Weitere 4000 wurden zwischen 1906 und 1908 summarisch zum Tode verurteilt. »In Polen kamen allein zwischen Februar 1905 und Juni 1907 über 40 000 Leute in die Gefängnisse von Warschau, wobei 258 zum Tode verurteilt wurden.«[17]

Die große konstitutionelle Errungenschaft der Revolution – die Schaffung einer Duma – wurde 1907 ebenfalls unterhöhlt, als Stolypin, durch einen Staatsstreich wie er im Buche steht, in Übertretung eines der fundamentalen Reichsgesetze die Wahlgesetze derartig umformulierte, daß eine von der Regierung kontrollierbare Duma zustande kam. Der finnische Landtag wurde Jahr für Jahr aufgelöst, der meisten seiner gesetzgeberischen Kompetenzen beraubt, die nationalistischen Finnen wurden ins Gefängnis geworfen, aus Ämtern gedrängt und ins Exil geschickt. Nach 1911 wurde die Lage etwas entspannter, und 1913, zur Feier der dreihundertjährigen Herrschaft der Romanow-Dynastie, wurde »literarisch-politischen« Übeltätern eine Amnestie gewährt. Doch das Massaker von 1912 in der Goldmine von Lena (200 Tote und etwa gleichviel Verwundete, als Truppen auf streikende Minenarbeiter schossen) führte zu einer gewaltigen Streikwelle, die 1914 noch nicht abgeebbt war.

Was Deutschland betraf, so hatte es unter Bismarck sowohl den Kulturkampf wie die Sozialistengesetze erlebt. Ersterer hatte 1876 zum Exil oder zur Verhaftung aller preußischen Bischöfe und von 1800 Priestern geführt. Die Sozialistengesetze führten zwischen 1878 und 1890 zum Verbot der SPD und trieben die Partei in den Untergrund. »Im gleichen Zeitraum wurden etwa 1500 Sozialisten zu insgesamt 1600 Jahren Gefängnis verurteilt, 900 Menschen (einschließlich vieler Familienväter) aus ihren Häusern vertrieben, 352 politische Verbindungen aufgelöst und 1299 verschiedene Publikationen, einschließlich 104 Zeitungen und Zeitschriften, verboten.«[18] Doch es ist bekannt, daß in beiden Fällen die Politik ganz gegenteilige Auswirkungen hatte, und 1912 war die SPD im Reichstag die größte Partei.

1890 wurden die Sozialistengesetze und die antikatholischen Erlasse zurückgenommen. Aber der Staat ging nach wie vor gegen Sozialisten vor, die auch weiterhin unter der Kontrolle der Behörden arbeiten mußten und immer wieder verhaftet wurden. Darüber hinaus waren in vielen Einzelstaaten des kaiserlichen Deutschlands äußerst restriktive Wahlgesetze in Kraft, die sicherstellen sollten, daß die Sozialisten örtlich möglichst wenig Einfluß bekamen. Das war etwa in Preußen, Hessen, Braunschweig, Hamburg und Lübeck der Fall. In Sachsen konnte sich nach 1896 nur ein einziger sozialistischer Abgeordneter in den sächsischen Landtag wählen lassen. Die Mecklenburger bemühten sich gar nicht erst, Wahlen abzuhalten, sondern blieben beim alten Ständesystem.

Auch in dem polnischen Teil Preußens und in Elsaß-Lothringen war die Unterdrückung unübersehbar. 1866 wurden 30 000 Polen summarisch ausgewiesen und 100 000 Mark beiseite gelegt, um den Polen Land abzukaufen, auf dem man Deutsche ansiedeln konnte. 1887 wurde in den Schulen Polnisch als Lehrfach abgeschafft. Dies führte 1906 zu einem einjährigen Schulstreik der polnischen Schulkinder in Poznan, die nicht bereit waren, einen deutschsprachigen Religionsunterricht zu besuchen.

In Elsaß-Lothringen wurde erst 1911 eine verfassungsmäßige Regierung eingesetzt. Noch 1913 nahmen Militärbeamte in der Stadt Zabern (Saverne) 28 Zivilisten ungesetzlich fest und hielten sie in Haft. Die betreffenden Offiziere wurden vor Gericht gestellt und freigesprochen, und die Regierung stellte sich hinter sie. Trotz eines Mißtrauensvotums durch den Reichstag hielt es der Kaiser für geboten, dem hauptbeteiligten Offizier einen Orden zu verleihen. Der Zwischenfall bei Zabern wurde daher fast überall im In- und Ausland als beispielhaft für die undemokratische Sonderrolle angesehen, die die deutsche Armee im Staat innehatte. Allein schon der Stellung seiner Armee wegen galt Deutschland in den Augen vieler Zeitgenossen nicht als normales Land.

In der Habsburger Monarchie sorgten die Magyaren durch entsprechende Einschränkungen und Festlegung der Wahlbezirke dafür, daß die »Nationalitäten« (Kroaten, Slowaken, Rumänen) bei den ungarischen Wahlen mehr oder weniger vom Budapester Parlament ferngehalten wurden. In ihren Heimatländern waren sie einer Politik der rücksichtslosen Ungarisierung ausgesetzt. Diskriminiert wurden auch Sozialisten und andere oppositionelle Gruppen. Innerhalb Österreichs (oder genauer Zisleithaniens) waren die Nationalitätenstreitigkeiten (vor allem die zwischen Tschechen und Deutschen) derart akut geworden, daß man 1914 den Reichsrat und alle Provinzlandtage auflöste.

Doch gibt es beinahe keine Hinweise dafür, daß die Monarchie lebensunfähig war, das heißt, daß eine Mehrheit oder selbst eine bedeutende Minderheit ihrer Bürger ihre Abschaffung gewünscht hätte. Dasselbe gilt fast mit Sicherheit auch vom kaiserlichen Deutschland und dem zaristischen Rußland.

Warum das speziell in der Habsburger Monarchie so war, wird in diesem Buch erörtert werden. Doch ist es der Mühe wert, auf allgemeine Faktoren hinzuweisen, die auch für die beiden anderen Monarchien Gültigkeit haben. Zunächst waren diese Reiche – ebenso wie alle anderen europäischen Staaten der Zeit – politisch in einem Übergangsstadium begriffen. Auch im übrigen Europa gab es sehr oft gewaltige politische Auseinandersetzungen über Wahlrechtsreform und Gewerkschaftsrechte, und vielerorts fürchtete man sich vor eventuellen Militärputschs. Es gab *causes célèbres*, in denen es um Justizirrtümer und Antisemitismus (beim Fall Dreyfus in Frankreich gleich um beides) und um die Unterdrückung nationaler Minderheiten ging. Das Italien der Jahrhundertwende schien reif für einen Militärputsch; Großbritannien sah sich im Zusammenhang mit dem irischen Problem Unruhen, wenn nicht einem Bürgerkrieg gegenüber (zudem gravierende Probleme mit den Suffragetten und Gewerkschaften); während Frankreich, im Gefolge der Dreyfus-Affäre, fast einen eigenen Kulturkampf durchführte, ganz abgesehen von den harten industriellen Auseinandersetzungen mit streikenden Arbeitern.

Ebensowenig sollte vergessen werden, daß während der Pariser Commune von 1871, die auf gewisse Weise der russischen Revolution von 1905 entsprach, etwa 900 Soldaten und über 25 000 Pariser getötet wurden, die meisten davon kaltblütig hingeschlachtet. Danach wurden zwischen 40 000 und 50 000 Menschen festgenommen, wobei Tausende langjährige Haftstrafen erhielten und Tausende mehr in die Hölle von Neukaledonien deportiert wurden.[19] Schlimmer haben sich die russischen Behörden um 1905 auch nicht aufgeführt.

Tatsächlich ist es der Mühe wert, die gegen Rußland und Deutschland erhobenen Vorwürfe etwas genauer zu untersuchen. Manfred Rauh zum Beispiel besteht darauf, daß das wilhelminische Deutsch-

14

land in jeder Hinsicht ein verfassungsmäßiger Staat war:»Über diesen deutschen Staat des Kaiserreiches sind nun heute allerlei merkwürdige Vorstellungen im Umlauf. Der eine nennt das Reich ›ein halbkonstitutionelles System mit parteienstaatlichem Zusatz‹ (W. J. Mommsen), der andere spricht gar von einem ›autokratischen, halbabsolutistischen Scheinkonstitutionalismus‹ und für die Bismarckzeit von einem ›bonapartistischen Diktatorialregime‹ (Wehler), und ein dritter wiederum möchte die Verfassungswirklichkeit des Reiches zwischen dem Parlamentarismus und einem in der wissenschaftlichen Regierungslehre bislang ungebräuchlichen ›politischen Herrschaftsbegriff‹ namens ›Caesarismus‹ ansiedeln (Stürmer). Mit einer exakten staatsrechtlichen Begrifflichkeit sind alle diese volltönenden Kennzeichnungen unvereinbar. Sofern das Wort ›konstitutionell‹ überhaupt einen allgemein gültigen Sinn hat, bedeutet es ungefähr soviel [wie] ›Herrschaft des Rechts‹, ›Rechtsstaatlichkeit‹, die in modernen Staaten üblicherweise (anders freilich in England) durch eine geschriebene Verfassung erreicht werden soll. Dieses Ideal des Rechts- und Verfassungsstaates war im Deutschen Reich sehr wohl verwirklicht, grundsätzlich waren dieselben Merkmale des Rechtsstaates in Geltung, die etwa auch in [der] Bundesrepublik verbindlich sind.«[20]

Diese Merkmale definiert Rauh als: 1. Gewaltentrennung, 2. Gewähr persönlicher Grundrechte (die unter dem Kaiserreich in den einzelstaatlichen Verfassungen niedergelegt waren), 3. ein formeller Gesetzesbegriff, 4. die Gesetzmäßigkeit der Vollziehung, 5. die Meßbarkeit der staatlichen Machtäußerung (z.B. Grundsatz der Verhältnismäßigkeit der Mittel), 6. justizförmiger Rechtsschutz, 7. Verbot rückwirkender Strafgesetze.[21] Diese Definition erscheint stichhaltig, sofern man nicht vergißt, daß dort, wo es um Sozialisten und andere oppositionelle Gruppierungen ging, die Theorie manchmal anders aussah als die Praxis.

Das kaiserliche Rußland, noch fünfzig Jahre zuvor eine Gesellschaft, in der Leibeigene das persönliche Eigentum ihrer Herren gewesen waren, hatte, erstaunlich genug, ebenfalls große Anstrengungen unternommen, um zu einem Rechtsstaat zu werden. Die dortige Polizei besaß offensichtlich einen schlechten Ruf, genau wie in Metternichs Österreich. Aber ebenso wie in Metternichs Österreich hatte ihr übler Ruf wenig mit der Wirklichkeit zu tun. Das traf selbst unter Nikolaus I. zu,»dem Gendarmen Europas«, dessen 1826 gegründete »Dritte Abteilung der kaiserlichen Kanzlei«, die politische Polizei, vermeintlich brutal und dumm, in Wirklichkeit wohl eher »mit Männern besetzt war, die zweifellos wohlmeinend waren. Sie versuchten Leibeigene sowohl vor ihren Gutsbesitzern wie vor den örtlichen Beamten zu beschützen, drängten auf Verbesserungen in der Lage der Industriearbeiter und auf die Abschaffung von brutalen Strafen in der Armee und zeigten einiges

15

Verständnis für die dringende Notwendigkeit einer wirtschaftlichen Entwicklung Rußlands.«[22] Die Sicherheitspolizei in Moskau bestand aus sechs Beamten, die für die ganze Provinz über ein eher geringes Budget verfügten, und in den Worten Norman Stones »hatte sie selbst 1900 nicht besonders zugenommen; tatsächlich gab es fast keine politischen Gefangenen. Die riesige Provinz von Penza [Pensa] hatte drei politische Offiziere und einundzwanzig Polizisten, wobei in den Jahren nach 1880 einige dazukamen.«[23] Stone fährt fort: »Die Zensoren, die von den 93 565 261 Arbeiten, die sie gelesen hatten, überfordert worden waren, ließen Marx' ›Kapital‹ anstandslos passieren, ohne den Inhalt zu beachten, während sie sich die Zeit nahmen, Tolstois ›Kreuzersonate‹ zu lesen und zu verbieten.«[24] Richard Pipes schließt sich dem an: »Die der politischen Polizei verliehene Machtfülle stand in keinem Verhältnis zu den erzielten Ergebnissen. Wir haben einige der Statistiken über politische Vergehen gesehen: die geringe Anzahl von Leuten unter Beobachtung oder im Exil und der kaum ins Gewicht fallende Anteil der von der Zensur verbotenen Bücher. In den zehn Jahren nach 1880 wurden nur siebzehn Leute für politische Vergehen hingerichtet, alles Menschen, die einen Mord oder einen Mordversuch begangen hatten.«[25]

Pipes nennt drei weitere Faktoren, derentwegen es ungerechtfertigt wäre, Rußland als Polizeistaat zu bezeichnen: erstens der Respekt vor dem Privateigentum, zweitens das Recht, ins Ausland zu fahren und drittens die Furcht, für »asiatisch« gehalten zu werden.[26] Ersterem hatte es zum Beispiel Alexander Herzen zu verdanken, daß er von seinen Renten leben konnte, während er im Ausland subversive Schriften publizierte. Und Lenins Mutter bezog weiterhin ihre Staatspension, obwohl einer ihrer Söhne wegen eines Attentatsversuchs auf den Zaren hingerichtet worden war und zwei weitere Kinder wegen revolutionärer Aktivitäten im Gefängnis saßen. Privatpersonen oder Institutionen wie die Zemstva (die von Alexander II. in den Provinzen geschaffenen örtlichen Regierungsorgane) konnten ebenfalls politische Dissidenten einstellen.

Was Reisen ins Ausland betraf, reisten Russen oft nach Westeuropa und blieben einige Zeit dort. 1900 zum Beispiel verbrachten 200 000 Russen durchschnittlich 80 Tage im Ausland. Dazu kam noch, daß es der russischen Elite vor der Vorstellung graute, man könne sie als »asiatisch« oder unzivilisiert verspotten. Auch deshalb wies man Grausamkeit oder alles, was an orientalischen Despotismus hätte erinnern können, weit von sich. So war das Exil eine relativ zivile Einrichtung (Lenin wurde normalerweise als »geehrter Herr« angesprochen; zwischen 22 und 86 Prozent der Betroffenen wurden als »abwesend ohne Urlaub« geführt, das heißt, sie waren entkommen), und nur selten kam es zu Folterungen. Die letzte Kaiserin, Alexandra, warf einem Großherzog, der sich an Rasputins Ermordung beteiligt hatte, vor:»Keiner hat das Recht, zu morden.«

Ein Kenner der russischen Geschichte hat aus all dem den Schluß gezogen, daß sich im Rußland der Jahrhundertwende tatsächlich ein funktionierendes Rechtssystem entwickelt hatte:»Gerichtshöfe mit auf Lebenszeit ernannten Richtern führten öffentliche Geschworenengerichtsverfahren auf einer gesetzlichen Grundlage durch, die den Angeklagten die Möglichkeit zur Appellation an höhere Instanzen und gesicherte Verfahrensrechte bot. Richter hoben oft Befehle und Handlungen der Exekutiv-Administration auf, weil sie illegal waren, und die Administratoren mußten sich im allgemeinen an die Entscheidungen der Richter halten. Gesetzestreuen Bürgern boten die gesetzlichen Bestimmungen eine Grundlage, die es ihnen ermöglichte, das Verhalten ihrer Mitbürger vorauszusagen und sich auf die eigenen Voraussagen zu verlassen.«[27] Weiter heißt es:»Die meisten zeitgenössischen Beobachter hielten das russische Rechtssystem dem der anderen europäischen Systeme für ebenbürtig.«[28]

Das System wurde mit der Zeit immer mehr ausgebaut und erfaßte dem Rechtshistoriker Richard Wortman zufolge in den Dekaden nach der Herrschaft Alexanders II. auch die westliche Ukraine, die baltischen Provinzen, Sibirien und den Kaukasus.»Die Zahl der an den neuen Gerichtshöfen angestellten Beamten wuchs zwischen 1870 und 1900 um das Dreifache an und nahm in den ersten Jahren des 20. Jahrhunderts weiter zu. Auch das Budget das Ministeriums nahm zu und stieg von 1869 bis 1894 um das Dreifache, wobei es sich bis 1914 wiederum verdoppelte.«[29] Schließlich sollte man auch festhalten, daß die russische Regierung eine weit modernere Bürokratie war, als allgemein angenommen wird, das heißt, daß sie nicht einfach nur das tat, was man bei Hofe von ihr erwartete:»1905 waren die ministeriellen Organisationen erkennbare Einheiten. Sie hatten ziemlich klare Verantwortlichkeiten, die sie entweder erfüllten oder nicht, und es war relativ schwer, durch bloße Rhetorik oder einflußreiche Freunde Scheinerfolge zu präsentieren oder Mißerfolge zu kaschieren.«[30]

So nahm auch Rußland um 1914 immer mehr den Status eines Rechtsstaats an. Anders als Deutschland oder Österreich-Ungarn hatte es dieses Ziel infolge einer Anzahl von weiterbestehenden Hindernissen allerdings noch nicht ganz erreicht. Am meisten fiel dabei ins Gewicht, daß sich das Rechtssystem auf dem Land nicht durchsetzen konnte, aber auch, daß viele Richterstellen von Adligen besetzt waren und zahlreiche Schriftsteller und andere einflußreiche Persönlichkeiten des Landes die traditionelle russische Überzeugung vertraten, daß jegliche Gesetzlichkeit sich aus dem Willen des Zaren herleitete. Dennoch kann man sich nur schwer der Schlußfolgerung verschließen, daß Rußland vor 1914 auf juristischem Gebiet beträchtliche Fortschritte gemacht hatte und sein Ruf als reaktionärer Polizeistaat möglicherweise unbegründet war.

Kehren wir kurz ins kaiserliche Deutschland zurück. Wie das Rußland von Nikolaus II. oft als Polizeistaat angesehen wird, so gilt das Deutschland von Wilhelm II. häufig als Militärstaat. Doch auch hier besteht Revisionsbedarf, sofern man die Dinge aus einer umfassenderen Perspektive betrachtet.

Zwar trifft es durchaus zu, daß die Armee nicht der parlamentarischen Kontrolle unterstand. Artikel 63 der Verfassung zufolge war es Sache des Kaisers, über ihre Friedensstärke, Struktur und Aufstellung zu entscheiden. Für alle Personalentscheidungen war das Militärkabinett zuständig, und das »Immediat-System« ermöglichte den Militärkommandanten direkten Zugang zum Kaiser und seinem Stab. Zwischen 1871 und 1883 war die Macht des Kriegsministers verringert und die des Militärkabinetts und des Generalstabs vergrößert worden, wodurch sie zu unabhängigen, direkt dem Kaiser unterstehenden Stellen wurden. Graf Waldersee hatte sogar versucht, für den Generalstabschef eine dem Reichskanzler vergleichbare Machtstellung durchzusetzen, aber die Bemühungen, mit Hilfe der Militärattachés eine unabhängige Außenpolitik zu gestalten, mißlangen. Und doch wurde die deutsche Außenpolitik in erheblichem Maße durch den Schlieffenplan beschränkt.

All dies war größtenteils um 1890 vom Reichstag angenommen worden, und die alten liberalen Forderungen nach jährlichen Militärbudgets und voller Verantwortlichkeit des Kanzlers wurden fallengelassen. Statt dessen richtete sich die Kritik, wie Geoff Eley gezeigt hat, auf Sachpunkte wie die getrennte Militärgerichtsbarkeit, das Duellwesen, Brutalität, Antisemitismus und Diskriminierung im Offizierskorps.[31] Zu dieser Zeit ging es vor allem um die Professionalität und die Effizienz des Offizierskorps, und im Vordergrund der Debatte stand vor allem die Notwendigkeit einer Modernisierung der Armee, nicht ihre Liberalisierung.

Im Zeitalter der wachsenden internationalen Spannungen empfand man die Fähigkeit, Kriege zu gewinnen, als das für die Armee entscheidende Kriterium; weswegen die herkömmliche Kritik verstummte. Kurz vor der Jahrhundertwende unterstützte die Zentrumspartei die Militärausgaben, und selbst die SPD gestand die Notwendigkeit einer Nationalverteidigung zu. Sie pflegte ohnehin vor allem die soziale Rolle der Streitkräfte (»Junker in Uniform« etc.) zu kritisieren, auch wenn sie 1914 stolz behauptete, daß ein Drittel der Truppen Sozialdemokraten seien, und den Kriegskrediten im Reichstag zustimmte.

Jedenfalls war die damalige deutsche Armee, wie Eley deutlich macht, schon lange nicht mehr die Erbin Friedrichs des Großen.[32] 1911 bestand sie aus 800 000 Mann und konnte daher nur dank einer umfangreichen Bürokratie funktionieren, für die Moltkes Generalstab Pionierarbeit geleistet hatte. Auf dieser modernen Bürokratie und auf den Eisenbahnen, Sprengstoffen, Gewehren, Telegrafen und der schweren Artillerie beruhte Deutschlands Macht – nicht auf irgendeiner Militärtradition. Und in dieser Hinsicht wenigstens unterschied sich die deutsche Armee nicht im geringsten von den Armeen der anderen europäischen Mächte.

Außerdem war das Offizierskorps von 1914 nicht länger ausschließlich adliger Herkunft. 1867 setzte es sich zu ziemlich gleichen Teilen aus Adel und Bürgertum zusammen. 1913 entstammten sogar schon 70 Prozent der Offiziere dem Bürgertum. Nur die Garderegimenter waren exklusiv aristokratisch. 1913 waren 50 Prozent des Generalstabs bürgerlich, und zwischen 1890 und 1912 stieg der Prozentsatz der Offiziere mit Abitur von 35 Prozent auf 65 Prozent. Schließlich waren zwischen 1888 und 1913 nur 10 Prozent der in die Kriegsakademie Eintretenden Kinder von Gutsbesitzern, 35 Prozent dagegen stammten aus Beamtenfamilien, und 15 Prozent ihrer Familien hatten mit Industrie und Handel zu tun[33].

Andererseits herrschte natürlich nach wie vor ein aristokratisches Ethos, und dies wurde in den soldatischen Gepflogenheiten und Bestimmungen deutlich. Auch die Gesellschaft pflegte strammzustehen, wie die Abenteuer von Wilhelm Voigt im Köpenick von 1906 zeigen. Doch mit der sozialen Homogenität war es vorbei (wie übrigens auch in der habsburgischen Armee). Und ein weiterer Hinweis auf die Veränderungen in der Armee war die Reform der Militärgerichtsbarkeit, die um 1890 stattfand, eine Reform, gegen die man sowohl in Österreich wie in Frankreich hartnäckig Widerstand leistete.

Manchmal wird behauptet, die steigenden Militärausgaben und der zunehmende Einfluß des Militärs vor 1914 seien ein spezifisch deutsches Phänomen gewesen. Doch läßt sich das nur schwer nachvollziehen. Die Militärausgaben stiegen überall an. In Großbritannien zum Beispiel stiegen die Marineausgaben zwischen 1870 und 1911 um das Vierfache, während sich die Heeresausgaben verdoppelten. Natürlich waren auch Frankreich und Rußland am Wettrüsten beteiligt. Und obwohl Deutschland 1914 in absoluten Zahlen mehr Geld für Waffen ausgab als jede andere Macht (was 1900 oder selbst 1910 noch nicht der Fall gewesen war), betrugen diese Ausgaben nur 4,6 Prozent des Nationaleinkommens, während dieser Faktor in Großbritannien, Frankreich und Österreich-Ungarn bei 3,4, 6,3, 4,8 und 6,1 Prozent lag.[34]

Auch Deutschlands militärisches Führungspersonal hatte anderswo sein Gegenstück. Ein amerikanischer Historiker fragt:»War Tirpitz wirklich soviel schlimmer als Jackie Fisher? Waren Henry Wilson, Ferdinand Foch oder V. A. Sukhomlinov wirklich tugendhafter als Ludendorff?«[35] Wenn man die Frage ernsthaft bedenkt, fällt es schwer, sie zu bejahen. Der amerikanische Historiker Dennis E. Showalter hat darauf hingewiesen, daß die Rolle der deutschen Armee in dieser Zeit in mancher Hinsicht durchaus positiv war[36]. Sie integrierte den einzelnen wie die Teilregionen in das neue Reich und hielt die positiven Erinnerungen an die Befreiungskriege wach; ihre Garnisonen und Manöver trugen zur wirtschaftlichen Stärkung mittelgroßer Städte und Dörfer bei, und sie bot dem Talentierten eine Karrieremöglichkeit (daher das Prestige des Reserveoffiziers). In sozialpsychologischer Hinsicht diente sie als männliches Initiationsritual, während sie vielen ärmeren Deutschen einen besseren Lebensstandard bot, was durchaus ins Gewicht fiel. Laut Showalter war die kaiserliche deutsche Armee»durchaus mehr als ein Haufen zusammengetriebener, finsterer Rekruten, die darauf warteten, wieder entlassen zu werden...Nicht wenige Soldaten empfanden ihre soldatische Existenz als Verbesserung ihres Zivildaseins.«[37] Er faßt zusammen:»Die kaiserliche deutsche Armee zwischen 1871 und 1914 war ein effizientes militärisches Instrument, das bedeutend zur positiven strukturellen Integration des Reiches beigetragen hat. Das macht sie noch lange nicht zum vorbildlichen Lehrinstitut oder zur vorbildlichen Sozialinstitution...Doch in einem Staat, dessen zentripetale Kräfte und Institutionen großenteils neu waren und kaum reibungsfrei arbeiteten, besaß man zumindest eine gut funktionierende Armee.«[38] Kurz, vor 1914 hatten die Deutschen einige Ursachen, auf ihre Streitkräfte stolz zu sein.

Soviel zum russischen Polizei- und zum deutschen Militärstaat. Bleiben wir bei den positiven Aspekten, mit denen wir unsere Betrachtung der deutschen Armee abgeschlossen haben, indem wir uns den offensichtlich positiven Faktoren zuwenden, die alle europäischen Reiche vor 1914 charakterisierten: ihrem Wirtschaftswachstum und ihrer intellektuellen Vitalität.

Die Wirtschaftsgeschichte des Habsburger-Reichs wird in den folgenden Kapiteln ausführlich behandelt werden. Hier möchte ich mich auf den Hinweis beschränken, daß die jüngsten Untersuchungen ein ziemlich stetiges Wirtschaftswachstum in der Monarchie von 1830 bis zum Ersten Weltkrieg aufzeigen. Es gab ein paar Rückschläge, meist aufgrund von Kriegen, aber wir haben es mit einer konstanten Wachstumsrate auf respektablem Niveau zu tun.

Das kaiserliche Deutschland erfuhr in der Wilhelminischen Epoche rasante wirtschaftliche und soziale Veränderungen. Zwischen 1870 und 1913 steigerte sich die Produktivkraft Deutschlands um das Achtfache, während diejenige Großbritanniens sich bloß verdoppelte und die Frankreichs sich verdreifachte. 1883 hatte die deutsche Stahlproduktion die Großbritanniens überholt; 1910 traf dies auch für die deutschen Eisen- und Stahlexporte zu.

In den neueren Industrien, insbesondere was die Produktion von

Die Städte Europas, die im letzten Jahrhundert der Kriege und Revolution ihr Aussehen wenig verändert hatten, wenn sie auch ständig gewachsen waren, nahmen in den letzten Jahrzehnten des 19. Jahrhunderts ein radikal neues Gesicht an. Zwar wurden wenig Schlösser und Dome gebaut; aber überall entstanden Theater- und Operngebäude, Verkehrspaläste und Museen. 1877 wurde das Wiener Parlament an der Ringstraße gebaut, die an der Stelle der alten Befestigungsanlagen errichtet wurde. Noch dachte man im Reich der Künste nicht in nationalen Kategorien; wie in St. Petersburg italienische Baumeister die wichtigsten Paläste errichtet hatten, so erhielt jetzt der dänische Architekt Theophiel Hansen den Auftrag zum Wiener Parlamentsbau, der deutlich von Hansens jahrelangem Aufenthalt in Athen inspiriert war.

chemischen, elektrischen und optischen Erzeugnissen anging, hatte Deutschland nicht nur eine europäische, sondern eine globale Vorrangstellung erreicht. Um die Jahrhundertwende produzierte Deutschland mehr als 90 Prozent aller in der Welt eingesetzten Farbstoffe, mehr als ein Drittel aller in der Welt produzierten Elektrizität und exportierte mehr Elektroprodukte als England und die Vereinigten Staaten zusammen. Das Wachstum dieser Industrien hing mit der hervorragenden technischen Ausbildung zusammen, die man in Deutschland erhielt, und der damals einmaligen Fähigkeit des Landes, diese Forschungsergebnisse auch praktisch umzusetzen. Dr. Bayer etwa, ein Chemiker aus München, entdeckte 1897 einen Prozeß zur Herstellung künstlichen Indigos. Einige Jahre vor dieser Entdeckung hatte Deutschland pro Jahr pflanzliches Indigo im Wert von mehr als 20 000 000 Mark importiert; wenige Jahre später exportierte es mehr als das Dreifache des Kunstprodukts.

Doch das war nur die eine Seite. Die wachsende Nachfrage nach Industriearbeitern und die Unfähigkeit der Landwirtschaft, die immer größere Bevölkerung zu absorbieren, führte zu radikalen demographischen Veränderungen. Zwischen 1882 und 1907 nahm die Bevölkerung der Städte um 8 500 000 zu, während die Zahl der ländlichen Bewohner um 400 000 abnahm. Tausende von Bauern zogen Jahr für Jahr al-

21

lein nach Berlin. 1890 hatte die Hauptstadt 1 579 794 Einwohner; 1913 bereits 2 000 000 – das heißt, jeder fünfzehnte Deutsche wohnte in Berlin. 1890 wiesen 26 Städte mehr als 100 000 Einwohner auf; 1910 waren es 48 (das einzig vergleichbare Gebiet, in dem eine so intensive Urbanisierung stattfand, war der Mittlere Westen der USA).

Die Abwanderung in die Städte wurde selbst zum Wirtschaftsfaktor. Die Bauindustrie befand sich in einem Dauerboom. Industrialisierung und Urbanisierung gingen Hand in Hand. 1914 arbeiteten etwa 6,8 Millionen Deutsche in der Industrie und stellten mit ihren Familien zwischen 30 und 40 Prozent der Bevölkerung.

Der wirtschaftliche Aufschwung war teilweise die Ursache, teilweise auch die Folge der immer geringer werdenden Zahl der deutschen Auswanderer. Im 19. Jahrhundert hatte nur noch Irland eine solche Bevölkerungsabwanderung erfahren. 1881 zum Beispiel hatten 220 902 Deutsche oder 4,86 Prozent der Bevölkerung das Land verlassen. Nach 1893 jedoch nahm diese Zahl sehr schnell ab, und in den folgenden zehn Jahre lag sie kaum je über 30 000.

Nach 1905 jedoch fühlten sich die allermeisten Deutschen ihrem Land immer mehr verbunden. Zwar arbeiteten die meisten Deutschen in Werkstätten und kleineren Unternehmen, dennoch waren bereits viele von wirklichen Großkonzernen beschäftigt. Krupp in Essen hatte beinahe 70 000 Arbeitnehmer, AEG von Berlin über 30 000. Es gab weit weniger Aktiengesellschaften als in Großbritannien (nur 5000 verglichen mit 50 000 in Großbritannien), aber die durchschnittliche Kapitaldecke war dreimal so hoch. 1909 gab es 229 Industrie-, Transport- und Bankgesellschaften mit einem Kapital von mehr als 10 000 000 Mark, wobei Krupp mit mehr als 180 000 000 Mark an erster Stelle lag. Praktisch alle waren durch die Absorption kleinerer, normalerweise konkurrierender Betriebe geschaffen worden. Der Kruppkonzern mit seinen sechs Kohlenbergwerken, zahlreichen Eisenbergwerken und Stahlöfen, einer Reederei und anderen Unternehmungen, die alles in allem 70 000 Menschen beschäftigten und 25 000 Personen einen Lebensunterhalt boten, war ein besonders auffälliger, aber durchaus typischer Fall.

Wirtschaftliche Konzentration war ein Faktor des Industrielebens, der in Deutschland weit entwickelt war. Die größeren deutschen Firmen bildeten normalerweise Kartelle. Dabei handelte es sich weder um Zusammenschlüsse bis dahin unabhängiger Gesellschaften noch um Trusts nach amerikanischem Vorbild (das heißt um ineinander verschachtelte Aktiengesellschaften). Vielmehr handelte es sich um bloße Zusammenschlüsse von Produzenten, die untereinander vertragsmäßige Absprachen über die Höhe der Produktion und die Preisgestaltung trafen. Dadurch sicherten sie sich eine monopolähnliche Stellung bei der Lieferung grundlegender Güter und Dienstleistungen. Die beiden

Elektroriesen AEG und Siemens hatten gut funktionierende Preisabsprachen getroffen, und das rheinisch-westfälische Kohlensyndikat kontrollierte beinahe den Kohlen- und Koksausstoß von halb Deutschland.

Manchen Historikern zufolge sollen solche Kartelle im neu entstandenen Deutschland eine Art industrielles Äquivalent zur politischen Vereinigung gewesen sein. Die Industriellen behaupteten, sie seien auf die so erzeugte Stabilität angewiesen. Doch die Kartelle und Tarifabsprachen führten zwangsläufig zu Preissteigerungen und lösten industrielle Unruhen aus. Schließlich und endlich war die SPD 1912 die größte Partei im Land. Und obwohl die Gehälter zwischen 1900 und 1914 um 30 Prozent stiegen, waren die Einkünfte der Arbeiter alles andere als hoch und der überwiegende Teil davon wurde allein für Lebensmittel verbraucht.

Der zunehmenden sozialistischen Opposition begegnete Bismarck außer mit seinen Sozialistengesetzen auch mit der Einführung der Sozialgesetzgebung, die ruhig auch als »Staatssozialismus« bezeichnet werden durfte. Seinem langjährigen Mitarbeiter, Dr. Moritz Busch, sagte Bismarck:»Die Zufriedenheit der besitzlosen Klassen [ist] die dabei entstehenden Kosten wohl wert... [Das] ist auch für uns eine gute Investition. Dadurch können wir eine Revolution verhindern.« Und in seiner berühmten Reichstagsrede vom 9. Mai 1884 erklärte er:»Gebt dem Arbeiter das Recht zur Arbeit, so lange er gesund ist. Gebt ihm Arbeit, wenn er bei Kräften ist. Kümmert euch um ihn, wenn er krank ist. Sorgt euch um ihn, wenn er alt ist. Wenn Ihr das tut und vor den damit verbundenen Opfern nicht zurückscheut und nicht ›Staatssozialismus‹ ruft, sobald jemand sagt: ›kümmert Euch um die Alten‹, oder wenn der Staat etwas mehr christliche Barmherzigkeit gegen den Arbeiter zeigt, dann werden, wie ich meine, die Gefolgsleute [der SPD] ihre Rattenfängerpfeifen vergeblich ertönen lassen, und sie werden immer weniger Anhänger finden, sobald die Arbeiter sehen, daß die Reichsregierung und die Regierungen der Bundesstaaten sich ernsthaft um ihr Wohlbefinden kümmern.«[39] Das führte dazu, daß das kaiserliche Deutschland die Grundlage für den modernen Wohlfahrtsstaat schuf.

Bismarcks Wohlfahrtssystem paßte, vielleicht erstaunlicherweise, recht gut ins Bild der damaligen deutschen Öffentlichkeit. Gutsbesitzer und Fabrikanten waren durch Tarife geschützt, Schiffsbesitzer vom kaiserlichen Finanzminister subventioniert. Warum sollten nicht auch die deutschen Arbeiter geschützt werden? Auch wenn der Staat die von ihnen vertretene Politik mit Mißtrauen betrachtete, wußte er ihren Beitrag zum Wohlstand des Landes zu schätzen. So konnte der kaiserliche Innenminister, Graf Posadowksy, dem Reichstag 1906 verkünden: »Der gewaltige, mit keinem anderen Land vergleichbare Aufschwung

Deutschlands beruht vor allem auf der Tüchtigkeit seiner Arbeiter. Aber diese Tüchtigkeit hätte zwangsläufig Schaden genommen, hätten wir unserer arbeitenden Klasse nicht durch die Sozialgesetzgebung der letzten Jahre einen erträglichen Lebensstandard gesichert und hätten wir nicht, so weit wie irgend möglich, ihre Gesundheit geschützt.«[40]

Bei der Sozialgesetzgebung, auf die Graf Posadowsky anspielte, handelte es sich um eine Krankheits-, Unfall-, Alters- und Arbeitslosigkeitsversicherung. Die ersten drei beruhten auf kaiserlichem Statut und waren überall im Reich in Kraft; letztere war vor 1914 nicht Gegenstand kaiserlicher Gesetzgebung gewesen, sondern blieb vielmehr städtischen- und lokalen Behörden sowie der Initiative einzelner Unternehmer überlassen. Andererseits war 1911 nicht nur die ganze Sozialversicherungsgesetzgebung in der Reichsversicherungsordnung mit ihren 1085 Artikeln (die 104 des Einführungsgesetzes gar nicht mitgerechnet) in Kraft, sondern die Begünstigungen erstreckten sich nun auch auf Witwen und Waisen und auf praktisch alle Arbeiter, die bisher ungeschützt waren. Im gleichen Jahr wurde auch das »Versicherungsgesetz für Angestellte« paraphiert. Es trat 1913 in Kraft und betraf weitere 2 Millionen Menschen (davon 420 000 Frauen), zusätzlich zu den 14 Millionen, die schon eine Gesundheitsversicherung hatten, abgesehen von den 16,5 Millionen Menschen, die Alters- oder Invalidenrenten erhielten, und den 25 Millionen, die gegen Unfall versichert waren.

Idealerweise sollte der Arbeiter Teil des nationalen Staates und seiner konservativen Gesellschaftsordnung sein. Er wurde zu einem guten Mechaniker ausgebildet, gegen Unfall, Krankheit und Alter versichert und auf vielfache Weise geschützt. Wenn er infolge harter Zeiten oder einer Wirtschaftsflaute seine Arbeit verlor, versuchte man ihm, wenn möglich, durch Arbeitsvermittlungsstellen weiterzuhelfen. Bemühte er sich in anderen Städten um einen Arbeitsplatz, bot man ihm eine Unterkunft an, weil man vermeiden wollte, daß er zu einem Vagabunden wurde (»Herbergen zur Heimath« oder »Verpflegungsstationen«). Wurde er krank, nahm man sich seiner in Pflegeheimen, Tuberkulosespitälern und ländlichen Siedlungen an. Und wenn ihn das Alter aus der Fabrik trieb, wartete eine Pension auf ihn, ein kleines Zeichen der Anerkennung der Gesellschaft, die ihm mit seiner Arbeit all das abgeschöpft hatte, was er in seinem Leben zu bieten hatte, im Austausch gegen ein kärgliches Existenzminimum.

Die gleiche Politik des »nationalen Konservatismus« zeigte sich auch im öffentlichen Bildungssystem. Alle deutschen Bürger in allen Bundesstaaten, in der Stadt wie auf dem Land, hatten ein Anrecht auf eine Grundschulausbildung zu Lasten der Staatskasse. Sie waren sogar dazu verpflichtet, denn für Jungen und Mädchen zwischen sechs und vierzehn Jahren bestand Schulpflicht. Dabei wurden in der Grundschule nicht nur die Grundkenntnisse in Rechnen und Schreiben vermittelt, sondern auch die körperliche Ertüchtigung war vorgeschrieben. Daneben fanden häufige Exkursionen statt, selbst in den Ferien, unter Aufsicht der Lehrer und auf Kosten der Öffentlichkeit. Jedes schulpflichtige Kind wurde von einem Arzt untersucht, und wenn es krank war, wurden die Eltern über Behandlungsmöglichkeiten beraten.

Nach Absolvierung der Elementarschule mußten Knaben und Mädchen zwei oder drei Jahre in weiterführenden Schulen mit hauptsächlich praktischen Studienfächern verbringen. Eine weitere Schulstufe stellten die Gymnasien, die Handelsschulen und andere höhere Schulen dar, deren Besuch freiwillig und nicht immer unentgeltlich war, die aber gleichwohl viele Schüler anzogen. In allen Schulen, in denen Schulpflicht herrschte, wurden den Schülern, die sich das sonst nicht hätten leisten können, die Lehrbücher zur Verfügung gestellt. Auch ein freies Schulfrühstück wurde geboten, da man allgemein der Meinung war, daß alle Schulkinder zu Lasten der Staatskasse gespeist werden sollten. So tat der deutsche Staat – zumindest aus damaliger Sicht – viel für die Wohlfahrt seiner Bürger, auch wenn sich die Ergebnisse, mit heutigen Maßstäben gemessen, eher bescheiden ausnehmen.

Jedenfalls sollten diese Bemühungen nicht unterschätzt werden. Sie waren der Anfang des Wohlfahrtsstaates, der heute der Inbegriff aller zivilisierten Gesellschaften ist. Und die unmittelbaren Folgen waren keineswegs unerheblich. In den Worten Gerhard Ritters: »Die tatsächlichen Leistungen, die unter dem deutschen Sozialversicherungssystem erbracht wurden, waren beträchtlich. Insgesamt (die Versicherungsgesellschaften der Bergarbeiter nicht mitgerechnet) wurde 1912 eine Summe von 850 Millionen Mark ausgezahlt, und dies zu einer Zeit, wo der Haushalt der Zentralregierung etwa zweitausend Millionen Mark betrug. Dies, zusammen mit allgemein ermutigenden Erfahrungen mit positiven Gerichtsentscheidungen in Sozialversicherungsangelegenheiten, begründete die Bereitschaft der Arbeiter, sich konstruktiv an den deutschen Wohlfahrtsinstitutionen zu beteiligen, und diese Beteiligung bedeutete den Anfang einer neuen Beziehung der Arbeiter zum Staat.«[41]

Die Sozialversicherung trug mit dazu dabei, daß Krankheiten erfolgreicher behandelt wurden (vor allem die Tuberkulose – wobei die Zahl der Erkrankungen zwischen 1876 und 1910 um die Hälfte zurückging). Viele arme Leute erhielten zum ersten Mal in ihrem Leben überhaupt eine anständige medizinische Behandlung. Dazu noch einmal Ritter: »Die verbesserte ärztliche Versorgung, die wachsende Zahl von Ärzten, die von 1885 bis 1913 von 35 auf 51 Ärzte pro 100 000 Personen stieg, die zusätzlichen Spitalbetten, von denen 1913 im Vergleich zu 1882 zweieinhalbmal soviel zur Verfügung standen, sowie die intensivere Betreuung, die die Patienten in den Spitälern erfuhren, die nicht länger mit Furcht und Schrecken als eine andere Art von Armenhaus betrachtet wurden, und die großen Fortschritte auf dem Gebiet der Zahnmedizin – die Zahl der preußischen Zahnärzte stieg zwischen 1887 und 1913 von 548 auf 11 213 um das Zwanzigfache – wären alle ohne die Sozialversicherung undenkbar gewesen.«[42]

Andere günstige Auswirkungen waren die großen Fortschritte auf dem Gebiet der Kinderheilkunde, die Entwicklung der Sozialhygiene (dank der neuen zur Verfügung stehenden statistischen Daten), der größere Respekt für die Älteren, deren Pensionen nun zu den äußerst knappen Familienbudgets beitragen konnten, eine bedeutende Zunahme von Menschen, die vom Ersparten und von Pensionen lebten (ein dreifacher Anstieg zwischen 1882 und 1907), eine Verminderung des Drucks auf das Budget für Armenhilfe, die Entwicklung der Soziologie und anderer akademischer Forschungseinrichtungen. »Die Akkumulation des ersparten Kapitals führte, vor allem im Zeitalter der Pensionsversicherungen, dazu, daß ein beträchtlicher Teil der Gelder für ›präventive‹ sozialpolitische Maßnahmen zur Seite gelegt wurde. 1913 zum Beispiel hatte die staatliche Sozialversicherung Reserven zu ihrer Verfügung, die sich auf mehr als 3 Milliarden Mark beliefen. Nun waren diese Gelder nicht nur imstande, die Bedürfnisse nach Landwirtschaftskrediten zu decken, das Geld wurde auch zum Bau von Bädern, Blindenheimen und Tagesstätten, neuen Wasserversorgungssystemen und Abwässer- und Drainagesystemen genutzt. Dadurch, daß es Baugenossenschaften zu relativ bescheidenen Hypothekarzinsen zur Verfügung gestellt wurde, förderte es auch den Bau bescheidener Arbeiterhäuser. Es scheint, daß die für die Invalidenversicherung zuständigen regionalen Versicherungsbüros sich an der Errichtung von etwa 300 000 bis 400 000 Häusern beteiligten, was im Deutschen Reich etwa dem Gesamtbedarf an Wohnraum für eineinhalb bis zwei Jahre entsprach. Dadurch wurde die verzweifelte Wohnungsnot, die vor allem in den Städten bestand, etwas gelindert.«[43]

Das deutsche System wurde in Europa weithin nachgeahmt. In Österreich zum Beispiel wurde 1887 ein Unfallversicherungsgesetz verabschiedet und im folgenden Jahr ein Gesetz zur Sicherung der Krankenversicherung. 1906 wurden beinahe drei Millionen Menschen durch Krankenversicherung geschützt, davon 21,1 Prozent Frauen. Österreich war sogar der erste Staat Europas, der ein Versicherungssystem für Angestellte einführte (im Dezember 1906; das Gesetz trat am 1. Januar 1909 in Kraft). Damit waren die Angestellten gegen Invalidität und Alter versichert, was bei gewöhnlichen Arbeitern bis dahin noch nicht der Fall war. Doch das Problem der sozialen Sicherheit wurde auch in Österreich vor 1914 viel diskutiert, und am 9. Dezember 1904 legte die Regierung dem Parlament ein Programm zur Reform und Entwicklung der Arbeiterversicherung vor, das eine Reihe von Maßnahmen umfaßte, die die existierenden Gesetze ersetzen sollten. Das Gesetz war noch nicht endgültig abgeschlossen, als der Krieg ausbrach, aber man hatte sich immerhin über eine Reform geeinigt, die eine Erweiterung der Krankenversicherung für 5 200 000 Menschen vorsah, eine Verbesserung der Unfallversicherung vor allem in den Industriebereichen mit den größten Risiken, insbesondere im Bergbau, und die zum ersten Mal eine umfassende Alters- und Invaliditätsversicherung nach deutschem Modell umfassen sollte. Auch Österreich war also bereit, in seine Bürger zu investieren, um ihre Loyalität zu sichern. Damit konnte auch die Habsburger Monarchie, wenn auch in geringerem Maß als das Deutsche Reich, auf die stabilitätsfördernde Auswirkung von Wirtschaftswachstum und der damit verbundenen Einführung von Maßnahmen zur Förderung der Sozialwohlfahrt rechnen.

Und wie stand es mit Rußland? Das Zarenreich erlebte vor dem Ersten Weltkrieg ein ungeheures Wirtschaftswachstum, obwohl es offensichtlich nach wie vor ein Land war, das vor allem von der Landwirtschaft lebte. Doch sowohl auf dem Gebiet der Industrie wie auf dem der Landwirtschaft fallen starke Veränderungen auf. Zwischen 1885 und 1913 nahm die jährliche Industrieproduktion in England um 2,1 Prozent, in Deutschland um 4,5 Prozent und in den USA um 5,2 Prozent zu. In Rußland betrug der Faktor 5,7 Prozent. 1914 produzierte Rußland mehr Stahl als Frankreich. Ein amerikanischer Beobachter bemerkte 1916:»Noch 1900 wurde Rußland, außer in ganz wenigen, sehr beschränkten Kreisen, für ein riesenhaftes, unterentwickeltes, zusammengestückeltes Reich gehalten, dessen Bevölkerung unwissend, intolerant, unproduktiv, nichteuropäisch und zu wesentlichen Teilen fortschrittsunfähig war. 1914 galt das Reich als einer der großen und vielversprechenden Staaten Europas, dessen politisches System sich auf eine breite Basis abstützen konnte, das keineswegs völlig zurückgeblieben war, dessen Bevölkerung fleißig, ehrgeizig, ernsthaft und kultiviert war und über ein sehr vielversprechendes künftiges Kulturpotential verfügte. Dieser Meinungsumschwung war vor allem auf die Tatsache zurückzuführen, daß alle Welt Zeuge war, wie die Verwaltung und die soziale und wirtschaftliche Organisation der russischen Länder derart umgestaltet worden waren, daß sie mehr als je zuvor den Vorstellungen und Gebräuchen der westlichen Völker entsprachen. Das Rußland von 1914 war nicht das Rußland Alexanders I., ja ebensowenig das des frühen Nikolaus II.«[44]

Die Geschwindigkeit der Industrialisierung läßt sich an den folgenden Zahlen ablesen: Die Anzahl der in Rußland angestellten Arbeiter stieg von 1,4 Millionen im Jahr 1890 auf 3,1 Millionen im Jahr 1913. Der Gesamtwert der der Kontrolle des Fabrikinspektorats unterstehenden Industrieproduktion stieg in der gleichen Periode von 1503 Millionen Rubel auf 5738 Millionen Rubel an. In der Baumwollindustrie wuchs die Zahl der Spindeln von 3,5 Millionen im Jahr 1890 auf 9,1 Millionen im Jahr 1913. Die größten Gewinne wurden in der Baumwoll-, Kohle-, Eisen- und Stahlindustrie gemacht. 1913 wurde viermal soviel Kohle wie 1894 gefördert und fünfmal soviel Eisenerz, verbunden mit einer entsprechenden Steigerung der Produktion. 1913 wurden fünfmal soviel Eisenwaren erzeugt wie 1890. Ähnlich wie in Deutschland kam es zu Industriekonzentrationen. 1914 waren 40 Prozent der Arbeiter in Unternehmungen mit mehr als 1000 Leuten beschäftigt. Ein Gutteil der industriellen Expansion beruhte auf ausländischen Investitionen. 1914 gab es in Rußland 327 ausländische Firmen mit einem Gesamtkapital von 1343 Millionen Rubel, die etwa einem Drittel des in der russischen Industrie investierten Kapitals entsprachen. Die gesamten Auslandsinvestitionen in Rußland betrugen 1917 2243 Millionen Rubel, von denen 834 Millionen im Bergbau, 392 Millionen in der metallverarbeitenden Industrie, 237 Millionen im Bankwesen und 192 Millionen im Textilgewerbe investiert waren. Der Hauptteil der Investitionen kam aus Frankreich (33 Prozent), Großbritannien (23 Prozent), Deutschland (20 Prozent), Belgien (14 Prozent) und den USA (5 Prozent). Die französischen Investitionen konzentrierten sich, vielleicht aus strategischen Gründen, auf die Kohlenförderung und Eisenproduktion.

Die gewaltige Menge an Auslandskapital spiegelte die Ansicht der meisten ausländischen Beobachter wider: daß sich Rußland auf dem Aufstieg, nicht auf dem Abstieg befand. Der britische Botschafter in St. Petersburg zum Beispiel meldete dem britischen Außenministerium im April 1914:»Rußland wird bald so mächtig sein, daß wir seine Freundschaft fast um jeden Preis erhalten müssen.«[45]

Jedenfalls hatte Rußland schon Reformen in die Wege geleitet, die seine langfristigen Zukunftsaussichten abzusichern schienen. Den Anfang hatte 1890 Witte gemacht, indem er die Währung stabilisierte, zuerst dadurch, daß er sie um zwei Drittel abwertete, dann indem er sie an den Goldstandard band. Dies wurde so geschickt gemacht, daß kaum jemand von der Reform Kenntnis nahm, bis auf diejenigen, die unmittelbar damit zu tun hatten. Die offensichtlichen Vorteile der Unternehmung wurden noch dadurch verstärkt, daß sie die Regierung die ganze Zeit über in die Lage versetzte, ihre Schulden zu finanzieren (der Schuldendienst betrug 1913 13,7 Prozent der Gesamteinnahmen) und den Haushalt auszugleichen. Zwischen 1892 und 1914 (mit Ausnahme der Periode von 1904 bis 1906, den Jahren des Kriegs und der Revolution) gab es normalerweise einen Haushaltsüberschuß. Die 1904 bis 1906 geschlagenen Wunden heilten jedenfalls schnell und offensichtlich mühelos zu.

»Darüber hinaus«, schreibt Michael T. Florinsky, »war der Haushalt, trotz der nur begrenzten Kontrollmöglichkeiten der Staatsausgaben, die den legislativen Kammern zustand, keinesfalls mehr das streng verteidigte Vorrecht der zaristischen Bürokratie. Die Haushaltsrede des Finanzministers bot sowohl in der Staatsduma wie im Staatsrat die Gelegenheit zu einer großen Debatte und wurde auch in der Presse ausführlich besprochen.«[46]

Eine spezifisch russische Besonderheit bestand natürlich darin, daß das staatliche Wodka-Monopol für 28 Prozent der Staatseinnahmen aufkam (899 Millionen von insgesamt 3417 Millionen Rubel im Jahr 1913), und damit der größte Einnahmeposten im Haushalt war.

Die Entwicklung des Bankwesens, darauf sollte man hinweisen, hielt mit der Expansion der Industrie Schritt. 1890 hatte Rußland dreißig Aktien-Banken mit einem Anlagekapital von 174 Millionen Rubel und Einlagekonten von 230 Millionen. 1915 gab es fünfzig solcher Banken mit einem Anlagekapital von 906 Millionen Rubel und Einlagekonten von 2873 Millionen. 1914 gab es 47 Handelsbanken mit 743 Niederlassungen, 1108 Kreditgesellschaften mit 634 000 Mitgliedern und Einlagekonten von 160 Millionen bis 595 Millionen Rubel und 319 städtische Banken mit einem Anlagekapital von 60 Millionen Rubel; ihre Einlagen beliefen sich auf 198 Millionen Rubel und die von ihnen gewährten Darlehen und offenen Guthaben auf 232 Millionen. 1912 gab es über 8000 staatliche Sparkassen mit Einlagen von insgesamt mehr als 1595 Millionen Rubel. Die Moskauer Volksbank (Narodnyi-Bank) wurde 1912 mit dem ausdrücklichen Ziel gegründet, kleinen Kredit- und Genossenschaftsunternehmen zu helfen, aber das eigentliche Zentrum des Systems war die Staatsbank. Sie war die Ausgabebank und überwachte die anderen Banken. »Ihre Interventionen und ihre liberale Kreditpolitik während der Depression von 1900 ebenso wie zwischen 1904 und 1906 retteten viele Handelsbanken vor dem Ruin.«[47]

Auch auf dem Gebiet der Industrie und Landwirtschaft hatte es Reformen gegeben. So war auch Rußland von der Bismarckschen Sozialgesetzgebung beeinflußt worden. Ein Gesetz vom 2. Juni 1903 legte zum Beispiel die finanzielle Verantwortung des Arbeitgebers im Falle eines Industrieunfalls fest, der die Invalidität eines Arbeiters zur Folge hatte. Ein arbeitsunfähiger Arbeiter hatte Anspruch auf eine Pension, die zwei Drittel seines Normallohns entsprach, die Witwe eines während der Arbeit tödlich Verunglückten erhielt eine Pension, die sich auf ein Drittel des Lohnes ihres Mannes belief. Es gab Zuschüsse für Spitalaufenthalte, medizinische Fürsorge und Bestattungskosten, obwohl der Arbeiter kein Anrecht auf Entschädigung hatte, wenn der Unfall durch seine grobe Fahrlässigkeit zustande kam. Über Entschädigungsforderungen konnte man sich natürlich auch außergerichtlich einigen.

Ein Gesetz vom 23. Juni 1912 führte zur Gründung von Kranken-kassen, von denen es 1914 schon 2800 gab, die über 2 Millionen Men-schen absicherten. Sie wurden durch Arbeiter und Arbeitgeber finan-ziert, und die Arbeiterschaft nahm aktiv an ihrer Verwaltung teil. Ein weiteres Gesetz von 1912 befaßte sich mit der Unfallversicherung und sorgte bei Krankheiten, die mit Industrieunfällen zusammenhingen, für medizinische Hilfe und Linderung, zahlte bei Arbeitsunfähigkeit Pen-sionen und bei Todesfällen Hinterbliebenenrenten an die Familie des Arbeiters aus. Dabei wurden die Bestimmungen von 1903 insofern ver-bessert, als die Antragstellungen auf Invalidenrenten vereinfacht und eine Reihe von Schlupflöchern geschlossen wurden, die es dem Arbeit-geber unter den früheren Gesetzen ermöglicht hatten, sich aus der Ver-antwortung zu stehlen.»Die Gesamtkosten der Unfallversicherung wurden vom Arbeitgeber getragen, womit das kaiserliche Rußland we-nigstens in dieser Hinsicht zu einem Pionier auf wenigstens einem Feld der Sozialgesetzgebung wurde.«[48]

Die größten Reformen, die Rußland vor 1914 unternahm, fanden natürlich auf dem Gebiet der Landwirtschaft statt und hingen mit Sto-lypin zusammen, dem russischen Ministerpräsidenten, dessen aus-drückliche politische Absicht es war, eine Klasse »starker und wider-standsfähiger« unabhängiger Bauern zu schaffen, die zur Hauptstütze seines Regimes werden sollten. Sein Plan, der zwischen 1906 und 1911 durch entsprechende Statuten umgesetzt wurde, bestand darin, den Bauern, die seit der Emanzipation von 1861 an ihre Dorfgemeinschaf-ten gebunden waren, die Möglichkeit zu geben, ihr eigenes Land zu be-sitzen und ihren zerstückelten Grundbesitz zu konsolidieren. Weitere Hilfestellung sollte durch Kreditgewährung und technische Ausbildung erfolgen, während in Sibirien Neuland für Bauerneinwanderung und Kolonisierung erschlossen werden sollte.

Um 1915 waren die Ergebnisse ziemlich beeindruckend.»Wir finden mindestens 2 600 000 Haushalte, die in Privateigentum umgewandelt wurden, wobei wir diese Zahl mit einiger Vorsicht um 1 700 000 stei-gern können. Wenn wir sie zu den 2 800 000 Haushalten hinzurechnen, die bereits vor 1906 ihr Land unter privater Erbpacht bestellt haben, sind dies insgesamt über 7 000 000 Haushalte, das heißt, mehr als die Hälfte aller Bauernhaushalte in Rußland.«[49] Von den nach 1906 in Pri-vatbesitz umgewandelten Haushalten hatten um die 1 300 000 konsoli-dierte Gehöfte erhalten.

Die Bauern kauften in diesen Jahren auch nicht zugeteiltes Land, und zwischen 1905 und 1914 wurden die Staats- und Adelsländereien um etwa 11,5 Millionen Desyatin verringert. Davon erwarben 9,5 Mil-lionen Desyatin die Bauern, 2 Millionen erwarb die Bauern-Bodenbe-sitzbank. Das heißt, daß die Bauern 1914 viermal soviel Land wie der Adel besaßen.

Auch die Landwirtschaftstechnik verbesserte sich, obwohl man gerade auf diesem Gebiet einen langen Weg vor sich hatte. 1913 wurden doppelt soviel Landwirtschaftsmaschinen abgesetzt wie 1904. 1913 wurde siebenmal soviel Kunstdünger verkauft wie 1900. 1914 besaß das Land 10 000 Agronomen, die aus über 2000 Zentren in mehr als fünfzig Provinzen für Hunderttausende von Bauern landwirtschaftliche Vorträge organisierten, wobei diese Bauern wiederum zu den Millionen gehörten, die Mitglieder örtlicher Kredit- und Sparvereine waren, das heißt, Bauern, die dazu angeregt werden sollten, Kredite für Maschinen und Dünger aufzunehmen.

Die Kolonisierung Sibiriens erreichte zwischen 1907 und 1909, als etwa zwei Millionen Bauern dorthin auswanderten, ihren Höhepunkt. Zwischen 1896 und 1914 ließen sich dort etwa insgesamt 3,5 Millionen Bauern nieder, wobei allerdings die recht große Zahl der Rückkehrer nicht berücksichtigt wird. Insgesamt jedoch war die Kolonisierung ein Erfolg. Die Bauer exportierten etwa die Hälfte ihrer Produkte, doch Stolypin war dem Erreichten gegenüber sehr mißtrauisch. 1910 schrieb er dem Zaren, daß Sibirien»ein gewaltiges, grobschlächtig demokratisches Land ist, welches das europäische Rußland bald ersticken wird«.[50]

Doch gab es Faktoren, die auf der Negativseite weit schwerer ins Gewicht fielen. Die bäuerliche Bevölkerung zum Beispiel nahm zwischen 1896 und 1914 um dreißig Millionen zu. Die Produktivitätsrate in der Landwirtschaft (und übrigens auch in der Industrie) blieb weit hinter der des Westens zurück (1914 wurden nach wie vor über 6,5 Millionen Holzpflüge benutzt). Und schließlich hatte Stolypin zwanzig friedliche Jahre gefordert, damit sein Plan Früchte bringen konnte (»Gebt dem Staat zwanzig Jahren inneren und äußeren Frieden, und ihr werdet Rußland nicht wiedererkennen«, sagte er 1909 einem ausländischen Journalisten), doch er selber fiel 1911 einem Anschlag zum Opfer, und 1914 brach der Krieg aus.

Immerhin war die Landwirtschaft bis dahin die Grundlage der Stellung Rußlands auf dem Weltmarkt gewesen. Die Hauptexporte waren Weizen, Hafer, Gerste, Roggen, Leinsamen, Eier, Flachs, Hanf, Holz und Rübenzucker. 1912 belief sich der Gesamtwert der Exporte auf 734 922 000, der der Importe auf 532 768 000.

Der andere wichtige Faktor, der bei jeder Betrachtung der Lebensfähigkeit der Vorkriegsreiche in Betracht gezogen werden muß, ist ihre intellektuelle Vitalität. Sie kennzeichnete alle drei Kaiserreiche. Was Rußland betrifft, so schrieb ein Historiker:»In einem späteren Idiom wäre das St. Petersburg von 1914 eine ›swingende Stadt‹ gewesen. In den Künsten war Rußland nicht länger zurückgeblieben, hinkte nicht mehr viele Jahrzehnte oder Jahrhunderte dem Westen hinterher. Im Theater, der Dichtung, der Musik und der Malerei gehörte es zur

Avantgarde, selbst wenn seine Erneuerungen ursprünglich westliche Wurzeln hatten.«[51]

Dies war zweifellos der Fall. Tschechows Stücke galten bereits als Meisterwerke des Welttheaters; in den Aufführungen von Stanislawski am Moskauer Künstlertheater zeigten sie einen völlig neuen Schauspielstil, der ganz ohne Affektiertheit auskam, den Schauspielern größere Freiheit gab und die Natürlichkeit betonte. Maxim Gorki war bereits ein berühmter Autor des proletarischen Realismus, und der von ihm beeinflußte Bunin sollte der erste Russe sein, der den Nobelpreis für Literatur erhielt. Der Realismus wurde jedoch von einer Vielzahl von Quellen einschließlich der Vekhi-Gruppe angegriffen, den Symbolisten (Merezhkovsky, Blok, Bely, Andreyev) und den Futuristen (Majakovski).

Auch in der Malerei galten Realisten wie Repin bereits als überholt. Impressionisten wie Vrubel und Serov setzten sich ebenfalls durch, und 1898 wurde das Magazin »Mir Iskusstva« (»Welt der Kunst«) von Künstlern gegründet, die sich der »Kunst um der Kunst willen« widmeten. Die Gruppe brachte es fertig, die allerneusten europäischen Trends mit der traditionellen russischen Malerei zu verbinden, einschließlich der Ikonenkunst. Sie beeinflußten die Futuristen und trugen mit dazu bei, daß St. Petersburg um 1914 die Hauptstadt der Weltkunst wurde. Kandinski wurde als erster abstrakter Maler betrachtet; es gab eine ganze Reihe von Schulen – Rayonismus, Suprematismus, Konstruktivismus.

Auch in der Welt der Musik leistete Rußland Hervorragendes. Die Kompositionsveteranen Balakirev, Cui und Rimski-Korsakow waren damals nach wie vor kreativ. Mussorgski wurde wieder entdeckt und Boris Godunov 1904 erneut ins Repertoire der Kaiserlichen Oper von St. Petersburg aufgenommen. Zugleich mit seiner verspäteten Anerkennung erschienen zwei neue musikalische Talente auf dem Plan: Skriabin und Stravinski. Letzterer gilt oft als größter Komponist des 20. Jahrhunderts. Andere Komponisten, die, obwohl weniger revolutionär, zweifellos zur Weltelite gehörten, waren Rachmaninov und Glazunov. Und 1914 war ein neues Genie in der Gestalt von Serge Prokofiev aufgetreten. Die dortigen Sänger, Dirigenten und Solisten gehören ebenfalls zu den weltbesten: Schalijapin, Sobinov, Zimbalist, Hofmann, ganz zu schweigen von Heifetz und Horowitz, deren Karrieren gerade ihren Anfang nahmen. So war das Rußland der Zeit ein Mekka der Musik. St. Petersburg besaß vier Opernhäuser, die alle das ganze Jahr hindurch spielten; Moskau, Warschau, Kiew, Odessa und Tiflis und andere große Städte besaßen eigene Opernhäuser, mit festem Ensemble und einer acht- oder neunmonatigen Saison.

Auch das Ballett war im Umbruch. Der Einfluß des Franzosen Marius Petipas, der Meisterwerke wie den »Schwanensee« und »Dornröschen« choreographiert hatte, war im Schwinden; der von Michael Fokine nahm zu. Letzterer bestand darauf, nicht nur die Musik großer Komponisten zu benutzen, sondern auch einen neuen Stil zu tanzen, der größere Freiheit mit größerer Einheit der Darstellung verband. Zu seinen besten Produktionen gehören »Les Sylphides« und »Spectre de la Rose«. Am berühmtesten jedoch waren die revolutionären Ballettmusiken von Stravinski, einschließlich »Feuervogel«, »Petruschka«, und »Le Sacre du Printemps«. Der Tanz profitierte auch von der großen Originalität und Farbigkeit der Kostüme und der Virtuosität von Tänzern wie Nijinsksi und Pavlova. 1909 stellte Diaghilev der Welt das neue »Russische Ballett« vor, das nach 1911 ständig im Ausland spielte.

Und wie in der Malerei, in Musik und Theater stand Rußland auch in Forschung und Wissenschaft in vorderster Front. In der Mathematik wurden die Traditionen von Lobaschevsky durch die Arbeiten von Markov (Zahlentheorie und Wahrscheinlichkeit) sowie von Bernstein (Theorie der Funktionen) fortgesetzt. Meschnikow, der Biologe, war Leiter des Pasteur-Instituts in Frankreich und gewann 1908 einen Nobelpreis. Pavlow, der ein Großteil seines Lebens am Institut für Wissenschaftsmedizin in St. Petersburg verbrachte, erhielt für seine Studie über Verdauungsenzyme ebenfalls einen Nobelpreis. Doch einer breiteren Öffentlichkeit wurde er vor allem durch seine Arbeiten über konditionierte Reflexe bei Hunden bekannt. Nicht zuletzt war da der 1907 verstorbene Mendeleyev, dessen glänzende Karriere in der Chemie sowohl die Entwicklung des Periodensystems wie die Beschreibung verschiedener neuer Elemente umfaßte.

Eine führende Rolle in der technischen Entwicklung konnte Rußland ebenso auf dem Gebiet der Hydrodynamik wie auf dem des Funkwesens beanspruchen, sie trat aber besonders im Flugzeugbau zutage. Ein russischer Heeresoffizier hatte noch vor der Erfindung des Explosionsmotors einen Dampf-Aeroplan gebaut; Zhukovsky und Chaplygin hatten im Institut für Aerodynamik grundlegende Probleme im Zusammenhang mit Auftrieb und Tragflügelbelastung, Tragflügelquerschnitt und Propellerform gelöst. Tsiolkovsky hatte 1897 einen Windtunnel gebaut und 1903 eine theoretische Arbeit über Raketen veröffentlicht. Sikorsky war bereits Flugzeughersteller und Konstrukteur und hatte Rußland im Jahr 1914 ein viermotoriges Flugzeug mit 400 PS geschenkt, das sechzehn Passagieren Platz bot.

Außerdem wurden, in den Worten von J. N. Westwood, »immer häufiger wissenschaftliche Forschungsexpeditionen unternommen. Sie führten nach Zentralasien, nach Sibirien, in den tiefen Norden und die Antarktis, ebenso wie auf Mineraliensuche in bekanntere Gegenden. 1915 führten zwei Eisbrecher die erste Reise über die nördliche Seestrecke vom Pazifik nach Westen über den äußersten Zipfel von Rußland durch.«[52]

Andere Zeichen für Rußlands intellektuelle Vitalität zeigten sich sowohl in der Presse wie in der feministischen Bewegung. »Selbst wenn man die Willkürlichkeit des Zensurregimes berücksichtigt«, schreibt Florinsky, »muß in der russischen Geschichte die Zeit zwischen 1906 und 1914 einer wirklichen Pressefreiheit am nächsten gekommen sein.«[53] Die 2167 Zeitschriften, die 1912 in 246 russischen Städten und Großstädten veröffentlicht wurden, gaben beinahe jede Schattierung der öffentlichen Meinung von der extremen Rechten bis zur extremen Linken wieder. Veröffentlicht wurden sie in 33 Sprachen: 1585 in Russisch, 234 in Polnisch, 69 in Deutsch, 47 in Litauisch, 45 in Estnisch, 31 in Hebräisch und Jiddisch, 21 in Armenisch, 20 in Lettisch, 13 in Georgisch, 12 in Ukrainisch. Die größten Zeitungen waren die »Russkoye Slovo« von Moskau (Auflage 750000), die rechtsstehende »Novoye Vremiya« von St. Petersburg (Auflage 200 000) und die liberale »Russkiya Vedmosti« (Auflage 100 000).

Was die Frauenrechte anging, »war der Status der Frau... im Rußland von 1913 nicht schlechter oder besser als anderswo auch«.[54] Die revolutionäre Bewegung hatte das Ideal der Frauenbefreiung unter den gebildeten Klassen verbreitet, und viele Mädchen hatten im Ausland studiert; um die Jahrhundertwende wurden wirkliche Fortschritte gemacht. 1908 fand die erste allrussische Frauenkonferenz statt, und dort wurde behauptet, daß die Frauen in Rußland bessere Möglichkeiten hätten als im Westen. Es gab bereits Lehrerinnen, Ärztinnen und Architektinnen. 1904 war die erste Landwirtschaftsschule für Frauen eröffnet worden, und im Jahr darauf wurden sie zur Universität zugelassen. Die Frage des Stimmrechts jedoch wurde mit dem Problem der politischen Reform (oder Revolution) in Zusammenhang gestellt.

Auch in Österreich-Ungarn und Deutschland gab es eine vergleichbare intellektuelle Vitalität. Das Wien der Jahrhundertwende wurde zu einem Zentrum blendender Talentvielfalt. Dort traf man die Architekten Otto Wagner und Adolf Loos, die Maler Gustav Klimt, Egon Schiele und Oskar Kokoschka, die Wiener Werkstätten-Organisation im Kunsthandwerk, die Musiker Wolf, Mahler und Schönberg, die Schriftsteller Schnitzler und von Hofmannsthal, den Literaturkritiker und Satiriker Karl Kraus und den Psychoanalytiker Sigmund Freud. In Wien waren bereits die künftigen Talente wie Berg und Webern, Musil und Roth zu Hause; die Stadt blieb der Inbegriff des Walzers und der Operette. Intellektuell glich sie in mancher Hinsicht St. Petersburg. Genau wie zum Beispiel »Mir Iskusstva« mit seiner Politik der l'art pour l'art, machten sich die Wiener Künstler, die sich 1897 aus dem Kulturestablishment der Künstlerhausgenossenschaft zurückzogen, um die Wiener Sezession zu gründen, und über ein eigenes Gebäude und das Journal »Ver Sacrum« (Heiliger Frühling) verfügten, das Prinzip »Der Zeit ihre Kunst, der Kunst ihre Freiheit« zu eigen. Auch sie waren kontrovers und respektlos.

In den letzten Jahrzehnten der Monarchie entstanden viele der Gebäude, die das moderne Wien bis auf unsere Tage bestimmten – die Fülle der Museen, das Burgtheater und das Opernhaus, das 1861 nach Plänen von Eduard van der Nüll und August von Siccardsburg errichtet wurde. Beide Bauten wurden im Zweiten Weltkrieg zerstört; im Gegensatz zu der deutschen Neuerungssucht wurden sie aber nach den Originalplänen wieder aufgebaut und schon in den fünfziger Jahren feierlich eröffnet.

Barbara Jelavich, die zu den besten Kennern der Geschichte Österreichs, Rußlands und des Balkan gehört, hat die oft düstere Interpretation des damals stattfindenden kulturellen Gärungsprozesses in Frage gestellt. Sie behauptet, daß dabei nirgendwo bewußt das deutsch-nationale Element betont wurde, daß sich die Musik an alle Menschen wandte und daß die Architektur für den modernen Zeitgenossen errichtet wurde. Die Literatur und Kunst Wiens waren Teil umfassender europäischer Bewegungen. Die Beteiligten, ob sie nun Katholiken, Juden oder getaufte Juden waren, meinten alle, sich mit universalen Problemen und allgemeinen Menschheitsangelegenheiten zu befassen. Spezifische Probleme der Habsburger Monarchie (wie etwa das des Nationalismus) wurden in den Stücken und Romanen der Epoche nur selten berührt. Die Autoren zogen es vor, sich mit klassischen oder historischen Themen zu befassen, derer sie sich bedienten, um über das menschliche Dasein zu philosophieren. Wenn einige Dichter, wie zum Beispiel Schnitzler, sich tatsächlich auf soziale Kritik einließen, vermieden sie dennoch konkrete politische Themen. Barbara Jelavich

35

kommt zu dem Schluß:»Obwohl viel vom Tod in der österreichischen Literatur die Rede ist und viel über die hohe Selbstmordrate in Wien geschrieben worden ist, war die österreichische Kultur im allgemeinen optimistisch, selbstbewußt und zukunftsorientiert. Die Zeitschrift der Sezession nannte sich ›Heiliger Frühling‹, nicht ›Heiliger Winter‹, und in der Architektur ging es um die Stadt der Zukunft, nicht um den Weltuntergang. Auch wenn um 1914 ein Geist der Verantwortungslosigkeit und des fröhlichen Fatalismus in der Luft lag, war niemand auf die bevorstehende Katastrophe vorbereitet.«[55]

Allgemein wird davon ausgegangen, daß das kaiserliche Deutschland dieser Epoche einem allgemeinen Kulturpessimismus erlegen sei, wobei der moderne Industrialismus zugunsten von Blut und Boden abgelehnt worden sei. Man weist gern darauf hin, daß es in der deutschen Literatur keinen Dickens oder Arnold Bennett, keinen Balzac oder Flaubert gab. Dem am nächsten kamen noch die Werke gesellschaftskritischer Autoren wie Theodor Fontane und der Brüder Mann, die im Grunde alle in der Tradition des Entwicklungsromans standen. Und selbst Fontanes Ablehnung des wilhelminischen Regimes (die der des großen Historikers Mommsen entsprach) wurde erst nach seinem Tode erkannt.

Es trifft zweifellos zu, daß es sich bei den Bestsellern des Tages um Werke rustikaler Sentimentalität handelt:»Soll und Haben« von Gustav Freytag,»Der Hungerpastor« von Wilhelm Raabe,»Der Büttnerbauer« von Wilhelm von Polenz,»Jürg Jenatsch« von C. F. Meyer,»Der Wehrwolf« von Hermann Löns. Der literarische Held schien eher ein Schollenmensch zu sein als ein Asphaltmensch. Auch waren viele der Romane durchaus antisemitisch, wie das eher didaktische Werk von 1891, Julius Langbehns»Rembrandt der Erzieher«, von dem bis 1918 150 000 Exemplare abgesetzt wurden. Darin heißt es:»Man muß demnach politisch wie geistig die Provinzen gegen die Hauptstadt aufbieten... Auf Bauerntum... wird sich das neue deutsche Kunstleben zu gründen haben.« Ein»heimlicher Kaiser« wurde gefordert, bei dem es sich um eine »cäsaristisch-künstlerische, gewaltige und rein geistig dominierende Einzelindividualität« handeln würde.

Doch sollte man bei all dem bedenken, daß im späten 19. Jahrhundert im Zuge der Industrialisierung die ganze Kultur der Moderne einen intellektuellen Rückschlag hinnehmen mußte. Deutschland war die Regel, nicht der Ausnahmefall. Im Prozeß der Industrialisierung, der so oder so kein angenehmer Vorgang war, schienen Intellektuelle überflüssig. Auch Großbritannien und Amerika erlebten eine Reaktion.[56] Wie sogar Fritz Stern in seinem Klassiker über den Kulturpessimismus in Deutschland schrieb:»Dieses antikapitalistische Gefühl war natürlich in der westlichen Welt endemisch; seine Geschichte wartet noch darauf, geschrieben zu werden, und wenn das der Fall ist, so wird sie wahrscheinlich zeigen, daß die antikapitalistische Stimmung nicht der Sehnsucht nach einem einfachen Leben oder einem verlorenen Arkadien entsprang, sondern ebenso der Sehnsucht nach einem religiösen Glauben, der gerade damals zum Untergang verurteilt schien.«[57] Es sollte auch darauf hingewiesen werden, daß es Millionen Deutsche gab, die um 1914 sehr stolz auf ihre Städte waren. Die Deutsche Städteausstellung in Dresden von 1903 etwa zog in vier Monaten über 400 000 zahlende Besucher an und hatte weitere Ausstellungen in Berlin und Düsseldorf (1910) und Köln (1913) zur Folge. In der »Neuen Rundschau« und der »Deutschen Rundschau« wurden von Wirtschaftswissenschaftlern, Historikern, Künstlern und anderen mannigfache Lobgesänge auf die Stadt veröffentlicht. 1909 publizierte August Endell sein Buch »Die Schönheit der großen Stadt«. Und Werner Sombart schwelgte in geradezu lyrischen Hymnen (»Die Freiheit, die früher in den Bergen wohnte, hat sich in die Städte bewegt«), während Dichter wie Julius Hart und Max Eyth und Pastoren wie Reinhold Seeberg und Georg Koch in sein Preislied einstimmten.[58] Deutsche Stadtplanung war damals führend, und Oberbürgermeister wie Erich Zweigert von Essen oder Franz Adickes von Frankfurt hatten ihr Lob zu Recht verdient. »Was die großen Provinzstädte anging, so wurden Stettin im Osten, Chemnitz, Dresden, Leipzig und Magdeburg in Mitteldeutschland, Nürnberg im Süden und Düsseldorf, Köln, Mannheim und Frankfurt im Westen in den ersten fünfzehn Jahren des Jahrhunderts alle zum Gegenstand von lobenden lokalgeschichtlichen Werken.«[59]

Intellektuell war das damalige Deutschland tatsächlich sehr reich. Seine Universitäten besaßen Weltruf. Die Standards waren sehr hoch, und Deutschlands führende Rolle in Wissenschaft, Technik, Medizin und in vielen Bereichen der Humanwissenschaften wurde durch die Professoren der höheren Lehranstalten gesichert. Deutschland war das erste Land, in dem die Rollen des Lehrers und Forschers im Amt des Professors zusammengelegt wurden.[60] Und selbst wenn viele dieser Professoren konservativ waren, patriotisch blind und überzeugte Anhänger eines militaristischen Abenteurertums zu Lande und zur See, so boten ihre Kollegen in allen anderen führenden Ländern, in denen es um die akademische Freiheit oft nicht besser bestellt war, auch kein anderes Bild.

Man sollte nicht vergessen, daß im kaiserlichen Deutschland die höhere Ausbildung großzügiger finanziert wurde als je zuvor und immer leichter erreichbar wurde. Zwischen 1877 und 1910 wurden die Ausgaben für höhere Bildung in Preußen, Bayern und Sachsen um 1000 Prozent gesteigert; zwischen 1877 und 1914 fiel der Anteil des deutschen Militärhaushalts am Gesamthaushalt von 47 Prozent auf 27 Prozent, während der Anteil der Bildungsausgaben von 14 Prozent auf 23 Prozent anstieg. 1911 waren 24 Prozent aller Studenten Söhne von

Händlern oder Arbeitern, 55 Prozent Kinder von Eltern, die der Unterschicht oder der unteren Mittelklasse angehörten. Die Ergebnisse eines solchen Bildungssystems waren beeindruckend. Allein die Universität zu Berlin konnte sich eines Paul Ehrlich, Hermann von Helmholtz, Albert Einstein, Max Planck, Max Laue und Walter Nernst rühmen, die alle einen Nobelpreis erhalten sollten. Berlin war der Ort, wo die Quantentheorie und die Relativitätstheorie formuliert wurden.

Intellektuell war Deutschland ebenso schockierend wie Wien oder St. Petersburg. Oder, in den Worten von Wolf Jobst Siedler, es präsentierte »die Modernität des Wilhelminismus«.[61] Gerhard Masur hat sicher recht, wenn er schreibt: »Es ist heute üblich, die intellektuelle Blütezeit der Weimarer Republik zugute zu halten und sie der Sterilität der Wilhelminischen Epoche gegenüberzustellen. Aber eine derartige Perspektive läßt außer acht, daß die meisten bemerkenswerten Errungenschaften von Weimar sich bereits im zweiten Kaiserreich entwickelten, obwohl ihre Umsetzung auf heftigen Widerstand stieß. Und hier beginnt man das geburtshelferische Wunder zu schätzen, das die liberale Presse Berlins vollbracht hat. Die verbalen Schlachten, die ausgekämpft wurden, trugen erheblich zum Triumph der zeitgenössischen Dichtung, des modernen Dramas, der impressionistischen und expressionistischen Malerei, der Musik von Richard Strauss bei − kurz, zum Triumph der neuen Kunst-Aspekte, die dem Geist der Epoche entsprachen...Man könnte beinahe sagen, daß die gebildeten deutschen Mittelklassen diesen Streit und seine Errungenschaften als Ersatz für die politischen Erfolge nahmen, die ihnen versagt blieben oder die sie zu leicht preisgegeben hatten. Auch hier fällt die Parallele zur Weimarer Republik auf. Sowohl das Kaiserreich wie die Weimarer Republik machen das Dilemma des gehobenen Bürgertums deutlich, das dadurch entstand, daß es sich lieber an intellektuellen oder ideologischen Auseinandersetzungen beteiligte, statt den Kampf mit seinen politischen Gegnern aufzunehmen.«[62]

Es gab viele Parallelen zur kulturellen Entwicklung Rußlands oder Österreichs. Gerhart Hauptmann mit seinen Stücken wie »Die Ratten« oder »Die Weber« war das deutsche Gegenstück zu Maxim Gorki; Otto Brahm und insbesondere Max Reinhardt, mit der »Freie-Bühnen«-Bewegung und dem Deutschen Theater, überstrahlten sogar Stanislawski, ja man kann Reinhardt mit Fug und Recht als den größten Theatermann der Moderne betrachten. Ebenso war auch die Sezession, die Gruppe, die sich unter der Leitung von Max Liebermann, Walter Leistikow und Lovis Corinth von Anton von Werners Akademie abgespalten hatte, das Gegenstück zur »Mir Isskustva« in St. Petersburg und der Wiener Sezession der Künstlerhausgenossenschaft.

Auch in Berlin war die Sezession nur der Anfang. Das Erscheinen

Das 19. Jahrhundert stand in Berlin wie in Wien im Zeichen von Caféhäusern als Treffpunkten der Intellektuellen. Es gab eine regelrechte Caféhaus-Literatur, die von Feuilletonisten wie Altenberg, Romanciers wie Joseph Roth und Kulturhistorikern wie Egon Friedell charakterisiert wird.

von Gruppen wie »Die Brücke« in Dresden und der »Blaue Reiter« in München, hinter die sich Zeitschriften wie »Der Sturm« und »Die Aktion« stellten, bedeutete, daß nun die Zeit des Expressionismus gekommen war, mit seinem von Hewart Walden formulierten Glaubenssatz, daß für den Künstler »jede Impression... eine innere Expression wird«. Andere Entsprechungen finden sich in der Architektur von Hermann Muthesius, Alfred Messel, Peter Behrens und Hans Poelzig. Der Berliner Werkbund entsprach den Wiener Werkstätten (Van de Veldes Kunstschule in München sollte zum Vorreiter des Dessauer Bauhauses werden.)

Selbst das politische Establishment wurde in Zeitschriften wie Samuel Fischers »Neuer Rundschau« und Maximilian Hardens »Zukunft« angegriffen. Für Satire und Karikaturen war der »Simplicissimus« zuständig, während die musikalische Welt, selbst wenn sie weniger originell war als die der anderen kaiserlichen Hauptstädte, immerhin einen Richard Strauss aufweisen konnte. Um Masur noch einmal zu zitieren: »Allein Strauss' hervorragende Stellung unter den Dirigenten der Berliner Oper ist eine Fußnote der Kulturgeschichte wert. Der Kaiser mochte seine Musik nicht und machte das auf sehr deutliche Weise klar. Dennoch war Strauss Ende des 19. Jahrhunderts der am meisten besprochene Musiker der Welt, und daß er die Berliner Oper zu leiten hatte, erschien ebenso zwingend wie die Übernahme der Wiener Oper durch Mahler.«[63] Worauf läuft das alles hinaus? Die Schlußfolgerung dieses Kapitels besteht darin, daß sowohl Österreich-Ungarn wie das kaiserliche Deutschland und das zaristische Rußland von 1914 alle durchaus lebensfähige Staatsgebilde waren, die viele Gemeinsamkeiten hatten und sich auch von anderen europäischen Staaten kaum unterschieden. Zwar standen sie vielen Problemen gegenüber – politischem Extremismus, der politischen und sozialen Herausforderung durch die industrielle Arbeiterklasse (wobei Rußland natürlich nach wie vor noch ein großes Bauernproblem hatte, von der Reform des Stimmrechts ganz zu schweigen) –, aber das alles wurde großenteils in Angriff genommen. Die Kaiser mußten innerhalb verfassungsmäßiger und gesetzlicher Rahmenbedingungen arbeiten, die immer klarer und fester wurden. In praktischer Hinsicht besaß keiner eine rein persönliche oder willkürliche Macht. Wahlen waren zur Norm der politischen Legitimität geworden. Die Forderungen von Arbeitern und Bauern (und selbst von Frauen) nach einem besseren Lebensstandard, der Schutz vor Unfällen, Krankheiten und Arbeitslosigkeit bot, waren ebenso anerkannt wie die nach besseren Ausbildungsmöglichkeiten. Die Freiheit der Presse war größer als zu jeder anderen Zeit der Geschichte. Die Künste blühten wie nie zuvor, und politische Parteien, selbst die der extremen Linken, waren überall legal.

Wo soll man da die Überzeugung hernehmen, daß diese Staaten zwangsläufig zum Untergang bestimmt waren, oder daß sie sich nicht zu reifen Demokratien, konstitutionellen Monarchien und Wohlfahrtsstaaten hätten entwickeln können wie andere europäische Staaten auch, von denen manche ja vor ganz ähnlichen Problemen standen?

Was ging schief? Sahen sie – vor allem das kaiserliche Deutschland – im Krieg von 1914 den Ausweg aus ihren innenpolitischen Schwierigkeiten? Gab es ein Primat der Innenpolitik, das sich entsprechend ausgewirkt hat?

Die moderne historische Forschung kommt zu eher gegenteiligen Schlußfolgerungen. Österreich-Ungarn wollte 1914 wohl zweifellos einen Krieg und stand der Frage, ob sich der Krieg auch auf das übrige Europa und den Rest der Welt ausbreiten würde, ziemlich gleichgültig gegenüber. Ihm ging es vor allem um die Sicherung seiner internationalen Position. Das kaiserliche Deutschland, das seinen Habsburger Verbündeten so oft zurückgehalten hatte, stellte Österreich-Ungarn einen Blankoscheck aus, indem es die Entscheidung über Krieg und Frieden Rußland überließ. Das war eine unentschuldbare Verantwortungslosigkeit Bethmann-Hollwegs (den die allerneuesten dokumentarischen Hinweise sogar als eventuellen Kriegstreiber belasten). Doch besorgt war der deutsche Kanzler wegen außenpolitischer, nicht wegen innenpolitischer Probleme. Vor allem verblüffte ihn – wie die meisten seiner Zeitgenossen – die Schnelligkeit, mit der sich die Russen sowohl auf wirtschaftlichem wie auf militärischem Gebiet von der Niederlage durch die Japaner von 1905 erholten. Wenn der Krieg mit Rußland kommen sollte – und Rußland war schließlich der Verbündete von Deutschlands Erzfeind Frankreich –, dann hielt Bethmann-Hollweg es für besser, ihn eher 1914 auszukämpfen als zu irgendeinem späteren Zeitpunkt, an dem Rußland unschlagbar sein würde. Deswegen kümmerte er sich weder um die Bedingungen von Österreichs Ultimatum an Serbien noch um Österreichs schroffe Zurückweisung der versöhnlichen Antwort. So überließ er die Initiative Rußland: Wenn Rußland mobil machte, war der Krieg da; wenn nicht, mußte sich das Land eine weitere Demütigung seitens der Doppelallianz gefallen lassen, wie in der bosnischen Krise von 1908/09. Doch man konnte nicht erwarten, daß Rußland, dessen Führung 1914 keinen Krieg wollte und das während der Balkankriege von 1912/13 eine Politik der Versöhnung betrieben hatte, eine derartige Demütigung hinnehmen würde. Denn damit hätte Rußland, nicht Österreich-Ungarn, sein Prestige als Großmacht verloren. Weder Frankreich noch Großbritannien wollten Krieg, aber Österreichs Entschlossenheit zum Krieg, verbunden mit Deutschlands Entscheidung, Österreich nicht zurückzuhalten, hatte zur Folge, daß Rußlands voraussehbare Verteidigung von Serbien den Ersten Weltkrieg auslösen würde, der wiederum den Untergang der europäischen Kaiserreiche nach sich zog.

Lenins Version des Primats der Innenpolitik war seine Imperialismustheorie. Ihr zufolge soll der Krieg 1914 als zwangsläufige Konsequenz der imperialistischen Rivalitäten ausgebrochen sein: Die Kapitalisten hatten im Ausland investiert, um die sinkenden Profite im eigenen Land zu steigern. Diese Investitionen wurden dadurch gesichert, daß die Regierungen Gebiete in Übersee annektierten. Die aus diesen Investitionen gewonnenen Profite boten den zusätzlichen Anreiz, als Bestechungsgelder für die eigene Arbeiterklasse verwendet werden zu können, da sie die sonst unvermeidliche Lohnsenkung der Arbeiterklasse wettmachten. Doch der Erwerb von Kolonien verschob den bürgerlichen Wettbewerb bloß auf eine internationale Ebene. Jedes bürgerliche Reich mußte ein kolonialistisches Monopol erstreben, was zwangsläufig zu einem imperialistischen Krieg im Weltmaßstab führen würde. Und 1914 war man eben soweit.

Aber Lenins Theorie entspricht nicht den Tatsachen. Zunächst einmal wurden nur 2,5 Prozent des in Übersee investierten Kapitals in den Kolonien investiert. Großbritannien zum Beispiel investierte in den unabhängigen Staaten von Lateinamerika, den mehr oder wenigen unabhängigen Dominien von Kanada, Australien und Neuseeland, am meisten aber in den USA. Deutsche Investoren ließen die Finger von ihren Gebieten in Übersee. Die Franzosen zogen das britische dem französischen Imperium vor. Und schließlich bestanden die meisten Kolonialgebiete aus Dschungeln, Sümpfen oder Wüsten mit wenigen entwickelten Märkten. Investitionen in den Kolonien erwirtschafteten jedenfalls kaum Profite; die Rhodesien-Kompanie von Cecil Rhodes zum Beispiel zahlte dreißig Jahre lang keine Dividenden aus. Rein wirtschaftlich betrachtet waren die Kolonien ein Verlust (»ein Mühlstein um unseren Hals«, wie ein berühmt gewordener Ausdruck Disraelis lautete, selbst wenn er selber sich später wenigstens zu rhetorischen Investitionen bereit fand.) Die britischen Kolonien brachten durchschnittlich etwa zehn Prozent ihrer Kosten ein.

Es ist daher nicht weiter überraschend, daß die Länder, die in Europa den höchsten Lebensstandard aufwiesen – Norwegen, Schweden und die Schweiz –, alles Länder ohne Kolonien waren. Ebensowenig sollte man vergessen, daß viele europäischen Reiche von 1914 weit mehr Kapital ins Land holten, als sie anderweitig investierten, was zum Beispiel für Spanien, Portugal, Rußland, die Türkei (und für die seit kurzem »imperialistische« USA) zutraf. Selbst Deutschland hatte kaum Kapital für Investitionen in Übersee zur Verfügung, wie seine Beziehungen zu Griechenland und der Türkei zeigten.

Und schließlich waren 1914 beinahe auch alle großen imperialistischen Konflikte gelöst: Großbritannien hatte deswegen mit Rußland und Frankreich Ententes vereinbart und war mit Deutschland zu einer Übereinkunft betreffs der Bagdadbahn und der Zukunft der portugiesischen Kolonien in Afrika gelangt.

Mit dem Imperialismus als einer anderen Form des Primats der Innenpolitik läßt sich daher der Erste Weltkrieg nicht erklären. Die Ereignisse von 1914 waren weit eher eine Folge des »Primats der Außenpolitik«. Auch imperiale Überlegungen spielten dabei mit, aber die eigentlichen Probleme lagen nicht auf wirtschaftlichem Gebiet, sondern es ging um ein Prestige, das auf geopolitischen Spekulationen beruhte.

1900 waren viele Zeitgenossen überzeugt, daß im 20. Jahrhundert nur Weltmächte überleben konnten. In dieser Hinsicht interpretierte die äußerste Rechte die Weltlage ebenso falsch wie die äußerste Linke. Rußland und Amerika, nahm man an – und hatte man seit dem frühen 19. Jahrhundert angenommen –, müßten allein durch ihre Größe zwangsläufig zu Weltmächten werden. Den Fernen Osten würde wahrscheinlich Japan dominieren. Die entscheidende Frage war nun, ob Großbritannien seine Stellung als führendes europäisches Reich behalten oder sie an Deutschland abgeben würde, das nach 1897 Weltpolitik

Die Weltausstellung des 19. Jahrhunderts lebte noch ganz im Rausch des Zukunftsglaubens. Das gilt nicht nur für die berühmten Weltausstellungen von London und Paris, sondern auch für ihr Wiener Gegenstück, das 1873 eröffnet wurde. Welche Bedeutung technische Weltausstellungen damals noch hatten, zeigten auch die Besuche der gekrönten Häupter. Zar Alexander II. von Rußland und Wilhelm I. reisten eigens an die Donau, um die neuen Weltwunder in Augenschein zu nehmen.

betrieb und seinen »Platz an der Sonne« forderte. Mit Großbritannien, glaubte man, ginge es bergab, mit Deutschland bergauf. Außerdem glaubte Deutschland, daß die imperialen Rivalen, die sein britischer Konkurrent in den Jahren nach 1890 hatte, Rußland und Frankreich, und der Aufbau der neuen Schlachtflotte durch Tirpitz Großbritannien zwingen würden, sich mit dem Deutschen Reich ins Benehmen zu setzen.

Tatsächlich geschah das Gegenteil. Alarmiert durch die deutsche Marinepolitik arrangierte sich Großbritannien mit Frankreich und Rußland. Und die *entente cordiale* wurde noch durch die deutsche Marokkopolitik gefestigt. So war es Frankreich, nicht Deutschland, das sich in Bismarcks Lieblingsposition eines *à trois* in einem aus fünf Großmächten bestehenden Europa befand. Die deutsche Außenpolitik entfremdete sich nun auch noch Rußland, vor allem zwischen 1908 und 1909 im Zusammenhang mit Bosnien, und heizte das Wettrüsten zusätzlich an.

Das führte dazu, daß Deutschland 1914 eingekreist war und nur noch auf die Unterstützung Österreichs rechnen konnte, eine Situation, die, wie Fritz Fischer und seine Schule gezeigt haben, zu vielen Spekulationen über einen europäischen Präventivkrieg geführt hat. Der Sieg in einem solchen Krieg hätte es Deutschland ermöglicht, Europa zu beherrschen und überall auf der Welt koloniale Gewinne einzuheimsen. Doch die Eroberung Europas hätte nur als Grundlage einer Weltpolitik gedient; Deutschlands eigentliches Reichsgebiet wäre kontinentaleuropäisch gewesen und hätte das einverleibte Belgien, Holland und Luxemburg umfaßt; Polen, die baltischen Staaten und die Ukraine wären Satelliten geworden, Frankreich und Rußland wären künftig aller Widerstandsmöglichkeiten beraubt gewesen und das habsburgische und Ottomanische Reich zu wirtschaftlichen Anhängseln herabgesetzt. So wäre Deutschland in die Lage gekommen, sich gegenüber den Vereinigten Staaten und Japan als drittes Weltreich von Dauer zu behaupten, denn ein besiegtes und isoliertes Großbritannien hätte als rivalisierende Macht keinerlei Bedeutung mehr gehabt. Vielleicht wäre dann der Traum des Kaisers in den Bereich des Möglichen gerückt: »Die Vereinigten Staaten von Europa gegen Amerika«.[64]

Doch vorläufig gibt es noch keine Beweise dafür, daß Deutschland 1914 einen solchen Krieg absichtlich geplant hat. Diplomatische Inkompetenz und die Angst vor einer späteren Niederlage infolge einer langsamen, aber unaufhaltbaren militärischen Kräfteverschiebung standen hinter Bethmann-Hollwegs Entschluß, den Krieg zu riskieren, falls die Russen mobilisierten, um aus der Umzingelung auszubrechen. Erst nach seinen anfänglichen Siegen begann Deutschland mit der Planung einer neuen Ordnung Mitteleuropas.

So kam es 1914 dazu, daß sich drei europäische Reiche, die alle lebensfähige Staaten waren und sich in einem ähnlichen Modernisierungsprozeß befanden wie die anderen europäischen Staaten auch, vom Untergang bedroht sahen, weil zwei um ihr Prestige als Großmacht bangten und einer von ihnen um seine Zukunft in einer von Weltmächten beherrschten Welt fürchtete. Ein von Österreich-Ungarn absichtlich ausgelöster Balkankrieg wurde so zuerst in einen europäischen und dann in einen Weltkrieg verwandelt, als Deutschland zunächst einmal Rußland und Frankreich den Krieg erklärte, und dann, in Bethmann-Hollwegs eigenen Worten, jenen »Fetzen Papier« zerriß – den Vertrag, der Deutschland verpflichtete, die Unabhängigkeit Belgiens zu achten. Es war die größte Tragödie Europas, und sie hätte nie geschehen müssen.

1.

Fall ohne Niedergang

Die Habsburger waren die größte Dynastie Europas. Vom 13. bis zum 20. Jahrhundert stellten sie Herrscher für Reiche, Königtümer, Herzogtümer und Fürstentümer im heutigen Deutschland, Österreich, Spanien, Italien, Belgien, Holland, in der Tschechoslowakei, im ehemaligen Jugoslawien, in Rumänien, Polen und Ungarn. Die Deutsche Kaiserkrone etwa trugen sie von 1452 bis 1806, abgesehen von fünf Jahren zwischen 1740 bis 1745, als sie vorübergehend in den Besitz der Wittelsbacher kam. Doch die Habsburg, die Besitzung, von der die Dynastie ihren Namen hat, ging bereits 1635 unter Kaiser Ferdinand II. verloren. Im 19. Jahrhundert waren die kaiserlichen Besitzungen nach wie vor ungeheuer groß. Als Franz Joseph 1848 den Thron bestieg, umfaßten sie die österreichischen Gebiete[a], die ungarischen Kronlande[b], die Länder der böhmischen Krone[c], das Lombardo-Venetianische Königreich, das Königreich Galizien und das Großherzogtum Krakau, das Herzogtum Bukovina, das Königreich Dalmatien und das Fürstentum Salzburg.

Sie erstreckten sich über insgesamt 256 478 m^2, was sie nach Rußland zum größten Land Europas machte, nur 10 000 m^2 kleiner als Texas. Die Gesamtbevölkerung betrug 37,5 Millionen Menschen. Das waren 8 Millionen Deutsche, 5,5 Millionen Ungarn, 5 Millionen Italiener, 4 Millionen Tschechen, 3 Millionen Ruthenen, 2,5 Millionen Rumänen, 2 Millionen Polen, knapp 2 Millionen Slowaken, 1,5 Millionen Serben, knapp 1,5 Millionen Kroaten, über 1 Million Slovenen, 0,75 Millionen Juden und eine halbe Million Menschen anderer Nationalität (darunter Zigeuner, Armenier, Bulgaren und Griechen).

Und als ob dies Erbe nicht ausreichen würde, beanspruchte Franz Joseph auch Gebiete, die gar nicht mehr in seinem Besitz waren oder die nicht einmal mehr existierten, wie etwa Ober- und Unterluisitanien, Lothringen, die Kyburg und die Habsburg, ja selbst das Königreich Jerusalem, das 1291 zu existieren aufgehört hatte.

Bei so vielen Ländereien in Mitteleuropa (wenn man vom Vorsitz Österreichs beim Deutschen Bund und den in der Toscana, Parma und Modena herrschenden Nebenlinien der Habsburger absieht), mußte die Dynastie offensichtlich im Mittelpunkt der europäischen Geschichte stehen. Und so war es denn auch. Franz Josephs Ultimatum an Serbien sollte 1914 den Ersten Weltkrieg auslösen, und der Zusammenbruch des Reiches vier Jahre später bedeutete das Ende einer europäischen Geschichtsepoche.

Trotzdem weiß man heute allgemein kaum etwas über die Habsburger und denkt sich wenig dabei. Geschichtsstudenten drängen zur Tür, wenn man den Gegenstand auch nur erwähnt. Zu schwierige Namen, zu mühsame Geographie, zu komplizierte Ereignisfolge. Als Geschichte eines Rückzugs und einer Auflösung nicht sehr attraktiv.

Dieser Sicht der Dinge hat ein bedeutender Historiker der dynastischen Außenpolitik jüngst akademische Würden verliehen: »Die Habsburger Monarchie bietet dem, der sich mit Weltgeschichte befaßt, keine klassischen Fallgeschichten... So gut die Absichten des Historikers sein mögen, er wird in der österreichischen Geschichte keine bahnbrechenden Entwicklungen nachweisen können. Was immer in der Monarchie geschah, war stets die verspätete, zweitrangige und überdies oft verzerrte Variante einer westeuropäischen Entwicklung. Ebensowenig stößt man in der österreichischen Geschichte auf bedeutende Ereignisse, die Auswirkungen über die Nationalgrenzen hinaus gehabt haben.«[1]

Ist es somit überhaupt sinnvoll, sich mit der habsburgischen Geschichte zu befassen? Die Antwort ist ein klares und deutliches Ja. Jede Geschichte lohnt das Studium, nicht nur als Folie der Gegenwart, sondern auch als anschauliches Beispiel, wie Menschen unter andersartigen Bedingungen und Gedankensystemen gelebt haben. Außerdem ist die Geschichte der Habsburger ein integraler Teil der Geschichte Europas, keineswegs deren zaghaftes Echo. In einer Zeit, in der sich Europa, wenn auch noch so zaghaft, um Vereinigung bemüht, beraubt man sich einer wichtigen Erkenntnisquelle, will man die Geschichte des größten übernationalen Reichs in Europa zur Bedeutungslosigkeit herabwürdigen. Im Gegenteil, gerade bei den jüngsten Debatten über europäische Bürokratie, über ein zweigeschossiges Europa und das Bedürfnis nach einer unabhängigen Position hat man Mühe, nicht an habsburgische Themen erinnert zu werden – an den Josephinismus, den Dualismus, die Monarchie als europäische Notwendigkeit. Kurz, die europäische Idee beschwört die sogenannte »österreichische Staatsidee« herauf.

Deswegen wären europäische Staatsmänner gut beraten, sich über das Schicksal der Habsburger Monarchie Gedanken zu machen. Denn man befaßt sich dabei nicht nur mit zahlreichen Problemen anderer europäischer Staaten, sondern gerade auch mit den Problemen, die entstehen, wenn man so viele ganz unterschiedliche, oft einander feindlichen Kulturen entstammende Völker regieren möchte. Die Habsburger herrschten länger über ein größeres Gebiet von Europa als sonst jemand in moderner Zeit. Wenn sich Europa heute vereinigen will, sollte man wenigstens aus deren Irrtümern lernen können. Das heißt nicht,

Joseph II., der Sohn Maria Theresias, hatte Österreich nicht nur durch innere Reformen nach dem Vorbild Friedrichs des Großen zu reformieren gesucht. Auch in der äußeren Politik suchte der Monarch, der von dem großen Gegenspieler seiner Mutter tief beeindruckt war, eine Annäherung an Preußen. Der Ausgleich scheiterte jedoch am energischen Widerstand des Staatskanzlers Kaunitz, und so blieb die persönliche Begegnung beider Herrscher eine folgenlose Geste.

daß die Geschichte stets ein zuverlässiger Führer ist. Aber wenn man von Staatsmännern erwartet, sich über einen sinnvollen Weg in die Zukunft zu einigen, könnte es ihnen kaum schaden und möglicherweise sogar nützen, wenn sie präzise wüßten, was bereits unternommen wurde und worauf das hinauslief.

Dieses Buch will ausdrücklich nicht einmal mehr den Niedergang der Dynastie nacherzählen. Es soll vielmehr Revue passieren lassen, wie sich dieser vermeintliche Niedergang im Spiegel der Analyse heutiger Historiker ausnimmt, insbesondere derjenigen, die sich mit der Epoche zwischen 1815 und 1918 befassen, vor allem der britischen, amerikanischen, österreichischen und ungarischen Kollegen. Ich will keinen umfassenden Überblick über die ganze Spezialliteratur bieten, sondern mich auf die wichtigsten Themen beschränken.

Hinter fast allen in diesem Buch besprochenen Arbeiten steht schließlich immer wieder die entscheidende Frage: »Wann und zu welchem Zeitpunkt war der Zusammenbruch des Habsburger Reiches unausweichlich?« – wobei eben stets die Gegenfrage mitschwingt: »Hätte sich dieser Zusammenbruch irgendwie vermeiden lassen?« Daraus be-

47

zieht die habsburgische Historiographie ihren besonderen antifakti-
schen Charakter, eine Eigentümlichkeit, die sich vor allem im Glauben
amerikanischer Autoren manifestiert, alles hätte besser kommen kön-
nen, hätte die Monarchie nur überlebt.[2]
Die meisten dieser Historiker sind Flüchtlinge oder Kinder von
Flüchtlingen aus den Nachfolgestaaten der Donaumonarchie, die im
Vergleich mit den autoritären und kommunistischen Regimes ihrer
Nachfolgestaaten sehr gut abschneidet. Damit teilen sie die Ansicht
George F. Kennans, wonach »die österreichisch-ungarische Monarchie
eine weit bessere Lösung der verwickelten Probleme dieses Teils der
Welt anzubieten hatte als irgendeines ihrer Nachfolgeregimes«.[3] Hätte
die Dynastie nur ein faireres Herrschaftssystem für alle diese Völker
zustande gebracht, hätte sie nur die Staatsmänner erzeugt, die fähig gewesen wären, den inneren und äußeren Herausforderungen ihres Herr-
schaftsanspruchs gerecht zu werden, hätten die anderen Mächte nur die
Vorteile für das europäische Gleichgewicht erkannt, die sich aus einem
über den Nationen stehenden Reich zwischen West und Ost ergaben,
kurz, hätte nur die Dynastie überlebt, um wieviel besser stünde es dann
um die Welt.

Mag sein, mag sein auch nicht. Andere sehen den Vorgang weniger
nostalgisch, unter ganz anderen Gesichtspunkten. Diese Historiker, die
meist aus dem britischen oder osteuropäischen Raum stammen, wenden ein, die Monarchie sei weniger ein »multinationales Reich«[4] als
eine Hausmacht gewesen, das heißt ein politisches oder territoriales Instrument, dazu bestimmt, einer einzigen Familie, den Habsburgern,
Macht und Prestige zu verschaffen. Sieht man die Sache so, ging es um
bloße Besitzanhäufung, war die Habsburger Monarchie das Mittel zum
Zweck, eine Masse von Familienländereien auf internationaler Ebene
zusammenzuhalten, nicht aber, wie A. J. P. Taylor sagt: »ein Gebilde, geschaffen, vielerlei Nationalitäten das Zusammenleben zu ermöglichen«.[5] Dementsprechend hätten also nicht so sehr die Probleme bei
der Schaffung eines »gut ausgewogenen Föderalismus«[6] in der Monarchie noch die bei der Lösung dieser Aufgabe fehlende Staatskunst zum
Untergang der Monarchie geführt, sondern das Insistieren der habsburgischen Kaiser auf ihrer autokratischen Macht und ihr Streben nach
Erhaltung und Erweiterung ihres Territorialbesitzes. Bei allen folgenden historischen Erläuterungen sollte der Leser den Unterschied zwischen »föderalistischen« oder »antifaktischen« Darstellungen einerseits
sowie dynastischen oder imperialistischen Darstellungen andererseits
im Auge behalten.

Aber wo anfangen? Wo läßt sich der Niedergang der Monarchie begründet ansetzen? Wann genau wurde ihr Niedergang unausweichlich?
Ein prominenter britischer Historiker der Dynastie, C. A. Macartney,
hat argumentiert: »Der Wendepunkt in der mitteleuropäischen Mon-

Die europäischen Koalitionskriege gegen die Französische Revolution endeten mit einer Kette von Rückschlägen. Vor allem Napoleon Bonaparte drängte den Einfluß Habsburgs auf die mitteleuropäische Politik immer weiter zurück. Zuerst vertrieb der Konsul der Republik die Habsburger Monarchie aus Oberitalien, dann aus Belgien und schließlich aus den kleineren österreichischen Besitzungen im Reich. Inzwischen zum Kaiser avanciert, spielte Napoleon dann sehr geschickt die Interessen der deutschen territorialen Herrscher gegen Österreich aus, wobei er eine Reihe neuer deutscher Königtümer schuf. Als sich Franz I. mit dem französischen Kaiser traf, mußte Österreich die neue Machtlage in Mitteleuropa anerkennen; Franz I. legte den Titel eines Deutschen Kaisers ab und proklamierte sich zum Kaiser Österreichs.

archie... kann mit Bestimmtheit auf den Tag genau datiert werden: auf den 28. Januar 1790.«[7] An diesem Tag trat, Macartney zufolge, »in Mitteleuropa ein Gezeitenwechsel ein«.[8] Joseph II. war gezwungen worden, die meisten seiner Reformen zurückzunehmen, und danach begann in der Habsburger Monarchie eine lange Periode des Niedergangs. Um Macartney noch einmal zu zitieren:»Die territoriale Expansion wird durch einen Schrumpfungsprozeß abgelöst, bei dem ein Außenposten nach dem anderen verlorengeht. Gleichzeitig werden die Mächte des Absolutismus und Zentralismus so lange in die Defensive gezwungen, bis schließlich die Völker der Monarchie im Bunde mit ihren auswärtigen Feinden nicht nur die Art der Herrschaft ihres Monarchen ablehnen, sondern auch die Herrschaft selbst. Das Ende ist da.«[9]

Die ganze Epoche zwischen 1789 und 1815 wird von österreichischen Historikern als entscheidend für den Niedergang der Monarchie bezeichnet. Wandruszka zum Beispiel hat den Tod von Joseph II. als möglichen Wendepunkt untersucht, obwohl er, als Biograph von Leopold II., mehr Gewicht auf den Tod dieses Monarchen im Jahre 1792 legte.[10] Nicht nur, daß danach der reaktionäre Franz I. an die Macht kam, es gab den Krieg gegen das revolutionäre Frankreich und die in den Jahren 1794/95 erfolgte Entdeckung der »jakobinischen Verschwörung« in Ungarn und Wien, durch die Leopolds Reformpläne ein Ende fanden. 1792, gibt Wandruszka zu Bedenken, war das Jahr, in dem Österreich und die Türkei erneut diplomatische Beziehungen aufnahmen, womit drei Jahrhunderte Feindschaft und Krieg ihr Ende fanden.[11] Und mit der Wiederaufnahme normaler Beziehungen zwischen diesen beiden Staaten hat das Haus Österreich seine historische Mission, Europa vor den Türken zu schützen, erfüllt. Danilevsky und die anderen russischen Panslawisten sind entschieden der Meinung, daß die Monarchie damit ihr Lebensrecht verwirkt hatte. Aus Sicht der Habsburger fand sie jedoch eine neue Mission – als wichtiger Bestandteil des europäischen Gleichgewichts war es ihre Aufgabe, Zentraleuropa vor der französischen und der russischen Aggression zu schützen.

Gerade in der Epoche von 1790 bis 1815 haben die Historiker sogar noch mehr Wendepunkte ausgemacht – 1804 zum Beispiel, als Franz I. den einfachen Titel »Kaiser von Österreich« annahm, oder 1806, als das Heilige Römische Reich zu bestehen aufhörte. Der österreichische Historiker Berthold Sutter hat darauf hingewiesen, daß Erzherzog Johann glaubte, der »Schicksalstag für das junge österreichische Reich« sei der Tag im Juli 1809 gewesen, als Napoleon die Schlacht von Wagram gewann.[12] Das ist gar nicht abwegig, weil in Wagram der einzige Versuch gescheitert ist, die deutschen und europäischen Völker unter österreichischer Führung zu sammeln, und die Reformpartei unter den Brüdern Stadion und den Erzherzogen Karl und Johann nach Wagram die Kontrolle der österreichischen Politik an Metternich abgeben mußte.

Bleibt die Tatsache, daß die Monarchie aus den Napoleonischen Kriegen siegreich hervorging und daß der Wiener Kongreß Österreich die Leitung von Deutschland und Italien zugestand. Metternichs Rolle bei diesem Vertragswerk war äußerst ehrenvoll, ermöglichte einen Frieden, durch den die Monarchie nicht nur ein geographisch geschlosseneres Gebiet erhielt, sondern darüber hinaus einen Platz in einem Militärbündnis gegen eventuelle künftige revolutionäre Bedrohungen durch Frankreich. Daß 1815 bereits der Niedergang eingesetzt haben soll, will daher nicht so recht einleuchten.

So haben denn auch manche Historiker den eigentlichen Beginn des Niedergangs der Monarchie in der Mitte des 19. Jahrhundert zu finden versucht: Metternichs Weigerung, sich mit der steigenden Flut von Liberalismus und Nationalismus in den Jahren vor 1848 auseinanderzusetzen, die Revolutionen von 1848, der Verlust der Vorherrschaft in Italien und Deutschland, der österreichisch-ungarische Kompromiß von 1867, die Balkandiplomatie der Monarchie und ihre Entscheidung, 1914 einen Krieg mit Serbien anzufangen, also zu einer Zeit, als sie, europäisch betrachtet, sowohl militärisch wie ökonomisch relativ schwach war – alles Meilensteine auf dem Weg in die Katastrophe. Die folgenden Kapitel dieses Buches werden sich daher auf die Zeit zwischen 1815 und 1918 konzentrieren.

Eines allerdings sollte man jetzt schon klarstellen. Daß man über Niedergang und Fall der Monarchie spricht, heißt noch lange nicht, daß dies ein stetiger, gleichmäßiger Vorgang war. »Niedergang und Fall« sind stehende Begriffe. Daß die Monarchie fiel, läßt keineswegs darauf schließen, daß sie auch im Niedergang begriffen war. Das spielte sich ganz anders ab. Die Monarchie ist zwar 1848 fast in Stücke gefallen, aber sie hat sich wieder erholt und ist bis 1914 auf verschiedenen Gebieten eher aufgestiegen als niedergegangen. Man wird sehen, daß bis 1918 keine innere, geschweige denn eine äußere Bedrohung für ihre Integrität bestand.

2.

Metternich und sein System, 1815–1848

Die herausragende Gestalt der habsburgischen Geschichte des 19. Jahrhunderts war zweifellos Fürst Metternich, Außenminister von 1809 bis 1848 und Haus-, Hof- und Staatskanzler seit 1821. Historiker bezeichnen die Zeit von 1815-1848 gelegentlich als »Zeitalter Metternichs«, und sagen gern, sie sei vom »System Metternichs« dominiert gewesen. Metternich soll also nicht nur für die Außenpolitik der Habsburger Monarchie verantwortlich gewesen sein, sondern für das Schicksal von Europa insgesamt. Deswegen gilt er als bedeutende historische Gestalt, und wie alle solche Gestalten ist er umstritten.

Meist kommt er nicht besonders gut davon. Die meisten Autoren halten ihn für einen Reaktionär, für jemanden, der so besessen davon war, Revolutionen niederzuschlagen – der gleichsam überall nur niederzuschlagende Revolutionen sah –, daß er die Entstehung von gemäßigten, aufbauwilligen, reformfähigen Regierungssystemen in Zentraleuropa verhindert hat. Ohne das System Metternichs hätte sich Europa im großen und ganzen liberal entwickeln können, und dem Kontinent wären viele Kriege und Katastrophen erspart geblieben. Vor allem hätte es den deutschen Sonderweg nicht gegeben, keine historische Notwendigkeit für einen Bismarck, und die europäische Geschichte wäre anders verlaufen. Ohne Metternich hätte sich auch die Habsburger Monarchie erneuern, ein Ausgleich mit den Nationalitäten hätte gefunden werden können, und ein 1914 hätte es vielleicht nie gegeben. In den Augen liberaler und demokratischer Autoren hat Metternich also einiges zu verantworten.

Seine Kritiker

Fast alle diese Autoren und Kritiker gehen dabei von drei Voraussetzungen aus: Erstens, daß Metternich die Außenpolitik des Reichs und damit die Diplomatie von ganz Europa beherrscht hat; zweitens, daß er auch für die innenpolitische Entwicklung der Monarchie verantwortlich war und daß drittens seine Außenpolitik eng mit seiner Innenpolitik verflochten war. Beide, heißt es, beruhten auf den gleichen reaktionären Prinzipien und bildeten zusammen das berüchtigte System

Metternichs. Mit anderen Worten, sie nehmen an, daß Metternichs Außen- und Innenpolitik ideologisch bestimmt waren, und zwar von einer Ideologie, die in der Monarchie die einzig wahre Regierungsform sah: Eine richtige monarchische Regierung hatte absolut zu sein, sie hatte die Gesellschaftsordnung zu schützen, die genauso gottgegeben war wie die Monarchie selber; Monarchen hatten sich gegenseitig beizustehen, um diese Ordnung und die von ihr ausgehende politische Stabilität zu schützen, was auf die Ablehnung des repräsentativen Prinzips hinauslief, das ja von der Souveränität des Volkes ausging. Ferner ging es um die Aufrechterhaltung des Konzerts der europäischen Mächte und ihres Gleichgewichts, um klare und entschiedene Machtausübung durch den koordinierten Einsatz von Armee- und Polizeikräften, die – wenn nötig – intervenieren mußten, um einen Mitherrscher vor der Revolution zu schützen.[a] Doch in den Augen seiner Kritiker hat Metternichs System trotz aller Repressionen versagt. Aus gemäßigten Reformern wurden zwangsläufig Revolutionäre, bis schließlich 1848 das Unvermeidliche geschah und Metternich durch die Revolution gestürzt wurde.

Viele dieser Argumente sind bereits von zeitgenössischen Kritikern verwendet worden, auf die Metternichs Schatten allerdings besonders lastend fiel. Einer von ihnen, ein Österreicher, der 1830 publizierte, konnte öffentlich erklären: »Nie war ein Mann gefürchteter oder verhaßter als Metternich. Von Belgien bis zu den Pyrenäen, von den Enden der Türkei bis an die Grenzen Hollands gibt es über diesen Minister nur eine Meinung, und das ist die des Abscheus. Denn er vor allem hat für die jetzige politische Gestalt Europas gesorgt, er war der Erfinder und die Triebfeder der Heiligen Allianz, dieser Keimzelle großer Ereignisse... Die Freiheit hat nie einen gefährlicheren Feind gehabt als Metternich.«[1]

Lord Palmerston hat dem österreichischen Botschafter in London den zweiten Teil der Anklage vorgetragen: »Fürst Metternich hält sich für einen Konservativen, weil er hartnäckig am politischen Status quo in Europa festhält. Wir zeigen unseren Konservatismus, indem wir überall zu Reformen raten und Verbesserungen fordern, wo die Öffentlichkeit dies vorschlägt oder wünscht. Sie dagegen lehnen alles ab. Herrscht in Ihrem Land Ruhe und Ordnung, empfinden Sie Konzessionen als überflüssig; kommt es zu Krisen und Revolten, verweigern Sie sie auch, weil Sie Ihre Autorität nicht schwächen wollen, indem Sie unter Druck nachgeben. Sie bestehen darauf, alles und jedes abzulehnen, was die öffentliche Meinung Ihres Landes und der Länder, in denen Sie Einfluß und Macht haben, fordern mag, und schließlich sind Sie auch gegen alle Zugeständnisse, die nah und fern von Ihnen gewünscht werden. Nein, diese Unbeweglichkeit ist nicht Konservatismus... Ihre repressive und erstickende Politik ist letztlich fatal und

wird ebenso sicher zur Explosion führen wie ein zugesperrtes Druck-
ventil bei einem hermetisch verschlossenen Dampfkessel.«[2]
Kolowrat, der wichtigste Rivale des Fürsten in der österreichischen
Regierung, sagte ihm ziemlich dasselbe ins Gesicht:»Ich bin Aristokrat
nach Geburt und Überzeugung und stimme mit Ihnen völlig überein,
daß man Konservatismus anzustreben hat und alles tun muß, dahin zu
gelangen. Aber über die Mittel sind wir entschieden anderer Meinung.
Ihre Mittel sind ein Wald von Bajonetten und ein starres Festhalten an
den Dingen, wie sie sind. Dadurch spielen wir, meiner Meinung nach,
den Revolutionären in die Hände. Ihre Mittel führen uns... nicht morgen und nicht nächstes Jahr – aber bald genug – zu unserem Untergang.«[3]
Nach den Revolutionen von 1848 hielt man es für ausgemacht, daß
all das bei Metternich eingetroffen sei, und dies ist nach wie vor die gül-
tige Lehrmeinung. Paul Schroeders Untersuchung über Metternichs
Diplomatie auf ihrem Höhepunkt[4] schließt mit einem Kapitel, das ihn
als einen Staatsmann beschreibt, dessen Politik weder konstruktiv noch
konservativ, noch europäisch war. Seine vielgepriesenen Prinzipien
werden als Klischees abgetan. A. J. P. Taylor zufolge»fällt den meisten
Männern beim Rasieren Besseres ein«[5], während in immer mehr Studi-
en nachgewiesen wird[6a], daß Metternichs Stellung in der europäischen
Diplomatie keineswegs maßgebend war.[6b] Zwar hatte er Alexander von
Rußland überredet, das reaktionäre Troppauer Protokoll zu unter-
schreiben, doch das kostete ihn seinen letzten Einfluß auf England, und
nicht einmal das sogenannte»Kongreß-System« hatte er danach im
Griff. Mittels des Zollvereins konnte Preußen vor seiner Haustür die
Leitung Deutschlands an sich reißen, und seine reaktionären Freunde
wurden 1847 in den Sonderbundskriegen der Schweiz geschlagen.
Selbst im diplomatischen Alltagsgeschäft stand Metternich bei seinen
europäischen Kollegen nachweisbar nicht allzu hoch im Kurs: Nikolaus
von Rußland betrachtete ihn als»Genossen Satans«, Nesselrode beklagte seinen»Mangel an Offenheit, seine Panik und seine Eifersucht,
seine ungesunde Besessenheit, Dinge aufs Papier zu kritzeln und absichtlich die einfachsten Angelegenheiten zu verwirren«.
Auch für besonders ehrlich wurde er nicht gehalten. Talleyrand ver-
glich ihn mit Kardinal Mazarin:»Der Kardinal täuschte, aber log nie,
Metternich lügt ständig, aber täuscht keinen.« Napoleon klagte:»Jeder
lügt manchmal, aber ständig lügen, geht zu weit«, Canning hielt ihn»für
den größten Lumpen und Lügner auf dem Kontinent, vielleicht der
ganzen zivilisierten Welt«, während Grillparzer zufolge Metternichs
wahres Problem darin bestand, die eigenen Lügen zu guter Letzt auch
zu glauben.[7]
Es spricht also einiges für die Behauptung, daß Metternich auf vielen Gebieten versagt hat: Seine Außen- und Innenpolitik war so re-

Napoleon hatte Europa mehr als ein Jahrzehnt nahezu schrankenlos beherrscht, Throne neu verteilt, abgeschafft und neue Könige eingesetzt. Auf einer Reihe von Fürstentagen hatte er seine Welt- und Friedensordnung von Europas Monarchen sanktionieren lassen. Aber der Feldzug gegen das Zarenreich 1812 endete mit Feuer, Schnee und Frost in einem Debakel; es dauerte nur wenige Monate, bis sich die eben noch gedemütigten Fürsten und Völker Europas zusammenschlossen und den Kaiser der Franzosen in einer ganzen Kette von Schlachten auf französischem Boden zurückdrängten. Nach der Dreikaiserschlacht kam 1813 die Völkerschlacht von Leipzig, die mit der endgültigen Zerschlagung der vor kurzem noch furchterregenden Heere Napoleons endete. Paris wurde kampflos übergeben, Napoleon zum Thronverzicht genötigt, und Franz I. zog als Triumphator in Wien ein.

pressiv, daß sie die Revolution beförderte; seine Außenpolitik ergebnislos; seine diplomatischen Kollegen schätzten ihn nicht; er war nicht einmal fähig, sich bei dem, was er tat, an konsequente Richtlinien zu halten. Was also läßt sich zu seiner Verteidigung anführen?

Seine Verteidiger

Metternichs Einfluß in innenpolitischen Angelegenheiten wird noch eingehender untersucht werden. Was die Außenpolitik angeht, geben seine Verteidiger zu bedenken, daß seine Macht in einem absolutistischen Staat vom Willen des Kaisers abhing und dabei zusätzlich durch die offensichtlichen wirtschaftlichen und militärischen Schwächen der Monarchie eingeschränkt wurde – was ihn alles nicht daran hinderte, einen beträchtlichen Einfluß innerhalb Europas auszuüben, und zwar nicht nur in Italien und Deutschland, sondern auf dem ganzen Kontinent. Da war er der anerkannte Sprecher der konservativen Sache und hat tatsächlich über einen so langen Zeitraum hinweg grundlegende Prinzipien so konsequent vertreten, daß man mit vollem Recht von einem System und einem Zeitalter Metternichs spricht. Versuchen wir also, uns die guten Seiten dieser ansonsten scheinbar so negativen Figur näher anzusehen.

Man weiß nicht viel Genaues über seine Zusammenarbeit mit Franz I., aber was man weiß, läßt ahnen, daß er wohl mehr Einfluß beim Monarchen hatte, als er gelegentlich durchblicken ließ. Er hat zwar einem russischen General gegenüber angedeutet, daß, sollte er vom Willen des Herrschers »divergieren, Prinz Metternich keine vierundzwanzig Stunden Außenminister bleiben würde«,[8] doch trotz seiner berühmten Behauptung: »Ich habe vielleicht Europa regiert, Österreich nie«, steht seine sehr zentrale Rolle in der Außen- wie der Innenpolitik des Kaiserreichs außer Frage. Er neigte jedenfalls zu Widersprüchen. Bei anderer Gelegenheit sagte er nämlich: »Ich regiere das russische Kabinett, genau wie das österreichische«, oder »der Kaiser tut, was ich will, auch wenn ich nur will, was er wollen sollte«.[9]

Das alles deutet darauf hin, daß sich Metternich und Franz I. gelegentlich gestritten haben, aber in etwa die gleichen Ansichten teilten: Beide hatten einen tiefsitzenden Abscheu vor Veränderungen, und beide waren unerbittliche Streiter gegen die Revolution und das Comité directeur, von dem aus diese, wie sie glaubten, gesteuert wurde. Wie sagte der russische Botschafter: »Österreichs Politik beruht auf dem Charakter von Franz, geleitet wird sie durch Metternichs Geist.«[10] Oder der Kanzler selber: »Der Himmel hat mich neben einen Mann gestellt, der ebenso für mich gemacht sein könnte wie ich für ihn. Der Kaiser Franz weiß, was er will, und er weicht nie von meinen Grundforderungen ab.«[11] Da stellt sich die Frage, wieso sich Metternich manchmal nicht entschiedener durchzusetzen versucht hat, etwa, wenn die beiden Männer in der Innenpolitik unterschiedlicher Ansicht waren.

Das mag verschiedene Ursachen gehabt haben: Vielleicht wußte Metternich, daß Franz I. seinen Regierungsstil nicht ändern konnte; vielleicht fehlte es ihm an der nötigen Zielstrebigkeit (sein Mangel an Willenskraft wurde oft einem »weiblichen« Zug seines Charakters zugeschrieben, den mehrere Zeitgenossen an ihm bemerkt haben); vielleicht war er auch der Meinung, er habe in einem monarchistischen Staat nicht das Recht, sich durchzusetzen zu dürfen. Wenig plausibel jedoch ist die Behauptung, eine Rücktrittsdrohung hätte zu seiner umgehenden Entlassung geführt. Dafür schätzte Franz I. seinen Kanzler zu sehr; außerdem ist bekannt, daß Kolowrat nicht weniger als zwanzigmal mit Rücktritt gedroht hat. Alles keine gewichtigen Argumente, auch wenn sie nicht von der Hand zu weisen sind. Franz I. behielt sich als absoluter Herrscher stets das letzte Wort vor, und das war fast durchweg reaktionär.

Beim Hinweis auf die wirtschaftlichen und militärischen Schwächen der Monarchie stehen Metternichs Verteidiger auf viel festerem Boden. Kolowrat zum Beispiel hatte den Geldbeutel der Monarchie unter Verschluß und wandte sich, wie wir gesehen haben, gegen Metternichs Politik eines »Waldes von Bajonetten«. Er hat das österreichische Militärbudget als »Schild, der den Reiter erdrückt«[12] bezeichnet und entschlossene Anstrengungen unternommen, das Militärbudget wo immer möglich zusammenzustreichen. Ihm war sehr daran gelegen, den österreichischen Haushalt auszugleichen (was er nur einmal, 1829, erreichte) und die Staatsverschuldung zu verringern, kurz, Österreichs schlechten Ruf als Kreditrisiko, den es sich während der Napoleonischen Kriege eingehandelt hatte, zu verbessern.

1811 mußte die Monarchie sich bankrott erklären und war dennoch gezwungen, von 1813 bis 1815 ungeheure Schulden zu machen. In den folgenden Jahren hatte sich die Finanzlage wieder stabilisiert, aber zwischen 1815 und 1848 belief sich die jährliche Verschuldung auf etwa 30 Prozent der gesamten Staatseinnahmen. Wenn, wie ein französischer Beobachter bemerkte, die österreichischen Finanzen »dennoch von einem wirklich bemerkenswerten Wohlstand zeugten«[13] (anhand der Zahlen von 1840 setzte er die öffentliche Verschuldung auf weniger als ein Jahreseinkommen an, wenn man den abnehmenden Staatsschatz mit einbezog), so war diese Ansicht keineswegs weit verbreitet. Wie Kolowrat die Dinge sah, betrug das Armeebudget für die Jahre vor 1848 fast 40 Prozent der Regierungseinnahmen und war der größte Posten im Staatshaushalt. In den Jahren der Krise, oder eher der Intervention, stieg er ungeheuer an (Truppen erhielten im Krieg die doppelte Besoldung), was dazu führte, daß die interventionistische Politik der Monarchie immer wieder die Kreditwürdigkeit des Staates zu unterminieren drohte.

Der Widerstand des Finanzministeriums gegen eine Politik, die das Militärbudget von 55 Millionen Gulden im Jahre 1819 auf 80 Millionen im Jahre 1821 und von 46 Millionen im Jahre 1830 auf 77 Millionen im Jahre 1831 steigerten, war deshalb lautstark und energisch. Stadion hatte 1824 verzweifelt die Hände gerungen, als er entdeckte, daß die Kosten der neapolitanischen Intervention ein Defizit von 35 Millionen Gulden nach sich zogen. Und sein Ärger war nicht geringer geworden, als er hörte, daß sich Metternich mit der Teilrückzahlung eines britischen Darlehens von 40 Millionen Gulden einverstanden erklären mußte, die die britische Regierung nun zurückforderte, um ihr Mißfallen zu zeigen. Während des griechischen Unabhängigkeitskrieges hatte daher Kolowrat, trotz Metternichs großspuriger Erklärungen an die

Mächte, Fürst Windischgrätz, den späteren Feldmarschall, dahingehend informiert, daß Österreich, dessen Militärbudget 1827 wieder auf 48 Millionen Gulden reduziert worden war, nur für einen »ewigen Frieden« gerüstet sei.[14]

Er fuhr fort: »Wir bieten alles auf, um Feindseligkeiten zu verhindern; wir können jedoch nur beten, daß man unsere Drohungen nicht fürchtet, und unsere Hoffnung beruht auf der Verschiedenheit des Interesses der widernatürlich koalierten drei Staaten.« Mit anderen Worten: Die österreichische Armee sollte, soweit es Kolowrat betraf, nur das allerletzte Zufluchtsmittel sein. Metternich begriff, worauf das hinauslief, und forderte nach dem Ende des russisch-türkischen Krieges Mehrausgaben für die Aufrüstung. Aber Kolowrat antwortete: »Wenn es der Militärverwaltung bisher nicht gelungen ist, während einer fünfzehnjährigen Friedensperiode, die nur durch einen kurzen Feldzug gegen Neapel und Piemont unterbrochen war, und bei einer Masse von Hilfsmitteln, die wenigen Staaten in gleicher Fülle zu Gebote stehen, die Armee und die sonstigen Defensivmittel auf einen Stand zu bringen, der geeignet wäre, die Monarchie vor einer ihr drohenden Gefahr zu schützen, so drängt sich die Besorgnis auf, daß ein die Geldkräfte der Monarchie weit übersteigender Militäraufwand seiner Bedeutung bisher wenig entsprochen habe, und es wird schwer, die Frage zu beantworten, wie es kommen konnte, daß für diese Defensivmittel, die nun als ungenügend und für den Schutz gegen äußere Angriffe unzureichend erkannt werden konnten, jährlich 38 bis 46 Millionen Gulden verwendet werden konnten.«[15]

Doch die Armee hatte ihre Mittel gewiß nicht verschwendet. Offiziere wie Mannschaft waren miserabel entlohnt und der Dienst sehr hart. Sie hatte ihr Geld auch nicht in Vorräte gesteckt: Ihre Manövriermöglichkeit war, wie sie immer wieder feststellen mußte, aus Mangel an Vorräten sehr gering. Einer Untersuchung zufolge konnte die Armee in Friedenszeiten nur überleben, weil sie ein Drittel bis die Hälfte der Truppen nach Hause schickte. »In Friedenszeiten ist es üblich, daß ein Drittel oder sogar noch mehr der Männer in Urlaub sind und nur diejenigen behalten werden, deren Dienst absolut vonnöten ist. Vor allem die Friedensjahre zwischen 1815 und 1829 gestatteten einen derart umfangreichen Rückgriff auf dieses durch die Ökonomie und industrielle Rücksichten bedingte System, daß in den Jahren 1825, 1826 und 1828 fast die Hälfte aller Männer auf Urlaub war.«[16]

Tatsächlich war die Armee so heruntergekommen, demoralisiert und schlecht geführt, daß sie kaum als kampffähig beschrieben werden konnte. Als Metternich 1831 Erzherzog Karl aufforderte, die kaiserlichen Kräfte gegen Frankreich zu führen, machte der Erzherzog in seiner Antwort mit aller nur wünschenswerten Deutlichkeit klar, daß dies weder die Finanzlage des Kaiserreichs noch der Zustand der Armee zulassen würden. Dies begriff auch der Kaiser. Als Radetzky ihn fragte, warum es nicht zum Krieg gegen Frankreich gekommen sei, antwortete ihm der Kaiser: »Ich hielt dieses Jahr bei Münchendorf ein Militärlager ab, wo meine Truppen sich so schlecht und apathisch aufführten, daß die Preußen ihr Mißfallen äußerten. Deswegen haben wir Louis Philippe gleichzeitig mit England als König von Frankreich anerkannt. Auf mich allein gestellt, konnte ich keinen Krieg führen.«[17]

Radetzky wurde nach Italien versetzt, um dort die Armee zu reformieren, aber obwohl er dort einige Verbesserungen veranlaßte, sind besonders gute Resultate, der recht beträchtlichen Mythenbildung zum Trotz, kaum nachweisbar. Aber wie auch immer – seine Bemühungen, die eigene Position gegen eine Bedrohung aus Piemont zu sichern, wurden vor 1848 durch Kontrollmaßnahmen des Finanzministeriums vereitelt. Der Kaiser informierte den Präsidenten des kaiserlichen Kriegsrates Ende Februar 1848: »Künftig ist mir kein Vorschlag, der Geldausgaben mit sich bringt, vorzulegen, wenn man sich vorher nicht mit dem Finanzministerium abgesprochen hat.«[18] Gleichzeitig ließ man Radetzky wissen, daß er nur dann auf Verstärkung hoffen konnte, falls es in der Lombardei zu einer »bedeutenden Rebellion« kommen sollte oder die Franzosen oder Sarden angreifen würden. Und das, obwohl bekannt war, daß die Strategie des Feldmarschalls darauf beruhte, beim Angriff die Initiative zu ergreifen. Die Russen hatten ihr Vertrauen auf Österreich so sehr verloren, daß der Zar seinen Schwager, den König von Preußen, schriftlich mahnte: »Teurer Freund, sei der Befreier Deutschlands.«[19]

Metternich leitete somit die Außenpolitik eines Kaiserreichs, dessen finanzielle Schwächen eine ernsthafte Bedrohung seiner Fähigkeit darstellten, die eigenen Interessen zu schützen und notfalls zu sichern. Die schlechte Moral seiner Truppen machte alles noch schlimmer: Die Generalstabsoffiziere galten als unterqualifiziert, Radetzkys Militärmanöver hielt man für Truppenschinderei, es gab immer mehr Selbstmorde und Disziplinlosigkeiten in den Reihen (oft im Zusammenhang mit grauenhaften Strafen, die die Männer erdulden mußten), und schließlich und endlich gab es auch noch die Nationalitätenfrage. Jeder Hinweis darauf galt als »Verletzung der militärischen Ehre«[20], aber Radetzky selber konnte Ende 1847 nach Wien über seine italienischen Truppen schreiben: »…wir müssen nicht mehr von ihnen erwarten, als vernünftig ist, vor allem, wenn sie gegen ihre eigenen Landsleute geführt werden. Zweifellos werden diese Truppen allen möglichen Einflüssen ausgesetzt sein und zur Desertion verlockt werden; wenn das Kriegsglück sich in der ersten Schlacht gegen uns wendet, stehe ich nicht für ihre Loyalität ein. Eine solche Erfahrung wäre keineswegs überraschend; sie ist so alt wie die Geschichte selbst.«[21]

Doch ungeachtet all dieser Schwächen übte Metternich einen beträchtlichen Einfluß über einen Großteil Europas aus, auch wenn es nicht ganz zu einer Führungsrolle oder einem Hegemonialanspruch reichte. Dabei kam ihm zustatten, daß viele der europäischen Herrscher und Führer genau wie er alt genug waren, sich an die Zeit der Französischen Revolution und an Napoleon zu erinnern. 1848, als viele von ihnen die Nerven verloren, sollte sich das als Nachteil erweisen, aber bis dahin wirkte es sich zu seinen Gunsten aus. Die Angst vor der Revolution hielt sie beisammen, und Metternich nutzte diese Ängste aus. Die Revolutionen in Spanien und Neapel von 1820 zum Beispiel, oder gar die Revolte der kaiserlichen Garde von Semenovskii, die den Zaren Alexander I. dazu brachte, seinen sogenannten »Liberalismus« aufzugeben, und zu Metternich zu eilen wie »ein Schüler zu seinem Lehrer«[22], während sein Bruder, Nikolaus I., 1833 nach den Revolten von 1830 wörtlich sagte:»Ich bin gekommen, mich unter das Kommando meines Chefs zu stellen.« Er fügte hinzu:»Ich blicke auf Sie, lassen Sie mich wissen, wenn ich irgendwo irre.«[23]

Diese Entwicklung war Metternichs großes Glück, denn die allgemeine Revolutionsangst und die Furcht vor einem Umsturz machten es ihm möglich, seine Ansichten über monarchische Solidarität einem bereits konvertierten Publikum zu predigen. Trotz Österreichs Schwächen konnte er somit zum Sprecher der konservativen Sache von ganz Europa werden. Paradoxerweise dürfte ihm sogar gerade die Schwäche der Monarchie zustatten gekommen sein. Auf sich allein gestellt, konnte Österreich keine andere Macht bedrohen; als supranationaler und absolutistischer Staat konnte es nicht gut dem Nationalismus oder Liberalismus in die Hände arbeiten; ein territorial saturierter Staat war es offensichtlich auch.

Metternichs ständige Mahnungen, vertraglich vereinbarte Rechte zu respektieren, sich gegenseitig diplomatisch zu konsultieren, bevor man zu den Waffen griff, und althergebrachte Rechte und Traditionen zu achten, waren ehrlich gemeint. Das mußten sie auch sein. Die vitalen Interessen der Monarchie bedurften des Friedens und der gegenseitigen Solidarität der Monarchen. Metternich verstand das Kaiserreich als europäischen Mikrokosmos, als System, in dem viele Nationalitäten miteinander in einem monarchischen Rahmen zusammenlebten und das auf einer hierarchisch organisierten Gesellschaft und einem Rechtsstaat beruhte. Da es sich genau im Mittelpunkt des Kontinents befand, wurde es zur »europäischen Notwendigkeit«, zum Dreh- und Angelpunkt des europäischen Gleichgewichts.

Metternich empfand, wie er Wellington 1824 sagte, Europa als sein »Vaterland«. Damit wollte er zum Ausdruck bringen, daß er sich als Aristokrat jeder aristokratischen Gesellschaft Europas zugehörig fühlte – wobei für ihn als Habsburger Minister die Interessen Europas eben mit denen der Habsburger Monarchie identisch waren.

Schroeder hat Metternichs Europäertum allerdings als Deckmantel des österreichischen Eigeninteresses bezeichnet.[24] Aber Metternich selbst wäre kaum in der Lage gewesen, darin einen Widerspruch zu sehen.[25]

Dadurch, daß England den Kampf gegen die Revolution aufgegeben hatte und Frankreich verdammt war, ihr ewiges Heimatland zu bleiben, war Metternich bei seiner Diplomatie immer mehr auf russische Unterstützung angewiesen. Rußland war die bei weitem größte Kontinentalmacht, trotz seiner administrativen und ökonomischen Schwächen. »Wovon der Zar nachts träumte«, schrieb Gentz, »das konnte er morgens ausführen.« Eine Macht, die Metternich die größten Sorgen bereitete, bis sich Alexander I. zur Reaktion bekehrte. Von 1825 bis 1833 hatte er ähnliche Befürchtungen wegen Nikolaus I. Sollte sich nämlich Rußland entscheiden, das ottomanische Kaiserreich zu zerstören, würde Österreich entweder zu einem Klientenstaat der Zaren werden oder sich im Kriegszustand mit ihnen befinden.

Die griechische Revolte gab Nikolaus die ideale Gelegenheit, gegen die Türkei loszuschlagen, und nach der Schlacht bei Navarino mag er versucht gewesen sein, seine Lage auszunutzen. Nesselrode erklärte: »Was wird unser Freund Metternich zu diesem großen Triumph sagen?... Er wird seine alten und langweiligen Prinzipien wiederkäuen, wird vom Recht sprechen – es lebe die Gewalt, sie ist es, die heute die Welt regiert.«[26] Metternichs Antwort war: »So haben Carnot und Danton und später ihre Nachäffer gedacht und gesprochen. Sie sind demungeachtet durch die alten ennuyeux principes totgeschmettert worden, und so wird es ebenfalls dem polternden Nesselrode ergehen.«[27]

Doch Nikolaus hatte nicht sehr viel für die Griechen übrig, die er als Rebellen betrachtete, und keinen wie immer gearteten Wunsch, das ottomanische Kaiserreich zu zerstören. Sein eigenes, so glaubte er, war bereits zu groß, und eine schwache Türkei bot eine bessere Garantie für die russische Sicherheit als ein reformiertes ottomanisches Imperium oder dessen Aufteilung unter den europäischen Großmächten. Er behauptete immer wieder, keinerlei Ansprüche auf fremdes Territorium zu haben, aber er machte ebenso deutlich, daß seine eigenen Territorien nicht bedroht werden durften; keine andere Macht sollte den Balkan dominieren, die Polen-Verträge von 1815 durften nicht angetastet werden. Seine Politik entsprach im Grunde genau der Metternichs: den Frieden und die Verträge von 1815 zu erhalten.

Als das 1833 in Münchengraetz klar wurde, ließ Metternich öffentlich wissen: »Wir sprechen Rußland von allen aggressiven Absichten auf das ottomanische Kaiserreich frei.«[28] Danach konnte Metternich, Engel-Janosi zufolge, sich vor allem um Westeuropa kümmern und England und Frankreich gegeneinander ausspielen (oder dafür sorgen, daß sie nicht zusammenfanden).[29]

Die Solidarität der sogenannten »nördlichen Höfe« (Österreich, Preußen und Rußland) war ein besonderes Merkmal der Periode nach 1833. Sie war keineswegs nur aus Angst vor Revolutionen entstanden. Familiäre Bindungen und monarchische Solidarität fielen dabei genauso ins Gewicht. Friedrich Wilhelm III. von Preußen war Nikolaus' Schwiegervater, Friedrich Wilhelm IV. sein Schwager. Bei den preußischen Monarchen wiederum stand Franz I. von Österreich als letzter Kaiser des Heiligen Römischen Reiches in hohem Ansehen, und auch wenn Friedrich Wilhelm glaubte, einen speziellen Anspruch auf den Oberbefehl über die deutschen Truppen zu haben, gestand er bei seinen Träumen von einem neuen Deutschland die Kaiserkrone automatisch den Habsburgern zu.

Auch Nikolaus hatte das Gefühl, zu Österreich eine besondere Beziehung zu haben, nachdem Franz I. dem Zaren vor seinem Tod das Versprechen abgenommen hatte, die Interessen seines geistig zurückgebliebenen Sohnes und Nachfolgers zu schützen. Nikolaus, schockiert über Ferdinands geistige und körperliche Behinderung, war nur zu froh, ihm den Gefallen tun zu können. Ausländischen Königen gegenüber galt er ohnehin als naiv. Norman Rich zufolge »gehörte zu seinen diplomatischen Schwächen sein Hang, direkt mit anderen Monarchen oder deren Repräsentanten zu verhandeln, seine Überzeugung, die kompliziertesten internationalen Fragen ernsthaft durch solche persönliche Diplomatie lösen zu können, und sein Glaube, daß er seinen königlichen Kollegen dasselbe Vertrauen entgegenbringen durfte, wie sie das seiner Meinung nach auch ihm gegenüber taten«.[30] Daher nahm Nikolaus sein Versprechen, Ferdinand zu schützen, sehr ernst. Außerdem empfand er genau wie Metternich die Habsburger Monarchie als eine europäische Notwendigkeit, oder, wie Nesselrode in einem Memorandum vom 27. Juni 1848 schrieb: »Das Vakuum, das ihr Verschwinden hervorrufen würde, wäre so groß, und die Schwierigkeit, es zu füllen, so riesig, daß sie noch lange Zeit fortbestehen sollte, da wir nicht wissen, was wir an ihre Stelle setzen können.«[31]

Rußlands alles beherrschende Stellung im Osten wies Metternich als hauptsächliches Einflußgebiet Italien und Deutschland zu. Der Wiener Kongreß hatte die Monarchie zur führenden Kraft in beiden Ländern gemacht, was Metternich erlaubte, die eigenen Überzeugungen in die Tat umzusetzen. Seine Ausgangslage in Italien war in mancher Hinsicht äußerst vorteilhaft: Das Lombardo-Venetianische Königreich war österreichischer Besitz, zu den zentralitalienischen Herzogtümern bestanden dynastische Beziehungen, die Halbinsel war in eine Reihe schwacher Staaten zersplittert, die durch Verträge an Österreich gebunden und von der österreichischen Wirtschaft abhängig waren. Dazu kamen einige unwägbare Faktoren: die gemeinsame Angst aller italienischen Herrscher vor der Revolution und französischer Hegemonie sowie Österreichs guter Ruf für tüchtige Verwaltungsarbeit.

Denn in Italien konnte sich Österreich den anderen Herrschern wirklich als Vorbild präsentieren: Seine Administration von Lombardo-Venetien war allgemein als die effizienteste der Halbinsel anerkannt, das Rechts- und Schulsystem galt als das fortschrittlichste Italiens, und was den Lebensstandard von Österreichs italienischen Untertanen betraf, bezeugte er die fortgeschrittenste Wirtschaft aller italienischen Staaten.

Metternich sah sich ständig gezwungen, die italienischen Herrscher zur Reform zu mahnen. Insbesondere die chaotischen Zustände der Verwaltung der päpstlichen Staaten und Neapels standen mit seinem Glauben an effiziente, zentralisierte Machtausübung in schroffem Widerspruch. Schlimmer noch, sie schwächten den Kampf gegen die Revolution genau in dem Teil Europas, wo die oppositionellen Gruppen am stärksten waren.

Deshalb riet Metternich dem Papst, eine zentralisierte, straff organisierte Verwaltung mit professionellen, fähigen Beamten aufzubauen, ein von den Widersprüchen, der Ungerechtigkeit und Unmenschlichkeit des Ancien régimes befreites Gesetzessystem einzurichten, in dem das Prinzip der Gleichheit vor dem Gesetz und Garantien für Schutz vor Willkür festgeschrieben waren, ein Steuersystem einzuführen, das ein angemessenes Steuereinkommen aufbrachte, ohne die Steuerzahler zu überlasten, sowie eine schlagkräftige Polizei und ein entsprechendes Militär zu unterhalten, die fähig waren, im Innern für Ordnung zu sorgen. Ähnliche Ratschläge erhielten auch andere Monarchen, und beim Kongreß von Laibach entschied man sich für ein Programm, das alle italienischen Staaten zwingen sollte, ihre Verwaltung unter österreichischer Oberaufsicht zu reorganisieren. Doch die Bemühungen blieben erfolglos, und Metternich hat seine Ziele nie auch nur entfernt erreicht.

Die Gründe dafür liegen auf der Hand. Zunächst einmal gab es in Italien ein gewisses Mißtrauen Österreich gegenüber. Aber nicht, weil Metternich irgendwelche Absichten auf italienisches Territorium gehabt hätte, wie die Italiener unterstellten. Der Kanzler widerstand dem Druck, 1821 Teile von Piemont oder zehn Jahre später einen Teil der päpstlichen Staaten zu annektieren. Aber die Italiener hatten den Österreichern gegenüber xenophobe Vorurteile, die durch Metternichs Hang, italienische Herrscher ausführlich zu belehren und darauf zu bestehen, daß seine Ratschläge auch befolgt wurden, noch verschärft wurden.

Daß er außerdem versuchte, Postverträge auszuhandeln, die die ganze italienische Post der österreichischen Inspektion unterstellt hätten, und sich bemühte, analog zum Deutschen Bund eine italienische Liga unter österreichischer Präsidentschaft zu gründen, brachte die Fürsten, die ein Eingreifen gegen die Revolution durchaus befürworteten, aber vehement gegen jede Beschränkung ihrer souveränen Rechte protestierten, vollends gegen ihn auf. Dieselben Fürsten, die – im sicheren Bewußtsein, daß Österreich schon eingreifen würde, um sie vor dem Schlimmsten zu bewahren – nur allzugern auf Reformen verzichteten, stellten sich gegen die Bemühungen des Kanzlers, den antirevolutionären Kampf, den er in ihrem Interesse führte, zu koordinieren.

Sie trieben Metternich immer wieder zur Verzweiflung. 1820 war er noch entschlossen, in Neapel zu intervenieren, doch 1847, als es wieder darum ging, die neapolitanischen Kastanien aus dem Feuer zu holen, war er viel vorsichtiger. Angesichts der Reaktion Sardiniens und der päpstlichen Staaten auf Radetzkys »Besetzung« von Ferrara im Jahre 1847 – ein Vorgehen, das Metternich ursprünglich gutgeheißen hatte[32] – wartete er lieber ab, bis die Revolution die Lombardei und Venedig erreicht hatte, bevor er Radetzky Order gab, sie zu zerschlagen. Dennoch hatte Österreich zwischen 1815 und 1848 die Situation in Italien unter seiner ziemlich exklusiven Kontrolle.[33]

In Deutschland war Metternichs Aufgabe leichter und schwerer zugleich. Leichter dank der Organisation des Deutschen Bundes, der alle möglichen repressiven Gesetze im Namen von ganz Deutschland verabschieden konnte; schwerer wegen des stärker ausgeprägten Nationalbewußtseins der Deutschen und der zunehmenden Bedeutung der repräsentativen und konstitutionellen Institutionen, vor allem in den süddeutschen Staaten. Damit war der Widerstand gegen seine Prinzipien sowohl artikulierter wie weit verbreiteter.

Metternich betrachtete Deutschland genau wie Italien als einen »geographischen Begriff«. Den Deutschen Bund beschrieb er bezeichnenderweise stets als »europäische« Institution – nicht als deutsche – und erklärte sowohl Österreich wie Preußen zu europäischen Mächten, die zufällig zu Mitgliedern geworden waren, so wie die Könige von Holland oder Dänemark durch Luxemburg oder Schleswig-Holstein zu Mitgliedern wurden. Der Bund selbst besaß so oder so keine Kompetenzen. Österreich und Preußen legten die Geschäfte im voraus fest, und Metternich benutzte ihn, um seine repressive Politik in ganz Deutschland durchzusetzen. Das war Preußen durchaus recht, das hierin gerne auf Österreich hörte und Metternich sogar wegen konstitutioneller Reformen um Rat fragte. Wie man sich denken kann, riet er dem preußischen Monarchen von einem zentralen Parlament ab und forderte ihn auf, die Macht der Landtage, die der König bedauerlicherweise bereits zugestanden hatte, so weit wie möglich zu beschneiden. Der Rat wurde prompt befolgt, und 1828 sollte es nur ganz wenige sehr geschwächte Landtage in Preußen geben – ein tödlicher Schlag für den deutschen Liberalismus.

Zunächst schien Metternichs Politik Deutschland zu einem integralen Teil seines Systems zu machen, weil es dort zu einer österreichi-

Der Wiener Kongreß des Jahres 1814 stand im Zeichen nicht nur fürstlicher Bälle, sondern einer Kette immer erneuter Volksvergnügungen. Im Prater fand ein Militärfest statt, die größte Lustbarkeit des Volkes von Wien seit Menschengedenken. Während alle Welt tanzte, floh Napoleon von Elba, landete im Süden Frankreichs, und die wieder auf den Thron gelangten Bourbonen flohen aus dem Land. Es begann das Zwischenspiel der 100 Tage, das mit der letzten großen Schlacht des Napoleonischen Zeitalters bei Belle Alliance endete, die den Sieg Wellingtons und Blüchers brachte.

schen Kontrolle des politischen Lebens durch die üblichen metternichschen Methoden kam. Die Karlsbader Beschlüsse von 1819 – die der Bund nach der Ermordung Kotzebues verabschiedete – legten fest, daß Universitätslehrer, die man für politisch unzuverlässig hielt, entlassen werden und die Burschenschaften aufgelöst werden sollten, ein Pressegesetz ermächtigte die Regierungen, alle Veröffentlichungen von weniger als zwanzig Seiten zu kontrollieren, und eine zentrale Ermittlungskommission des Bundes wurde gegründet, um revolutionäre Bewegungen und Störungen zu untersuchen.

Im Jahr darauf wurde durch eine Schlußakte des Wiener Kongresses Artikel 13 der Verfassung (demzufolge sich die Mitgliederstaaten Verfassungen geben durften) dahingehend verändert, daß nun die ganze souveräne Macht eines Mitgliedsstaates dessen Staatsoberhaupt zufiel, wobei Landtage ihre Herrscher nur bis zu einem bestimmten Punkt beraten durften. Die Vorschriften wurden schließlich durch die Sechserakte von 1832 verschärft, die im Gefolge der Revolutionen von 1830 die Bestimmungen von 1820 noch einmal bestätigte und zur Bildung einer Kommission führte, die untersuchen sollte, wie weit die Landtage die Macht der Herrscher bereits geschmälert hatten. Das Ergebnis war die Schließung und Abschaffung verschiedener Landtage und Universitäten. Als die Westmächte protestierten, führten die Erlasse der Wiener Ministerkonferenz von 1834 zu einem noch bedrückenderen Zensursystem und einem noch engmaschigeren Spitzelnetz.

Doch das Metternichsche System wurde in Deutschland doppelt unterhöhlt. Die erste Entwicklung war nicht vorauszusehen, die zweite unvermeidbar. Preußens Bestrebungen, seine Territorien zu konsolidieren, führten zur Gründung des Zollvereins, und die kriegerischen Krisen von 1830 und 1840 machten deutlich, daß Österreich immer weniger imstande war, Deutschland gegen Frankreich zu verteidigen.

Preußen hatte sich mit den Verträgen von 1815 die Kontrolle über die wichtigsten Wasserwege und Handelsrouten Deutschlands gesichert. Das Bestreben, die günstige Lage auszunützen und den Territorialbesitz zu konsolidieren, führte 1819 zur Gründung des Preußischen Zollvereins. Dieser Zollverein umfaßte zunächst ein Gebiet, das von nur etwa zehn Millionen Deutschen bewohnt wurde, aber bald sahen sich Preußens kleinere Nachbarn gezwungen, die preußischen Tarife zu akzeptieren, bis endlich 1833 der größte Teil Deutschlands der Union beigetreten war.

Metternich erkannte, wie bedrohlich eine solche Entwicklung für die österreichischen Interessen war, und tat, was er konnte, um die preußischen Bestrebungen zu vereiteln. Doch umsonst. Die österreichische Industrie war nicht leistungsfähig genug, um selber beitreten zu können, und die konkurrierenden Zollvereine – der mitteldeutsche und der süddeutsche – schlossen sich zuletzt dem preußischen Verband an. Metternich warnte den Kaiser, im Bund bilde sich »ein Staat im Staate« heran, Preußen könne diese Situation ausnutzen, um in Deutschland »den österreichischen Einfluß zu schwächen« und um »Österreich als Ausland«[34] erscheinen zu lassen. »Die Bindungen Österreichs an andere Staaten des Bunds«, prophezeite er, »werden sich allmählich lockern und endlich brechen, wegen dieser Schranke... und wegen diesen Machinationen, die eine materielle in eine moralische und politische Scheidung verwandeln.«[35] Seiner Gegenstrategie, ein rivalisierendes Handelssystem zu schaffen, das Deutschland durch Österreich und Norditalien ans Mittelmeer anschließen sollte, blieb jedoch jeder Erfolg versagt.

In seinem Memorandum an den Kaiser schrieb Metternich: »Ohne Österreich ist Deutschland nicht in der Lage, einer Gefahr von außen zu begegnen, ohne die Mitarbeit von ganz Deutschland fehlen Österreich die Mittel, seine Macht zu entwickeln.« Zutreffend war nur die zweite Hälfte der Behauptung. Denn als 1830 ein Krieg mit Frankreich wahrscheinlich schien, konnte Österreich angesichts eines preußischen Aufgebots von 250 000 Mann nur 170 000 zur Verfügung stellen. Im Jahr 1840, als ein Krieg erneut wahrscheinlich schien, lag Preußen wieder vorn. Außerdem wurde den Deutschen mitgeteilt, die österreichischen Strategen sähen einen Rückzug aus Süddeutschland vor, sollte es zu einem Krieg mit Frankreich kommen. Kein Wunder, daß die Russen, als 1848 in Paris eine Revolution ausbrach, Preußen und nicht Österreich aufforderten, Deutschland zu beschützen. Doch die potentiellen Schwächen der österreichischen Position wirkten sich erst nach 1860 fatal aus.[36]

Der angebliche diplomatische Nutzen, den Preußen aus dem Zollverein hatte, wird gerne übertrieben (Preußen wurde von den meisten Mitgliedern sowohl 1850 wie 1866 im Stich gelassen), und selbst List, der führende Sprecher des Protektionismus in Deutschland, konnte im Zollverein keine nennenswerten politischen Vorteile für Preußen erkennen. Die vergleichsweise schwache militärische Stellung Österreichs wurde vor 1866 nie auf die Probe gestellt und 1850 scheinbar widerlegt. Beides sollte man also Metternich nicht zu sehr anlasten.

Angesichts der Tatsachen kann man sich Engel-Janosis Urteil anschließen: »Dennoch bemühte sich Metternich während der Periode der Zusammenarbeit zwischen Österreich und Preußen klug und taktvoll, alle möglichen Reibungsflächen zwischen den beiden Staaten zu verringern. Er berücksichtigte die Empfindlichkeit der Preußen in der deutschen Politik und vermied es, mittels der Stimmen der kleineren deutschen Königreiche oder Staaten einen Druck auf sie auszuüben. Er sorgte jedesmal dafür, daß Berlin und Wien sich über wichtige Vorschläge einigten, bevor diese dem Bundestag vorgelegt wurden. Da sich sein Interesse mehr auf die gesamteuropäischen als auf die deutschen Probleme richtete, da seine Sorge der sozialen Frage galt (er nannte sich 1849 selbst eher einen Sozialisten denn einen Politiker), war Metternich in dieser Periode zufrieden, daß Preußen eine beherrschende Stellung in Norddeutschland einnahm.«[37]

Was England und Frankreich anging, hatte Metternich kaum Spielraum. Er konnte nur hoffen, ihre Differenzen und ihre Revolutionsangst ausnutzen zu können. Glücklicherweise – von seinem Standpunkt aus betrachtet – bestanden für die beiden liberalen Mächte um 1830 und 1840 viele Anlässe zum Streit, so daß sich etwa die »Quadrupel-Allianz« von 1834 zwischen England, Frankreich, Spanien und Portugal nie in ein auch nur annähernd geschlossenes ideologisches Lager verwandelte. Wegen Belgien, Spanien und sogar wegen Tahiti kam es zwischen den beiden liberalen Mächten fast zum Krieg, und wenige Jahre nach seinem Streit mit Guizot anläßlich der spanischen Heirat von 1846 konnte Metternich beim schweizerischen Bürgerkrieg wieder mit ihm zusammenarbeiten. Palmerston dagegen ließen Metternichs Jeremiaden kalt: »Wenn Metternich die Menschen nur ein bißchen in Ruhe ließe«, schrieb er, »könnte er sehen, wie die Saat der Revolution, die er so liebevoll heranzüchtet, am Strunk verdorrt.«[38] Entsprechend wenig Einfluß hatte er in London.

In Paris dagegen behauptete Metternich, eine Geheimwaffe zu besitzen. Einem Botschafter teilte er jedenfalls mit, daß er Louis-Philippe erpressen würde und von ihm keine Probleme zu erwarten habe, sollte es wirklich zum Letzten kommen. Deswegen hat Frankreich den unnatürlich defaitistischen Charakter der orléanischen Außenpolitik vielleicht als so langweilig empfunden. Doch das bedarf noch einer ernsthaften Untersuchung.[39]

Viele Botschafter waren gerne bereit, alles, was Metternich ihnen sagte, zu glauben, und trotz der bereits erwähnten abschätzigen Bemerkungen über seine Ehrlichkeit war er für die meisten Diplomaten das große berufliche Vorbild. Seine Gründlichkeit und sein Verhandlungsgeschick standen überall in ebenso hohem Ansehen wie seine einmalige Erfahrung und seine Fachkenntnisse. Berthier de Sauvigny beschreibt einen witzigen Zwischenfall mit einem russischen Botschafter, der sich in einer Diskussion mit Metternich dessen komplizierte Art so sehr zu eigen gemacht hatte, daß der Kanzler meinte, Grund zur Klage zu haben.[40] Metternich realisierte bestimmt nicht, daß er parodiert wurde. Er war einfach gelangweilt. Und Metternich selbst hat bei anderer Gelegenheit gestanden, daß er Menschen zu Tränen langweilen konnte.[41]

Wie erfolgreich war nun Metternich als Diplomat? Wir haben gesehen, daß man ihm nicht völlig unrecht tut, wenn man ihn für unbedeutend und langweilig hält. Und zweifellos hatte er nur jene schwachen Karten in der Hand, die Gentz 1818 so beschrieb: »Österreich hat seine militärischen Ressourcen über die Grenzen des Zulässigen hinaus reduziert. Es hat seine Armee in jeder Hinsicht vernachlässigt... Seine Finanzen erholen sich allmählich..., was es ihm nicht leichter macht, für die Kosten eines ernsthaften Krieges aufzukommen. Es hat keine flüssigen Mittel in Händen, Notsteuern könnten auch nicht die Hälfte einer Kampagne finanzieren, die Kreditquellen sind auf längere Zeit ausgetrocknet, und nun kann niemand mehr auf britische Subsidien rechnen. So tut sich alles zusammen, Österreich an ein Friedenssystem zu binden.«[42]

Gleichwohl läßt sich kaum etwas gegen die Behauptung einwenden, Metternich sei für eine ganze Epoche der europäischen Diplomatie tonangebend gewesen. Indem er die Heiligkeit von Verträgen predigte (und sein guter Ruf hat nach der Annexion Krakaus von 1846, als Nikolaus I. von Rußland ihn zwang, die Verträge von 1815 zu brechen, nachweisbar gelitten) und auf der Notwendigkeit der Verteidigung der gesellschaftlichen Ordnung angesichts aller revolutionären Herausforderungen bestand, wurde er der Robespierre der Reaktion, der Sprecher all derer, die weder mit der Revolution noch mit der Demokratie irgendwelche Kompromisse eingehen wollten. Als österreichischer Kanzler verfügte er vielleicht nicht über die Mittel, alle seine politischen Ziele zu erreichen, aber das Europa seiner Zeit entsprach zweifellos weit mehr seinen Idealen als denen der Demokraten oder Konstitutionalisten.

Was er erreichte, war jedoch eher negativer Natur: Der Griff, mit dem er Deutschland und Italien niederhielt, war so stark, daß die Menschen schließlich glaubten, mit der Heiligen Allianz habe es tatsächlich etwas auf sich. Selbst da mag Metternich die Ereignisse nicht kontrolliert haben, aber seine systematische Forderung nach Zusammenarbeit der starken Monarchien mit dem Ziel der Erhaltung des Status quo ließ ihn in den Augen seiner Zeitgenossen mit dem Überdauern der alten Ordnung identisch werden. Seine Politik änderte sich nie; seine Prinzipien blieben stets dieselben. Er sah sich als Felsen der Ordnung, und noch 1848, auf den Stufen des Britischen Museums, konnte der alte Ideologe seinen Gefährten im Exil, Guizot, wissen lassen, er habe nie auch nur daran gedacht, sich je geirrt zu haben.

Das höchste Ansehen genießt Metternich jedoch weniger bei denen, die mit seinem unbeugsamen Widerstand gegen den Liberalismus sympathisieren, als bei denen, die seine Fähigkeit bewundern, das europäische Gleichgewicht zu erhalten. Daß es ihm gelang, Alexander I. von Rußland nach dem Fall Napoleons für die konservative Sache zu gewinnen, wird zuweilen vor dem Hintergrund gesehen, daß Roosevelt und Churchill nach der Niederlage Hitlers 1945 damit scheiterten, die Sowjets zu einer Zusammenarbeit in Europa zu bewegen. Viele solcher Urteile sind einseitig und stammen offenkundig aus der Zeit des Kalten Krieges, aber der Vergleich macht dennoch manches klar.

Vor spezifischen Vorwürfen kann man Metternich durchaus in Schutz nehmen – etwa daß er 1815 italienisches Territorium annektiert haben soll, daß er einer bourbonischen Restauration in Frankreich zustimmte, daß er sich im Osten nicht genug gegen Rußland stellte oder es unterließ, Louis Philippe stärker zu unterstützen. Aber wie sahen denn zu jener Zeit die Alternativen aus? Hätte Österreich sich geweigert, das Lombardo-Venetianische Königreich in Besitz zu nehmen, hätte da nicht Frankreich Italien dominiert? Vielleicht hätte man Louis Philippe mehr unterstützen können, aber wie und zu welchem Preis? Hätte eine bonapartistische Regentschaft wirklich geholfen, den Frieden in Europa zu sichern? Und wie hätte Österreich die Russen bekämpfen sollen, die schließlich die wichtigste Stütze der Reaktion in Europa waren? Sieht man die Sachlage aus Metternichs eigener Perspektive, ist schwer zu erkennen, wo er sich geirrt haben sollte.

Doch Zweifel bleiben. Bei allen offensichtlichen diplomatischen Fähigkeiten, bei all dem Glück, das er vor allem mit seiner Rußlandpolitik hatte, bleibt doch die Frage, ob er nicht durch seine Besessenheit im Kampf gegen die Revolution und seine Verweigerung jeglicher Reformen die ungelösten Probleme nur für die Zukunft aufstaute, wie Pal-

merston und viele seiner Zeitgenossen ihm vorhielten? Um das zu beantworten, müssen wir uns über seine Außenpolitik hinaus auch mit
seinem Einfluß auf die Innenpolitik befassen.

Die Innenpolitik

Selbstverständlich hielt Metternich die Monarchie für die einzig richtige Regierungsform, und eine Monarchie hatte für ihn absolut und nicht
konstitutionell zu sein. Letzteres mochte allenfalls in England nach
Jahrhunderten der Anpassung angehen, aber selbst da blieb er
mißtrauisch. In Frankreich betrachtete er den Konstitutionalismus
schlicht als eine getarnte Revolution. Wenn er also von Monarchie
sprach, so war damit eine Monarchie gemeint, in der ein Herrscher
herrschte. Ein Souverän ohne Souveränität war für ihn ein Widerspruch in sich.

Doch war Metternich deswegen noch kein Befürworter der willkürli-
chen Monarchie, die als orientalisches Phänomen galt. Ein Souverän
mußte sich beraten lassen und auf ordentliche Weise regieren. Er mußte das Gesetz und die Gesellschaftsordnung schützen und selbstverständlich die göttlichen Gebote. Wollte er sein Ansehen wahren, mußte er seine Gerechtigkeit genauso beweisen wie seine Autorität. In der
Praxis forderte das einen mächtigen Herrscher, der seine Wünsche
nach Rücksprache mit anderen äußerte, worauf sie von einem zentral
organisierten Verwaltungs- und Justizapparat durchgesetzt wurden.
Ein solches System des strengen Paternalismus hätte sich Metternich
überall in Europa gewünscht.

Doch ehe man im Reich der Habsburger soweit war, mußten viele
Hindernisse aus dem Weg geräumt werden. Zunächst einmal hatte
Franz I., der bis 1835 regierte, nicht sehr viel für organisiertes Regieren
übrig. Trotz seines Eingreifens in allerkleinste Verwaltungsangelegenheiten fehlte es seiner Zentralverwaltung an klaren Direktiven. Und
nach der Regierungsübernahme durch den geistig behinderten Ferdinand I. und der Etablierung der »Staatskonferenz« als *De facto*-Regie-
rungsrat kam es ständig zu Krächen innerhalb der Gremien. Somit war
Metternich, fast während seiner ganzen Amtszeit, mit der Art und Weise unzufrieden, wie das Kaiserreich regiert wurde. Er beklagte sich, daß
»das Kaiserreich keine Regierung« habe, jedenfalls keine, die funktio-
niere.[43] Er erklärte immer wieder, es werde eher »verwaltet als regiert«.

Gelegentlich liest man, daß Metternich hoffte, durch »Föderalisie-
rung« der Monarchie eine Besserung zu erzielen. 1817 entwickelte er
auch Pläne für eine Verwaltungsreform, doch ob damit die Macht vom
Zentrum nach außen verlagert worden wäre, ist äußerst zweifelhaft. Im
Gegenteil, Metternich war ja daran gelegen, die Macht der Zentralre-

gierung zu rationalisieren und effizienter zu gestalten. Die Ansicht, Metternich habe ernsthaft Macht abgeben wollen, ist im Zusammenhang mit der Geschichtsschreibung im Kalten Krieg entstanden. Sie wurde in den fünfziger Jahren von amerikanischen Kritikern entwickelt, die ihn dafür bewunderten, wie er Europa gegen die Linke verteidigte, und die in ihm eine Art »John Foster Dulles des 19. Jahrhunderts« sahen, der seinerzeit die Flutwelle der roten Revolution eindämmte. Peter Viereck zum Beispiel behauptete 1951, daß Metternich 1827 auf »freieren Institutionen für den Rest des Reiches bestanden hätte, mit einem Parlament im Vorstadium, das, einmal eingesetzt, zwangsläufig immer größere Regierungsgewalt erlangt hätte. Möglicherweise hätte in Zentraleuropa die gleiche evolutionäre Entwicklung zu einer freieren Gesellschaft hin stattgefunden wie in England nach 1832, und es wäre nicht zu den revolutionären Entwicklungen von 1848 und 1918 gekommen. Seine Pläne (um zwei verschiedene Memoranden von 1817 zusammenzufassen) beinhalteten eine ›beratende Körperschaft von Notabeln‹, die teils von Landtagen gewählt und teils ernannt werden sollten, um ›die Haushalte und jedes Gesetz zu prüfen‹. Wie weitblickend, wenn man die slawischen und italienischen Revolten bedenkt, die die Monarchie zerstören sollten, ist sein Plan getrennter Verfassungen und getrennter Kanzler für die wichtigsten nationalen Minderheiten, um sie vor bedrückender Germanisierung zu schützen.«[44]

Dem schloß sich Arthur G. Haas an, dessen archivarische Forschungen Furiecks revisionistische Interpretation der Memoranden zu bestätigen schienen.[45] Haas bezog sich dabei hauptsächlich auf Dokumente, die sich mit Lombardo-Venetien befaßten, auch wenn das Buch vor allem Illyrien behandelt, ein Thema, mit dem er sich auch anderweitig befaßt hat.[46] Ihm zufolge hatte Metternich 1817 versucht, »die schwer erschütterte Monarchie in eine innerlich ausgeglichene und stabile Union aus Staaten mit eigener Verfassung und gleichen Rechten zu verwandeln«, ein Plan, der »von einem bemerkenswerten Maß an staatsmännischer Voraussicht und Intelligenz« zeugt.[47] Haas' Arbeit wurde von einer ganzen Reihe von Experten sehr gut aufgenommen, so auch von Berthier de Sauvigny, der in einer Kritik schrieb, Metternichs Ziel sei es gewesen, »die turbulente ungarische Nation einzugliedern, indem er sie mit anderen staatlichen Gefügen umgab, die über die gleichen Privilegien und Kompetenzen verfügten«.[48]

Die ungarische Historikerin Erzsébet Andics sollte später das genaue Gegenteil behaupten: »Eins der grundlegenden Ziele der besprochenen Entwürfe von Metternich war es in Wirklichkeit, den Ungarn ihre uralten Rechte, ihre, wenn auch noch so begrenzte, Selbständigkeit zu nehmen, nicht aber die anderen Völker mit ähnlichen Rechten zu beschenken.«[49] Das war für lange Zeit die letzte historische Untersuchung des Metternich-Memorandums 1817. Als ich mich in einem Artikel für eine Festschrift für A. J. P. Taylor damit befaßte[50], war meine eigene Schlußfolgerung die, daß Haas sich eindeutig geirrt hatte. Weit davon entfernt, die Monarchie föderalisieren zu wollen, beabsichtigte der Kanzler vielmehr, sie zu zentralisieren, nur wollte er das unter einem verfassungsgerechten Deckmantel tun und sich den Anschein geben, auch lokale Interessen zu berücksichtigen. Es ging Metternich letztlich darum, in Österreichs Interesse eine Illusion der Macht zu erzeugen. Wer wird sich wundern, wenn er auf ähnliche Weise auch in innenpolitischen Angelegenheiten versucht war, Schein und Sein gegeneinander auszuspielen? Würde er heute leben, wäre er amüsiert, daß seine Methode nach wie vor ihre Wirkung tut.[51] Daß Metternich kein heimlicher Liberaler war, zeigt sich jedenfalls schon an der Rolle, die er in Österreichs Innenpolitik spielte, und an seiner Innenpolitik selbst.

Seine Beziehungen zu Franz I. und seine Unzufriedenheit mit dessen Art der Regierungsführung wurden schon erwähnt. Das Problem bestand darin, daß sich Franz auf den sogenannten »Kabinettsweg« verließ. Das bedeutete, daß der Monarch über alles, was ihn interessierte, Berichte anforderte – oft über außerordentlich triviale Dinge –, und zwar bei wem er gerade wollte, und daß er diese häufig durch weitere Berichte ergänzen ließ, deren Lektüre ihn einschließlich der Entscheidung buchstäblich Jahre kostete. Metternich selber klagte, daß sein Memorandum von 1817 bis 1835 in der Pultschublade des Kaisers lag, ohne daß Franz I. fähig gewesen wäre, irgendwelche Konsequenzen daraus zu ziehen. Es ist also sehr verständlich, daß der Kanzler etwas Ordnung und Gleichmaß in den Entscheidungsprozeß der Monarchie bringen wollte. Natürlich wollte er seinen Kaiser in keiner Weise daran hindern, die eigene Souveränität auszuüben – nur sollte das eben auf effiziente Weise geschehen.

Grundsätzlich hätte das Regierungssystem, das sich Metternich für die Monarchie wünschte (und das er tatsächlich auch anderweitig empfahl), aus einem Regierungsrat bestanden, der den Kaiser beraten sollte (also aus einem »Staatsrat« oder, wenn ein paar Repräsentanten aus Landtagen beigeordnet gewesen wären, um ihm einen Schein von Legitimität zu verleihen, einem »Reichsrat«).[52] Er hätte rein konsultative Aufgaben gehabt, hätte also nur dann etwas sagen können, wenn er vom Kaiser gefragt worden wäre, und die Ratschläge hätten vom Monarchen befolgt werden können oder nicht. Außerdem sollte es Metternich zufolge nie zu Sitzungen des ganzen Rates kommen, sondern nur zu Teilgruppentreffen, auf denen man sich mündlich verständigen würde, was, auch wenn es anders aussieht, die Vorgänge beschleunigen sollte. Hatte sich der Monarch den Rat angehört, sollte er gemeinsam mit seiner »Ministerkonferenz« zu einer Entscheidung kommen. Metternichs Idealvorstellung nach bestand diese aus einigen Ministern mit

Deutschland hat durch den Bombenkrieg und die Schlachten der letzten Kriegsmonate fast alle jene Schlösser eingebüßt, in denen die Könige von Preußen und Deutschen Kaiser residierten; Breslau, Stettin und Königsberg sind russische oder polnische Provinzen geworden, die Schlösser von Berlin oder Potsdam sind fünf und sogar erst fünfzehn Jahre nach dem Krieg vom kommunistischen Satellitenregime abgerissen worden. Schönbrunn aber ist unberührt durch die Zeiten gekommen, und die Hofburg hat noch jene historische Gestalt, die sie seit dem Mittelalter zeigt. Das Bild zeigt das Konferenzzimmer in der Wiener Hofburg, wo einst die Kaiser, Staatskanzler und Ministerpräsidenten die Geschicke Österreichs berieten.

exekutiven Kompetenzen, die den »Hofstellen« oder Verwaltungsorganen vorgesetzt und allein dem Kaiser für die Durchsetzung seiner Politik verantwortlich waren. Metternich hatte viel davon bei der napoleonischen Verwaltungspraxis abgeschaut, denn als Botschafter in Frankreich hatten ihn gerade die eher despotischen Aspekte des bonapartistischen Regimes sehr beeindruckt. Und er hat Napoleon zeitlebens dafür bewundert, wie er dem Chaos des revolutionären Frankreich eine Ordnung aufzwang.

In Österreich allerdings konnte sich Franz I., was Reformen anging, nie zu einer Entscheidung durchringen, und Metternich mußte, solange dieser Kaiser regierte, in einem administrativen Chaos operieren. Statt einer strengen Trennung nach Funktion und Personal, statt »Staatsrat« und »Ministerkonferenz«, kam es beim Regierungsstil von Franz I. zu ständigen Überschneidungen, wobei vor allem der Staatsrat die Aufgabe hatte, den Monarchen zu beraten. Doch damit war der

73

Staatsrat noch lange kein Exekutivorgan, sondern nur ein Teil der Bürokratie. Die meisten Vorsitzenden der Hofstellen waren in ihm repräsentiert, was ihn praktisch zu einer Art Koordinierungsstelle für den höheren Beamtenstab machte. Zudem brachte Franz I. es immer noch fertig, dessen Arbeit zu behindern, indem er von jedem einzelnen Mitglied schriftliche Berichte über jeden einzelnen in irgendeinem Zusammenhang vorgebrachten Ratschlag forderte und darüber hinaus immer wieder Leute konsultierte, die gar nicht Mitglieder dieses Rates waren. Zu Metternichs besonderem Ärger hatte er sich auch geweigert, eine richtige Ministerkonferenz einzuberufen.

Eigentlich war Metternich um 1830 der einzige Minister in der Regierung – der Posten des Finanzministers war 1829 abgeschafft worden, der des Innenministers außer Gebrauch gekommen, kurz nachdem er 1818 eingeführt worden war –, und selbst wenn es zu einer Einberufung der Ministerkonferenz kam, war keine richtige Exekutive beisammen. Außer Metternich nahmen nur der Polizeipräsident und die Chefs der politischen und finanziellen Abteilungen des Staatsrats teil. Aber sehr oft wurde er ohnehin nie einberufen. Und Metternich mußte sich damit abfinden, daß der Kabinettsweg nach wie vor bestehen blieb. Er konnte bestenfalls versuchen, das so geschaffene Durcheinander improvisierend zu umgehen. Doch nach 1828, als Graf Franz Anton Kolowrat-Liebsteinsky zu einer beherrschenden Figur des Staatsrats wurde, verlor er deutlich an Einfluß.

Kolowrat wird manchmal auf recht undifferenzierte Weise als der liberale ideologische Gegner Metternichs in der österreichischen Bürokratie dargestellt. Aber Kübeck, ein hoher österreichischer Beamter dieser Zeit und einer der wenigen bürgerlicher Herkunft, hat in seinen Tagebüchern erbittert darauf hingewiesen, daß Kolowrat seinen Einfluß beim Kaiser nutzte, um seinen aristokratischen Verwandten und Protegés die besten Verwaltungsposten zu verschaffen. Er zitiert auch Kolowrats Darstellung seiner Differenzen mit Metternich: »Sie haben eine völlig falsche Meinung über mich und die Leute, mit denen ich zu tun habe. Sie glauben, daß meine Prinzipien von den Ihren verschieden sind. Das stimmt nicht.« Und damit heuchelte er wahrhaftig nicht. Seinen Einfluß bei Hofe verdankte er dem Umstand, daß er als Gouverneur von Böhmen den Behörden eine Liste der bestbekannten Freimaurer übergeben hatte, auf der sein eigener Vater an erster Stelle stand.[53] Doch im Gegensatz zu Metternich hielt er sich für einen viel geschickter und feinfühliger agierenden Konservativen.

Sein Widerstand gegen Metternichs »Wald von Bajonetten« beruhte allerdings auf handfesteren Gründen als auf Feinfühligkeit allein. Kolowrat war so einflußreich geworden, weil er es zum Vorsitzenden der politischen wie der finanziellen Sektionen des Staatsrats gebracht hatte. (Später gab er die Leitung der Staatsfinanzen ab, aber nur, um Vorsitzender der allmächtigen Finanzkommission zu werden, die die Staatsfinanzen zu kontrollieren hatte.) Das führte zu einem Dauerstreit mit dem Kanzler, denn Kolowrat wollte den Staatshaushalt ausgleichen, indem er die Kosten für Armee und Polizei senkte.

Bedenkt man Metternichs natürlichen Hang, beide Körperschaften zu vergrößern, und seinen offensichtlichen Mangel jeglichen ökonomischen Instinkts (er selber war ständig hochverschuldet und arrangierte oft private »Staats«-Anleihen bei den Rothschilds, erhielt auch eine Pension vom Zaren), wird man kaum überrascht sein, zu erfahren, daß er auf den erbitterten Widerstand des Leiters der Staatsfinanzen stieß. Trotzdem Metternich den Adjutanten des Kaisers und Leiter der Militärsektion des Staatsrats, Herzog Karl Clam-Martinitz, auf seiner Seite hatte, war er nicht in der Lage, Kolowrats Kontrolle des Staatssäckels und damit auch der Budgets von Armee und Polizei zu lockern. Und dies hat dann, wie bekannt, zu einer Schwächung von Österreichs außenpolitischer Position geführt.

Der bürokratische Leerlauf wurde nach dem Tod von Franz I. noch viel schlimmer. Hatte es dem Kaiserreich unter Franz I. an klaren Direktiven gemangelt, verlor es unter der Regierung seines Sohnes, dem geistig behinderten Ferdinand I., was immer ihm an Richtlinien geblieben waren. Ferdinand, der nicht einmal in der Lage war, ein Dokument zu lesen oder ein Argument nachzuvollziehen, hätte niemals gekrönt werden dürfen. Doch Metternich hatte sich mit Franz I. geeinigt, eine normale Abfolge im Interesse der »Legitimität« zu garantieren – mit an Sicherheit grenzender Wahrscheinlichkeit auch in der Hoffnung, für sich selbst allerhöchste Machtbefugnisse herauszuschlagen. So bemühte er sich 1836 nachweislich darum, mit Hilfe von Franz' Letztem Willen und eigenen Intrigen Kolowrats Einfluß in innenpolitischen Angelegenheiten einzuschränken. Der hatte sich unter gesundheitlichen Vorwänden auf seine Güter zurückgezogen – Metternich sagte, er habe »Hämorrhoiden bis an den Hals« –, womit für Metternich der Weg zur Umstrukturierung des Regierungssystems frei war. Er gründete einen starken Ministerrat, der vom Staatsrat, dessen Status entscheidend vermindert wurde, losgelöst wurde. Vorsitzender des Ministerrates (der de facto als Regentschaftsrat fungieren würde) sollte Metternich selber werden, und Kolowrat mußte sich zwischen der Mitgliedschaft im Ministerrat und der Funktion eines Sektionschefs im Staatsrat entscheiden. Man gab ihm zu verstehen, daß er nicht beides sein konnte. Metternich war offensichtlich im Begriff, die österreichischen Staatsgeschäfte an sich zu reißen.

Doch der Kanzler hatte die Rechnung ohne den Wirt, in diesem Fall ohne die kaiserliche Familie und ihren Einfluß gemacht. Gerade in dem entscheidenden Augenblick kam Erzherzog Johann, der, wie sein ebenso kompetenter Bruder, Erzherzog Karl, von Franz und Metternich jahrelang von der Macht ferngehalten worden war, nach Wien zurück. Das war das Ende von Metternichs Plänen. Kolowrat zuliebe berief der Erzherzog eine neue Art von Konferenz ein, unter dem Vorsitz des Kaisers, mit den festen Mitgliedern Erzherzog Ludwig, Erzherzog Franz-Karl, Kolowrat und Metternich. Kolowrat wurde die Kontrolle der Finanzen und Innenpolitik zugestanden, vorausgesetzt, daß er auf seine Mitgliedschaft im Staatsrat verzichtete. Kolowrat war einverstanden, und Metternich, der eine offensichtliche Niederlage hinnehmen mußte, hat weder seinen Rücktritt angeboten noch sonst irgendwie Widerstand geleistet.

Danach übernahm Erzherzog Ludwig praktisch den Ratsvorsitz, und erwies sich, was Entscheidungen anging, als noch schwieriger als Kaiser Franz, und seine Vorliebe für gesonderte schriftliche Berichterstattung brachte den Fluß der Geschäftsangelegenheiten bald zum völligen Stillstand. Dazu geriet, Kübeck zufolge, Erzherzog Ludwig bald völlig unter den Einfluß Kolowrats, dessen Stellung somit unangreifbar wurde. Erzherzog Johann »erzwang einen Kompromiß, der sich kaum von einer völligen Niederlage Fürst Metternichs unterschied«.[54] Kübeck fährt fort: »[Kolowrat] ist damit de facto oberster Vorsitzender des Staatsrats, Herr über alle Geldangelegenheiten, alle Einstellungen und über das Schicksal aller Beamten (durch die Polizei), Haupt der ganzen Hofkamarilla, und − durch seine Position − der Mann, der in der Konferenz das Sagen hat.«

Ein Historiker hat die Geschehnisse so interpretiert: »Kolowrat hatte damit den Großteil seines Einflusses und seiner Macht aus der Zeit vor der Krise zurückgewonnen, mit dem zusätzlichen Vorteil, nun viele der Kompetenzen, die er davor unbestimmt, undefiniert und regelwidrig ausgeübt hatte, offiziell zugesprochen zu bekommen. Er erfüllte damit praktisch die Funktionen eines Ministerpräsidenten, eines Amtes, das von seinem Rivalen als für Österreich ›eigentlich unmöglich‹ betrachtet wurde, als unpassend für ›jeden einsichtigen Diener des Staates‹.«[55] Eine solche Interpretationsweise zeugt jedoch nicht nur von einer gewissen Naivität Metternichs Ambitionen in den Jahren 1835–1838 gegenüber, sondern überschätzt bei weitem den Einfluß Kolowrats. Zwar kontrollierte er weiterhin die Finanzen der Monarchie genau wie vor 1835, aber der wirkliche Herr über die höheren Polizeibeamten war Metternich, genauso wie er die Angelegenheiten Italiens und Ungarns bestimmte. Es spricht also sehr viel dafür, daß Metternich, was die Kontrolle der Verteidigungs- und Außenpolitik anging, wesentlich einflußreicher war als Kolowrat.

Innenpolitisch tat Metternich, was er konnte, um sicherzustellen, daß die Königreiche von Lombardo-Venetien und Ungarn soweit wie möglich als österreichische Provinzen regiert wurden. Im Falle Lombardo-Venetiens ließ sich das sehr leicht bewerkstelligen, da Franz I.

seinem dortigen Vizekönig, dem Erzherzog Rainer, ausdrücklich und für jedermann erkennbar kaum irgendwelche Machtbefugnisse verliehen hatte. Der Vizekönig durfte bei Streitigkeiten zwischen den Gouverneuren der Lombardei und Venetiens nur vermitteln (aber nicht entscheiden), und alle wichtigen Entscheidungen wurden in Wien getroffen. Im Grunde hatte Rainer eine zeremonielle Rolle – genau wie die Zentralräte oder Landtage, deren Wünsche so lange hartnäckig ignoriert wurden, bis sie von etwa 1820 an in Passivität verdämmerten. Österreichisch-Italien wurde durch die Hofstellen und den Staatsrat regiert, der den Gouverneuren ihre Anweisungen gab. Die Gouverneure wiederum regierten ihre Provinzen durch Delegierte und Distriktskommissare. Damit war Metternich einverstanden, aber er bedauerte, daß der Staatsrat und die Hofstellen Ewigkeiten brauchten, bevor sie eine Entscheidung trafen, und die Verwaltung mit endlosen Berichten und Akten vollstopften.

In Italien aber gelang es Metternich schließlich, das bürokratische System kurzzuschließen. Von 1826 an erlaubte ihm der Kaiser, einen Sonderagenten der Staatskanzlei oder des Außenministeriums an das Büro des Gouverneurs in Mailand abzustellen. Offiziell dazu da, die Geschäfte mit anderen italienischen Staaten zu fördern, war seine Position in Wirklichkeit sehr viel wichtiger. Er hatte nämlich die Aufgabe, sicherzustellen, daß die direkte Kontrolle der italienischen Politik bei Metternich verblieb. Von Metternich entworfene Instruktionen stellten klar, daß seine Agenten »sich zwar an die üblichen diplomatischen Formalitäten und Regeln zu halten hätten«, dabei aber »auf die allgemeine politische Lage achten und die entsprechenden Schritte unternehmen sollten«.[56] Sie waren die Verbindungsleute zwischen dem Gouverneur der Lombardei und dem Staat und der Staatskanzlei bei allen Angelegenheiten von beiderseitigem Interesse, speziell für Polizeiangelegenheiten.

Metternich legte Wert auf die Feststellung, daß sie zwar an das Büro des Gouverneurs attachiert seien und mit ihm zusammenzuarbeiten hätten, daß dies aber keineswegs »in irgendeiner Weise ihre Beziehung zu ihm [Metternich] ändern würde« und daß sie »nach wie vor ihm direkt unterstellt seien«. Diese Männer lieferten ihm seine wichtigsten Informationen über Italien, und auf ihren regelmäßigen – manchmal täglichen – Berichten basierte seine Politik.

Sie schickten ihm meistens regelmäßige Stimmungsberichte aus Italien und Polizeirapporte über die oppositionellen Umtriebe, und die zwischen 1815 und 1848 übermittelten Berichte waren größtenteils selbstzufrieden-optimistisch. Man verhehlte nicht, daß die herrschenden Klassen (die italienischen Aristokraten und die Bourgeoisie) genau wie die italienischen Liberalen wenig für die Österreicher übrig hatten, aber das war stets mit dem Hinweis verbunden, die große Mehrheit der Bevölkerung habe keinerlei politische Ansichten, und die Opposition sei in dem österreichischen Italien weit weniger aktiv als im Rest der Halbinsel. Darauf hielt sich Metternich sehr viel zugute.

Die Regierung tröstete sich auch damit, daß die Italiener unter sich uneins waren und die von Metternich als »Munizipalgeist« bezeichneten Rivalitäten zwischen den Städten eine allgemeine antiösterreichische Bewegung verhindern würden. Auch in der Person von Karl Albert, dem König von Sardinien, mochte man keine Bedrohung der österreichischen Herrschaft sehen und blieb dabei bis 1848. Metternichs Agenten rieten ihrem Chef zu einer Politik der Brot und Spiele: »Zur Römerzeit wußte der Staat um das Geheimnis, die Italiener mit Hilfe des Zirkus der Regierung gefügig zu machen, und heutige Italiener sind da nicht anspruchsvoller oder heikler.«[57]

Entsprechend wenig sah sich Metternich genötigt, die Dinge zu ändern. Soweit es ihn betraf, hatte er die Geschehnisse in Italien direkt unter Kontrolle, ohne sich über die bürokratischen Dienstwege der Hofstellen sorgen zu müssen. Daher konnte er italienische Ansuchen um Veränderung mit seinen üblichen Klischees abwimmeln, etwa indem er einen Besucher wissen ließ: »Ich habe keine Zeit, mich mit administrativen Details zu befassen. Ich habe eine wichtigere Aufgabe zu erfüllen.«[58] Und als er 1845 den Bürgermeister von Mailand empfing, war Metternich »sehr freundlich und begrüßte ihn mit großer Höflichkeit, vermied es jedoch, bestimmte Mitteilungen über unser Land zu machen. Er beschränkte sich auf Gemeinplätze, und was er sagte, hatte kaum mehr Bedeutung als ein Gespräch über das Wetter.«[59]

Als jedoch Pius IX. den Heiligen Stuhl bestieg und die antiösterreichischen Gefühle in Italien zwischen 1846 und 1848 laufend zunahmen, interessierte sich Metternich etwas mehr für die Verwaltung von Lombardo-Venetien und schickte Herzog Ficquelmont, seine rechte Hand, mit einem Sonderauftrag dorthin. Daher der Glaube, Metternich habe gerade vor den Revolutionen von 1848 die Monarchie zu föderalisieren beabsichtigt, wie angeblich bereits 1817. A. J. P. Taylor etwa hat sich bei seiner Untersuchung der italienischen Frage zwischen 1847 und 1849 genau diesem Standpunkt angeschlossen.[60]

Tatsächlich hatte Metternich keineswegs die Absicht, zwischen 1847 und 1848 irgend etwas zu verändern, und Ficquelmont hat auch nicht vorgeschlagen, die Monarchie zu föderalisieren. Sein Ausgangspunkt war vielmehr: »Wie können wir das Königreich (Lombardo-Venetien) weiterhin als Provinz regieren, aber mit einer Organisations- und vor allem mit einer Regierungsstruktur, die uns angesichts der feindlichen Bewegung, die die anderen italienischen Staaten gegen uns vom Zaune brechen wollen, ermöglicht, das Königreich als italienischen Staat präsentieren zu können?«[61] Doch sein Lösungsvorschlag – ein zaghafter Versuch, die Stellung des Vizekönigs und seines Rats zu stärken – ging

Metternich, der die Vorschläge ignorierte, zu weit. Statt dessen beklagte er sich, daß »die Polizei (in Wien) nichts oder beinahe nichts aus Mailand erhält«.[62] Die verschreckten Reaktionen Ficquelmonts und des Vizekönigs auf die sogenannten »Mailänder Tabakunruhen« im Januar 1848 führten nur dazu, die vorgeschlagenen Reformen in den Augen des Kanzlers noch verächtlicher zu machen. Auch wenn er Ficquelmont damit zum Rücktritt trieb, stellte er unmißverständlich klar, daß ein bißchen mehr Initiative der örtlichen Behörden den österreichischen Interessen weit dienlicher wäre als irgendwelche verwaltungstechnischen Änderungen.

Ficquelmont teilte Metternich daraufhin mit, daß dieser sich etwas vormache, daß er den Berichten seiner vielen Agenten zum Trotz all die Jahre über »nichts von den wichtigsten und entscheidendsten, die allgemeinen Interessen des Landes betreffenden Angelegenheiten gewußt habe, ebensowenig wie von den speziellen administrativen, finanziellen und juristischen Hinweisen, die die Gouverneure den zuständigen Behörden schon vor Jahren vorgelegt hätten, die aber immer noch nicht untersucht und beantwortet seien«.[63]

Davon aber wollte Metternich nichts wissen. Er mochte dem Vizekönig keine weitere Vollmachten geben und wollte nicht einsehen, daß die österreichische Politik auf Ignoranz beruht hatte. »Nur dadurch, daß man die Handlungen der verschiedenen Teile der Autorität zentralisiert«, antwortete er Ficquelmont, »kann man ihre Einigkeit und damit ihre Macht gewährleisten. Verteilte Macht ist keine Macht.«[64]

Nach dem Februar 1848 tröstete sich Metternich damit, daß sich Ficquelmont mit dem Gouverneur und mit dem Oberkommandierenden der Streitkräfte, Feldmarschall Radetzky, in Mailand täglich darüber absprach, wie man nach den Unruhen koordiniert für Ordnung sorgen konnte. Sein Prinzip der zentralisierten Machtausübung wurde endlich befolgt. Er schrieb: »Vonnöten: Was wir diesseits der Alpen befehlen, sollte jenseits befolgt werden, die Leute sollen nicht versuchen, unsere Direktiven zu schwächen, sondern sie genauso ausführen, wie angegeben.«[65] Macht an die Lombardei abzutreten, wäre »gefährlich«, »dasselbe würde umgehend in anderen Teilen des Reiches verlangt«.[66] So bemühte sich Metternich bis zum bitteren Ende, Lombardo-Venetien genau wie jede andere Provinz des österreichischen Reichs zu behandeln.

Doch unter Metternichs Zentralisierungsbestrebungen hatten innerhalb des Kaiserreiches vor allem die Ungarn zu leiden. Ungarn war das einzige Land der Habsburger Kronlande, das nach 1815 dank seiner alten Verfassung eine konstitutionell besondere Stellung beibehalten konnte. Das bedeutete, daß seine Gesetze – wenn auch mit königlicher Zustimmung – den ungarischen Landtag passieren mußten, bevor die

Regierung in Wien die ungarischen Truppen und Steuereinnahmen bekam, die sie angefordert hatte. Ungarn hielt an seinem System gewählter Distriktsverwaltungen fest, und Abgeordnete des Parlaments konnten durch örtliche Landtage abgesetzt werden. All dies brachte es mit sich, daß die Arbeit der ungarischen Kanzlei in Wien und die des Vizegespans zu Pest in Ungarn selbst öffentlich und lautstark kritisiert wurde. Und die öffentliche Meinung Ungarns war durchaus ein Faktor, den man zu berücksichtigen hatte. Zwischen 1815 und 1848 verfügte ein größerer Prozentsatz seiner Bevölkerung über ein Stimmrecht als in Frankreich.

Das paßte Metternich entschieden nicht, und er war entschlossen, für Remedur zu sorgen. In der napoleonischen Zeit hatte er mit dem Gedanken gespielt, mit Hilfe französischer Truppen einen Staatsstreich gegen die ungarische Verfassung durchzuführen, und auch seine Vorschläge für eine zentralisierende Verwaltungsreform der Monarchie von 1817 sollten ausdrücklich dazu beitragen, die Ungarn in Reih und Glied zu zwingen. Er schrieb: »Im Gefolge dieser Neuorganisation (die Verwaltung unter einem Innenminister zu zentralisieren) werden die Kanzleien von Ungarn und Transsylvanien ihr gegenwärtiges großes Gewicht verlieren und sich dem der ordinären Verwaltungen anpassen.«[67]

Schließlich wehrte er sich auch mit Händen und Füßen gegen das Programm der ungarischen Reformbewegung nach 1820, 1830 und 1840. Deren Vorschläge hätten zu einem liberalen und halbunabhängigen Ungarn geführt, also mußten sie niedergestampft werden. »Die heutige Opposition«, unterrichtete Metternich den Erzherzog Joseph, den Vizegespan, »ist eine subversive, sie bedient sich der Verfassung gemäßer Formen, um die Regierung und mit ihr zugleich die Verfassung zu stürzen. Das ungarische Staatsgebäude ist ein monarchisch-aristokratisches. Es passen keine demokratischen Einrichtungen auf dasselbe, solche Einrichtungen sind sogar in einem Widerspruch mit dem Bestehenden in legislativer wie in demonstrativer Hinsicht; ja selbst mit dem gesamten Besitzstand.«[68] Der Kanzler selber ergriff sowohl im Landtag (den die Regierung wegen Geldnot 1825, 1832–36, 1839–40, 1842–44 und 1847–48 einberufen mußte) wie auf Distriktsebene die Initiative gegen die Reformbewegung und rühmte sich 1825 vor seinem Sohn, er »habe die Sache selber angepackt«.[69] Und machte bis 1848 weiter.

Seine Politik, die von radikaler Gegnerschaft gegen die ungarische Unabhängigkeit bestimmt war, äußerte sich auf unterschiedlichen Ebenen: Distriktswahlen wurden beeinflußt, die Presse niedergehalten oder kontrolliert, der Geheimpolizei weitgehend freie Hand gelassen, und um 1830 setzte der blanke Terror ein. Führende Regimegegner wurden des Hochverrats angeklagt und eingesperrt, Wesselényi zu drei

Jahren Gefängnis verurteilt, Kossuth zu vier und Lovassy zu zehn.

Doch der öffentliche Aufschrei war so lautstark, daß man derartige Terrortaktiken aufgeben mußte. Danach versuchte Metternich, Ungarn durch Unterstützung der »neokonservativen« Partei von Aurel Dessewffy zu kontrollieren, dessen Reformprogramm ein verkappter Angriff auf das ungarische Distriktssystem darstellte. 1841 teilte er der Ministerkonferenz mit: »Wenn es auch deutlich wird, daß es unmöglich ist, Ungarn ohne ständische Verfassung zu regieren, so liegt umgekehrt darin zugleich die unabweisliche Forderung, eben diese Verfassung so zu ordnen, daß eine regelmäßige Regierung Ungarns möglich werde.«[70] Er plante, die Distrikte der Kontrolle durch ihre gewählten Vertreter zu entziehen, in Wien Verwalter zu bestimmen, die sie wenn nötig mit militärischer Unterstützung ersetzen sollten. Weiter schlug er vor, den Distrikten das Recht zu entziehen, die eigenen Vertreter zu instruieren; außerdem sollte die Polizei bei Sitzungen des Landtages anwesend sein. Dadurch hoffte Metternich, die Opposition zu brechen. Ihm war klar, daß er damit Gefahr lief, einen nationalen Aufstand zu provozieren, denn er erklärte, er sei bereit, das Risiko auf sich zu nehmen. Besser, die Regierung ergreife mit ihren Vorschlägen die Initiative, als Zeit und Ort einer Endabrechnung der Opposition zu überlassen. Metternich hoffte einmal mehr auf maximale Kontrolle durch das Zentrum, und nach 1840 wurden seine Vorschläge teilweise in die Praxis umgesetzt.

Metternichs Überlegungen über die richtige Regierungsform kreisten immer wieder um folgendes Prinzip: Ein Monarch sollte sich von einer starken Zentralregierung beraten lassen, die nur ihm selber verantwortlich war und alle Teile des Staatswesens ordentlich und einheitlich regieren konnte. Auch wenn er aufgrund seines Klassenbewußtseins bereit war, der Aristokratie in den zur Bedeutungslosigkeit herabgestutzten Ländern eine zeremonielle Rolle zuzugestehen, dachte der Kanzler nicht daran, sich auf einen Kompromiß mit dem repräsentativen Prinzip einzulassen, das er als revolutionär betrachtete. Die öffentliche Meinung konnte, wie er glaubte, durch die »höhere Staatspolizei« ausgehorcht und manipuliert werden, und was immer er nach Erledigung der selbstgestellten außenpolitischen Pflichten an Energien übrig hatte, verwandte er auf die Kontrolle von Polizeiangelegenheiten. Er dominierte den Präsidenten der »Polizeihofstelle«, den Grafen Sedlnitzky, in jeder Hinsicht, und die Kontrolle über die Zensur lag bei seiner eigenen Staatskanzlei. Polizeiberichte aus dem ganzen Kaiserreich mußten an Metternich persönlich gerichtet werden, und die meisten wichtigen Entscheidungen in Sachen Pressezensur wurden von Metternich persönlich getroffen. Er war stolz darauf, daß sein eingespieltes System von Pressezensur, Spionen, Subsidien und *cabinets noirs* die Stabilität der Monarchie garantierten, und rühmte sich, daß darin ohne seine Zustimmung nichts geschehen könne. Was das Ausland anging, korrespondierte er mit den Polizeichefs von Frankreich und Rußland. Er befürchtete vor allem, das Regierungssystem, das er sich – trotz seiner Niederlage gegen Kolowrat – über all die Jahre hinweg auszubauen bemüht hatte, könne nicht von innen, sondern von außen zerstört werden.

Was Metternichs Bemühung betrifft, die Habsburger Monarchie zu konsolidieren, so war er von seiner Arbeit ernsthaft überzeugt, idealisierte seine Aufgabe geradezu, auch wenn ihn die Opposition, auf die er im Staatsrat oder in Ungarn stieß, häufig deprimierte und er oft daran verzweifelte, »die morschen Stützen (der Reichsverwaltung) zu stärken«. Er glaubte tatsächlich an die Notwendigkeit einer starken Zentralregierung für das nachrevolutionäre Europa und hielt Konzessionen an die liberalen Reformer ernsthaft für das sicherste Rezept für Revolutionen. Und er sah auch nicht ein, daß seine Politik auf irgendeine Weise die vom Kaiser regierten Völker benachteiligte. Noch im Oktober 1847 teilte er seinem Botschafter in Rom mit: »Wenn die Leute nur bereit wären, unser Kaiserreich unparteiisch zu beurteilen: Überall gibt es Fortschritte, alles was gut und nützlich ist, schreitet fort... Was immer die Fortschrittler an vernünftigen Forderungen predigten, wir haben sie erfüllt. In unserem Kaiserreich herrscht die völlige Gleichheit der Bürger vor dem Gesetz; wir haben keine Steuerprivilegien oder feudale Lasten; in unserem Kaiserreich wird jeder gleich besteuert, ist die Justiz unabhängig. In allen Teilen des Reichs gibt es Länderversammlungen und Munizipialsysteme, die viel liberaler sind als in den Ländern, die durch das moderne Repräsentativsystem regiert werden. In keinem anderen Kaiserreich werden die Nationalitäten mehr respektiert als bei uns; Respektierung der Nationalitäten bedeutet für uns eine Existenznotwendigkeit; nirgendwo gibt es eine Regierung, die weniger absolutistisch ist als bei uns, und es könnte auch keine andere geben.«[71] Der Kanzler übertrieb offensichtlich, aber es besteht kein Grund zur Annahme, daß er letztlich nicht vom wohlwollenden Charakter seines Systems überzeugt war.

Eine Beurteilung

Wie also soll man Metternich schließlich einschätzen? Was seine Außenpolitik angeht, kann man tatsächlich von einem »Zeitalter Metternichs« sprechen, das er allerdings eher durch seine Prinzipien bestimmt hat als durch seine Diplomatie. Und die Prinzipien selber – die Respektierung von Verträgen, Rechten, althergebrachten Ansprüchen und Absprachen – erschienen den Zeitgenossen vielleicht langweilig und unzeitgemäß, doch als man sie nach dem Krimkrieg über Bord

warf, rückten tatsächlich die »Realpolitiker« nach, Männer wie Napoleon III., Bismarck und Cavour, deren Markenzeichen Krieg und ein un-
gehemmtes Durchsetzen der Staatsräson waren. Das ist die eine Seite
der Medaille. Anderseits war auch Metternich immer wieder bereit,
seine Prinzipien mit Gewalt durchzusetzen, genau wie das von ihm an-
gestrebte Ziel der Erhaltung des Status quo stets einen Krieg rechtfertigen konnte − Kriege der Intervention und Gegenrevolution.

Seine Nachfolger jedenfalls fürchteten sich nie, den Status quo in einem Krieg zu riskieren. Der Haken war nur, daß sie stets verloren. Metternichs große Kunst hatte ja gerade darin bestanden, sich auf Kriege,
die er nicht gewinnen konnte, auch niemals einzulassen. Darum hatte
er sich stets als Friedensverkünder ausgegeben − wenn auch als Ver-
künder eines Friedens, der auf den Verträgen von 1815 beruhte, auf der
Anerkennung von Legitimität und Aristokratie, kurz, ein Friede zu seinen Bedingungen oder vielmehr denen des Hauses Habsburg.

Metternichs System konnte nur so lange bestehen, wie Europa bereit
war, diese Bedingungen hinzunehmen. Denn Österreich, das wußte er,
war nicht stark genug, sie den anderen aus eigener Kraft aufzuzwingen.
Seine größte außenpolitische Leistung bestand also darin, die
Großmächte so lange Zeit davon überzeugt zu haben, daß die Existenz
Österreichs eben jene europäische Notwendigkeit war, als die er sie zutiefst empfand.

Innenpolitisch hat er jedenfalls eine sehr bedeutende Rolle in der
österreichischen Geschichte gespielt. Er besaß vielleicht nicht die Kontrolle über die Staatsfinanzen, aber er herrschte über Geheimpolizei
und Zensur und gab den Ton im Umgang mit Italien und Ungarn an. Er
versuchte, die kaiserliche Verwaltung zu zentralisieren, sie zu normen
und effizienter zu gestalten. Dabei aber war ihm die kaiserliche Familie
im Weg.

Nur heißt das noch lange nicht, daß er innenpolitisch ein Gescheiterter war. Im Gegenteil, er selbst jedenfalls war stolz auf das von ihm
Erreichte. Und seine größte innenpolitische Errungenschaft hat er
selbst nicht einmal erwähnt: Die Tatsache, daß die Monarchie − ganz
im Gegensatz zu Westeuropa − dreiunddreißig Jahre lang von jeder Revolution verschont blieb, nämlich bis zu seiner Entlassung.

3.

1848 – Die Ursachen

Führten die Revolutionen von 1848 zum Fall Metternichs oder der Fall Metternichs zu den Revolutionen? Keine triviale Frage. Vielmehr eine Aufforderung zum Innehalten und Nachdenken, bevor man in die traditionelle Falle geht, Metternichs liberalen Kritikern recht zu geben und zu glauben, die Habsburger Monarchie sei 1848 von revolutionären Kräften überwältigt worden, die das Metternichsche System irgendwie mitgerissen und hinweggefegt hätten. Nur weil es eine Revolution in Frankreich und auch anderswo revolutionäre Aktivitäten gegeben hat, haben allzu viele Historiker daraus geschlossen, auch in Österreich hätte es zwangsläufig zu einer Revolution kommen müssen.

Doch das ist nicht unbedingt der Fall. Zwar hat es im Österreich des Jahres 1848 Impulse für Veränderungen gegeben – unterschiedlich ausgeprägt in unterschiedlichen Teilen der Monarchie –, aber die Behauptung, in der Monarchie habe, mit Ausnahme vielleicht von Lombardo-Venetien, irgendwo irgendein echter revolutionärer Geist geherrscht, läßt sich nur sehr schwer belegen. Weit plausibler ist die Erklärung, die kaiserliche Familie habe, als es am 13. März in Wien zu einem Straßenaufruhr kam, die Nerven verloren und den Kanzler entlassen, worauf ihr die Kontrolle der Ereignisse entglitt und die Monarchie in ein Machtvakuum geriet. Solange es anhielt, strebten unterschiedliche Gruppen nach der Macht. Die meisten gaben sich mit der Forderung nach einer konstitutionellen Monarchie unter den Habsburgern zufrieden, die durchaus zu Zugeständnissen bereit schienen.

Doch als die Italiener eine konstitutionelle Monarchie unter dem Haus Savoyen verlangten, entgleiste diese friedliche Entwicklung. Denn nun brach Krieg in Norditalien aus. In der Folge polarisierten sich die Haltungen, bereits eingegangene Verpflichtungen wurden anders bewertet, die Armee mischte in der Politik mit, und die mit Ungarn getroffene Einigung vom März/April 1848 wurde für nichtig erklärt, sobald der Krieg in Italien gewonnen war. Als Ungarn schließlich erobert war, konnte Österreich seine alte Position in Deutschland aufs neue behaupten.

Statt sich also auf die alte Geschichte (eine Art revolutionäres Ammenmärchen) vom bankrotten System einzulassen, das durch eine große revolutionäre Flutwelle hinweggeschwemmt wurde, die dann irgendwie abebbte und die alte Landschaft intakt beließ, sollte man realistischerweise davon ausgehen, daß es gar keine große Flutwelle gab, sondern vielmehr eine leichte Überschwemmung, die eine Reihe von äußerst schlammigen Flecken hinterließ, deren Beseitigung zu unvorhergesehenen Zwischenfällen und Tragödien führte.

Die Geheimgesellschaften

Wer wollte 1848 tatsächlich eine Revolution in Österreich? Es gibt eine Anzahl Kandidaten oder vielmehr Kandidatengruppen: Mitglieder von Geheimgesellschaften, politische Liberale und Demokraten; die zahlreicher werdende Bourgeoisie, die verarmten Massen, oppositionelle Nationalisten. Natürlich überlagern sich diese Gruppierungen in gewisser Hinsicht, doch es ist sinnvoll, sie um der Übersicht willen getrennt zu betrachten.

Sehen wir uns zunächst die Geheimgesellschaften an. Metternich selber glaubte jedenfalls, sie würden hinter sämtlichen Unruhen in ganz Europa von 1815 bis 1848 stecken. Sie wurden ihm zufolge durch ein leitendes Direktorium – das »comité directeur« – angeführt, und er verwendete einen Großteil seiner Zeit an den vergeblichen Versuch, dessen Mitglieder aufzuspüren. 1833 etwa ließ er einen seiner Agenten in Italien wissen: »Jahrelang sind alle diejenigen, die auf die Existenz eines comité directeur hingewiesen haben, das insgeheim auf die Weltrevolution hinarbeitet, auf Unglauben gestoßen; heute ist nachgewiesen, daß dieses infernalische Propagandazentrum tatsächlich besteht, daß sich die Zentrale in Paris befindet und daß es in ebenso viele Abteilungen unterteilt ist, wie es Nationen umzustürzen gibt... Was immer sich auf diese große und gefährliche Verschwörung bezieht, muß daher mit einer Aufmerksamkeit beobachtet werden, die gar nicht groß genug sein kann.«[1]

Das Problem war nur, daß letztlich weder Metternich noch Sedlnitzky, der Polizeichef der Monarchie, genau angeben konnten, wer tatsächlich hinter der großen Verschwörung steckte. Zum Glück gab es einige Leute, die behaupteten, Anführer einer solchen zu sein – Buonarotti oder Mazzini zum Beispiel –, doch selbst wenn es Metternichs Spionen tatsächlich hier und da gelang, die Abonnentenliste einer Zeitschrift Mazzinis in die Hände zu bekommen, konnte man praktisch kaum etwas gegen die Geheimbünde unternehmen, außer die italienischen und andere Truppen warnend darauf hinzuweisen, daß Mitgliedschaft Hochverrat bedeute. So zum Beispiel in einem Befehl an die Radetzky-Armee von 1833: »Als vor zwölf Jahren die ›Carbonari‹ genannte Sekte die Gesellschaftsordnung der italienischen Staaten mit Umsturz bedrohte, warnte Ihre Majestät euch, seine Untertanen, vor den gefährlichen und aufrührerischen Lehren dieser Sekte im Befehl 324 vom März 1821. Dies wurde jedermann bekanntgegeben, um sicherzustellen, daß auch der Unerfahrenste und Sorgloseste, vor dem ihre wahren Ziele zu verbergen die Führer dieser Sekte sorgfältig bedacht waren, auch darum wußte und künftig Abstand nehmen würde, den Carbonari beizutreten. Diese väterliche Sorge des Monarchen zwingt ihn nun, angesichts der jüngsten Ereignisse den gleichen Befehl im Hinblick auf eine nicht weniger gefährliche Sekte namens ›Junges Italien‹ zu erteilen, die bloß eine gesteigerte Art der Carbonari darstellt. Das Ziel dieser Verbindung ist der Umsturz der bestehenden Regierung und der ganzen Gesellschaftsordnung; die dazu verwandten Mittel sind Subversion und Mord durch Geheimagenten. Es braucht nicht erwähnt zu werden, daß jeder, der um diese Ziele weiß und dennoch dem ›Jungen Italien‹ beitritt, des Hochverrates schuldig ist.«[2]

Trotz derartiger Maßnahmen wurden nur wenige Mitglieder des »Jungen Italien« von Metternichs Spionen erwischt. Das war schon bei den Carbonari nicht anders gewesen. Metternich war stolz darauf, daß sich die Bünde vor allem außerhalb der Monarchie zu betätigen schienen. Nur war das weniger auf die größere Effizienz der Polizei in Lombardo-Venetien zurückzuführen als darauf, daß die Verwaltung in Österreich-Italien insgesamt wesentlich besser funktionierte als die der übrigen Halbinsel. So wurde Metternich nach den Revolten von 1820 in Piemont und in den päpstlichen Staaten von 1831 seitens der Italiener bedrängt, sich doch zusätzliches italienisches Territorium anzueignen. Dazu kam es schließlich auch nach der Revolte in den päpstlichen Staaten von 1845, was den ersten amerikanischen Konsul in Turin zu folgender Bemerkung veranlaßte: »Sie erheben sich nicht für Freiheit, sondern für Brot, und obwohl Österreich in Italien überall verhaßt ist, sind die päpstlichen Legaten so tief gesunken, daß die Italiener vor der priesterlichen Ausbeutung in den ordentlicheren und besser geregelten Despotismus eines österreichischen Fürsten zu flüchten bestrebt sind.«[3]

Doch modernen Forschungen zufolge waren die Geheimbünde auch außerhalb der Monarchie weit weniger einflußreich, als frühere Autoren und Schriftsteller angenommen haben, und zwar selbst da, wo sie stark vertreten waren. J. R. Rath zum Beispiel hat nachgewiesen, daß die Carbonari zwar in Neapel eine starke Basis hatten und dennoch eine äußerst locker organisierte Gruppe darstellten, die kein besonderes Programm aufwies; ein Sammelsurium von Monarchisten und Republikanern, Klerikalen und Antiklerikalen, Konservativen und Revolutionären.[4]

Außerhalb Italiens hatten die Sekten nur in Frankreich und in den iberischen Häfen Einfluß. Die »Charbonnerie«, das französische Gegenstück der Carbonari, besaß angeblich zwischen 40 000 und 80 000

Mitglieder, hatte aber mit ihrer Revolutionspropaganda noch weniger Erfolg als die italienischen Kollegen. Sie konnte in den Meutereien um 1820 bloß einige wenige französische Truppen unterwandern.[5] Wie bei den Carbonari gab es auch in der Charbonnerie sehr unterschiedliche politische Richtungen, und sie diente als Sammelbecken für die verschiedensten politischen Gruppierungen. Dabei gab es alle möglichen Varianten einer antibourbonischen Haltung – nicht nur Bonapartisten, sondern auch Orléanisten und Republikaner gehörten ihr an.

Die Bünde müssen soziale wie politische Anziehungskraft besessen haben. In einer Zeit der triumphierenden Gegenrevolution stellten sie wohl so etwas wie eine Alternativgesellschaft dar, boten Menschen mit unterschiedlichsten Weltanschauungen einen Ort, wo sie zusammenkommen und die restaurativen Regierungen kritisieren konnten. Sie werden sich deshalb nicht so sehr von den Freimaurerlogen des Ancien régime unterschieden haben, die nach wie vor bestanden und deren Mitgliederlisten den Behörden bekannt waren.[6] Viele ihrer Mitglieder waren denn auch Aristokraten. Und nicht einmal Mazzini gestattete ungebildeten Italienern die Mitgliederwerbung für das Junge Italien.[7]

Alles in allem scheint es unwahrscheinlich, daß die Sekten eine größere Gefahr für Metternichs Österreich dargestellt haben sollen, selbst wenn sich darunter einige kühnere Geister befanden, die auf einen Umsturz sannen und die, wie einige der Dezembristen von 1825 oder die ungarischen Jakobiner von 1794, ihre gemäßigten Anhänger absichtlich hinters Licht führten.

Ein Polizeistaat?

»Am berüchtigtsten war die österreichische Geheimpolizei in der Zeit von 1815–1860«, schreibt Robert Justin Goldstein in seinem kürzlich erschienenen Überblick über die politische Unterdrückung im Europa des 19. Jahrhunderts. »Ein Riesenheer von Spitzeln – meistens Bedienstete, Prostituierte, Kellner und Hausmeister – wurden dafür bezahlt, Aktivitäten und Konversationen der Österreicher an die Polizei weiterzumelden, eine äußerst wirksame Einschüchterungstaktik, deren lastende Folgen in der österreichischen Öffentlichkeit bis 1860 nachhaltig zu spüren waren.«[8]

Goldstein kann immerhin eine ganze Liste wohlbekannter Klagen gegen die Zensur und Polizei zitieren, angefangen mit Beethovens Brief von 1794 – »Man traut sich nicht, hier ein lautes Wort zu sagen, sonst weist einem die Polizei ein Quartier zu«[9] – bis zur Klage von Metternichs Sekretär Gentz (die Zensur machte auch nicht vor dem Privatleben höherer Staatsbeamter und Mitglieder der kaiserlichen Familie halt) von 1832: »Sie müssen begreifen, daß das Mißtrauen gegen alle und jeden, vor allem das Ausspähen der eigenen Vertrauten, hier Dimensionen angenommen hat, für die es in der ganzen Geschichte keine Parallelen gibt.« Goldstein weist jedoch darauf hin, daß in der gleichen Epoche »alle anderen größeren Länder, einschließlich Frankreichs, Deutschlands und Großbritanniens, vergleichbare Überwachungsmaßnahmen durchführten, wenn auch in geringerem Maßstab«.[10]

Im England von 1844 zum Beispiel kam es zu einem Riesenskandal, als Sir James Graham, der Innenminister, zugab, die Post angewiesen zu haben, den Briefverkehr des exilierten Mazzini abzufangen und die darin gewonnene Information an Österreich weiterzuleiten. Man versah Briefe mit dem Vermerk »Nicht grahamisieren«, und die Zeitschrift »Punch« erfand für die Post das »Graham-Siegel«, den Stempel »Nichts Besonderes drin«, der über Grahams Profil gedruckt war. Eine parlamentarische Untersuchung stellte klar, daß die Praxis seit 1711 legal war, und daß seitdem jeder Innenminister von ihr Gebrauch gemacht hatte. Graham hatte die Post vieler führender Radikaler öffnen lassen, einschließlich der eines Parlamentsmitglieds und eines Anführers der Liga gegen die Beschränkung der Getreideeinfuhr.[11]

Obwohl es in Österreich sehr viel häufiger zu Überwachungsmaßnahmen kam als in England, sprechen sich einige Kenner dennoch dagegen aus, die Monarchie als »Polizeistaat« hinzustellen. So zum Beispiel Donald Emerson: »Der Begriff ›Polizeistaat‹ ist insofern irreführend, als er mit der Vorstellung einer dominierenden Stellung der Polizei im Staat verbunden ist. Aber Beispiele einer solchen Stellung sind sicher äußerst selten. Die Polizei verhält sich zwar zweifellos restriktiv und verabscheuenswert, sie unterdrückt und verfügt über sehr viele Machtbefugnisse, aber man kann dennoch nicht sagen, daß sie eine dominierende Rolle im Staat spielt. Die Willkürherrschaft wird unabhängig von ihr durch die Regierung ausgeübt.«[12] Militärische Führer, betont Emerson, haben oft die Macht ergriffen, Polizeichefs hingegen sehr selten: »Das besondere am Polizeistaat ist, daß die Regierung prinzipiell jegliche Schranken im Umgang mit ihren Bürgern mißachtet. Sie versucht immer wieder, die eigenen Willkürakte und Repressionen durch Hinweise auf die Staatssicherheit zu rechtfertigen. In solchen Fällen ist den Machthabern sehr an einer politischen Polizei gelegen, deren Willkürakte sie ermutigen. Faktisch ist eine solche politische Polizei weit weniger unabhängig und selbst weniger mächtig, als man im allgemeinen glaubt.«[13]

Wie sah das nun in der Habsburger Monarchie aus? War Metternichs Österreich wirklich ein Polizeistaat, und führte auch das zu den Revolutionen von 1848? Dank der Arbeit einer Vielzahl von Historikern wissen wir inzwischen einiges über die Arbeit des österreichischen Polizeiapparats.[14] Das Polizeiministerium, die »Polizeihofstelle«, wurde von Joseph II. gegründet und Graf Pergen unterstellt. Sie wurde bald darauf von Leopold II. abgeschafft, aber bereits 1793 von Franz I., der ein äußerst mißtrauischer Souverän war, erneut eingeführt. Er gab 1801 auch den Befehl zur Zensur. So blieb es mehr oder weniger bis 1848. 1815 wurde sie in der Herrengasse 38 in Wien untergebracht, verfügte über zwölf Mitarbeiter, von denen vier schon in Pergens Tagen gedient hatten. Dazu gehörten noch an die dreizehn reguläre Zensoren. Der Polizeidirektor jedoch konnte alle regulären Polizeikräfte der Hauptstadt zu Hilfe rufen, an deren Spitze ein Direktorat von bis zu zehn führenden Beamten mit einem Arbeitsstab von 25 Mitarbeitern stand. Zum Direktorat gehörten Büros für Pässe und Anmeldebescheinigungen, für die Einstellung von Dienstboten sowie ein Sonderdezernat für die Juden. In den einzelnen Vierteln der Hauptstadt gab es spezielle Polizeireviere; vier in der Innenstadt und neun in den Vorstädten. Zu den regulären Kräften gehörten sieben Offiziere, 78 Unteroffiziere und 490 Mann, außerdem eine berittene Truppe mit einem Offizier, drei Unteroffizieren und 56 Mann und schließlich in den Vorstädten eine Zivilgarde von vierundsechzig Mann. Die Polizeikräfte der Hauptstadt waren also nicht sehr zahlreich, und sie wären wohl kaum in der Lage gewesen, die meisten Bürger auch nur gelegentlich zu kontrollieren.

In den Provinzen ließ das Polizeiministerium seine Angelegenheiten durch die Beamten der Provinzhauptstädte betreiben, obwohl in der Lombardei zwölf und in Venetien sieben spezielle Distriktskommissariate bestanden. Solche Kommissariate konnten schnell überall dort etabliert werden, wo sie gebraucht wurden, etwa während der Badesaison in den böhmischen Bädern, oder wenn der ungarische Landtag in Preßburg tagte. Wenn sie dazu aufgefordert wurden, hatten alle örtlichen Beamten Amtshilfe zu leisten, und jedermann, vom Gouverneur bis zum Distriktskommissar, konnte zu polizeilichen Nachforschungen hinzugezogen werden. In Ungarn war gegebenenfalls die ungarische Kanzlei zuständig.

Örtliche Polizeiposten leisteten reguläre Polizeiaufgaben und geheime Polizeiarbeit. Ihre Aufgaben umfaßten die Aufrechterhaltung von Ruhe und Ordnung, die Registrierung aller Personen ihres Gebiets, die Beaufsichtigung der Reisen der Untertanen und Hilfsleistungen für Geheimpolizei und Zensoren. Die Geheimpolizei hatte verschiedene Aufgaben: die Überwachung der Verdächtigen, die Kontrolle der Post, die Zensur von Büchern, von Theateraufführungen und der Presse, ja selbst Zeichnungen und Gemälde wurden mitunter zensiert. Überdies sollte die Geheimpolizei dem Publikum den Regierungsstandpunkt nahebringen. Die geheime Dechiffrierungskanzlei am Hofe, die die Post öffnete, wurde unter der Regierung von Franz I. vom Kaiser persönlich beaufsichtigt, der sich jeden Morgen von seinen Beamten den allerneu-

esten Klatsch vorlesen ließ. Doch sowohl Metternich wie Graf Sedlnitzky, Polizeichef seit 1818, erhielten tägliche Berichte.

Die übrige Arbeit wäre an sich Aufgabe von Sedlnitzky gewesen, unterstand aber tatsächlich Metternich (der ihn weitgehend dominierte),
weil, wie Metternich sich rechtfertigte, ein Großteil der Arbeit ausländische Angelegenheiten betraf. 1817 verlangte er, »direkt und ununter-
brochen über all jene Dinge informiert zu werden, die sich auf die
höhere Staatspolizei beziehen«.[15] Nach 1835 ging die Kontrolle der Polizei, abgesehen von der Kontrolle der Zensur, an Kolowrat, da dieser
inzwischen für innenpolitische Aufgaben zuständig war. Tatsächlich
aber wurden die Polizeirichtlinien nach wie vor von Metternich und
Sedlnitzky bestimmt.

Zunächst einmal hatte die Polizei die Sicherheit des Staates zu schützen, was vor allem auch die Aufgabe der Zensur war. Kritik am Herrscher, an Regierungserklärungen oder an der kaiserlichen Politik war in
keinerlei Form erlaubt. Ebensowenig durfte man sich für Liberalismus,
Nationalismus oder Volkssouveränität aussprechen. Auch ausländische Souveräne durften selbstverständlich nicht kritisiert werden. Dies
wurde ausdrücklich in Artikel 4 der Karlsbader Beschlüsse festgelegt –
jedenfalls soweit es die unter deutsche Souveränität fallenden Gebiete
betraf. Zweitens mußte die Religion, und das hieß vor allem der Katholizismus, geschützt werden. Auch protestantische Schriften wurden
streng auf religiöse Abweichungen hin überprüft, und jüdische Schriften wurden am allerschärfsten zensiert. Der Import ausländischer
Schriften über das Judentum war streng verboten, und die in der Monarchie lebenden Serben hatten es nur dem Einfluß des Zaren zu verdanken, daß griechisch-orthodoxe Schriften eingeführt werden durften.
Drittens mußte auf guten Geschmack geachtet werden: Alles, was
obszön, erotisch oder auch nur zweideutig war, war verboten. Verboten
waren auch Bilder der königlichen Familie sowie von Metternich selbst,
womit sie sich, ironischerweise, in der Gesellschaft berühmter Krimi-
neller befanden, deren Bilder genausowenig eingeführt werden durften.

Ausländische Nachrichten oder Berichte ausländischer Zeitungen
wurden durch die Staatskanzlei zensiert; der Polizeiminister war für die
Inlandnachrichten zuständig. Dabei arbeiteten sich Metternich und
Sedlnitzky gegenseitig in die Hand und sorgten damit dafür, daß sich
Zeitungen strikt an die Regierungsrichtlinien hielten. Dasselbe taten in
den Provinzen die Gouverneure, die ihre Instruktionen aus Wien erhielten. Nachrichtenredakteure und Verleger wurden durch zahlreiche
Regeln behindert: Einzig die Artikel der zuständigen Regierungsbüros
durften frei veröffentlicht werden; für Arbeiten privater Autoren
brauchte man eine offizielle Zustimmung. Zensierte Fahnen durften
nur von den Druckern eingesehen werden, und Artikel für den folgenden Tag mußten der Zensur bis mittags vorgelegt werden. Versuchte

Das Revolutionszeitalter und die Epoche Napoleons hatten die alte Ordnung ein für alle Mal erschüttert. Gegen die Unruhe der Völker, die in den antinapoleonischen Kriegen ihre Macht erfahren hatten, suchten sich die drei siegreichen Mächte Österreich, Rußland und Preußen durch ein System von Repressalien zu schützen. Dazu gehörten auch rigorose Zensurmaßnahmen, die neben der Presse auch das Theater regulierten. Ferdinand Raimund griff in seinen Märchenstücken dieses »Metternichsche System« immer wieder an und oft genug in der Form zauberischer Gegenwelten.

sich ein Redakteur der Zensur zu widersetzen, wurde die nächste Ausgabe seiner Zeitschrift verboten. Doch das war die am vorsichtigsten eingesetzte Waffe, da man damit rechnen konnte, daß dem Betroffenen die übernächste Ausgabe aus den Händen gerissen werden würde. So drohte man lieber, das Blatt ganz von der Liste erlaubter Publikationen zu streichen.

Im Gegenzug wurden Herausgeber, besonders die ausländischer Zeitungen, häufig bestochen oder sonstwie dazu gebracht, den Standpunkt der Regierung zu verbreiten. Sowohl die Augsburger Allgemeine Zeitung wie die »Gazetta di Lugano« wurden erfolgreich »konvertiert«. Viele, oft hervorragende, Publizisten standen auf Metternichs Lohnlisten. Wie Metternich sagte: »Die Aktivität eines Polizeiministeriums in höherem Sinne beschränkt sich nicht darauf, Äußerungen und Gerüchte zu sammeln, sondern es muß, um der höheren Bestimmung seiner Gründung gerecht zu werden, die Meinung aktiv beeinflussen, die Handlungen der Regierung in wahrem Licht darstellen und der Verbreitung falscher Gerüchte die siegreiche Macht der Wahrheit entgegenstellen.«[16]

Am meisten in Verruf geriet das System durch die Zensur von Büchern, vor allem da die Autoren ihre Manuskripte vor der Veröffentlichung der Zensur vorzulegen hatten. Da keinerlei Richtlinien veröffentlicht wurden, hatten sie unter der Langsamkeit, Willkür und Unsicherheit der Behörden zu leiden. Ein Zensor sollte jeden Fall gesondert beurteilen, aber da er dabei Hunderte von Geheimvorschriften und Präzedenzfällen zu berücksichtigen hatte, waren seine Entscheidungen selten nachvollziehbar. Die Zensoren waren oft integre, sehr gebildete Männer, aber da ihre Arbeit von Vorgesetzten streng überprüft wurde, kam es kaum je zu übertriebener Großzügigkeit. Jedes Werk mußte diesen von der Staatskanzlei und dem Polizeiministerium kontrollierten Prozeß durchlaufen.

Metternich selber spielte »in diesen Angelegenheiten eine große, oft dominante Rolle«[17], zeigte ein besonderes Interesse an Manuskripten, die Ungarn und überhaupt ausländische Angelegenheiten betrafen, an Publikationen über Geschichte – vor allem der habsburgischen Geschichte –, über kirchlich-katholische Angelegenheiten, über Politik und Naturwissenschaften. Wissenschaftliche Forschung wurde nicht besonders hoch bewertet. Franz I. hatte die kaiserliche Haltung ziemlich unmißverständlich zum Ausdruck gebracht: »Ich brauche keine Gelehrten, sondern gute Bürger... Wer mir dient, muß lehren, was ich befehle. Jeder, der das nicht tun kann oder mir mit neuen Ideen kommt, kann gehen, oder ich entlasse ihn.«[18] Das Theater war den selben kaiserlichen Restriktionen unterworfen.

Die andere wichtige Aufgabe der Geheimpolizei bestand in der Kontrolle und Überwachung von potentiellen Spionen und Staatsfeinden. Daher ihre Zuständigkeit für Anmeldebescheinigungen und für die Bestimmungen, die den Aufenthalt von Dienstboten und Juden regelten, für die Ausreisevisa, ohne die man die Monarchie nicht verlassen durfte, sowie für die Registrierung von Gästen in Gasthöfen und Hotels. Besonders berüchtigt war die Überwachung des Briefverkehrs und die Kontrolle des internationalen Postsystems. Dafür war hauptsächlich die geheime Dechiffrierungskanzlei verantwortlich, die mit dem Polizeiministerium zusammenarbeitete, das in allen Provinzen Reviere für die Postüberwachung eingerichtet hatte. An der Spitze des Systems standen Metternich und Sedlnitzky, aber auch Franz I. ließ sich zeit seines Lebens die Zensur sehr angelegen sein. Das führte angeblich dazu, daß buchstäblich »alles in der Habsburger Post gelesen wurde, sofern nicht Schlamperei, ein sicheres Versteck oder der bloße Zufall dazwischenkamen«.[19] Niemand von Rang – Erzherzoge, Generäle, Botschafter oder Beamte – konnte erwarten, verschont zu werden, was dazu führte, daß jeder, der seine Korrespondenz privat halten wollte, eigene Arrangements für die Zustellung traf. »Ich schicke nur das mit der Post, was jeder lesen kann und soll«, sagte Gentz.[20]

Die Postüberwachung erbrachte im Metternichschen Zeitalter neue Spitzenleistungen. Die Beamten brachten die Post um 7 Uhr früh zur

92

Bearbeitung in die Geheime Dechiffrierkanzlei, damit sie um 9 Uhr wieder ins Postbüro zurückgebracht werden konnte. Dies bedeutete, daß alle Kniffe der Dechiffrierkunst – vom eigentlichen Kopieren von Briefen gar nicht zu reden – in einigen wenigen Stunden vollzogen werden mußten, und zwar bei ausnahmslos allen Postlieferungen, selbst bei der Transitpost aus der Türkei. Man mußte sich also sputen. Um 1817 kamen täglich etwa 1000 Briefe in Wien an, und von denen konnte man sich 80 bis 100 vornehmen.

Damit das klappte, mußten die Angestellten der Geheimen Dechiffrierungskanzlei ausgezeichnet ausgebildet und entsprechend gut bezahlt sein. Meist gehörten sie zu einer kleinen Gruppe von Familien oder »Dynastien« – Eichenfelds, Schweizers, Geitters und andere. Sie waren hervorragend in der Entzifferung von Codes und besaßen dadurch eine außerordentliche Bedeutung, denn keine ausländische Regierung war dumm genug, Post unchiffriert durch Österreich zu schicken. Ein Angestellter rühmte sich 1823 vor Metternich, er habe 85 ausländische Codes entziffert. Andere konnten codierte Briefe ebenso fließend wie die eigene Muttersprache lesen. Aber auch die Beherrschung ausländischer Sprachen war sehr wichtig, und für jede, die man zusätzlich lernte, wurden 500 Gulden bezahlt. Ein Beamter namens Joseph Schneid meisterte 19 Sprachen, was nicht für außergewöhnlich galt. Wie gesagt, waren alle diese Leute gut bezahlt. Das fing bei 500 Gulden im mittleren Dienst an und hörte bei 3000 Gulden im gehobenen Dienst auf. Spezialaufträge bei Kongressen und Landtagen wurden besonders vergütet, und die Pensionen waren überdurchschnittlich hoch. Darüber hinaus zahlten die Beamten keine Miete und keine Steuern, lebten im zweiten Stock der Hofstallburg und hatten unmittelbaren Zugang zum Monarchen. Sie erhielten kostenloses Holz zum Heizen und führten ein angenehmes, wenn auch beschäftigtes Leben. 1848 waren 22 Leute (einschließlich der Dienstboten) in der Hofstallburg beschäftigt.

So viel zu Metternichs Polizeistaat, einem Staat, der an sich bemerkenswert wenig Polizeibeamte beschäftigte, ob nun im regulären Polizeidienst oder in der Geheimpolizei. Wie erfolgreich war er? Wie weit entschärfte oder verstärkte er die revolutionäre Stimmung innerhalb der Monarchie? Wie bedrückend war er? Das sind die Fragen, die es zu beantworten gilt, will man entscheiden, ob Metternich für den Ausbruch der Revolution von 1848 verantwortlich war.

Glücklicherweise lassen sie sich relativ leicht beantworten. Mit den Maßstäben des 20. Jahrhunderts gemessen, wirkt der Staat Metternichs nicht besonders grausam. Zugegeben, Pellico und Confalioneri mußten im Spielberg eine lange Kerkerhaft erdulden, aber wenigstens gibt es keine Hinweise dafür, daß sie gefoltert worden sind. Und es scheint in Österreich auch nicht sehr viele politische Gefangene gegeben zu haben. Dennoch haben sich die zahlreichen Gerüchte über die Allwesenheit und Allmacht der Geheimpolizei auf die revolutionären Aktivitäten innerhalb der Monarchie eher dämpfend ausgewirkt. Das heißt, die kaiserliche Regierung war in den Jahren von 1815 bis 1848 nie ernsthaft von einer Revolution bedroht.

Die technische Seite des Systems war dagegen nie so effizient, wie Metternich sich das gewünscht hätte: Die russischen und hannoveranischen Codes waren sehr schwer zu dechiffrieren, und trotz eifrigster Bemühungen gelang es ihm nie, eine italienische Institution zu organisieren, die dem 1825 in Mainz gegründeten Untersuchungszentrum entsprochen hätte. Und so sehr er sich bemühte, seine Polizeiaktivitäten mit anderen Mächten – Bayern, Preußen und Frankreich zum Beispiel – zu koordinieren, so wurde daraus doch nie die routinemäßige und geordnete Zusammenarbeit, auf die er gehofft hatte. Und alle seine Bemühungen verhinderten natürlich nicht, daß 1848 die Revolution ausbrach.

Den genauen Zusammenhang zwischen der Existenz des »Polizeistaats« und dem Ausbruch der Revolution müssen wir nach wie vor bestimmen. Und dazu sollte man zwei Dinge klarstellen: Trotz der »Chinesischen Mauer«, mit der die Zensur Österreich hätte umgeben sollen, konnten die meisten Leute lesen, was sie wollten. Das bestätigen Berichte von Reisenden und Memoiren aus der Zeit. Man lobte sogar die Behörden, die einem bei der Beschaffung von jedwedem Lesematerial – verboten oder nicht – behilflich waren. Der österreichische Dramatiker Grillparzer schrieb über die Zeit nach 1835: »Im Prinzip blieb die Zensur so streng wie unter Kaiser Franz. Aber in der Praxis war sie sehr viel milder, sicher vor allem wegen der Unmöglichkeit, sie durchzusetzen. Die Lektüre und der Vertrieb von verbotenem ausländischen Material war ebenso verbreitet wie sonstwo auf der Welt, und die gefährlichsten waren die verbreitetsten.«[21] Er gibt zu, daß die eigene Presse scharf überwacht wurde und politische Schriften »mit weniger Nachsicht zu rechnen hatten«, aber wenn österreichische Schriftsteller ihre politischen Ansichten im Ausland veröffentlichen wollten, »brauchten sie nur ihren Namen um eine Silbe zu kürzen oder einen falschen Namen anzunehmen, um sich beinahe alle Fragen zu ersparen und jedweder Attacke auszuweichen. Ja, die Behörden freuten sich insgeheim darüber, weil sie hofften, daß ihre notwendige Strenge der höheren Literatur nicht im Wege sei.«

Grillparzers Ansichten waren keineswegs außergewöhnlich. Herzog Hartig zum Beispiel, einer von Metternichs engsten Kollegen, hielt fest: »Die Strenge der Zensur richtete sich nur gegen Werke und Journale, die im Land veröffentlicht wurden, und gegen die öffentlichen Anzeigen von Buchhändlern. Alle ausländischen Veröffentlichungen konnten leicht privat erworben werden, so daß sich ein Mann von literarischen

Ambitionen in der Gesellschaft geschämt haben würde, ein verbotenes Buch oder Journal nicht zu kennen, das Aufmerksamkeit erregt hatte. Selbst in der Gegenwart höchster Beamter zum Beispiel, in aller Öffentlichkeit, war es üblich, über die schlimmsten Artikel im Journal ›Die Grenzboten‹ zu sprechen, da niemand der Meinung war, daß es ihn etwas anginge, wie der Sprecher mit diesem Artikel bekannt geworden war. Man wies Professoren vorher an, wie und auf welche Art sie zu lehren hatten, aber wenn sie anderes lehrten, so wurden sie nicht zensiert, vorausgesetzt, ihre Lehren verletzten kein katholisches Dogma.«[22] Das bestätigt ein damaliger Student, der später Professor an der Wiener Universität werden sollte. An der dortigen Universität, erinnert er sich, lasen Studenten mit »unbeschreiblichem Vergnügen jene verbotenen Schriften, in denen der Geist der Freiheit wehte«.[23]

Man bildete Klubs, um die neuesten verbotenen Bücher zu kaufen, die dann unter den Mitgliedern zirkulierten. Die Verbote spielten offensichtlich keine Rolle: »Was verbotene Bücher betraf, waren die akademischen Gesetze drakonisch. Wer immer solche Schriften unter seinen Mitstudenten zirkulieren ließ oder sie auch nur für sich las, ohne anderen davon Mitteilung zu machen, wurde durch Ausschluß von allen Lehranstalten der Monarchie bestraft. Dennoch wurden sie allgemein gelesen. In der Wiener Universität wurden sie von Hörsaal zu Hörsaal, von Bank zu Bank weitergereicht. Vor allem die liberalen ›Grenzboten‹ las man, um sich langweilige Vorlesungen zu verkürzen. Viele Studenten sparten sich das Geld für die Mitgliedschaft in den obigen Vereinigungen vom Munde ab.«[24]

In der Tat waren es keineswegs nur die Studenten, die sich zusammentaten, um gemeinsam Bücher zu kaufen und zu lesen. Nach 1840 taten es ihnen Klubs wie der liberale »Legalpolitische Leseklub« und die »Concordia« nach und machten auch die Erfahrung, daß die Behörden nur allzu bereit waren, ein Auge zuzudrücken. Der Leseklub zum Beispiel konnte Zeitungen wie die »Leipziger Zeitung«, »Le Constitutionne«, »Le Siècle« und sogar »Die Grenzboten« im Abonnement halten.[25] Und auch für Nichtmitglieder eines solchen Klubs war es nicht schwer, sich entsprechendes Lesematerial zu beschaffen. Kopien der Grenzboten wurden in ganzen Wagenladungen aus Bayern nach Österreich geschmuggelt. Die Zensur war also vor allem eine Belästigung. Sie verhinderte weder die Verbreitung von Ideen und wissenschaftlichen Forschungsergebnissen noch die Kritik an der Regierung. Sie war bloß eine Schikane mehr, die zur bedrückten Atmosphäre in Metternichs Österreich beitrug.

Nicht zuletzt wurde die Zensur bis zu einem gewissen Grad sogar befürwortet. Wahrscheinlich wären nur sehr wenige Leute für ihre völlige Abschaffung gewesen. Religiöse Überzeugungen hätten dagegengestanden, überdies hätte es Brauch und Herkommen widersprochen.

Ein weitverbreiteter verdeckter Radikalismus jedenfalls läßt sich in dieser Zeit nicht nachweisen. Daher der ansonsten merkwürdige Umstand, daß Metternich 1845 eine von nicht weniger als 29 führenden Autoren unterschriebene Petition gegen die Zensur vorgelegt wurde, die jedoch nicht die klare Abschaffung, sondern nur eine Verbesserung der Zensurgesetze forderte.[26] Man verlangte eine bessere Bezahlung und bessere Arbeitsbedingungen für die Zensoren, damit sie die Manuskripte geduldiger und aufmerksamer, um nicht zu sagen wohlwollender überprüfen konnten. Vielleicht, so hoffte man, hätten sie dann mehr Zeit, die Arbeiten mit den Autoren eingehender zu besprechen. Das aber bedeutet natürlich, daß mehr, nicht weniger Zensoren eingestellt hätten werden müssen.

Ob die Petition nun von einem gemäßigten Standpunkt zeugt oder ob sie der Erkenntnis entsprang, daß eine gänzliche Abschaffung ohnehin außer Frage stand, läßt sich nur schwer entscheiden. Jedenfalls dürften entschiedene Regierungsgegner mit einer solchen Haltung schwerlich einverstanden gewesen sein.

Alles in allem will nicht recht einleuchten, daß es der »Polizeistaat« Metternichs war, der die Revolution von 1848 provoziert haben soll. Ganz im Gegenteil läßt sich der Erfolg der Revolution in der Hauptstadt ironischerweise eher durch das Fehlen adäquater Polizeikräfte im Wien des März 1848 erklären, und das war ein Erfolg, der für ihre Verbreitung in anderen Teilen der Monarchie im schicksalsreichen Frühling desselben Jahres ausschlaggebend war.

Die liberale Opposition

Wie stark also war in der Monarchie die liberale Opposition gegen das System Metternichs und wo kam sie her? Und warum fiel sie erst nach 1840 ins Gewicht?

Wahrscheinlich spielte der Generationenwechsel eine Rolle, das verbreitete Gefühl, daß Metternich gemeinsam mit Franz I. hätte abtreten sollen (Grillparzer schrieb ein Gedicht, in dem er beklagte, daß der Kanzler nicht gleichzeitig mit dem Kaiser gestorben war). Vielleicht aber war auch der Einfluß des neuen preußischen Königs, Friedrich Wilhelm IV., von Bedeutung, ebenso wie die Wirtschaftskrise und die Kriegsdrohung des Jahres 1840. Und wie in Frankreich hatte sich auch in Österreich in den letzten Jahren Langeweile breitgemacht.

Jedenfalls beschleunigte sich das Tempo nach 1840 merklich: Die Kaffeehäuser und Salons wurden von politischen Gedichten überschwemmt, die Theaterstücke wiesen mehr und mehr propagandistische Züge auf, und immer zahlreichere Autoren schrieben lieber für die Presse, als sich ihre Werke gegenseitig vorzulesen. R. John Rath, dessen

Darstellung der Wiener Revolution von 1848 nach wie vor unübertroffen ist, hat die politischen Wendemarken abgesteckt: die 1841 erfolgte Gründung des »Grenzboten« in Brüssel durch den Exil-Tschechen Ignaz Kuranda, der zum Sammelbecken oppositioneller Gruppen aus der Monarchie wurde; die Veröffentlichung einer ganzen Serie wichtiger kritischer Schriften in Deutschland (vor allem in Hamburg und Leipzig), angefangen mit Baron Victor von Andrian-Werburgs »Österreich und seine Zukunft« von 1842, über Franz Schuselkas Pamphlete aus den Jahren nach 1840 (»Deutsche Worte eines Österreichers«), bis hin zu den wichtigsten Werken von 1847, Graf Schnirdings »Österreichische Innenpolitik mit Bezug auf die Verfassungsfrage«, Karl Beidtels »Die Geldangelegenheiten von Österreich« und Karl Moerings vernichtender Kritik vom Januar 1848, den »Sibyllinischen Büchern aus Österreich«.[27]

Der Ton dieser Bücher wurde zunehmend radikaler. Baron von Andrian-Werburg zum Beispiel war es hauptsächlich darum gegangen, die Bürokratie anzugreifen. Er hatte Österreichs Heil in der Stärkung der Provinzlandtage gesehen. Diese sollten über die Steuern der Provinzen entscheiden, ihre eigenen Beamten benennen, Repräsentanten der Bauern und der Mittelklassen bestimmen und dem Monarchen Petitionen unterbreiten dürfen. Über allem sollte ein kaiserlicher Landtag aus Vertretern der Ständeversammlungen der Provinzen stehen, der die Vertretung des ganzen Kaiserreichs repräsentierte. Er sollte einmal im Jahr zusammentreten, um die Steuerlasten unter den Provinzen zu verteilen und über das Budget abzustimmen, und er sollte beim Monarchen Petitionen einreichen können.

Andrian-Werburgs Buch hatte ungeheuren Einfluß, vor allem, wie vorauszusehen, beim liberalen Adel der Ständeversammlung. In einem zweiten Band aus dem Jahr 1847 (in dem er sich auch für Pressefreiheit, Lehrfreiheit und die Abschaffung von Feudallasten einsetzte), betonte von Andrian noch einmal die Notwendigkeit der Reform der Landtage.

Andere Schriftsteller waren radikaler. Schuselka hielt vom Adel ebensowenig wie von der Kirche, forderte vielmehr einen Bürgerkönig, der in Allianz mit dem Volk herrschen würde. Schnirding nahm eine noch linkere Position ein, indem er Rechte für das Proletariat und die »arbeitenden Klassen« verlangte. Er sprach sich für Industrialisierung und Abschaffung der Feudallasten aus. Beidtel stellte die Lage der Bauern und der Arbeiterschaft ebenso düster dar, wurde aber vor allem dadurch bekannt, daß er auf die unsichere finanzielle Situation des Kaiserreiches hinwies. Ihm zufolge reichten die Gold- und Silberreserven zur Deckung der in Umlauf befindlichen Banknoten nicht aus, was um so mehr ins Gewicht fiel, als die Regierung chronisch unfähig war, einen ausgeglichenen Haushalt zustande zu bringen. Das aber drohte die finanzielle Solidität der Monarchie vollends zu untergraben. Beidtels Rettungsvorschlag war, einen Teilbankrott zu erklären und unter Verzicht auf Zinszahlung nur einen Teil der Staatsschuld an die Gläubiger auszuzahlen, da es ansonsten zwangsläufig zu einer galoppierenden Inflation kommen würde. Das aber erforderte seiner Ansicht nach die Einberufung einer Nationalversammlung.

Beidtels Analyse trug durch die Ängste, die sie bei den Gläubigern hervorrief, sehr viel dazu bei, die Position der Regierung in den Wochen nach dem Sturz Louis Philippes in Frankreich entscheidend zu schwächen, bis schließlich auch Metternich fiel. Man mußte nicht hellsichtig sein, um zu erkennen, daß ein Krieg mit der zweiten französischen Republik – den man Metternich durchaus zutraute – katastrophale Folgen für Österreichs ohnehin prekäre Finanzsituation haben würde. Außerdem erinnerte man sich noch sehr genau an den Bankrott von 1811, und C. A. Macartney zufolge »war es vor allem diese Erinnerung, mehr als jeder einzelne andere Faktor, die die Revolutionen von 1848 sowohl in Wien wie in Ungarn ausgelöst hat«.[28]

Moering fiel zu den Finanzen weniger ein. Ihn beunruhigte vor allem der fehlende österreichische Patriotismus, der seiner Ansicht nach auf die Verachtung und das Mißtrauen zurückzuführen war, mit der die Regierung das Volk behandelte.

Eine seltsame Eigenart all dieser Schriften besteht darin, daß keiner der liberalen Schriftsteller vor 1848 »eine Konstitution, verfassungsmäßig garantierte Grundrechte, Volkssouveränität oder ein richtiges ›liberales‹ Parlament gewünscht hat. Außer Erzherzog Ludwig wurde kein Mitglied der kaiserlichen Familie angegriffen. Kaiser Ferdinand wird nur im Ton schmeichelhaftester und unterwürfigster Speichelleckerei erwähnt. In der ganzen Oppositionsliteratur kommt nicht einmal der Ruf nach Revolution vor.«[29] Statt dessen wurde verlangt, die Regierung solle die politische Polizei und die Zensur abschaffen, für Toleranz sorgen, das Steuersystem reformieren, die Regierung dezentralisieren und sich bessere Berater und Minister zulegen. Vor allem sollte sie sich von einer in höherem Grad repräsentativen Versammlung mit steuerrechtlichem Vetorecht beraten lassen, die aber alles in allem der Verfassung entsprochen hätte. Niemand hingegen forderte ein Ministerium, das einem modernen Parlament verantwortlich und unter monarchischer Herrschaft für die Regierungsarbeit zuständig gewesen wäre.

Die liberale Opposition war damit alles in allem eher loyal, und das änderte sich auch nicht in den Wochen nach dem Sturz Louis Philippes Ende Februar 1848 oder nach dem Fall Metternichs Mitte März, als in der Hofburg jede Menge Petitionen eingereicht wurden. R. John Rath, der die populären Forderungen untersucht hat, kommt zu dem Schluß: »Aus heutiger Perspektive waren die Forderungen der Wiener Radikalen erstaunlich gemäßigt. Die Petitionen, in denen die Abschaffung der Monopole und die Einführung der Handelsfreiheit verlangt wurden, waren milde, vergleicht man sie mit den Forderungen nach einem ›laissez-faire‹, die die zeitgenössischen Wirtschaftstheoretiker überall in Europa erhoben. Man findet die üblichen Forderungen nach Pressefreiheit, Redefreiheit, Religionsfreiheit; aber bekannte ›liberale‹ Forderungen wie Durchsuchungsverbot und Versammlungsfreiheit fehlen. Die zögernden Rufe nach Provinzversammlungen und nach einem vereinigten Landtag, dessen Mitglieder nach den in Österreich traditionell undemokratischen Methoden gewählt werden und über die beschränkten Privilegien des Steuer- und Haushaltvetos und ein Mitspracherecht bei der Gesetzgebung verfügen sollten, sind weit von den Forderungen moderner Liberaler entfernt. Dabei gilt es zu bedenken, daß im Österreich von 1848 die Person des Kaisers nach wie vor für sakrosankt gehalten wurde. Selbst die radikalsten Wiener standen unerschütterlich loyal zu ihren Herrschern aus dem Hause Habsburg. Nicht der Kaiser, sondern die Bürokratie war an den Übeltaten der Regierung schuld. Für die Liberalen blieb Kaiser Franz der gutherzige, geliebte Vater des österreichischen Volkes, dessen Befehle ausnahmslos befolgt werden mußten. So viele politische Reformen die Wiener Liberalen auch verlangten, sie hätten zweifellos alle durchgeführt werden können, ohne die traditionelle monarchische Herrschaftsform der Habsburger Regierung im geringsten zu beeinträchtigen.«[30]

Auch nach Hans Sturmbergers – auf Polizeiarchiven der Provinz beruhenden – Untersuchung der politischen Entwicklung in Oberösterreich zwischen 1792 und 1861 gab es wenig, was der Regierung hätte Sorgen machen können: Zwar wurde das Schicksal des bayerischen Parlaments nach 1819 mit großem Interesse verfolgt, und 1833 nahm man entschieden gegen Rußland und für die Polen Partei, doch die Revolutionen von 1830 erregten wenig Interesse.[31]

Alles in allem hatten die Behörden wenig Ursache, auf der Hut zu sein. Selbst der örtliche Landtag war alles andere als eine Herausforderung der Regierung und wurde von den Bürgern wenig ernst genommen. Dem Theaterdirektor von Linz zufolge war die Ständeversammlung »eine bittere Karikatur einer repräsentativen Konstitution«, sie »tagte nur einmal im Jahr und auch da nur von neun Uhr bis mittags«.[32] Zwei dieser drei Stunden wurden durch Zeremonien in Anspruch genommen, und die dritte Stunde brauchte der Provinzgouverneur, um die Anfragen der Regierung vorzulesen, denen die Ständeversammlung zustimmte. Danach war sie entlassen.

Im Österreich von 1848 wurde die Macht solcher Ständeversammlungen oder Landtage jedoch zu einer Frage von außerordentlicher Bedeutung. Nicht nur, weil Andrian-Werburg vorgeschlagen hatte, sie zur Grundlage einer neuen verfassungsmäßigen Ordnung zu machen, sondern weil die Versammlungen wirklich zu einer politischen Arena für die aristokratische Opposition gegen das System Metternichs wurden. In Ungarn, wo sich der Landtag vor allem seit 1790 selbstbewußt als Hüter der Verfassung verstand, einer Verfassung, die er mitten ins Zentrum des nationalen Lebens rückte, war das schon länger der Fall. Aber daß sich in den Ständeversammlungen von Niederösterreich, Böhmen und selbst in der sogenannten »Zentralversammlung« von Lombardo-Venetien in den Monaten kurz vor der Revolution oppositionelle oder vielmehr kritische Stimmen gegen die Regierung vernehmen ließen, war ein Novum unter der Herrschaft der Habsburger.

Im Landtag von Niederösterreich nämlich sorgten gerade die liberalen Autoren, die so gut in der deutschen Presse vertreten waren – Baron von Doblhoff, Graf Albert Montecuccoli und Ritter Anton von Schmerling etwa –, zum erstenmal für eine richtige politische Kritik und veranlaßten Aufrufe, in denen unter anderem die Abschaffung von bäuerlichen Abgaben und Dienstbarkeitspflichten, eine allgemeine Steuersenkung, die Gründung einer Kreditbank, stadtrechtliche Reformen, die Einführung einer Einkommensteuer und die Verlängerung der Grundschulzeit verlangt wurden. Anfang 1848 verabschiedete der Landtag sogar eine Petition zur Abschaffung der Rekrutierung, drängte mehrmals darauf, den Haushalt öffentlich einsehbar zu machen und den nichtprivilegierten Klassen eine Vertretung in der Ständeversammlung zuzugestehen und verlangte kategorisch, konsultiert zu werden, wann immer dies die Geschäfte der Provinz erforderten.

Auch in Böhmen verlangte der Landtag nach 1845 immer häufiger, konsultiert zu werden, und stritt mit der Regierung über die lokalen Steuersätze, während die Zentralversammlung des Königreichs Lombardo-Venetien zum Jahreswechsel 1847/48 nach einem fast 25jährigen Winterschlaf endlich aus ihrer Erstarrung erwachte und dem Monarchen eine Petition mit dem Ersuchen um Reformen einreichte.

Von einigen Historikern werden diese Entwicklungen dennoch als unbedeutend abgetan. Macartney zufolge war die Reformpartei in der böhmischen Ständeversammlung »eine kleine Minderheit«[33], während sie der tschechische Historiker Polienski in seinem Bericht über die Revolutionen völlig ignoriert.[34] Wie die meisten Marxisten begnügt er sich damit, die Vorgänge dem Schema der »bürgerlichen Revolution« anzupassen, ein Schema, an das sich auch der britische Historiker Paul Ginsborg hält, wenn er die Revolution in Venedig im Jahre 1848 beschreibt.[35] Ginsborg behauptet, die dortigen Ereignisse seien durch eine neu in Erscheinung tretende bourgeoise Klasse von Handelsjuristen ausgelöst worden, deren leitende Figur Daniele Manin war – und das, obwohl es in ganz Venedig nur 48 Rechtsanwälte gab, die überdies zum großen Teil Aristokraten waren.

Eine Revolte des Adels?

Damals glaubten die Machthaber ziemlich genau zu wissen, wer hinter der Kritik an der Politik der Regierung steckte. Metternich zum Beispiel hatte in einem 1850 geschriebenen Memorandum mit dem Titel »Der Adel« erklärt: »Zu den Gebresten eines kranken, degenerierten Zeitalters gehört die völlig falsche Stellung, die der Adel allzu oft einnimmt. Er hat beim entstehenden Wirrwarr nur zu oft die Hand im Spiel gehabt.«[36] Hartigs Einschätzung der Revolution in seinem eigenen Bericht über die Ereignisse wirkt wie ein Echo: »Die größere oder geringere Bedeutung des Aufstands gegen die Regierung entsprach genau der Bedeutung, die der jeweiligen Provinzial-Ständeversammlung zukam oder vielmehr der Aristokratie, die sich stets berufen fühlte, der sogenannten ›Bürokratie‹ den Fehdehandschuh hinzuwerfen, was teilweise auf die Privilegien zurückzuführen war, über die sie verfügten, und teilweise auf ihre Beziehungen zu Mitgliedern der Zentralregierung.«[37]

Als die Armee im Frühling 1848 schließlich begriff, daß sie den Truppen die jüngsten Ereignisse erklären mußte, ließ sie diese wissen, die Ursache der Revolution habe darin bestanden, daß man in Wien und anderswo in der Monarchie Landtage mit ähnlichen Befugnissen gefordert hätte, wie sie der ungarische Landtag besaß: »Der Kaiser kann sich viel besser und schneller um die Länder kümmern, wenn eine Reihe intelligenter Männer bestimmt wird, die die Wünsche und Bedürfnisse eines Landes in einem Landtag wie in Ungarn äußern können...«[38] Aber gibt es tatsächlich hinreichende Beweise dafür, daß Metternichs Verdacht, der Adel stecke hinter den Revolutionen, begründet war? Schließlich haben die bisherigen Untersuchungen ergeben, daß die Ansichten der meisten liberalen Adligen Österreichs äußerst gemäßigt waren.

Im Falle der Ungarn sind sich die Historiker so ziemlich einig. Sie scheinen alle übereinzustimmen, die dortige Revolution sei das Werk des ungarischen Adels gewesen. Das wird von István Deák in seiner jüngsten Studie über Kossuth eindeutig klargestellt[39], und dieser Interpretation scheinen sich selbst die kommunistischen Historiker anzuschließen. In der von Erwin Pamlényi herausgegebenen Geschichte Ungarns heißt es zum Beispiel: »Es ist eine der Anomalien der gesellschaftlichen Entwicklung in Ungarn, daß der Übergang zu einer bürgerlichen Lebensform kaum etwas mit der Klasse zu tun hatte, die für die ideologische Rechtfertigung und für die praktische Realisierung der gegenwärtigen Entwicklung eigentlich zuständig gewesen wäre, das heißt, mit der Bourgeoisie selber. Es war eine Folge besonderer historischer Umstände, daß es, als die Zeit für den eigentlichen Sprung zu bürgerlichen Zuständen reif war, an bürgerlichen Kräften fehlte, die fähig gewesen wären, sich dieser Aufgabe anzunehmen. Die Bourgeoisie der königlichen Städte kämpfte tatsächlich auf seiten des Hofs, um den Feudalismus vor der durch den Adel repräsentierten nationalen Unabhängigkeit zu schützen.« Schwarzenberg war 1849 zur exakt gleichen Schlußfolgerung gekommen. Seinem Schwager, Fürst Windischgrätz, sagte er: »Die ungarische Aristokratie ist ein politisch und moralisch degenerierter Körper. Wenn die Regierung sich auf den Adel in diesem Land verlassen möchte, kann sie nicht auf Unterstützung rechnen. Die Rolle, die der Adel in der politischen Geschichte Ungarns gespielt hat – vor allem in neuester Zeit –, zeigt deutlich seinen wahren Geist. Ich glaube nicht an politische Konversionen, und da der Adel in Ungarn dort die Revolution gemacht und ausgeführt hat, sehe ich keinerlei Garantien für seine künftige Verläßlichkeit. Man kann einen alten Stammbaum haben, einen alten Titel und immer noch die revolutionäre Subversion unterstützen.«[40]

Doch das war eine Übertreibung. Ebenso wie ihre Kollegen in Wien waren die aristokratischen Kritiker des Metternichschen Systems in Ungarn vor 1848 in keiner Weise revolutionär gewesen. Im Gegenteil waren sie Reaktionäre im wahrsten Sinne des Wortes, da ihr wichtigstes politisches Ziel darin bestand, die ursprünglichen Kompetenzen der ungarischen Verfassung wiederherzustellen. Und trotz ihrer Behauptung, Metternich habe ihre Verfassung untergraben, hatten sie das ganze Jahrzehnt hindurch mit ihm zusammengearbeitet, um die Position der Magyaren zu stärken und einige Reformen in Gang zu setzen. Doch sobald Metternich die Macht verloren hatte, packten sie die Gelegenheit beim Schopf, um in Ungarn ein verantwortliches Ministerium einzuführen. Nur hatte das nichts mit Revolution zu tun: Es ging lediglich um die Wiederherstellung der Verfassung. Darum spricht Deák in dem Titel seines Buches von einer »gesetzlichen Revolution«. Gesetzlich in doppelter Hinsicht: Erstens, weil sie die Verfassung wieder einsetzte; zweitens, weil der König damit einverstanden war.

Und während der ganzen revolutionären Auseinandersetzungen zwischen Österreich und Ungarn von 1848/49 führten die Ungarn ihre Forderungen konsequent auf die Aprilgesetze zurück, denen der Monarch zugestimmt hatte. Sie verstanden sich keineswegs als Revolutionäre. Ihr Problem bestand darin, daß der König seine Zustimmung zu den Aprilgesetzen zurückgenommen hatte und nun erwartete, daß sie sich in die alten Zustände fügten. Die böhmische Aristokratie war von dem, was sich in Ungarn ereignet hatte, sehr beeindruckt und versuchte unter der Führung des dortigen Gouverneurs, eines Herzoges Thun, den führenden Kopf der kaiserlichen Familie, Erzherzog Franz Karl, davon zu überzeugen, Böhmen nun auch eine eigene, von Wien unabhängige Verfassung zuzugestehen. Thun setzte, sobald er es im Mai 1848 konnte, eine böhmische Nationalregierung ein, mit der Begründung, die kaiserliche Regierung habe die Kontrolle über die Hauptstadt und damit ihre Autorität und das Recht verloren, Böhmen zu regieren. Doch auf Anraten Doblhoffs, der nach Innsbruck geschickt wurde, um sich für die Sache Wiens stark zu machen, entschied der Erzherzog, daß die Pläne Thuns letztlich zum Auseinanderfallen der Monarchie führen würden.

Aber die Dynastie hatte ohnehin genügend Probleme mit den Ungarn. Darum wurde die königliche Zustimmung zu den Aprilgesetzen schließlich zurückgenommen: Ein Kaiserreich mit zwei Regierungen, von denen jede eine der anderen feindliche Finanz-, Verteidigungs-, und Außenpolitik betrieb, hätte die begrenzten politischen und intellektuellen Ressourcen der Dynastie überfordert. Daher die Entscheidung, Ungarn 1848 von Jellačić angreifen zu lassen. Aber erst da gerieten die Ungarn in Gegnerschaft zu ihrem Monarchen, und zwar ohne daß sie das gewollt hatten. Vielmehr hatte er – oder seine österreichischen Berater – sich in ihren Augen gegen die legitime Ordnung gestellt.

Wenn man nicht einmal die ungarischen Adligen als wahre Revolutionäre bezeichnen kann, trotzdem sie erklärte Gegner Metternichs waren, um so weniger die österreichischen Aristokraten, die nach Metternichs Sturz die Wiener Regierung stellten. Kolowrat war ebenso sein engster Mitarbeiter wie sein Rivale, Ficquelmont seine rechte Hand und bis 1848 der vorgesehene Nachfolger, Wessenberg war seit dem Wiener Kongreß ein Kollege im diplomatischen Dienst. Jetzt versuchten sie, die Regierungsgeschäfte ziemlich unverändert weiterzuführen, mit dem einen Unterschied, daß sie nun eine Art Verfassung entwerfen mußten – was bedeutete, daß sie sich ein paar Monate lang auf eine etwas unbehagliche Koexistenz mit dem Parlament einlassen mußten. Aber Revolutionäre waren sie nie und nimmer, nicht einmal den Wünschen der Dynastie hätten sie sich widersetzt, immer vorausgesetzt, diese hätte überhaupt entscheiden können, was zu tun sei.

Nur in Norditalien war die Aristokratie wahrhaft revolutionär, wenn auch nur in einem politischen und nicht in irgendeinem sozialen Sinn. Das heißt, nur in der Lombardei und Venetien versuchten die Aristokraten ernsthaft, die Dynastie zu stürzen. Der Grund lag auf der Hand: Die norditalienischen Gebiete hatten wenig Erfahrungen mit der habsburgischen Herrschaft, und was sie an Erfahrungen hatten, gefiel ihnen nicht. Um so weniger, als eine habsburgische Herrschaft in Lombardo-Venetien im Gegensatz zu Ungarn eine Herrschaft deutschsprachiger Ausländer bedeutete, die die meisten örtlichen Aristokraten vom Hofe ebenso wie aus der Armee und dem diplomatischen Dienst ausschloß und den meisten dortigen Rechtsanwälten die Gerichtshöfe versperrte. Kent Roberts Greenfield und andere Historiker haben daher zur Überraschung aller, für die das Schema der »bourgeoisen Revolution« ein historisches Axiom ist, klargestellt, daß es die italienische Oberschicht und nicht die Mittelschicht war, die an der vordersten Front der Revolution stand. Wie Romeo in seiner Einführung zu Greenfields Buch schreibt: »Es wäre eine natürliche Schlußfolgerung anzunehmen, der italienische Liberalismus sei Ausdruck einer Bewegung der Mittelschicht gewesen, die die Kontrolle der Gesellschaft habe übernehmen wollen. Doch eine solche These hat einen Haken. Das liberale Programm wurde nämlich nicht von einer aufstrebenden und selbstbewußten Bourgeoisie initiiert, entwickelt und propagiert, die wichtige intellektuelle Interessen zu bedienen hatte, sondern durch Gutsbesitzer und Intellektuelle, deren Führer oft der Aristokratie angehörten...Es gibt keine Hinweise, die auch nur entfernt darauf schließen lassen würden, daß hinter den liberalen Publizisten eine aufsteigende kapitalistische Klasse stand oder daß sie von ihnen sonstwie in Dienst gestellt wurden.«[41]

Frühere Autoren waren vielleicht durch Carlo Cattaneos klassischen zeitgenössischen Bericht über den Mailänder Aufstand von 1848 irregeleitet worden. Dort behauptet er nämlich, »die Mittelschicht sei das Herz der nationalen Partei« gewesen[42], obwohl auch Cattaneo zugeben muß, daß an der Spitze der Partei eine »rückschrittliche Aristokratie stand, ein absolutistischer König und ein Papst«[43]. »Wieso«, fragte er sich, »haben die Mittelschichten, die doch wahrhaft revolutionär waren, die Führung der Bewegung nicht an sich gerissen?«[44] Vielleicht, könnte man ihm antworten, weil seine Analyse nicht zutraf. Luigi Torrelli zum Beispiel, der in einer 1846 in Paris veröffentlichten Arbeit die Wahrscheinlichkeit des Gelingens einer Revolution in der Lombardei untersuchte[45], kam zu dem Schluß, die gefährlichste Klasse im Lande seien nicht die Gebildeten, sondern die reichen Landbesitzer, das heißt, die Aristokratie und die landbesitzende Bourgeoisie. Das deckt sich genau mit dem, was damals Metternichs Agenten berichteten. Am meisten Angst hatten die österreichischen Behörden vor den jungen Edelleuten, die im Ausland herumgereist waren und sich bei ihrer Rückkehr dem kaiserlichen Regime entfremdet fühlten.

Gründe für eine solche Entfremdung gab es allerdings genug.[46] Angefangen damit, daß sie zwar von ihren italienischen Landsleuten als adlig angesehen wurden, während ihnen in vielen Fällen die Anerkennung durch die Österreicher versagt blieb. Kaiserliche heraldische Kommissionen, die nach 1818 durch das Königreich reisten, hatten einer ganzen Reihe von Adligen das Recht auf ihren Titel abgesprochen. Darüber hinaus hatten sie viele Titel, auch solche, die sie bestätigten, im Rang herabgestuft, als sie sie den österreichischen anpaßten. Daher konnten manche Damen von Adel, die in Italien als Fürstin galten, diesen Titel in Österreich nicht beanspruchen; italienische Herzöge wurden, wenn sie Wien besuchten, zu Grafen. Am unangenehmsten aber wirkte sich wohl die strenge Hofetikette von Mailand und Venedig aus, denn sie führte dazu, daß die meisten Italiener vom Hofe ausgeschlossen waren. Zugelassen war man nur mit »sechzehn Vierteln« im Wappen. »Man nahm es übel auf«, heißt es in einem zeitgenössischen Bericht, »daß Damen, die bei Hofe schon zugelassen worden waren, wieder weggejagt wurden.«[47]

Der Hof des Vizekönigs war, verglichen mit der prächtigen Hofhaltung, an die man sich aus napoleonischen Zeiten erinnerte, ziemlich farblos. Eugène Beauharnais hatte seinerzeit die italienischen Gefühle weisungsgemäß umschmeichelt und berücksichtigt; das war nun vorbei. Italiener, die im allgemeinen über keine verwandtschaftlichen Beziehungen zur mitteleuropäischen Hocharistokratie verfügten und kaum je die Mühe auf sich nahmen, ein gutes Deutsch zu lernen, konnten nur mit größter Mühe Ämter in der Bürokratie finden. Und selbst wenn es ihnen gelang, mußten sie feststellen, daß die Bezahlung mäßig war und Beförderungen nur langsam vonstatten gingen. Weitere Schwierigkeiten ergaben sich aus der Einführung des österreichischen Zivilgesetzbuches, weil die meisten Rechtsanwälte Deutsch verstehen mußten, um ihren Aufgaben gewachsen zu sein. Das führte dazu, daß der Beruf des Rechtsanwalts von zweisprachigen Tirolern dominiert wurde.

In den Jahren vor 1848 zog sich daher der italienische Adel mehr und mehr vom österreichischen Hof zurück, und als Gräfin Ficquelmont im Herbst 1847 ihren Mann in Mailand besuchte, konnte sie einem Verwandten nach Rußland schreiben, ihr Leben sei »völlig isoliert von dem der Mailänder«, einem »Außenposten in Feindesland« vergleichbar[48] – eine Bemerkung, die gar nicht falsch war.

Wenn Österreichisch-Italien(Lombardo-Venetien) von einem feindlichen und ausländischen Herrscher regiert zu werden schien, so war dies im benachbarten Piemont keineswegs der Fall. Der dortige König, der ehrgeizige – und bis 1848 – reaktionäre Karl Albert, hieß alle Adligen bei Hofe willkommen und dekorierte sie als loyale Untertanen mit Orden. Viele von ihnen waren ohnehin *sudditi misti*, Gutsbesitzer mit Ländereien in Piemont wie in Lombardo-Venetien. Daher konnten sie ihre Söhne mit vollem Recht nach Piemont schicken, wo ihnen die glänzenden Karrieren in Armee und Polizei offenstanden, die ihnen die österreichischen Höfe versagten. Herzog Casati, der Bürgermeister von Mailand, schickte seine Söhne auf die sardische Militärakademie, um sie, sehr zum Unwillen der Habsburger Behörden, sardische Offiziere werden zu lassen. 1848 hielt man ein derartiges Verhalten für mehr oder weniger hochverräterisch.

Doch was sollten die Behörden tun? Einige von ihnen taten so, als ob sie das nichts anginge. General Schönhals, Radetzkys Adjutant, schrieb zum Beispiel: »Aber wer die Unwilligkeit vor allem der italienischen Oberschichten gegenüber allem, was Staatsdienst heißt, kennt, wird auch wissen, wie wenig sie zu ernsthaften Studien neigen, und verstehen, daß Österreich seine Gouverneure, Richter oder Generäle nicht unter dem italienischen Adel finden kann. Man schlage die Immatrikulationslisten der Universitäten von Pavia und Padua auf und schaue, ob man da einen vornehmen Namen findet. Das Theater und das Café sind nicht die Orte, wo Staatsmänner erzeugt werden, und sich mühsam emporzuarbeiten, entspricht nicht dem Geschmack der reichen Italiener. Wir werfen ihnen das nicht vor. Aber sie können nicht gleichzeitig dem Staat vorwerfen, er würde Nationalitätenrechte verletzen, parteilich sein und sie vernachlässigen.«[49]

Metternich wurde allerdings mehr und mehr beunruhigt, vor allem nach den Unruhen vom Januar 1848 in Mailand, wo die jungen Heißsporne des Jockey-Clubs einen Tabakboykott organisierten. Er schrieb an Ficquelmont: »Was wollen die lombardischen Adligen? Wollen sie ihre moralische und materielle Existenz zerstören? Wie können sie das? Und doch macht ihr Benehmen das glauben. Sie sind zweifellos die treibende Kraft hinter der unsäglichen Lage im Lande. Wollen sie ihr Vermögen auf dem Hochaltar irgendeiner namenlosen Gottheit opfern und das Brandopfer beginnen?«[50]

Was die Oberklassen wollten, war, bestochen zu werden. Es gibt Berichte über Adlige aus Mailand und anderen Gegenden, die die Behörden dahingehend informierten, daß sich das Problem von selbst erledigen würde, sollte es den jüngeren Adeligen gelingen, passende Posten zu finden, und sollten einige der reicheren Gutsbesitzer in den Adelsstand erhoben werden. Einer ließ Metternich wissen: »Wenn den Italienern nur die mittleren und unteren Posten zugestanden werden, die viel Arbeit, gründliche Studien und lange Übung verlangen und überdies nur wenig Gewinn abwerfen, wird das die patrizischen Familien und die Wohlhabenden des Königreichs wenig zu interessieren vermögen. Wenn man sich vom Staat völlig ausgeschlossen fühlt, bedarf es nur wenig, und man tritt der Opposition bei; würden hingegen mäßige Gewinne in Aussicht gestellt, könnte man die Italiener leicht in die herrschenden Kreise mit einbeziehen.«[51] Das war geradezu eine Bitte um »trasformismo«. Doch Metternich war nicht bereit, »mäßige Gewinne« in Aussicht zu stellen. Jede Konzession, meinte er, würde man als Schwäche interpretieren und sodann noch weitgehendere Forderungen stellen. Darum lehnte er die äußerst bescheidenen Reformvorschläge ab, die Ficquelmont und der Vizekönig ihm anfangs 1848 unterbreiteten.

Im Gegenteil war er der Auffassung, daß nun eine Machtdemonstration vonnöten sei. Daher sein Schritt, mit den italienischen Herzogtümern neue Verteidigungsverträge auszuhandeln, und seine Proklamation an die Mailänder, in der der Herrscher seinen Glauben an die Treue

Das uralte Mailand ist schon in der Antike wie im Mittelalter, wo es den lombardischen Bund angeführt hatte, immer eine der wichtigsten Städte Oberitaliens gewesen. Seit dem Wiener Kongreß gehörte es zum Reich der Habsburger. Die stolze, reiche und mächtige Stadt war aber stets unbotmäßig, und Österreich mußte immer
eine starke Garnison in der Stadt unterhalten. Der Stich aus der Mitte des
Jahrhunderts gibt zu erkennen, wie klein zu jener Zeit selbst solche mächtigen
Städte waren; der berühmte Dom von Mailand, heute mitten in der Stadt liegend,
grenzt in den fünfziger Jahren noch an das flache Land und die Ochsengespanne
der Bauern.

seiner friedliebenden Untertanen verkündete, nicht aber ohne hinzuzu-
fügen: »Wir zählen auf die Tapferkeit und die loyale Ergebenheit unserer Truppen, die sich vor allem dadurch rühmlich ausgezeichnet haben
– und stets auszeichnen werden –, daß sie eine feste Stütze unseres
Thrones gewesen sind und ein Bollwerk gegen das Unglück, das Rebellion und Anarchie über die Leben unserer friedlichen Untertanen bringen würden.«[52] Radetzky ergänzte dies durch eine eigene Proklamation
an seine Truppen: »Die Maschinerie des Fanatismus«, prophezeite er,
»wird an Eurer Loyalität und Tapferkeit zerspringen wie Glas an einem
Felsen.«[53]
    Doch Metternichs Politik in Norditalien und anderswo konnte nicht
nur auf das Vertrauen in die Armee setzen. Ein Ereignis im Jahr 1846
hatte die Behörden davon überzeugt, daß sie selbst dann nichts zu
fürchten hatten, wenn die örtliche Aristokratie tollkühn genug sein sollte, ihre Opposition bis zur Revolution zu treiben. Von Paris aus organisiert, hatten polnische Edelleute versucht, eine Revolution in Krakau,
Posen und Galizien anzuzetteln. Und dort, in den an Österreich gefal-

lenen Gebieten Polens, waren die Adligen zu Tausenden von den Bauern massakriert worden, offenbar, weil diese glaubten, der Kaiser habe das so befohlen.[54] Ja, sie erzählten einander allen Ernstes, der Kaiser habe die Zehn Gebote außer Kraft gesetzt, damit sie ihre Priester und Edelleute ermorden konnten.

Trotzdem man die Habsburger Behörden später des heimlichen Einverständnisses bezichtigte, wußten sie von alledem nichts und waren über die Folgen des Blutrausches entsetzt. Dennoch konnten sie nicht umhin, es als tröstlich zu empfinden, daß die Bauern den Staat gegen ihre Gutsherren verteidigt hatten.

So verbreitete sich in Armee und Bürokratie immer mehr die Erkenntnis, daß es zu einer Wiederholung dieser Ereignisse kommen würde, sollte man anderweitig in der Monarchie eine Revolution wagen. Das wurde als allgemein bekannt vorausgesetzt. Ficquelmont zum Beispiel hatte dem Zar 1837 über die ungarische Opposition gesagt: »Es würde nur ein Wort des Hofes bedürfen, um diese Opposition hinwegzufegen, indem man die Bauern daran erinnert, daß sie ihr Los verbessern können, was ihnen die Adligen keinesfalls zugestehen wollen.«[55] Und im April 1848 sollte er einem britischen Diplomaten dasselbe über die italienischen Adligen sagen: »Wenn Österreich seine wahre Macht gebrauchen wollte und die Bauernschaft gegen ihre Herren aufhetzen würde, hätte es die geeignete Handhabe, den Ruin und die Vernichtung dieser Leute herbeizuführen...«[56]

Metternich maß den galizischen Ereignissen großes Gewicht bei. »Ein Ereignis von außerordentlicher Bedeutung hat gerade stattgefunden«, ließ er Radetzky wissen, »der Versuch der polnischen Emigranten, eine zweite Revolution in den früheren polnischen Territorien anzuzetteln, wurde durch die polnische Bauernschaft zerschlagen. Damit ist in meinen Augen eine neue Phase in der Weltgeschichte angebrochen...Ein neues Zeitalter ist angebrochen, das nicht nur in unserer Monarchie Auswirkungen haben wird. Die Demokraten haben ihre Basis falsch eingeschätzt; eine Demokratie ohne Volk ist eine Chimäre.«[57] Der Feldmarschall erhielt Order, dafür zu sorgen, daß die italienischen Adligen von dem neu angebrochenen Zeitalter hörten.

Unterdessen sandte der Kanzler dieselbe Warnung an die Ungarn, indem er einen führenden ungarischen Aristokraten informierte: »Das Beispiel vollzogener Gerechtigkeit in Galizien könnte sich leicht gegen die Oberklassen Ungarns wenden...Sie wissen so gut wie ich, wie sich das im Lande auswirken würde, sollte sich der König ans Volk wenden.«[58]

Im März 1848 drohte man jedoch vor allem den Adligen Italiens mit einem »galizischen Programm«. Armeeoffiziere ließen die Armen Mailands wissen, an ihrem ganzen Unglück seien nur die italienischen Oberklassen, nicht die Österreicher schuld. Radetzky machte sich für ein Reformprogramm stark, das den Bauern gegen ihre Herren helfen sollte, und in der österreichischen Presse erschienen ominöse Anspielungen, es könne zu einer Wiederholung der galizischen Schrecken in Italien kommen. So konnte man in der Augsburger Allgemeinen Zeitung lesen: »Die Leute in Italien machen die gleichen Bemerkungen, wie sie in Galizien gemacht wurden. Die Massen in Italien sind ebensowenig wie in Galizien an (politischen) Bewegungen interessiert, und wenn die Lombarden die Kosten ihrer Revolution bezahlen müssen, wird nicht die Klasse der Landarbeiter zur Kasse gebeten werden; die Schuld wird von den Landbesitzern und den Reichen beglichen werden müssen, und da sie allein verantwortlich sind, sollten sie auch allein den Preis bezahlen.«[59]

Metternich war durchaus bereit, das Risiko der Härte auf sich zu nehmen, da er davon ausging, letztendlich würde die Armee gemeinsam mit den Massen jeder revolutionären Herausforderung durch lokale, unzufriedene Adlige, die nicht von Wien aus regiert werden wollten, gewachsen sein. Er hielt daher in Italien ebenso wie in Wien an seiner Politik der Kompromißlosigkeit fest, obwohl es viele Anzeichen dafür gab, daß die italienischen Adligen nur zu gern bereit gewesen wären, sich kaufen zu lassen. Doch einmal angenommen, er hatte recht – durften die Österreicher wirklich auf die Unterstützung des einfachen Volkes rechnen? Durften sie insbesondere davon ausgehen, daß die Bauern loyal bleiben würden? Und wie begründet war der Glaube an eine »galizische Bedrohung«?

In Italien neigten sie jedenfalls dazu, zumindest zwei größere Probleme zu übersehen: die wirtschaftlichen Sorgen der Bauern und den Einfluß der Kirche. Erstere waren von Ort zu Ort verschieden, aber grundsätzlich ging es stets um den »freien Besitz des Landes«.[60] In den Bergregionen forderten die Bauern vor allem, daß die »beni communali«, die nach 1839 an die Meistbietenden verkauft worden waren, ihnen wieder zurückerstattet wurden; in den Provinzen Brescias und Comos weigerten sie sich, Abgaben und Steuern auf Lebensmittel zu bezahlen, während sie in den Gegenden, wo Pachtabgaben in Naturalien geleistet werden mußten, das System erweitert haben wollten.[61]

Soweit es die Kirche betraf – und ihr Einfluß erstreckte sich auf alle Klassen –, hatte sie um 1848 in Lombardo-Venetien mit dem Staat beinahe nichts mehr gemeinsam. Das hing zunächst damit zusammen, daß die Priester 1846 in Galizien gemeinsam mit dem Adel niedergemacht worden waren. Achtzig Priester waren allein im Distrikt von Tarnow gestorben, was zu Europas berühmtester Verurteilung der dortigen österreichischen Haltung geführt hatte, zu Montalamberts Rede vom 2. Juli 1846 im französischen Parlament. Die Rede hatte den »Protest der katholischen Welt« ausgedrückt und »einen jeden Italiener noch einmal so entschlossen gemacht«. Ihre »religiösen Untertöne«

hatten »in der italienischen Öffentlichkeit einen Keil zwischen Katholizismus und die österreichische Sache geschoben«.[62]

Und als wäre es damit nicht genug gewesen, fand nach 1847 eine größere Konfrontation zwischen Österreich und dem Papst statt, als Radetzky, der den Papst als Gefangenen des römischen Mobs betrachtete, sein (in seinen wie in Metternichs Augen) gutes Recht wahrnahm, in die päpstliche Stadt Ferrara eine Garnison zu legen. Unglücklicherweise erfolgte das ohne Zustimmung des Papstes, und zwar so, daß man den Eindruck gewinnen konnte, Österreich hätte dem Papst den Krieg erklärt. Um Österreichs Gesicht zu wahren, machte Metternich einen Rückzieher, doch die katholische Feindschaft gegen Österreich nahm noch einmal zu, als es beim Einzug des ersten in Italien geborenen Erzbischofs von Mailand zu gewalttätigen Ausschreitungen kam. Radetzky mußte eingestehen: »Der italienische Klerus zählt mit wenigen Ausnahmen zu unseren offensten und gefährlichsten Feinden«[63], was durch den offensichtlichen Gegensatz zwischen dem reformfreudigen Papst in Rom und Metternichs Verweigerung jeglicher Veränderungen noch betont wurde. So klagte ein österreichischer Beamter: »Ihre Priester stecken hinter diesen Umtrieben, ihre Priester stehen mit dem ersten Priester in Rom in Verbindung, der auch der erste der Revolutionäre ist.«[64]

Das einzige, was die Behörden dagegen unternehmen konnten, war, dafür zu sorgen, daß die österreichischen Truppen ihre Beichte nicht mehr bei italienischen Priestern ablegten. Ansonsten hatten sie keinerlei Handhabe, den Einfluß der Kirche unter der Bevölkerung irgendwie zu beschränken. Und die bemühte sich nicht einmal, neutral zu scheinen. Der Erzbischof von Mailand sollte schon bald das »heilige Werk der Befreiung« segnen, der Revolution »die enthusiastische Teilnahme des Klerus« bezeugen und sie als eine Art »heiligen Krieg« bezeichnen.[65] Es gab ernsthafte Überlegungen, Bataillone von Priestern zu bilden, die die neugegründete lombardische Armee unterstützen sollten.[66] Zwar hatte es vor 1848 schon anderswo in der Monarchie Probleme auf religiösem Gebiet gegeben, aber es war doch undenkbar gewesen, daß religiöse Führer sich gegen die Autorität des Staates gewandt hätten. Dafür hatte der Josephinismus gesorgt, jedenfalls soweit es die katholische Kirche betraf. Bei den anderen Kirchen gab es zwar einige Führer mit ungeheurem politischen Einfluß, den sie tatsächlich während der Revolutionen nutzten – man denke an den Bischof der Unierten Saguna bei den transsylvanischen Rumänen oder an den serbischen Patriarchen Rajačič, den politischen Führer seines Volkes in Ungarn – doch nur in Lombardo-Venetien hat die Kirche aktiv die Sache der Revolution betrieben.

Anderswo gab es auch weniger Anzeichen dafür, daß Bauern oder Bürger mit ihrer Regierung unzufrieden waren. In Italien aber waren wahrscheinlich ebenso viele Bürger wie Adlige der Regierung entfremdet und wahrscheinlich aus den gleichen Gründen. Sie hatten dieselben Schwierigkeiten wie die jungen Adligen, sich in kaiserlichen Diensten hervorzutun, und waren auf ähnliche Weise vom zunehmenden Nationalismus, der wachsenden Bedeutung der Presse, dem Aufschwung der italienischen Literatur und den wissenschaftlichen Kongressen beeinflußt. Mit der gleichen Aufmerksamkeit verfolgten sie die Reformen in anderen Ländern und teilten die Hoffnungen, die in Pius IX. gesetzt wurden. Ihnen war genauso klar, wie sehr sie wahrscheinlich von einem österreichischen Abzug profitieren würden.

Doch das verhielt sich nicht überall so. Das böhmische Bürgertum, gleichgültig ob deutsch oder tschechisch, hielt loyal zum Thron und selbst die immer mehr an Boden gewinnenden nationalen Strömungen standen unter dem Patronat des Gouverneurs. Die Südslawen, Slowaken oder Rumänen des Kaiserreichs fühlten sich dank der Habsburger Herrschaft vor dem Ungarisierungsdrang des neuen ungarischen Nationalismus beschützt. So ging von dem Bürgertum dieser Gebiete im Grunde keine revolutionäre Bedrohung aus. Überdies war ein Gutteil des Bürgertums dieser Städte ohnehin deutsch, selbst im ungarischen Stammgebiet.

Die Bauernschaft hatte natürlich überall Grund zur Klage – in vielen Fällen weit mehr als in Italien. In Böhmen, Österreich und Ungarn war sie aufs schwerste durch Feudalabgaben und Feudaldienste belastet, und dennoch gibt es kaum Hinweise darauf, daß sie revolutionär, aber auch nicht darauf, daß sie loyal gewesen wäre. Die galizischen Bauern hatten schließlich für ihre Loyalität von 1846 nichts bekommen, und die Bauern konnten auch nicht hoffen, auf sich alleine gestellt irgendwelche Veränderungen zu bewirken. Kurz, ihnen blieb nur das Abwarten.

Doch inwieweit waren sie bereit, einen eventuellen Zusammenbruch auszunutzen, um ihre Lage zu verbessern? Und in welchem Maße traf das auf die städtischen Massen zu? Schließlich hatte der französische Adel im 18. Jahrhundert die Speerspitze des vorrevolutionären Sturmangriffs auf das Ancien régime gebildet, war aber selber von der Bourgeoisie, den Sansculottes und den Bauern hinweggefegt worden. Deshalb sollten wir das soziale und wirtschaftliche Klima der Monarchie vor 1848 etwas genauer untersuchen.

Wirtschaftswachstum in Metternichs Österreich

Wirtschaftsfachleute stimmen heute darin überein, daß die »Wirtschaft Österreichs vor 1848 entschiedene Anzeichen von Wachstum aufwies«.[67] In der Zeit des Vormärz habe ein «beständiges Wachstum«, das heißt ein Wachstumsschub von einer Größenordnung eingesetzt, dem kurzfristige Schwankungen nichts anhaben konnten. Richard Rudolph schreibt: »Wenn wir den Beginn der Mechanisierung und die Jahre, in denen Österreichs Industriewachstum dem des übrigen Europa zu entsprechen begann, als Maßstab nehmen, kann man sagen, Österreich sei in den Jahren von 1830 bis 1850 industrialisiert worden.«[68] John Komlos gelangt zu der Schlußfolgerung: »Wenn man überhaupt von einem Anfang der Industrialisierung in Österreich sprechen kann, lag der Anfang zwischen 1825 und 1850.«[69] David F. Good bestätigt: »Das Verhalten der Bevölkerung, die Gesamt- und die Pro-Kopf-Produktion im Vormärz weisen deutlich auf den Beginn modernen Wirtschaftswachstums hin.«[70]

Der Bevölkerungszuwachs in den Jahren von 1817 bis 1845 betrug jährlich ein Prozent, und »es kam zu keiner malthusischen Reaktion«. Das war darauf zurückzuführen, daß die industrielle Wachstumsrate zwischen 1,8 und 2,6 Prozent pro Kopf lag. Der Prozentsatz der im landwirtschaftlichen Sektor tätigen Bevölkerung fiel von 75 Prozent im Jahre 1790 auf 72 Prozent im Jahre 1850; in Böhmen von 78 Prozent im Jahre 1756 auf 64 Prozent Anfang 1848.[71] Bei den verschiedenen Industriesektoren wiesen der Bergbau (Rudolph zufolge 6,9 Prozent jährlich von 1830 bis 1845) und die Baumwollindustrie (Komlos zufolge 7,1 Prozent) die höchsten Wachstumsraten auf.[72] Die eisenverarbeitende Industrie wuchs nach Rudolph um 5 Prozent, die Zuckerindustrie Komlos zufolge um 4,8 Prozent.[73]

Eine ganze Reihe von Faktoren war für dieses Wachstum verantwortlich: die Gründung polytechnischer Institute, neue Patentgesetze, technologische Verbesserungen bei einer ganzen Reihe von Industrien, die Konstruktion von Straßen, Kanälen und Eisenbahnen, landwirtschaftliche Verbesserungen (die Erschließung von Ackerland, die Einführung von Fruchtwechsel und neuer Produkte wie Kartoffeln, Zuckerrüben und Klee) und die Gründung von Gesellschaften zur Entwicklung von Landwirtschaft und Industrie.

Doch in Österreich kam es bei der Industrialisierung zu einigen besonderen Begleitumständen, die wir im Auge behalten sollten, wenn wir sie mit dem Ausbruch der Revolution in Zusammenhang bringen wollen. Einen solchen Aspekt hat Rudolph bei seiner Untersuchung über die stereotypen Vorstellungen von dem Industrialisierungsprozeß als einen Zusammenprall zwischen städtischer Bourgeoisie und landbesitzender Aristokratie deutlich gemacht. »In Wirklichkeit verlief der Prozeß der wirtschaftlichen Veränderung sehr viel komplexer, als in der üblichen Gleichsetzung von Kapitalismus mit Industrie und Stadt allgemein angenommen. Ein wirtschaftsgeschichtliches Bild der Monarchie ist weniger stadtorientiert, sondern, was das Wachstumsmuster der Manufakturen angeht, äußerst vielfältig. Zwar hat es vor Mitte des

19. Jahrhunderts in Niederösterreich eine deutliche Verstädterung gegeben, aber anderswo ist die Entwicklung ganz unterschiedlich abgelaufen. Die Industrien in Böhmen und Mähren scheinen entschieden nicht städtischen Ursprungs zu sein. Ebenso wie in den alpinen Provinzen sind die Manufakturen meist auf großen Besitzungen durch Initiative der Aristokratie entstanden oder durch die Zunahme der Nebenverdienste in bäuerlichen Haushalten, die sich dann allmählich zu Industrien in größerem Maßstab entwickelt haben.«[74]

Darum kritisiert Rudolph die Ansicht einiger Historiker, Österreich habe sich während des Vormärz nicht industrialisieren können, weil es an einer entwickelten Mittelklasse gefehlt hätte: »Wie bereits ausgeführt, ging ein Gutteil des Industriewachstums in der Monarchie auf ländliche Ursprünge zurück, und so übernahmen auch andere Gruppen als die städtischen Mittelklassen die Funktionen des urbanen Unternehmers. Lokale Studien zeigen die weite und vielfältige Herkunft der leitenden Angestellten und Unternehmer, zu denen Adlige, Grundstücksmakler, deutsche und englische Handelsleute und Facharbeiter, Regierungsbeamte sowie jüdische Händler und Hausierer gehören. Bei der österreichischen Wirtschaftsentwicklung sollte ein besonderes Augenmerk auf die Entwicklung der Manufaktur auf den großen Gütern unter Schirmherrschaft der landbesitzenden Aristokratie gerichtet werden. Auch im Hinblick auf die Kapitalinvestition spielte der Adel eine sehr große Rolle. Wie der tschechische Wirtschaftshistoriker Arnost Klima betont, waren ihre Investitionen so groß und von so entscheidender Bedeutung, weil letztlich sie diejenigen waren, die das Geld zum Investieren hatten.«[75]

Der österreichische Historiker Wolfgang Häusler kam zu ähnlichen Schlußfolgerungen, was die Rolle von Adligen, Juden und Ausländern beim Prozeß der Industrialisierung angeht. Im Hinblick auf die »Bourgeoisie« stellt er fest: »Es war ja keineswegs so, daß in Österreich im Revolutionsjahr eine definitorisch scharf abzugrenzende Bourgeoisie oder gar eine Arbeiterklasse mit festgefügten ökonomischen und politischen Zielvorstellungen agierte...«[76] Die Gesellschaft hatte sich vielmehr gerade eben vom Feudalismus emanzipiert und stand erst im Begriff, die neuen sozialen und ökonomischen Bedingungen zu bewältigen.

Eine weitere Besonderheit der österreichischen Industrie war ihre relative Zurückgebliebenheit. Es gibt entsprechende zeitgenössische Klagen. Deswegen vor allem waren österreichische Industrielle dagegen, dem Zollverein beizutreten, und das war auch der Grund, warum so viele Kaufleute es gar nicht erst für nötig hielten, österreichische Messen zu besuchen, obwohl sie zu den preußischen gingen. »In der zweiten Jahrhunderthälfte«, stellt Nachum Gross fest, »scheinen sich interne wie externe Beobachter mehr und mehr der Tatsache bewußt geworden zu sein, daß die österreichische Wirtschaft, bei allem Fortschritt in der Entwicklung, insgesamt zurückgeblieben war«.[77]

Zwar gab es einige Produkte, bei denen die Österreicher den Deutschen überlegen waren – böhmische Glaswaren, steirischer Stahl, Wiener Shawls, Kutschen, Handschuhe, Damenschuhe und italienische Seidenstoffe –, zudem eine ganze Reihe von Billigprodukten, mit denen sie die Deutschen unterbieten konnten: grobe Leinwand, grobes Tuch und Grobstrickwaren, billige Metallwaren, einfache Töpferwaren und einfaches Papier. Doch im Hochqualitätsbereich waren die deutschen Produkte im allgemeinen besser und billiger: bei hochwertigen Textilien, Porzellan, den meisten Lederprodukten, dem Instrumenten- und Maschinenbau. Österreich, sagte man, produzierte entweder für die ganz Armen oder die ganz Reichen, Deutschland für die Mittelklasse.

Die Ursachen lagen sowohl in der Nachfrage wie im Angebot: Die Löhne waren in Österreich wesentlich niedriger und die Zinsen höher. Die Ergebnisse liegen jedenfalls auf der Hand, und Gross hat sie für verschiedene Industrien und den Außenhandel aufgeführt. »Die Daten über Dampfmaschinen und Kohlenverbrauch ... machen auf sehr nachhaltige Weise klar, was man nun einmal als technologische Zurückgebliebenheit der meisten österreichischen Industrien in den Jahren um 1840 bezeichnen muß. Belgien, dessen Bevölkerung gerade ein Viertel der österreichischen betrug, besaß fünfmal soviel stationäre Dampfmaschinen und verbrauchte fast fünfmal soviel Kohle. Verglichen mit Frankreich und Deutschland ist der Unterschied nicht gerade so extrem, aber immer noch sehr beeindruckend. Die Investitionskosten pro Einheit waren bei Wasserrädern und selbst bei Turbinen tatsächlich viel niedriger als bei Dampfmaschinen. Aber dieser Faktor wirkte sich in Frankreich wie in Deutschland wie in der Monarchie ziemlich ähnlich aus.«[78]

Die eisenverarbeitende Industrie litt unter chronischen Mangelerscheinungen: In den Alpen herrschten kleinere Betriebe vor, Fundorte von Kohle waren selten und ungünstig gelegen, und die großen Landbesitzer in der Tschechei und in Ungarn sahen in der Eisenproduktion bloß ein Mittel zur Steigerung ihres Holzabsatzes (so wurde alpines Eisenerz, das zwischen 1830 und 1850 zwei Drittel der österreichischen Produktion ausmachte, noch bis 1870 ausschließlich mit Holzkohle gekocht). Die Maschinenbauindustrie wiederum hatte an den Mängeln der Eisen- und Kohlenproduktion zu leiden. Das erklärt, wieso Industrie und Landwirtschaft so lange brauchten, um die Dampfkraft einzuführen: Dampfmaschinen, ob importiert oder im Lande hergestellt, waren teuer, und sie hatten große Probleme mit dem Energienachschub. Alle diese Faktoren verstärkten sich natürlich gegenseitig, was insgesamt die industrielle Zurückgebliebenheit Österreichs ebenso wie sein relativ kleines Schienennetz erklärt.

Denn auch hier blieben die Österreicher zurück. Während England zwischen 1845 und 1850 sein Eisenbahnnetz um 160 Prozent ver-

Österreich litt wie alle Alpenländer unter der Ungunst seiner Geographie; sowohl der Ost-West- als auch der Nord-Süd-Verkehr mußten natürliche Hindernisse überwinden, denn es gab nur einen Schiffahrtsweg, die Donau, und sie floß allein in ostwestlicher Richtung. Die neuen Dampfschiffe stellten eine Revolution im Verkehrssystem dar, das durch eine Reihe von Begradigungen und Kanälen immer leistungsfähiger gemacht wurde. Eine entscheidende Rolle spielte der Donaukanal, der die Hauptstadt nun direkt an das Flußschiffahrtssystem anschloß.

größerte, Frankreich sogar um 245 Prozent, brachten es die Österreicher gerade auf 85 Prozent. Das wird gelegentlich damit erklärt, die Habsburger hätten darauf bestanden, vor allem ein strategisches, nicht aber ein kommerzielles Schienennetz zu bauen, aber selbst so war ihre Leistung wenig beeindruckend. Verstärkt wurde die österreichische Zurückgebliebenheit schließlich auch durch eine Politik der Autarkie, durch die Bemühung um wirtschaftliche Eigenständigkeit, die wirtschaftlichen wie politischen Motiven entsprang: Man hoffte, billige Löhne im Osten würden für billige Nahrungsmittel und Rohmaterialien im Westen sorgen, mußte mit feudalen Elementen in Ungarn ein Bündnis eingehen und wollte die erst im Entstehen begriffene Industrie vor der Konkurrenz, sowie die eigene Bevölkerung vor neuen Ideen schützen. Doch die Autarkie machte Österreich zwangsläufig weniger konkurrenzfähig und verschloß dem Land alternative Waren- und Rohstoffquellen.

Ein dritter entscheidender Faktor beim Industrialisierungsprozeß Österreichs war der chronische Kreditmangel. »Das Finanzsystem des Vormärz war gerade eben im allerersten Keimstadium.«[79] Die wichtigste Bank war die österreichische Nationalbank, die nach den chaotischen finanziellen Entwicklungen von 1816 nach dem Vorbild der Bank von Frankreich gegründet worden war. Zur Wiedererlangung der Stabilität erhielt die Bank das Monopol auf den Banknotendruck und war nominell von staatlicher Kontrolle unabhängig. Sie erhielt von Anfang an das Recht, Wechsel zu diskontieren. Das wurde schließlich die wichtigste Verdienstquelle der Bank, dennoch war die »Auswirkung auf den Kreditmarkt insgesamt gering – die Bedingungen für den Diskont waren so streng, daß nur die wohlhabendsten und angesehensten Kunden eine Zugangsmöglichkeit zu den Bankgeldern hatten«.[80]

In der Zeit vor 1848 wurden Zweigstellen in vielen der wichtigeren Städten der Monarchie eröffnet, aber letztlich waren sie im Grunde dazu da, Gelder für den Staat entgegenzunehmen, auch wenn man dort Noten gegen Münzen tauschen konnte. »Erst nach 1840 ließen sich die Kreditabteilungen des Wiener Büros auch in Zweigstellen der Provinz vertreten, und erst 1847 bot die erste Zweigstelle (Prag) eine Möglichkeit zur Diskontierung an.«[81] Vor 1855 hatte man gar nicht erst versucht, sich mit Hypothekenfinanzierung zu befassen, aber man engagierte sich stark bei den Staatsfinanzen. Das führte zwangsläufig zu Klagen über die Monopolstellung der Bank in Wien und die begrenzten Kreditmöglichkeiten überhaupt.

Auch Sparkassen gab es in Österreich. Die erste, die »Erste Österreichische Sparkasse«, wurde 1819 in Wien gegründet, aber die entsprechenden Bestimmungen wurden erst nach 1844 in Kraft gesetzt. Dazu bestimmt, die wenig Verdienenden zu Sparsamkeit und Fleiß anzuhalten, stellten sie sich immer mehr ausschließlich in den Dienst der Wohlhabenden. Sie investierten vor allem in städtischen Hypotheken und befaßten sich nebenbei mit landwirtschaftlichen Gütern. Good: »Etwa ein Viertel aller vorhandenen Mittel wurde in ein Portfolio von sehr sicheren Aktien, hauptsächlich in Staats- und Provinzanleihen und in städtische Anleihen investiert. Die Finanzierung industrieller Unternehmen war den Banken nicht gestattet ... Was sie wirtschaftlich bewirkten, ist bis heute noch nicht richtig untersucht worden.«[82]

Dafür waren, wie seit langem bekannt, die Unternehmungen der großen Privatbanken ungeheuer wichtig. Sie finanzierten Staatskredite, übernahmen Staatsschulden und gewährten dem Adel langfristige Anleihen.[82a] Aber sie halfen auch industriellen und kommerziellen Unternehmungen – zum Beispiel Eisenbahnen – und stellten Unternehmern außerhalb Wiens günstige Zahlungsbedingungen zur Verfügung. Damit »füllten sie die Lücke, die die sehr restriktiven Diskontierungsrichtlinien der Nationalbank geschaffen hatte«.[83] Doch auch das reichte bei weitem nicht aus, um das gegen 1850 in Österreich entstandene Bedürfnis nach Kredit abzudecken.

Noch zwei andere Aspekte der ökonomischen Situation in der Monarchie vor dem Ausbruch der Revolution müssen betrachtet werden: Die Aufschlüsselung der Staatsausgaben sowie der Handelsbilanz des Kaiserreiches. Was die Staatsausgaben angeht, so ergibt sich für 1834 (eine Zeit, in der noch keine Zahlen veröffentlicht wurden – sie sind erst etwa von 1840 an zugänglich) folgendes Bild[84]:

Zinsen der Staatsschuld	40 000 000 *Gulden*
Zivilverwaltung	44 000 000 *Gulden*
Ausgaben der kaiserlichen Familie	3 500 000 *Gulden*
Militärausgaben	60 000 000 *Gulden*
Gesamtausgaben	147 500 000 *Gulden*
Gesamteinahmen	130 000 000 *Gulden*
Staatsdefizit für 1834	17 500 000 *Gulden*

Dieses Defizit mußte mit Anleihen gedeckt werden, die wiederum die Zinsen der Staatsverschuldung vermehrten, die bereits groß genug war. »1835 wurde eine derartige Anleihe auf 40 000 000 Gulden gesteigert, die zu einem Zinssatz von 4 Prozent aufgetrieben wurden, aber die Vertragspartner nahmen die Gelegenheit wahr, die Krone zu verpflichten, die Militärausgaben zu reduzieren, da dieselben zu sehr die Staatsausgaben belasteten; und sobald es die Umstände zuließen, sollten in diesem Punkt der Ausgaben beträchtliche Einsparungen erzielt werden.«[85]

1847 sah es allerdings auch nicht viel besser aus. Den amtlichen Zahlen zufolge stellten sich die Ausgaben wie folgt zusammen[86]:

Zinsen der Staatsschuld	45 000 000 *Gulden*
Hofstaat, Diplomatie u. Zivilverwaltung	60 000 000 *Gulden*
Militär und Marine	63 000 000 *Gulden*
Gesamtausgaben	168 000 000 *Gulden*
Gesamteinnahmen	161 000 000 *Gulden*
Staatsdefizit 1847	7 000 000 *Gulden*

Mit anderen Worten: 1847 verbrauchte die Armee 37,5 Prozent der Staatseinnahmen, die Zivilverwaltung 35 Prozent und die Zinsen der Staatsschuld etwa 28 Prozent. Es stand also sehr schlecht um die Staatsfinanzen, und 1848/49 sollte es noch schlimmer werden. Die Militärausgaben stiegen 1848 auf 73 Millionen Gulden und 1849 auf 165 Millionen. Die entsprechenden Schulden betrugen 45 Millionen respektive 122 Millionen Gulden.[87]

Um alles noch schlimmer zu machen, wurde gegen 1850 auch noch die Zahlungsbilanz negativ. Das war vor allem darauf zurückzuführen, daß Österreich Fertigprodukte einführen mußte, um eine eigene Industrie aufbauen zu können, und ausländische Märkte den eigenen Produkten nicht zugänglich waren (auch wenn dies weniger ins Gewicht fiel). Die relativ dürftige Qualität österreichischer Waren und die geringe Produktivität von Industrie und Handel trugen das ihre bei.

Dem österreichischen Historiker Robert Enderes zufolge nahmen jedenfalls die Importe nach Österreich (seine Zahlen beziehen sich nicht auf Ungarn) in den Jahren von 1830 bis 1845 um 78 Prozent zu, die österreichischen Exporte dagegen nur um 41 Prozent.[88] Damit wurde aus dem österreichischen Handelsüberschuß ein Defizit. Die Zahlen im einzelnen:

Importe

Nahrungsmittel und Rohstoffe
1831	34 481 871 *Gulden*
1840	52 759 722 *Gulden*
1845	54 339 269 *Gulden*

Fertigprodukte:
1831	26 804 027 *Gulden*
1840	41 254 659 *Gulden*
1845	61 944 586 *Gulden*

Total:
1831	65 285 898 *Gulden*
1840	94 014 431 *Gulden*
1845	116 283 855 *Gulden*

Exporte

Nahrungsmittel und Rohstoffe:
1831	18 127 379 *Gulden*
1840	23 156 892 *Gulden*
1845	25 933 632 *Gulden*

Fertigprodukte:
1831	57 900 750 *Gulden*
1840	70 670 920 *Gulden*
1845	81 608 635 *Gulden*

Total:
1831	76 028 129 *Gulden*
1840	93 827 812 *Gulden*
1845	107 542 267 *Gulden*

Das hieß nichts anderes, als daß die Finanzen der Monarchie infolge von hohen Staatsausgaben und ungünstigem Staatshaushalt in einer tiefen Krise steckten. Ende 1847 konnte man nur noch hoffen, einmal mehr eine Riesenanleihe von den Rothschilds zu erhalten. Metternich teilte Salomon Rothschild mit, daß sie beide am Rande des Abgrunds stünden, und damit übertrieb er wohl kaum: »Holt mich der Teufel, so holt er Sie auch.«[89] Ohne Anleihe, sagte er, bliebe dem Kaiser nichts anderes übrig, als Lombardo-Venetien der Revolution zu überlassen. Rothschild erklärte sich einverstanden, und Kübeck handelte darauf die Bedingungen aus, die Kolowrat im Dezember 1848 der Minister-konferenz vorlegte. »Die wichtigste Betrachtung«, erklärte er, »muß ich von der dringenden Notwendigkeit ableiten, daß der Finanzverwaltung der möglichst freie Spielraum gelassen werde, sich aus den Verlegen-heiten zu ziehen, in welche sie durch eine Reihe von kostspieligen und unvorhergesehenen militärischen Vorbereitungen gestürzt worden ist. Die hier bezeichnete Reserve ist der letzte Notanker, an welchem sich der keine Anstrengung scheuende Hofkammerpräsident noch anklam-mern kann. Leider wird mit dem Verbrauche dieser Summe kein Mittel mehr übrig seyn, mit welchem einem neuen Übel oder Unglücksfalle Trotz geboten werden könnte. Und doch sind solche Unglücksfälle für Staaten nicht außer Rechnung zu lassen, wären es auch nur Ereignisse, die außerhalb der Willkür der Menschen liegen, wie das Ableben eines Staatsoberhauptes oder das Einbrechen einer Epidemie, Fehlernte etc… Die Zerrüttung der Finanzen macht es klar, daß die österreichi-sche Regierung zu viel für Zwecke nach außen geopfert und dabei die inneren Zustände zu gering in Anschlag gebracht hat. Wir befinden uns, ich sehe mich von meinem Gewissen zu dieser ernsten Bemerkung verpflichtet, an dem Rande eines Abgrunds, und in der Abwehr vor fremden revolutionären Elementen bereiten sich durch die steigenden Anforderungen an die Finanzen die Unruhen im Innern des Landes vor, wie Anzeichen hierzu in den Bewegungen der Provinz-Stände und in den literarischen Ausbrüchen der Presse der Nachbarstaaten wahr-genommen werden können.«[90]

Das war ein ganz erstaunliches Geständnis. Kolowrat gab also zu, daß Metternichs an Besessenheit grenzende Furcht vor der Revolution und die zur Durchführung der entsprechenden Außenpolitik notwen-digen militärischen Maßnahmen den Staat an den Rand des Bankrotts gebracht hatten. Die Anleihe von den Rothschilds war die letzte Hoff-nung der Regierung, und als sie aufgebraucht war, verfügte man über kein Geld mehr, um die eventuellen Folgen einer natürlichen oder selbsterzeugten Katastrophe zu lindern. Die Naturkatastrophen der letzten Jahre – seit 1845 war die Ernte Jahr für Jahr ausgefallen – be-deuteten, daß Kolowrats Erklärung bereits überholt war.

Der ökonomische und soziale Hintergrund von 1848

Die andere Seite der Wirtschaftskrise, die den Hintergrund zu den Ereignissen von 1848 bildet, war das menschliche Elend. Es hatte vor allem zwei Ursachen: die Arbeitslosigkeit aufgrund der strukturellen Veränderungen durch die Industrialisierung und die Ernteausfälle von 1845 bis 1848. Das alles wurde noch verschlimmert durch die relative Rückständigkeit der österreichischen Wirtschaft, die protektionistische Politik und den Kreditmangel, die beide die Erschließung neuer Märkte sehr erschwerten; dazu kam die bereits beschriebene Finanzkrise der Regierung, deren Folge war, daß man über keine weiteren Mittel mehr verfügte, um das wachsende Elend zu bekämpfen.

Genaueres läßt sich über die damalige Armut allerdings nicht sagen. Julius Marx hat in seiner gründlichen Studie der ökonomischen Ursachen der Revolutionen in Österreich geschrieben: »Das Ideal einer Forschungsarbeit über die Lebensverhältnisse wäre natürlich eine indexmäßige Berechnung der Teuerung und der ihr angepaßten Lebenshaltung. Leider fehlen hierzu fast sämtliche Vorarbeiten.«[91] Man kann zwar auf eine ganze Reihe von Statistiken zurückgreifen, aber laut Marx ist es schwer, sich eine klare Vorstellung der Lebensbedingungen machen, ohne über Lokalbräuche, regionale Variationen, Nebenkosten, Familienarrangements, Zimmernutzung und Angestelltenverhältnisse Bescheid zu wissen.

Fest steht nur, daß die Lebensbedingungen schlecht waren und schlimmer wurden. Das machen Polizeiberichte überdeutlich. Angesichts der zentralen Bedeutung der Ernte für die Gesamtwirtschaft des vorindustriellen Mitteleuropas, war das jedoch fast unvermeidlich. Denn in Österreich führten die langen, trockenen Sommer- und Herbstmonate, denen kalte, strenge Winter folgten, zu einer Serie von Ernteausfällen, was wiederum bedeutete, daß die Preise von 1845–1848 fast nie fielen. Im Gegenteil, es kam zu einer Dauerinflation. Die Folge war eine Steuererhöhung, denn die wichtigsten Steuern waren alle an das Preisniveau gebunden. Vor allem die Steuer auf Nahrungsmittel, die als die »Blutsteuer des Proletariats«[92] verdammt wurde, war verhaßt. Doch da sie ein Mehrfaches der anderen Steuern einbrachte, blieb Kolowrat nichts anderes übrig, als sie beizubehalten. Zwar waren die österreichischen Steuern im europäischen Vergleich nicht besonders hoch[93], doch angesichts der sich verschlechternden Wirtschaftslage, mußten sie auf Widerstand stoßen. Ein Beamter sagte von der Nahrungsmittelsteuer, sie »hafte an jedem Bissen Brot, an jeder Kartoffel«; ein armer Weber, der mit seiner Familie kaum dem Hungertode entgehe, von dem man 3 Gulden Erwerbssteuer oft nur mit Polizeigewalt, öfter aber gar nicht einbringen könne, entrichte diese Steuer mehrfach.[94]

Damit fiel zwangsläufig der Lebensstandard, und schon 1842 mußte der Polizeidirektor von Linz feststellen, daß zwei Drittel der 26 000 Einwohner der Stadt unterernährt waren, und daß fast 2000 Menschen von einem Tageseinkommen von 2 bis 16 Kreuzer lebten. 1847 mußte man in Wien für ein Ei 6 bis 7,5 Kreuzer bezahlen, und der Ladenpreis für ein paar Kartoffeln betrug 3 Kreuzer. 1864 kostete ein Pfund Butter 66 Kreuzer, dabei verdiente ein Fabrikarbeiter nur etwa 40 Kreuzer am Tag. Auch der Preis von Holz war extrem hoch – er war in den zehn Jahren von 1836 bis 1846 um 250 Prozent gestiegen –, so daß sich die Leute weder ernähren noch warm halten konnten. Wenn man bedenkt, daß Frauen und Kinder 60 Prozent der Arbeitskräfte in der Baumwoll- und Papierindustrie von Niederösterreich stellten und für ihren zwölf- bis vierzehnstündigen Arbeitstag bestenfalls die Hälfte eines männli- chen Tagesverdienstes nach Hause brachten, verwundert es nicht wei- ter, daß um 1847 in einigen Teilen der Monarchie mehr als die Hälfte aller verzeichneten Todesfälle Kinder waren. Sie konnten nur auf eine Fabrikarbeit hoffen, denn dort wurde nun ein Großteil des Geldes ver- dient. Fabrikbesitzer zahlten höhere Löhne, auch wenn sie – wo immer möglich – Frauen und Kinder zu Billiglöhnen einstellten, und sie kauf- ten mehr und mehr die kleinen Werkstätten auf, deren Meister es sich nicht leisten konnten, in moderne Ausrüstungen zu investieren, und de- ren Produkte weder preislich noch qualitativ mit Fabrikwaren zu kon- kurrieren vermochten.

Nach 1840 wurde die österreichische Wirtschaft von Fabrikwaren beherrscht. Um 1848 besaß die Monarchie 209 baumwollverarbeitende Mühlen, 469 Dampfmaschinen, 278 Zugmaschinen und 76 Dampfboo- te. Bereits 1841 produzierten die 7315 Fabriken Güter im Wert von 510 715 000 Gulden, die kleinen Werkstätten der Monarchie dagegen nur Waren im Wert von 184 896 000 Gulden. Doch 1848 standen selbst die Fabriken still, denn wegen der hohen Lebensmittelpreise und des Kreditmangels war kein Geld mehr da, um Güter zu kaufen. Um 1847 waren allein in Wien bereits 10000 Fabrikarbeiter entlassen wor- den, auch wenn es dabei nicht wie vor drei Jahren in Prag zu Unruhen kam, bei denen die Arbeitslosen die Fabrikbesitzer angegriffen hatten. Doch die Aussichten waren alles andere als rosig: Tausende von Ar- beitslosen standen ohne die geringste staatliche Hilfe da, in einer Zeit, in der die Preise in bisher unbekannte Höhen geklettert waren. Selbst für diejenigen mit Arbeit reichten die Gehälter kaum zum Lebensnot- wendigsten. In vielen der großen Städte kam es zu Typhusepidemien, so daß die städtischen Armen ein extrem schweres Leben hatten.[95]

Auch auf dem Land war die Lage oft zum Verzweifeln. Wieder las- sen sich keine präzisen statistischen Angaben machen, da der Lebens- standard von Ort zu Ort variierte, wobei vieles vom Wetter, aber auch davon abhing, inwieweit sich die Bauern von ihren Haustieren oder mittels Wilderei ernähren konnten. Doch das Einkommen der Bauern wurde überall durch eine Reihe von Abgaben verringert. Dazu gehörte die »Robot«, die Fronarbeit, die in verschiedenen Gebieten der Monarchie unterschiedlich gehandhabt wurde; der »Zehnt«, demzufolge der Bauer ein Zehntel seiner Ernte an seinen Herrn abzuliefern hatte, sowie andere vergleichbare Abgaben, etwa beim Verkauf von Landbesitz. Daneben gab es die Grundsteuer, die an die Regierung bezahlt werden mußte, die 17 bis 24 Prozent der Nettoeinnahmen aus dem Land betrug; Geld für Kirchen- und Staatsangestellte (Priester und Schulmeister); dazu die Verpflichtung zum Brücken- und Straßenunterhalt, zum Stellen von Pferden und Fuhrwerken für Beamte, die Verpflichtung, gegebenenfalls Truppen einzuquartieren, und die Dienstverpflichtung eigener Söhne in der Armee. Insgesamt verschlangen die Feudalabgaben etwa 70 Prozent des Einkommens eines Bauern. Und doch ging es ihm wahrscheinlich besser als einem Industriearbeiter von 1848 und besser, als es seinen Vätern gegangen war.

Was die Zeit des Vormärz insgesamt angeht, sind »die Historiker nicht geneigt, das Leben der Bauernschaft als ungewöhnlich hart zu bezeichnen«. Komlos, der sich auf den Zeitgenossen John Paget bezieht, bezeichnet »das materielle Los der Bauern als unterschiedlich, aber im großen und ganzen nicht unerträglich«. Blum glaubt, der Bauer sei dem persönlichen Status nach »dienstbar«, aber »kein Leibeigener« gewesen. Es gab natürlich entscheidende regionale Unterschiede. In den deutschen Provinzen – Unterösterreich, Oberösterreich, Steiermark und Kärnten – hatten sie relativ mehr Zahlungen, aber weniger Arbeitsdienst zu leisten, und standen, was den persönlichen Status anging, besser da. In den slawischen Provinzen – den Ländereien Böhmens und Karpathiens – war es genau umgekehrt. Rosdolski hat, was die Arbeitslast der Bauern für die Provinzen anging, folgende Reihenfolge ermittelt: Am leichtesten hatten sie es in den deutschen Provinzen, etwas schwerer in Böhmen, Mähren und Schlesien und am härtesten in Galizien und der Bukowina, wo die Bauern einfach als »Arbeitstiere« galten.[96]

Die Beschreibung der galizischen »Leibeigenen« als »Arbeitstiere« erklärt ziemlich weitgehend die dortigen Vorgänge von 1846. Was andere Gegenden angeht, weiß man weit weniger genau über die Gefühle der Bauern gegenüber ihren feudalen Herren Bescheid. Das ist von Bedeutung, weil in der Sekundärliteratur sehr oft der Eindruck erweckt wird, der Schlüssel für die Ereignisse von 1848 in Österreich sei die Abschaffung der »Robot« gewesen. Doch daran war gelegentlich den Aristokraten (selbst wenn die Annahme schwerfällt, daß das allgemein der Fall war) mehr gelegen, als den Bauern selber. Zweifellos hing das entscheidend davon ab, wie sie entschädigt wurden.

»Ich möchte«, klagte ein Gutsbesitzer um 1840, »daß auf einem Teil meiner Besitzung an einem Donnerstag bestimmte Arbeiten erledigt werden, aber die am nächsten befindlichen Arbeiter wenden ein, dies sei nicht der Tag, am dem sie die Robot zu leisten hätten. Die Donnerstagsarbeiter leben vielleicht ganz entfernt von mir, überall verstreut; von Gesetzes wegen steht ihnen soundsoviel Zeit für den Hinweg und soundsoviel Zeit für den Rückweg zu; sie kommen bereits halb erschöpft an und bringen zerbrochene Karren und abgewirtschaftete Pferde mit. Das hat zur Folge, daß kaum etwas Nützliches geleistet wird. Wo immer möglich, lassen wir uns auszahlen, und würden, wenn wir nur könnten, gerne alle unsere Fronarbeiter in Pächter umwandeln; aber damit sind diese selten einverstanden. Wochen- oder monatsweise, vielleicht sogar auf ein ganzes Jahr, schließen sie mit uns eine solche Regelung ab (normalerweise allerdings zu günstigeren Bedingungen, als das Gesetz sie vorschreibt), aber kaum für länger. Das hat möglicherweise damit zu tun, daß sie zu wenig Geld haben; aber viel naheliegender ist, daß sie genau wissen, daß die Regierung ohnehin auf ihrer Seite steht, und überzeugt sind, die Robot würde früher oder später ohnehin zur bloßen Formalität oder gänzlich abgeschafft.«[97]

Jedenfalls gab es nach 1840 in örtlichen Landtagen und landwirtschaftlichen Gesellschaften sehr viele Debatten über die Abschaffung der Robot. Die meisten Historiker sind der Ansicht, um 1848 wäre die Mehrheit der Aristokraten damit einverstanden gewesen. Aber die Regierung unternahm nichts. Wieso? Weil sie sich nach wie vor die Möglichkeit vorbehalten wollte, die Bauern von der Leine lassen zu können? Oder war man sich über die Abschaffung der Robot doch nicht so einig?

Interessanterweise gingen sowohl die Adeligen wie die Bauern davon aus, daß die Regierung auf seiten der Fronarbeiter stand. Turnbull, dem wir die eben zitierte Passage verdanken, erwähnt immer wieder, die Regierungspolitik habe darauf abgezielt, die Bauern vor den Adligen zu schützen: »Die Politik der Krone hält konsequent an diesem Ziel fest. Unweigerlich tendiert sie dazu, feudale Schranken und Privilegien abzuschaffen; aber um der Sicherheit und Weisheit willen ist dies ein vorsichtiger und langsamer Prozeß, weswegen das Gesetz Schranken unterschiedlichster Art anerkennt.«[98] Gleichwohl hat die Regierungspolitik Turnbull zufolge im Hinblick auf Feudalrechte, die Erziehung und Rechtshilfe einiges für die ärmsten Untertanen erreicht. »Wann immer der Untertan gegen den adligen Herrn klagt, ruft er den Staatsanwalt der Provinz an, der für ein geringes Entgelt die Klage in seinem Namen vor das Krongericht bringt. Das Gesetz begünstigt den Untertanen im allgemeinen tatsächlich so sehr, daß Kaiser Franz, wenn er von seinen privaten Ländereien sprach, öfters halb im Ernst klagte, daß er nicht fähig sei, von den Bauern in seinen Privatdomänen die Gerechtigkeit zu erlangen, auf die er laut Gesetzbuch einen Anspruch hätte.«[99]

Anscheinend dachten andere Adelsherrn dasselbe und schlossen oft lieber mit den Bauern außergerichtliche Vergleiche zu deren Gunsten ab, als sich dem Urteil eines kaiserlichen Gerichtshofs zu unterwerfen. Die Regierung konnte daher wahrscheinlich auf dem Lande mit beträchtlicher Unterstützung rechnen, jedenfalls zu normalen Zeiten. 1848 müssen allerdings die durch den Frondienst und den Zehnten verursachten Lasten um einiges bedrückender empfunden worden sein, wenn man die vielen Mißernten infolge des schlechten Wetters bedenkt. Vor allem Tagelöhner ohne eigenen Grund und Boden konnten nur noch hoffen, städtische Arbeiter zu werden.

Bevor man abschätzen kann, wie weit soziale und wirtschaftliche Bedingungen den Ausbruch der Revolution von 1848 beeinflußt haben, muß man sich auch mit einer anderen Bevölkerungsschicht befassen, mit der Mittelschicht nämlich. Was das höhere Bürgertum angeht, gibt es gute Gründe für die Annahme, es sei in seinen Ansichten sehr gespalten gewesen. Doch revolutionär war wohl kaum jemand. Bankiers und erfolgreiche Industrielle waren oft Ausländer oder Juden, die sich in die österreichische Gesellschaft integrieren wollten. Sie waren auf die Regierung angewiesen, wenn es um Adelstitel und Status ging, und investierten ihre Profite in Grundbesitz (was Juden nur mit Erlaubnis der Regierung tun konnten, da sie keine bürgerlichen Rechte hatten).

Kleinere Werkstattbesitzer waren selbstverständlich auch Teil der Mittelschicht, denen es aber, wie wir gesehen haben, immer schlechter ging, als sie von den Fabriken um ihre Existenz gebracht wurden. Zur Mittelschicht gehörten außerdem die gebildeten Stände – Journalisten, Beamte, Schullehrer, Akademiker, Kirchenleute, Offiziere, Ärzte und Rechtsanwälte. Sie waren offensichtlich eine recht heterogene Gruppe, hatten aber eines gemeinsam: Sie waren alle von der Regierung abhängig. Das wußte diese auch und bezahlte sie entsprechend schlecht. Vor allem wegen der Alterspensionen hatte die Regierung eine ungeheure Macht über sie. Denn alle Staatsangestellten wußten, daß die Regierung, sofern sie ihr treu dienten, für sie und ihre Frauen und Kinder sorgen würde. Dafür nahmen Offiziere jahrzehntelange schlechte Bezahlung und langsame Beförderung in Kauf, im sicheren Wissen, daß man es bei einer Hauptmannspension einigermaßen aushalten konnte und selbst ein Dienstadel im Bereich des Möglichen lag.

Beamte waren sogar bereit, auf ihre Gehälter in Krisenzeiten zu verzichten (etwa indem sie sich mit Darlehen behalfen), um ihre langfristigen Aussichten abzusichern. So mußten am Ende der Napoleonischen Kriege einige Gruppen von niederen Beamten zwei oder drei Jahre ohne Lohn arbeiten, wenn sie ihre Stellen für später behalten wollten, andere sogar fünf, ja selbst sieben Jahre lang. Zwischen 1815 und 1848 wurde die Bürokratie derart aufgebläht, daß Jurastudenten, die doch auf unmittelbare Einstellung in den Staatsdienst hofften, zehn oder zwölf Jahre darauf warten mußten. Alle diese Leute müssen daher dem Regime gegenüber eine zwiespältige Haltung gehabt haben: Sie waren unzufrieden und doch abhängig von der Regierung. Kein Zweifel, daß sie von der regierungskritischen Literatur nach 1840 beeinflußt worden sind.

Studenten, die noch nicht abgeschlossen hatten, nahmen – wie wohl die Studenten aller Epochen – eine extremere Haltung ein, ohne für die Gesellschaft als Ganzes besonders repräsentativ zu sein. In Österreich galten sie fast während des ganzen Metternichschen Zeitalters als gemäßigt. Das hing einerseits damit zusammen, daß sie für die Zulassung zur Universität ein moralisches Leumundszeugnis einholen mußten, andererseits damit, daß sie bei der Bewerbung um jedes Stipendium gezwungen waren, sich an einer Art Prüfung zu beteiligen, weil man sichergehen wollte, daß nur ernsthafte Kandidaten Stipendien erhielten.[100]

Das, aber auch die Tatsache, daß die Polizei in österreichischen Universitäten für Ordnung sorgen durfte, erklärt wohl, warum es dort wesentlich weniger Probleme gab als an den deutschen Universitäten. Ein Versuch, an der Universität von Prag Burschenschaften zu gründen, wurde umgehend unterbunden, und alle Ausländer, die man dabei erwischt hatte, wurden auf der Stelle nach Hause geschickt. Aber »die hiesigen Schüler wurden bloß abgemahnt und vierzehn Tage in den Karzer gesperrt; und das war, wie man glaubt, der letzte Versuch, Geheimgesellschaften zu gründen«.[101] Daher Turnbulls Beschreibung von dem österreichischen Studentenleben im Jahre 1840: »Die Universitäten unterscheiden sich auf bemerkenswerte Weise von den übrigen im deutschen Raum. Keine betrunkenen Schlägereien, kaum irgendwelche Duelle, keine Trupps von Studenten, die sich sechs Mann hoch Seite an Seite mit langen Pfeifen in den Mündern und Bierdunst in den Köpfen durch die Straßen drängen, keine populären Professoren, die sich um Mitternacht auf die Straße begeben, um der schneidigen Jugend ergebenst für das Kompliment ihrer lautstarken Serenade zu danken.«[102] Doch das sollte sich ändern. Die Studenten der Monarchie sollten, wie die Studenten überall, die kritischsten Ideen ihrer Zeit auf unkritischste Weise aufgreifen und zu der gesellschaftlichen Gruppe werden, die sich am heftigsten an den Ereignissen von 1848 beteiligen sollte.

Der Fall Metternichs und der Ausbruch der Revolution

So viel zum ökonomischen und sozialen Hintergrund der Ereignisse von 1848. Die Leute waren unzufrieden, und das hing in erster Linie mit der Inflation, der Arbeitslosigkeit, den harten Wintern und der Nahrungsmittelknappheit zusammen, die zu einer Zeit eintrafen, in der eine Finanzkrise es der Regierung unmöglich machte, Gelder für eine Direkthilfe an die Armen oder irgendwelche Steuererleichterungen zu gewähren.

Das öffentliche Wissen um die Krise und die Erinnerungen an die früheren von 1811 und 1816 hatten zur Folge, daß man sich wegen der Außenpolitik sehr große Sorgen machte. Man fürchtete vor allem, die Gelder, die die Regierung für die Offensive in Italien brauchte (und die Truppenkosten waren in den Jahren nach 1840 dramatisch angestiegen), würden erneut zu einem Staatsbankrott führen. Daher setzte das sogenannte »Banken-Durcheinander« – der Sturm auf die Banken in der ganzen Monarchie – nicht nach dem Fall Louis Philippes in Frankreich ein, sondern nach den Tabakunruhen und der Verhängung des Kriegsrechts über Lombardo-Venetien. Aber selbst da war nicht von Revolution die Rede. Man hatte nur das Gefühl, die Regierung tue nichts und werde auch nichts tun. Man rief ganz bestimmt nicht nach der Republik, wollte nicht einmal Richter, Generäle, Bürokraten und andere Mitglieder der Regierungselite als Klasse ersetzen.

Auch das städtische Proletariat dachte nicht daran, die Regierung zu stürzen. Rath zitiert Memoiren, in denen es heißt: »Sie hatten keine Führer, keine Programme, keine Theorien.«[103] Karl Marx, dessen Ansichten kein Echo fanden, als er Wien im Spätsommer 1848 besuchte, beschrieb die Arbeiter als »wenig vertrauenerweckend, entwaffnet und desorganisiert, sich kaum aus den geistigen Banden des alten Regimes lösend«.[104] Ihr Haß richtete sich, wie sich zeigte, nicht gegen die Regierung oder die Dynastie, sondern gegen die Juden. Juden waren unter anderem prominente Händler auf allen möglichen Gebieten, Fabrik- und Ladenbesitzer. Nun schob man ihnen die Schuld an der Arbeitslosigkeit und den hohen Preisen zu. Verhaßt waren sie auch bei den kleinen Werkstattbesitzern, mit denen sie in Konkurrenz standen. Daher kam es im ganzen Kaiserreich nach Ausbruch der Revolution zu antisemitischen Unruhen.

Die Dynastie blieb von all diesen Spannungen merkwürdigerweise fast unberührt. Sie war unter Franz I., der mit der Kaiserin ohne irgendwelche Wachen spazierengegangen war, beim einfachen Volk noch immer populär. Franz hatte den Wiener Dialekt gesprochen und einmal wöchentlich jedem seiner Untertanen, der ihn um Rat fragen wollte, Audienzen erteilt. Und so hieß es denn: »In den Zeiten von Franz konnte jeder Bauer, Kleinhändler oder Ladenbesitzer im Umkreis von Hunderten von Meilen aus der Umgebung von Wien, der etwas gegen die Regierung auf dem Herzen hatte, in seinen Wagen steigen, in die Hauptstadt fahren und seine Geschichte dem Kaiser Franz erzählen... War ihm Unrecht geschehen, bekam er gewöhnlich recht. In Ober- und Niederösterreich wimmelt es von Geschichten von einfachen, schlichten Menschen, die sich mit ihren häuslichen Schwierigkei-

Das antiliberale System Metternichs, das den Frieden und die Ordnung Europas durch geistige Eindämmung sichern sollte, wurde durch die technische und industrielle Entwicklung ad absurdum geführt. Der Staatskanzler, der den Aufstieg und den Untergang Napoleons erlebt hatte, mußte so selber die Vergänglichkeit der Macht und des Ruhms am eigenen Leibe verspüren. Beim Ausbruch der Revolution im März 1848 mußte er aus Wien fliehen, das schon lange der Zensur, der Unterdrückung, der Polizeispitzel und seiner rigorosen Staatsführung überdrüssig war.

ten, Zwistigkeiten, ihren Zweifeln etwa hinsichtlich der Heirat ihrer Töchter, zu einem freundlichen Gespräch mit dem Kaiser aufmachten und sicher sein konnten, einen schlichten, direkten, vernünftigen Ratschlag zu erhalten.«[105] Sein Nachfolger, der geistig zurückgebliebene, epileptische Ferdinand I., versuchte dasselbe zu tun, und auch er gewann die Loyalität seiner Untertanen, die ihn als »Ferdinand den Gutherzigen« sowie als »Ferdl den Spinner« kannten. Und wenn auch durchaus zutrifft, daß viele der am meisten verehrten Mitglieder der kaiserlichen Familie 1847 gestorben sind (Erzherzog Joseph, der Palatin von Ungarn, Erzherzog Karl, der Sieger von Aspern, und Erzherzog

Friedrich, der »Held von Akko« – wobei die Hoftrauer nach ihrem Tod zu Entlassungen im Modegewerbe führte)[106], konnte der Kaiser auf dem Höhepunkt der Revolution immer noch in seiner Kutsche unter den Wienern ausfahren, und das unter allgemeinem Applaus.

Die gebildeten Klassen aber schoben die Schuld auf die Regierung. Und dabei vor allem auf Metternich, dessen Name mit dem der Regierung unlösbar verschmolzen war. Schließlich war er es gewesen, der in Italien jegliche Reformen verweigert hatte, er verweigerte jede Konzession an die Ungarn, würde vielleicht dem republikanischen Frankreich den Krieg erklären, und er war der Mann, dessen Außen- und Verteidigungspolitik die Regierung der Mittel beraubt hatte, den Armen zu helfen. Kurz und gut, Metternichs Politik schien an dem drohenden Staatsbankrott schuld. Und als dann im März 1848 der Hofburg eine Petition nach der anderen vorgelegt wurde, beinhaltete dies unausgesprochen immer auch die Forderung nach seinem Sturz und nach dem seines Systems – natürlich stets zugunsten einer milden, monarchischen Alternative.

In dieser Atmosphäre hatte die Ständeversammlung von Niederösterreich, die in Wien im »Landhaus« in der Herrengasse zusammenzukommen pflegte, eine besondere Bedeutung. Diese Ständeversammlungen waren ziemlich wichtig: »Legislative Kompetenzen besaßen sie zwar nicht, doch ihre Verwaltungsorgane, die von Provinz zu Provinz unterschiedlich waren, besaßen überall sehr viel Einfluß.«[107] Mitglieder der Ständeversammlung standen mit allen Schichten der Gesellschaft in Verbindung, waren am örtlichen Wohlstand interessiert und halfen bei der Verwaltung der Provinzen, weshalb man auf sie hören mußte.

Am 13. März sollten auch sie eine Petition vorlegen, genau wie die Studenten in der Nacht zuvor. Ihre Beratungen wurden jedoch durch einen studentischen Mob unterbrochen, der sich daraufhin auf den Weg zum Kaiserpalast machte, wo die kaiserliche Familie gerade mit Metternich und Kolowrat die Situation besprach. Nun geschah zweierlei: Die Polizei in der Hauptstadt konnte die Lage nicht mehr kontrollieren, und die kaiserliche Familie ließ den Kanzler im Stich.

Es gehört zu den großen ironischen Eigenheiten des Jahres 1848 in Europa, daß Metternich, Europas selbsternannter Polizeichef, über keine Polizisten verfügte, die ihn hätten beschützen können, als es wirklich zum Letzten kam. In einem faszinierenden Artikel hat William L. Langer dargelegt, daß Louis Philippe im »liberalen« Westeuropa unter dem Schutz von 3000 Mann städtischer Truppen, 84 000 Mann der Nationalgarde und dem einer Garnison von 30 000 Mann stand, daß sich die britische Regierung, die 1848 von den Chartisten bedroht wurde, auf 3000 gut ausgebildete »Bobbies« und 150 000 Konstabler stützte – wobei die britische Armee noch gar nicht mitgerechnet ist, während sich Metternich in Wien nur auf eine Garnison von 14 000 Mann, eine Polizeitruppe von 1000 Mann und eine städtische Garde mit 14 000 Mann verlassen konnte. (Letztere gab es ohnehin nur auf dem Papier, da sie hauptsächlich aus Blasorchestern bestand.)[108]

Es war daher ein äußerst unglücklicher Zufall, daß die Wiener Randalierer – einem amerikanischen Konsul zufolge eine Mischung aus Adligen und Studenten – auf Truppen unter der Führung des aufbrausenden Erzherzogs Albert stießen, der, als er aus der Menge angegriffen wurde, das Feuer zu eröffnen befahl. Danach kam es zum Chaos. Die städtische Garde, die in die Innenstadt geschickt worden war, lief zum Mob über, und die Arbeiter in den Vorstädten nutzten die Situation aus, um die verhaßten Fabriken abzubrennen. Doch waren die meisten noch immer loyal. Ein Arbeiter aus Hetzendorf soll gesagt haben: »Dies ist ein kaiserlicher Palast; da haben wir nichts verloren. Wir gehen nur zu den Fabriken, um die Maschinen zu zerstören, die uns unser Brot rauben.«[109]

Währenddessen hatte eine Bürgerabordnung in der Hofburg vom Kaiser die Entlassung seines Kanzlers verlangt; Erzherzog Albert war von Fürst Alfred Windischgrätz als Garnisonskommandant abgelöst worden. Doch aus Gründen, die er stets für sich behalten hat, verkündete der Fürst kein Kriegsrecht und rief nicht den Belagerungszustand in der Stadt aus – wahrscheinlich, weil seine Anträge von der kaiserlichen Familie abschlägig beschieden worden waren. Grillparzer meinte, ein paar Bataillone hätten die Ordnung umgehend wiederhergestellt.

Statt dessen kam die kaiserliche Familie – Erzherzog Ludwig, ein engstirniger Konservativer, Erzherzog Franz Karl, der älteste Bruder des Kaisers und nicht viel intelligenter als Ferdinand selber, sowie Erzherzog Johann, ein alter Feind des Kanzlers – mit Metternich und Kolowrat zusammen, um das weitere Vorgehen zu besprechen. Metternich hielt eine lange und langatmige Rede, in der er zum Widerstand aufrief, worauf jedoch Erzherzog Ludwig, der Präsident der Ministerkonferenz, keine eindeutige Antwort gab. Der im Stich gelassene Metternich verfaßte daraufhin einen würdigen Abschiedsbrief an den Kaiser.

So hat der Mangel an Polizeikräften und das mangelnde Durchhaltevermögen der kaiserlichen Familie – die ihn größtenteils ohnehin nicht mochte – zu Metternichs Sturz geführt. Und sein Sturz hatte die Revolutionen zur Folge. Als man in der Lombardei und Venetien, in Böhmen und Ungarn davon hörte, kam es überall zu Unruhen. Plötzlich machte sich die Hoffnung auf Befreiung breit, man hatte das Gefühl, endlich würde es zu einigen gemäßigten Konzessionen kommen. Nur in Italien ging der Überschwang weit darüber hinaus. Überall sonst aber in der Monarchie glaubte man, mit dem Verschwinden Metternichs, in dem man das Haupthindernis für Reformen sah, sei eine neue Ära angebrochen. Es war eine wunderbare, aber kurze Illusion.

4.

Das Versagen der Revolutionen von 1848

Man kann die Geschichte der Revolutionen von 1848 in der Monarchie nur verstehen, wenn man sie vor einem gemeinsamem Hintergrund betrachtet. Im Kaiserreich gab es schon vor dem März 1848 revolutionäre Konflikte, vor allem in Italien. In Lombardo-Venetien war das Kriegsrecht ausgerufen worden, doch die Regierung wurde auch in den Landtagen von Ungarn und Niederösterreich angegriffen. Die konservativen Kräfte hatten den Bürgerkrieg in der benachbarten Schweiz verloren, die Könige von Neapel und Sardinien ihren Untertanen Verfassungen zugestanden, und Papst Pius IX. wurde von vielen Italienern als Nationalheld und Feind des katholischen Österreich betrachtet. Und die Regierung konnte wegen ihrer schwachen wirtschaftlichen Lage kaum etwas tun, was ihre Stellung verbessert hätte. Wegen ihres Geldmangels war sie einerseits nicht in der Lage, die Not der hungernden Bevölkerung zu lindern, andererseits konnte sie nur bruchstückweise Verstärkung nach Italien schicken, obwohl die Strategie von Feldmarschall Radetzky für den Fall eines Krieges mit Sardinien einen raschen österreichischen Gegenangriff vorsah. Kolowrat hatte jedenfalls ziemlich unverblümt die Grenzen klargemacht, die die österreichische Finanzschwäche den habsburgischen Ambitionen setzte.

Durch den Fall von Louis Philippe in Frankreich wurde alles nur noch schlimmer. Die Revolution in Paris wurde überall in Europa als Herausforderung des Metternichschen Systems verstanden. Man ging allgemein davon aus, die Monarchen würden gemeinsam stehen oder fallen; allen voran Metternich selbst. Doch bei den finanziellen Schwierigkeiten der Monarchie (die dank Beidtels Buch ein offenes Geheimnis waren) konnte man sich an fünf Fingern abzählen, daß ein Krieg mit Frankreich den Bankrott Österreichs bedeuten würde. So war es nicht verwunderlich, daß die Leute schleunigst ihre Konten leerten und die Forderungen nach einem Rücktritt Metternichs immer lauter wurden. Er hatte zwar beschlossen, mit dem Angriff auf Italien abzuwarten, aber man war nicht so sicher, ob er es werde lassen können, eine Koalition gegen Frankreich zu organisieren.

Als die niederösterreichische Ständeversammlung dem Kaiserpalast eine Petition unterbreitete, gingen die Studenten in der immer gespannter werdenden Atmosphäre auf die Straße. Daraufhin entglitten

Die Revolution vom März 1848 wies überall die gleichen Züge auf, in Berlin, Dresden oder Wien: Liberale und soziale Unruhe führte zu einer spontanen Erhebung, die hier mehr liberalen, dort mehr proletarischen Anstrich hatte. Überall mischten sich bürgerliche Intellektuelle und Unterschichtenelemente. In den Universitäten fanden Kundgebungen statt, in den Arbeitervierteln wurden Geschäfte geplündert und Fabriken zerstört. Die Regierungen konnten die Lage nur stabilisieren, indem sie Verfassungen versprachen und die Zensur aufhoben.

die Ereignisse rasch jeder Kontrolle. Ein Detachement Truppen unter dem Kommando von Erzherzog Albert fing an, in die Menge zu schießen, und der Aufruhr sprang von der Innenstadt auf die Vorstädte über. Die wenigen Ordnungshüter konnten ihn nicht eindämmen, und ihr Autoritätsverlust ermutigte die Arbeitslosen, Fabriken niederzubrennen. Unterdessen wurde Petition um Petition beim Kaiser eingereicht, worin Metternichs Rücktritt als Kanzler gefordert wurde. Doch niemand verlangte eine Republik.

Unter diesen Umständen hielt es die kaiserliche Familie, von der zahlreiche Mitglieder wenig Grund zur Dankbarkeit gegenüber Metternich hatten, für angebracht, ihn gehen zu lassen, und als bei der entscheidenden Konferenz vom 13. März die Unterstützung von Erzherzog Ludwig ausblieb, bot der Kanzler seinen Rücktritt an. Zu diesem Zeitpunkt war Österreich von der Revolution noch nicht erfaßt, die Massen waren loyal, in ihren Forderungen mäßig.

Immerhin wurde nach der Entlassung Metternichs eine Verfassungsreform versprochen. Damit war das Metternichsche System zusammen mit seinem Schöpfer gestürzt und die Monarchie, solange keine neue

Ordnung bestand, zwangsläufig einem Machtvakuum ausgesetzt. In allen Provinzhauptstädten des Kaiserreiches kam es zu Demonstrationen, Petitionen und Forderungen.

Der Ablauf der Revolution

Zunächst einmal mußte sich der Hof entscheiden, was nun aus der Zentralregierung in Wien, der Regierung in Ungarn und der Situation in Lombardo-Venetien werden sollte. Man gab in Wien bekannt, daß man an einer Verfassung für das Reich arbeite, aber vorerst ernannte man Kolowrat zum neuen Regierungschef, dem bald darauf Ficquelmont und andere ehemalige hohe Beamte zur Seite standen. Man dachte nicht daran, irgendwelchen »Revolutionären« die Macht anzuvertrauen. Die Beamten von gestern wurden bloß mit der Aufgabe betraut, eine Verfassung zu entwerfen, die möglichst wenig Zugeständnisse an die Revolution enthalten sollte. Eine ungarische Abordnung unter der Leitung des Palatins, Erzherzog Stephan, ließ sich ein eigenes ungarisches Ministerium versprechen, einschließlich der Zuständigkeit für Verteidigung, Finanzen und einem Minister bei Hofe, »in der persönlichen Umgebung des Königs«. Praktisch bedeutete das, daß Österreich und Ungarn künftig nur durch eine Personalunion verbunden sein würden.

Als man das begriff, versuchte man, die Konzessionen zurückzunehmen und die Autorität der Ungarn auf ihre inneren Angelegenheiten zu beschränken. Aber das war ein vergebliches Bemühen. Somit konnten die Ungarn im Frühling und Sommer 1848 eine Politik verfolgen, die derjenigen des Wiener Ministeriums diametral entgegenstand und die die Einheit der Monarchie zu zerstören drohte. Hier konnte nur Krieg etwas verändern.

Doch am entschiedensten wurde die Einheit der Monarchie in Norditalien in Frage gestellt. In Mailand und Venedig kam es zu Revolutionen, Radetzkys Streitkräfte wurden aus beiden Städten vertrieben – aus Mailand zogen sie sich zurück, in Venedig ergaben sie sich –, während Karl Albert von Sardinien auf Bitten des lombardischen Adels seinen italienischen Landsleuten zu Hilfe kam. Im Sommer hatten sowohl die Lombardei wie Venetien per Mehrheitsentscheid beschlossen, Teil eines vergrößerten italienischen Königreiches unter dem Haus Savoyen zu werden, und Wien war schon im Begriff, einen Waffenstillstand auszuhandeln, und bereit, wenigstens den Verlust der Lombardei hinzunehmen. Aber von da an zeichnet sich in der Niederlage der Revolution ein klares Muster ab.

Die Revolutionen wurden in verschiedenen Stufen besiegt. Stufe eins war die Niederlage der Italiener gegen Radetzky, dessen Erfolg für das

Überleben der Monarchie entscheidend war. Zwar hatte Windischgrätz währenddessen Prag bombardiert, aber das, was dort als »Revolution« bezeichnet wurde, war bloß ein durch die harte Hand des Generals provozierter Straßenaufruhr von Studenten und Arbeitern, die das Regime in keiner Weise bedrohten. Sofern sie sich überhaupt auswirkten, behinderten Windischgrätz' Aktionen die Gegenrevolution, da er die Behörden zwang, Truppen in Böhmen zu belassen, die in Italien viel dringender gebraucht worden wären. Trotzdem konnte Radetzky bis zum August 1848 Mailand wieder einnehmen.

Mit Radetzkys italienischen Erfolgen im Rücken konnte man sich der ungarischen Frage zuwenden. Im Verlauf des Sommers von 1848 hatte sich deutlich gezeigt, daß die Ungarn auf die Niederlage der kaiserlichen Kräfte in Italien setzten und die ungarische öffentliche Meinung auf seiten Italiens stand. Jedenfalls hatten sich die Ungarn im Gegensatz zu den Kroaten geweigert, Radetzkys Armee Verstärkungen zu schicken. Darüber hinaus weigerten sich die Ungarn, einen Beitrag zu den kaiserlichen Finanzen zu leisten, versuchten einen getrennten diplomatischen Dienst einzurichten und unterstützten in Frankfurt die deutsche Einheit. Sollten die Habsburger die Lombardei und Venetien an Italien und die Erbprovinzen an Deutschland verlieren, so das ungarische Kalkül, würde die kaiserliche Hauptstadt nach Buda verlegt und die Monarchie ungarisch werden. Radetzkys Siege in Italien freilich machten diese Überlegungen zunichte.

Die zweite Phase der Gegenrevolution bestand in der ungarischen Niederlage. Doch die ließ auf sich warten. Ungarn leistete weit erfolgreicher Widerstand, als man es sich in Wien je hatte träumen lassen, und zuletzt war Österreich demütigenderweise gezwungen, die Russen um Hilfe zu bitten. Anfangs hoffte man noch, den Ungarn Konzessionen abzutrotzen, indem man ihnen Hilfe gegen die Kroaten in Aussicht stellte. Denn Jellačić, der Ban Kroatiens, hatte sich über die Befehle Wiens hinweggesetzt und eine Streitmacht versammelt, die in Ungarn einzufallen drohte. Ende 1848 warnte die österreichische Regierung ihre ungarischen Kollegen, sie könne bei der ungarisch-kroatischen Auseinandersetzung nicht länger neutral bleiben, falls Ungarn weiterhin auf einer unabhängigen Verteidigungs- und Finanzpolitik insistieren sollte. Als die Ungarn sich nicht zwingen lassen wollten, löste der Hof das ungarische Parlament auf und sanktionierte die von Jellačić Anfang September begonnene Invasion.

Diese Entscheidung führte in Wien zu weiteren Unruhen, und als dort Anfang Oktober einige Grenadierbataillone nach Ungarn beordert wurden, brach in der Hauptstadt aus Sympathie mit den Ungarn eine Revolution aus. Das bot Jellačić, der am Verlieren war, einen idealen Vorwand, sich als Retter Wiens zu präsentieren und sich vollständig aus Ungarn zurückzuziehen. Gerade als er in der Hauptstadt angelangt war, kam Windischgrätz aus Böhmen, entschlossen, die Stadt so lange mit Artilleriefeuer zu belegen, bis sie sich unterwarf. Jellačič' Aufgabe bestand nun darin, eine ungarische Armee abzuwehren, die zur Unterstützung der Aufständischen nach Wien entsandt worden war. Das gelang ihm am 30. Oktober bei Schwechat, worauf Windischgrätz Wien erneut besetzte. Doch was die Revolution anging, war damit nichts entschieden. Der Hof war nach Olmütz geflohen, aber das Parlament hatte den Aufstand nicht unterstützt, und so peinlich die Revolution in Wien für die Dynastie war, sie konnte, selbst mit Unterstützung durch die Ungarn, das Regime nicht ernsthaft in Frage stellen. Es dauerte nur etwas länger, bis Windischgrätz den Einmarsch nach Ungarn organisieren konnte.

Tatsächlich sollte der Feldmarschall den Marschbefehl erst am 16. Dezember erteilen, und am 6. Januar eroberte er Buda. Dennoch hatte er keinen Erfolg. Die Ungarn formierten sich im Osten ihres Landes neu und konnten die Österreicher mit einer Frühlingsoffensive überraschen. Am 14. April wurde Windischgrätz zu »Konsultationen« nach Wien zurückbeordert, um Ende des Monats entlassen zu werden. Aber sein Nachfolger, Welden, konnte den ungarischen Vormarsch auch nicht stoppen und wurde am 24. Mai seines Kommandos enthoben. Ihm folgte der fähige, aber brutale Baron Haynau, der sich in Italien als »Bestie von Brescia« einen Namen gemacht hatte. Haynau erwies sich als der Mann, der die Ungarn zur Botmäßigkeit zwingen konnte.

Doch bereits zuvor, am 1. Mai 1849, hatte Franz Joseph Nikolaus I. von Rußland offiziell um Militärhilfe ersucht, um, wie er sagte, »zu verhindern, daß aus der ungarischen Insurrektion ein europäisches Unglück würde«.[1] Windischgrätz hatte bereits seit Januar eine derartige Hilfe angefordert, und obwohl sich Schwarzenberg nur äußerst ungern einverstanden erklärte, gab er zuletzt sein offizielles Einverständnis, als sich zeigte, daß die Hilfe nur unter diesen Bedingungen zu erhalten war (er hatte vorher gehofft, die Russen würden sich beteiligen, auch wenn sie nicht formell eingeladen würden). Doch wie sich zeigte, wurden die Ungarn geschlagen, bevor die Russen irgendwelche bedeutende Hilfsleistungen erbringen konnten. Dennoch ergaben sich die unter Görgeys Kommando stehenden Ungarn am 13. August 1849 in Világos dem russischen Kommandanten Paskiewitsch.

Radetzky war währenddessen einmal mehr seinem Ruf gerecht geworden. Denn am 16. März 1849 hatte Karl Albert in Italien erneut gegen Österreich losgeschlagen. »Mit einer Kampagne, die Napoleon zur Ehre gereicht hätte, fiel der 83jährige Feldmarschall am 19. März in Sardinien ein, besiegte am 21. die Italiener bei Mortara und zerschlug zwei Tage später in Novara die Hauptstreitmacht. Die sardische Armee war keine funktionierende Streitmacht mehr, und Karl Albert dankte zugunsten seines Sohnes ab, der am nächsten Tag den Waffenstillstand unterschrieb. Es war eine brillante Kampagne.«[2]

Die Revolution glich einem Flächenbrand und griff von Wien bald nach Budapest und Prag über, wobei sie oft nationalen Charakter annahm, in Ungarn wie in Böhmen-Mähren. In Prag hatte sie solche Radikalität, daß Feldmarschall Fürst Windischgrätz die Altstadt bombardieren mußte, um die Ruhe wiederherzustellen.

Als Ende August sowohl die Venetianische Republik wie Ungarn kapituliert hatten, hatten die Kämpfe in der Monarchie aufgehört. Nun begann die dritte Phase der Gegenrevolution: Schwarzenbergs diplomatischer Streit mit den Preußen über die deutsche Vereinigung. Auch das führte beinahe zum Krieg. Doch das preußische Nachgeben in Olmütz vom November 1850 und das Patt der Dresdener Konferenz Anfang 1851 führte zur Auferstehung des Deutschen Bundes.

Endgültig triumphierte die Gegenrevolution, als das Jahr 1851 schon fast vorbei war: mit dem »Silvesterpatent«. Franz Joseph tat nun nicht einmal mehr so, als ob er mittels eines Parlamentes oder Kabinettes regiere, und übernahm persönlich die Führung der Monarchie.

Nach diesem Überblick über die Phasen der Gegenrevolution stellt sich die Frage, warum sie erfolgreich war, und dazu ist erforderlich, einige der ihr anhaftenden Klischees auf ihre Stichhaltigkeit zu prüfen. War ihr Erfolg tatsächlich auf die Insubordination ihrer Generale zurückzuführen? War die Nationalitätenfrage wirklich entscheidend für die Niederlage der Ungarn? Gab es je so etwas wie die »Kamarilla«, eine Gruppe von Höflingen, die angeblich die gegenrevolutionäre Strategie koordinierten? Waren die prominenten militärischen Führer – Radetzky, Jellačič, Windischgrätz – alle von gleicher Bedeutung? Sieht man sich die jüngeren Forschungsarbeiten an, scheint es an der Zeit, mit einigen der alten Mythen aufzuräumen.

Die Revolution in Ungarn

Was Ungarn angeht, so wird die Tatsache, daß die Revolution – oder der Unabhängigkeitskrieg, wie die Ungarn vielleicht etwas genauer sagen – verlorenging, im allgemeinen auf folgende Ursachen zurückgeführt: auf die Weigerung, den »Völkern« – insbesondere den Kroaten – Gleichberechtigung zuzugestehen; auf die Konflikte zwischen der zivilen und der militärischen Führung, personifiziert im Antagonismus von Kossuth und Görgey; auf die Vernachlässigung des ungarischen Bauernstandes, weswegen die Revolution in der Bevölkerung wenig Rückhalt hatte; schließlich auf die Intervention der Russen, die jede Hoffnung auf Sieg zunichte machte. Diese Faktoren gilt es der Reihe nach zu untersuchen.

Einer verbreiteten Auffassung nach ist die Spaltung der verschiedenen Völkerschaften die bedeutendste Entwicklung des Jahres 1848 gewesen. Insbesondere in Ungarn soll sie entscheidend ins Gewicht gefallen sein. Schuld an der Spaltung sollen nach übereinstimmender Meinung die Ungarn gewesen sein. Ihre Politik der Magyarisierung wird als selbstzerstörerisch, starrsinnig, ja, letztlich als irrational bezeichnet.

Doch diese These ist kaum aufrechtzuerhalten. Während es zweifellos zutrifft, daß eine neutrale Haltung, oder, besser noch, eine aktive Unterstützung seitens der Völkerschaften den Ungarn in ihrem Konflikt mit Wien geholfen hätte, bedeutet dies keineswegs, daß das zwangsläufig auch den Sieg der Ungarn zur Folge gehabt haben würde. Denn militärisch fielen die Völkerschaften kaum ins Gewicht. Jellačić wurde schließlich von den Ungarn 1848 geschlagen, und was er 1849 leistete, war unerheblich. Und Bem beherrschte mit seiner ungarischen Armee die Lage in Transsylvanien fast bis ans Ende des Krieges. Man kann daher die Niederlage der Ungarn nur sehr schwer auf ihre Streitigkeiten mit den Nationalitäten zurückführen. Und selbst wenn sich die Kroaten und die transsylvanischen Rumänen am Befreiungskrieg beteiligt hätten, hätte der Munitionsmangel und die Intervention der Russen beinahe mit Sicherheit jede noch so große Anstrengung zugunsten Ungarns mehr als wettgemacht.

Man sollte auch den Fehler vermeiden, die ungarische Politik als irrational oder stur einzustufen. Im Gegenteil lagen ihr durchaus rationale Erwägungen zugrunde. Die neue Regierung war der Ansicht, die Völkerschaften sollten als Teil des historischen Staatsgebiets von Ungarn die ungarische Sprache als Landessprache anerkennen, und dies um so mehr, als die Ungarn im Begriffe waren, ihnen Bürgerrechte einzuräumen. Und da man Kroatien das Recht zugestehen wollte, die kroatische Sprache für lokale Angelegenheiten zu benutzen, mit Buda auf kroatisch zu verkehren und überdies die Kroaten auch bei der For-

Das 19. Jahrhundert lebt im deutschen Bewußtsein als die Epoche preußischer Kriege und Siege weiter, von Leipzig und Waterloo bis zu Düppel, Königgrätz und Sedan. Aber von Wien aus gesehen war es die Ära österreichischer, allerdings oft verlustreicher Schlachten und Kriege. Besonders in den norditalienischen Gebieten der Monarchie kam es zu einer nicht endenden Reihe von Kriegen, in denen Graf Radetzky eine so überragende Rolle spielte, daß er bald neben Prinz Eugen gestellt wurde. Seine siegreichen Schlachten gegen die Heere der Könige von Sardinien und Piemont stabilisierten die Lage im lombardo-venetianischen Königreich und gaben Österreich so sein Selbstgefühl zurück.

mulierung aller sie selbst betreffenden Gesetze miteinbeziehen wollte, empfand man es als unverständlich, wenn nicht als schlicht verräterisch, daß die Kroaten die Abspaltung ihres Landes von Ungarn betrieben – erst recht, da sie unter Jellačič' Leitung Teil eines Österreichs sein wollten, das immer noch unter der Kontrolle von Metternichs ehemaligen Kollegen stand und das Krieg gegen die Italiener führte, die ihrerseits versuchten, sich von Österreich abzuspalten. Für die Ungarn lag es auf der Hand, daß die Österreicher die Kroaten und andere Völkerschaften nur für ihre eigenen reaktionären Zwecke benutzen würden, und zwar hauptsächlich zur Unterstützung ihrer neuen ungarischen Institutionen, sollte es den österreichischen Kräften gelingen, die Italiener zu besiegen.

Auch der Vorwurf, die ungarische Politik sei von Starrsinn diktiert gewesen, erscheint unbegründet. Im Gegenteil, die kroatischen Proteste in den Landtagen nach 1830, die sich nicht nur gegen das Ungarische (statt Latein) als offizielle Landessprache richteten, sondern auch gegen andere Reformen, einschließlich verbesserter Bürgerrechte für Protestanten und Juden, hatten einige führende ungarische Liberale derart aufgebracht, daß sie bereits eine Trennung Kroatiens von Ungarn forderten. Die Schwierigkeiten, die Kroatien mit der Abgabe seines Steueranteils machte, fielen zusätzlich ins Gewicht. Daher konnte Szombathelyi im Landtag von 1836 sagen: »Wenn eine Vereinigung mit Kroatien zu nichts anderem führt, als daß unsere Steuerzahler ihre Steuern zahlen, als daß unsere protestantischen Bürger in Teilen unserer gemeinsamen Heimat entrechtet werden und unsere nationale Entwicklung auf kroatische Feindschaft stößt, so sage ich: ›Lösen wir die Bande.‹«[3] Deák selbst erklärte im Landtag von 1840, falls es »die Kroaten für ein Sakrileg halten, ihren Teil der ungarischen Steuerlasten zu tragen, so regt sich in meiner Brust der unwillkürliche Wunsch, die Verbindung zu beenden, auch wenn dies weder zum Vorteil Kroatiens noch zu dem Ungarns wäre«.[4]

Schließlich verabschiedeten die Stimmberechtigten von Pest 1842 einstimmig eine komplizierte, von Kossuth entworfene Eingabe, worin ausdrücklich jede Absicht zurückgewiesen wurde, ein kleines Land besetzen zu wollen, und in der man zu der Schlußfolgerung gelangte: »Es wird der friedlichen Entwicklung Ungarns und der ungarischen Nation dienlicher sein, wenn Kroatien, was Verwaltung und Gesetzgebung angeht, von Ungarn getrennt wird, wenn auch nicht von der Heiligen Ungarischen Krone.«[5] Zwar waren diese Gefühle keineswegs typisch für die ungarische Stimmung um 1840, aber sie zeigen immerhin, daß die ungarischen Liberalen sich in der kroatischen Frage nicht stur verhielten.

Nach dem Fall Metternichs und den Aprilgesetzen haben sich gerade die Liberalen um die ungarischen Angelegenheiten gekümmert. Angesichts ihrer Differenzen mit Wien und im Wissen, daß man in Wien genau wie in Ungarn versuchte, ein unzufriedenes Kroatien auf die eigene Seite zu ziehen, boten sie den Kroaten laufend Konzessionen an, in der Hoffnung, sie bei Ungarn zu behalten oder wenigstens doch ihre

138

Neutralität zu garantieren, falls ein Krieg mit Österreich ausbrechen sollte. Wesselényi zum Beispiel schrieb dem ungarischen Premierminister Batthyány im April: »Wir müssen alles vermeiden, was dem Ban und seinen Kroaten als Ausrede dienen könnte, öffentlich ihre Sezession zu erklären und sie dann durchzuführen. Wir können Kroatien nicht behalten; lassen wir also jeden weiteren Versuch bleiben, der nichts nützen, sondern nur schaden kann. Treffen wir mit den Kroaten eine Vereinbarung, daß wir sie anerkennen und ihre Unabhängigkeit garantieren, wobei aber auch unser Handel sichergestellt und uns der gemeinsame Besitz eines Küstenstreifens zugestanden wird.«[6]

Batthyány war, soweit es ihn anging, jederzeit zu Verhandlungen und zu allen für einen Frieden notwendigen Konzessionen bereit, und im Juli tauchte in Kossuths Überlegungen schon der Begriff der Konföderation auf. Am 27. August 1848 verabschiedete das Kabinett ein von Deák entworfenes Gesetz über Kroatien, demzufolge Verteidigung, Außenministerium, Finanzen und Handel in ungarischen Händen verblieben, wobei sich die entsprechenden kroatischen Staatssekretäre und in einigen Punkten auch der Ban an der Formulierung der Gesetze beteiligen sollten. Alles andere sollte unter die Befugnis eines Ministers für kroatische Angelegenheiten mit Sitz in Pest oder Zagreb fallen. Gesetze sollten in beiden Städten verabschiedet werden können, wobei beiden Parlamenten kroatische Repräsentanten angehören sollten. Kroatisch sollte die Landessprache von Kroatien werden, an die Gründung einer Universität in Zagreb war gedacht, Ungarn und Kroatien sollten miteinander in ihren Landessprachen kommunizieren (mit beigelegter Übersetzung), und das Wahlrecht von Kroatien sollte bis an die Militärgrenze eingeführt werden. »Sollte jedoch«, hielt das Kabinett fest, »all dies nicht zu einer Übereinkunft führen, so ist es bereit, einer Sezession zuzustimmen und eine rein föderale Verbindung zu akzeptieren, wobei nur Fiume, Ungarns Zugang zum Meer, in seinem Besitz verbleiben würde, unter Garantie eines freien Zugangs und des freien Handelsverkehrs.«[7]

Ende August schrieb Kossuth an László Csányi, den Bevollmächtigten für die Verteidigung von Ungarns Südgrenze, er sei bereit, mit Ausnahme der Festungen Pétervárad und Eszék auch eine Abspaltung Slawoniens hinzunehmen. Er wies Csányi darauf hin, es sei vielleicht ratsam, mit den Kroaten Kontakt aufzunehmen und ihnen folgendes mitzuteilen: »Wenn sie sich tatsächlich im Geiste des Nationalismus und nicht der Reaktion verhalten..., sollen sie uns sagen, was sie wollen. Wir geben Kroatien alles, selbst die Sezession: sie sollen gehen, aber wir wollen gute Freunde bleiben...Wenn sie sich abspalten wollen, so sollen sie, von mir aus sollen sie frei und glücklich sein, aber nicht einer ausländischen reaktionären Macht zuliebe zwei Länder in Blutvergießen und Elend stürzen.«[8]

Doch Anfang September war Jellačič fast schon zu seinem Angriff auf Ungarn bereit. Im Jahre 1848 war er es, der stur war, nicht die Ungarn. Er hatte keinerlei Bedürfnis nach irgendeinem Kompromiß und wußte ganz genau, daß kein ungarischer Angriff drohte, was er dem Erzherzog Johann, der zu vermitteln versuchte, in einem Brief vom 29. Juni ausdrücklich zugab. Genau das erlaubte ihm, Radetzky Verstärkungen zu schicken, ganz abgesehen von seiner berühmten Proklamation an die kroatischen Truppen in Italien, in der er ihnen versicherte, daß ihre Familien zu Hause in Sicherheit seien.

Jellačič war schließlich im März 1848 auf Kolowrats Vorschlag hin schnell noch zum Ban von Kroatien ernannt worden, gerade rechtzeitig, um möglichen Vereinbarungen zwischen Ungarn und den Kroaten zuvorzukommen. Oder, in Kolowrats Worten, bevor die Ungarn »die kroato-slowenischen Länder zu becircen vermögen, indem sie ihre lokalen Rechte, ihre Sprache etc. anerkennen«. Denn, so sah Kolowrat die Dinge, »sollte diese Verführung, diese Allianz erfolgreich sein, würde der österreichische, unglücklicherweise heterogene Staat sich einer kompakten Masse gegenüber sehen, die vielleicht nicht einmal davor zurückschrecken würde, die Dynastie anzugreifen«.[9] Und er fügte hinzu: »Männer, die guten Willens sind, hoffen auf Rettung durch eine schnelle und entschlossene Tat: Das nun freie Amt des Ban muß durch einen energischen und populären Mann übernommen werden.«[10]

Es gibt wenig Gründe für die Annahme, daß Jellačič seine Rolle falsch verstand. Während die Frage, ob er 1848 für oder gegen Reformen war, sehr umstritten ist, steht sein Eintreten für die Dynastie außer Frage. Er vertrat konsequent den Standpunkt, die Ungarn sollten auf ihr eigenes Verteidigungs- und Finanzministerium verzichten und Teil eines Einheitsstaates werden. Mit anderen Worten, sie sollten die Aprilgesetze außer Kraft setzen, die ihnen soeben die Freiheit geschenkt hatten. Innerhalb dieses Einheitsstaates forderte Jellačič dann für die Kroaten dieselben Rechte wie für die Ungarn. Doch was Jellačič nie zu betonen müde wurde, war die Einheit des Reiches. Wie er Batthyány in einer berühmten Konfrontation in Wien sagte: »Bei unserem Konflikt geht es nicht um Partikularismus, denn da könnte man zu einer Lösung kommen. Sie wollen Ungarn frei und unabhängig, und ich habe mich verpflichtet, die politische Einheit des österreichischen Reiches zu wahren. Sind Sie damit nicht einverstanden, kann nur das Schwert zwischen uns entscheiden.«[11] Vorher hatte er die Ziele Kroatiens so definiert: »Im Wettstreit mit anderen Völkern Österreichs, die alle für geregelte innere Verhältnisse sorgen, zur Wiederherstellung eines vereinigten, innerlich wie äußerlich organisch gegliederten, starken und freien österreichischen Staates beizutragen und die Konsolidierung des Thrones erfolgreich voranzutreiben.«[12] Wie sowohl General Hrabowsky als auch Erzherzog Johann bei ihren Vermittlungsversuchen ent-

In die Zeit liberaler, nationaler und sozialer Unruhen fiel die Thronbesteigung des 18jährigen Kaisers Franz Joseph, der mitten in den Gewittern des Ersten Weltkrieges sterben sollte. Obwohl er in seiner ersten Proklamation verkündet hatte, daß es sein Ziel sei, »alle Länder und Stämme der Monarchie zu einem großen Staatskörper zu vereinen«, leitete er ein neoabsolutistisches Zeitalter ein. In dieser Hinsicht durchaus seinem späteren Gegenspieler Bismarck vergleichbar, suchte er diese Ordnung von oben zu erlangen. Das Bild zeigt den jungen Kaiser, dem von Ministerpräsident Schwarzenberg das neue Kabinett vorgestellt wird.

deckten, gab es für irgendwelche Kompromisse zwischen Jellačič und den Ungarn nie auch nur den Ansatz einer Chance. Daher wäre es falsch, den Ungarn Sturheit vorzuwerfen, um ihre Niederlage von 1849 zu erklären zu versuchen.

Andererseits verhält es sich nicht so, daß sich alle Völker bereitwillig vom kaiserlichen Hof mit leeren Versprechungen abspeisen ließen. Man hatte sie alle glauben lassen, die neue österreichische Verfassung, die im Reichstag debattiert wurde, würde ihre Interessen schützen. Aber im März 1849, als das Kremsier-Parlament aufgelöst und die von Schwarzenberg und Stadions verfügte »Verfassung« proklamiert worden war, wurde klar, wie sehr sie sich geirrt hatten. Außerdem waren nicht alle Nationalitäten gegen die Ungarn gewesen. Die Rumänen in Ungarn zum Beispiel (im Gegensatz zu denen in Transsylvanien) nahmen die Vorherrschaft ihrer serbischen Nachbarn und vor allem die Art und Weise, wie die serbisch-orthodoxe Kirche die rumänisch-orthodoxe Kirche bevormundete, entschieden übel auf. Daher hatten die Ungarn von ihnen nichts zu befürchten. Und obwohl die slowakischen

Intellektuellen von der Regierung zwar alle möglichen Konzessionen forderten, zeigte die Mehrzahl der slowakischen Bauern offensichtlich keinerlei Neigung, sich ihnen anzuschließen.

Die Serben im Süden andererseits sollten sich ebenso wie die transsylvanischen Rumänen gegen die ungarische Regierung stellen. Die Serben verlangten einen autonomen Staat unter der Führung ihres Erzbischofs Rajačič und machten unter der Leitung ihres militärischen Führers Suplikac mit Jellačič gemeinsame Sache. Die transsylvanischen Rumänen, die große Mehrheit der Bevölkerung des Fürstentums, wollten als eigene Nation anerkannt werden, genau wie die Siebenbürger Sachsen, Ungarn und Szekler. Sie verlangten auch ein unabhängiges Parlament für Transsylvanien, trotzdem die anderen Länder für eine Vereinigung mit Ungarn gestimmt hatten. Als diese und andere Forderungen nicht erfüllt wurden, unterstützten sie die Revolte örtlicher Armee-Einheiten gegen die Budapester Regierung. Nur die Ungarn und die Szekler, die ungarischen Grenztruppen, leisteten den Eid auf die Regierung. Doch es wurde bereits nachgewiesen, daß selbst diese Revolte durch Bem gestoppt wurde und für die Niederlage der Ungarn nicht von entscheidender Bedeutung war.

Der Historiker István Deák allerdings würde dieser Interpretation nicht unbedingt zustimmen. Er schreibt: »Die rumänische Revolte in Transsylvanien war von entscheidender Bedeutung, denn da sich die Ungarn gegen die Aggressoren Serben und Kroaten verteidigen mußten, hätte der Krieg mit den Rumänen verhindert werden müssen und können. Die Rumänen im Inneren Ungarns waren dagegen, ebenso die Rumänen in Moldawien und der Wallachei, die ihre Probleme mit den Türken und den Russen hatten und nicht mit Kossuth. Selbst die transsylvanischen Rumänen waren keineswegs überzeugte Anhänger Habsburgs, und ungarische Konzessionen zum richtigen Zeitpunkt hätten die Situation retten können; aber diese Konzessionen wurden nie gemacht, weil die transsylvanischen Adligen solche Reformen fürchteten und die ungarische Regierung die transsylvanischen Adligen. Außerdem verachteten die magyarischen Führer die Rumänen fast ebensosehr, wie sie die Sklowaken verachteten. Man hielt sie für unfähig, eine selbständige Politik zu betreiben und betrachtete die Rumänen als Marionetten der Kamarilla und des Zaren. Kossuth war dabei einer der lautstärksten und fiel auf seine eigene Propaganda herein. Er wußte nichts über die Rumänen, hoffte, daß man diese unruhigen Bauern mittels Repression und einigen kleineren Konzessionen in den Griff bekommen könnte.«[13] Deák fährt fort: »Transsylvanien war nie sicher, die ungarische Armee hatte stets einen Feind im Rücken, der Rückzug in diese Provinz wurde schwierig. Geld, Truppen und der beste General wurden dort verschwendet. Die Ungarn verloren ihren Krieg teilweise wegen Transsylvanien.«

Jener »beste General« – Bem – erließ, das sollte man noch erwähnen, eine Proklamation nach der anderen an die Rumänen, worin er ihnen Gleichberechtigung versprach, und zwischen der ungarischen Regierung und den unterschiedlichen rumänischen Führern fanden weiterhin Verhandlungen statt, vor allem nach dem März 1849. Doch der Ausbruch des Krieges (den Deák in einem anderen Abschnitt seines Buches eher den kaiserlichen Militärkommandanten in Transsylvanien als den Ungarn anlastet) ließ die Verhandlungen stets unter sehr schwierigen Bedingungen stattfinden. Außerdem stellten die militärischen Operationen, auf die Kossuth nicht verzichten mochte, da er befürchtete, die Gegner könnten nur auf Zeit spielen, einen möglichen Kompromiß von vornherein in Frage. Doch selbst im Falle eines Kompromisses mit den transsylvanischen Rumänen wäre ein Sieg der Ungarn in ihrem Unabhängigkeitskrieg extrem unwahrscheinlich gewesen. Mit den Gründen hierfür werden wir uns gleich befassen.

Es gelang den Ungarn unter anderem auch darum nicht, die transsylvanischen Bauern auf ihre Seite zu ziehen, weil die Bauern dort wie auch anderswo in Ungarn so lange auf eine Lösung des Agrarproblems warten mußten. Denn trotz ihrer Versprechungen ging die neue ungarische Regierung die Nöte der Bauern keineswegs mit der erforderlichen Dringlichkeit an. Die Leibeigenschaft in Transsylvanien wurde zum Beispiel erst Ende Mai 1848 abgeschafft, aber danach ging es den dortigen Bauern auch nicht besser als anderswo im Land. »Daß das Problem der Bauern so schwerwiegend war, ist darauf zurückzuführen, daß die Bauern eben nur ihre persönliche Freiheit gewonnen hatten und sonst gar nichts. Da nur die urbarialen (im Grundbuch als Grundbesitz der Bauern eingetragenen) Gebiete in Bauerneigentum überführt wurden, kam dies nur zwei Dritteln der Bauern zugute, und es betraf nur 20 Prozent des bestellbaren Landes. Bauern, die auf gepachteten Ländereien und auf Kleingütern lebten und kleine Weinberge und Gärten besaßen, mußten ihre Verpflichtungen nach wie vor erfüllen, und die Probleme der Bauern mit den Umhegungen blieben von der Gesetzgebung ebenfalls unberücksichtigt.

Die Masse der Bauern war bitter enttäuscht und rächte sich im ganzen Land, indem sie den erzwungenen Arbeitsdienst und den Zehnten vom Weinberg verweigerte, Wein und Fleisch ohne Lizenz verkaufte und das Weideland des Grundherren besetzte. An anderen Orten teilten sich die landlosen Bauern das Land auf, ohne weiter um Erlaubnis zu bitten. Der Adel leistete Widerstand und stellte selbst den Status des urbarialen Landes in Frage, um den Bauern seines rechtmäßigen Eigentums zu berauben. Dabei nahm die Regierung stets für den Adel Partei. Zuerst versuchte sie es mit friedlichen Maßnahmen, dann schickte sie königliche Kommissare und Truppen, zuletzt rief sie im Juni das Kriegsrecht zur Unterdrückung der Bewegung aus, wobei

sie die Lösung des Problems der feudalen Überreste des nicht-urbaria-
len Landes auf die nächste Parlamentsperiode verschob.«[14] Erst im Juli
1849 verabschiedete die Regierung eine Resolution, die Gemeindeland
und gerodete Wälder und Gärten freigab. Aber da war der Unabhängigkeitskrieg nach dem Zusammenbruch des Widerstands schon mehr
oder weniger vorbei.

Wäre das sehr viel anders verlaufen, hätte sich die Regierung der
Bauernfrage dringlicher und weniger engherzig angenommen? Das
wird im allgemeinen angenommen. Doch Deák bleibt skeptisch: »Man
hat sich wiederholt gefragt, ob weiterreichende Agrarreformen die Bauern von einem Aufstand abgehalten und die magyarischen sowie die
slawischen und rumänischen Bauern in Massen hinter der Fahne
Kossuths versammelt hätten. Da es keine exakten Studien über den sozialen Hintergrund, die Lebensbedingungen und die Bestrebungen der
ersten aufständischen Bauern oder der späteren freiwilligen Bauernar-
mee gibt, wissen wir einfach nicht, wie die Bauernschaft 1848/49 empfand und handelte. Die Praxis ungarischer Historiker, Einzelfälle her-
anzuführen, um entweder die Gegnerschaft oder den Enthusiasmus der
Bauern zu beweisen, ist wenig aufschlußreich.«[15] Am Ende sahen sowohl Bauern wie Adlige ein, daß der Krieg verloren war. »Keine noch
so radikalen Sozialreformen, die man sich im nachhinein ausdenkt,
können an dieser grundlegenden Gegebenheit etwas ändern.«[16]

Was die militärischen Fragen angeht, so gilt im allgemeinen als ausgemacht, daß die Niederlage der Ungarn von 1849 auf die Intervention
der Russen unter Paskiewitsch zurückzuführen sei. Haynaus eigener
Stabschef, Hauptmann Ramming von Riedkirchen, stellte in seinem
Bericht über die Kampagne fest: »Es wird immer wieder gefragt, ob
österreichische Staat ohne russische Hilfe in der Lage gewesen wäre,
den ungarischen Aufstand niederzuschlagen, der nach seinen unerwarteten Erfolgen im Frühling 1849 so rapide um sich griff und so gewaltige Dimensionen annahm ... Die bewaffnete russische Intervention in
Ungarn und Transsylvanien war für eine entscheidende militärische
Überlegenheit, wie sie auch auf allen außenpolitischen Gebieten erreicht wurde, unverzichtbar. Die mächtige und gewaltige Hilfe der russischen Armee hätte zu einem notwendigen Erfolg geführt, selbst wenn
Österreichs Vorgehen weniger energisch und erfolgreich gewesen
wäre.«[17]

Doch Deák besteht wie immer darauf, derartige Thesen zu überprüfen. Seine Betrachtung der Periode von Ende Juni 1849, »als die Russen
tief in Ungarn saßen und weder die Nordarmee noch die Bevölkerung
ernsthaften Widerstand leisteten«[18], führt ihn zu der Frage: »Die Russen konnten sich frei bewegen, ohne sich in größeren Schlachten enga-
gieren zu müssen. Wieso also hat der Krieg bis Mitte August oder in einigen Fällen bis in den Folgemonat gedauert?«[19] Seine Antwort: »Weil

144

Paskievich besonders langsam und vorsichtig vorging, weil die Russen durch Cholera dezimiert wurden und weil die ungarischen Generäle – vor allem Görgey – in ihrer Entschlossenheit, die Österreicher zu bekämpfen, den Russen fast immer ausgewichen sind. Die ungarische Hauptarmee manövrierte an den Russen vorbei und suchte die Österreicher. Deswegen war der Krieg nicht vorbei, ehe Haynau nicht eine Honvéd-Einheit nach der anderen stellte und zerstreute oder ehe sich die Honvéd-Generale nicht zur Übergabe entschlossen. Die zaristische Armee tappte wie ein kopfloser, aber gutmütiger Riese durch das Land. Sie fügte ihren Gegnern kaum Schaden zu und wurde im Gegenzug kaum von den Ungarn geschädigt.«[20]

Anhand einer Aufstellung der Kriegstoten und Verletzten bekräftigt Deák diesen Standpunkt noch einmal. »Es scheint, daß etwa 50 000 ungarische Soldaten und eben soviele Österreicher fielen. Das russische Expeditionsheer verlor jedoch nur 543 Gefallene und 1670 Verwundete. Dagegen mußte die Armee von Paskievich 11 028 Opfer der Cholera begraben.«[21] Die russische Intervention von 1849 wäre also zweifellos von entscheidender Bedeutung gewesen, hätte der Krieg länger gedauert (genau wie Hauptmann Ramming sagt). Dennoch waren zweifellos die Österreicher unter Haynau für die ungarische Niederlage verantwortlich. Darum reagierten sie – und vor allem Haynau selber – so empfindlich, als Görgey bei Világos vor Paskievich kapitulierte.

Auch die Rivalität von Kossuth und Görgey, dem zivilen und dem militärischen Führer Ungarns, soll für die Niederlage der Ungarn verantwortlich sein. Es gibt eine ganze Flut ungarischer Literatur dazu, einschließlich sehr vieler Schriften, die für die ungarische Seite Partei ergreifen. Was ist dazu zu sagen? Zweifellos machten beide Männer Fehler, fügten beide ihrer Sache Schaden zu. Görgey etwa vergab die einzige Möglichkeit, Wien militärisch zu einem Kompromiß zu zwingen, als er im April 1849 darauf verzichtete, die Österreicher wenn nötig bis an die Tore Wiens zu verfolgen. Er besetzte lieber den Schloßhügel von Buda, und »mit diesem einen Manöver verschenkte er seine ohnehin nur sehr mageren Chancen auf einen Sieg oder selbst ein militärisches Unentschieden.«[22] Kossuth andererseits übte einen lähmenden Einfluß auf militärische Angelegenheiten aus, da er nicht bereit war, sich für Leute einzusetzen, die er selber ernannt hatte, ja nicht einmal für seine eigenen Entscheidungen geradestand. General Moga wurde im Oktober 1848 nach Österreich geschickt und mußte dann für die Schlacht, die er bei Schwechat kämpfte und verlor, die Verantwortung übernehmen; Görgey wurde gegen Ende des Kriegs zum Diktator ernannt, erhielt aber den Befehl, die Armee nicht zu übergeben – und das zu einem Zeitpunkt, wo ihm gar nichts anderes übrigblieb. Zuvor hatte Kossuth sich geweigert, General Dembinski, den er selber zum Oberkommandierenden ernannt hatte, vor der Kritik seiner Mitgenerale in Schutz zu nehmen, obwohl er doch auf die Fähigkeiten von General Dembinski vertraute.

Andererseits hat Kossuths liberaler Glaube Berge bewegt, als es darum ging, Ungarns Verteidigung und Finanzen zu organisieren, und was Görgey auf dem Schlachtfeld erreichte, grenzte oft ans Wunderbare. Ihre eigentlichen Differenzen bezogen sich auf Kossuths Absetzung der Habsburger im April 1849 (Görgey hatte in seiner Proklamation von Vác im Januar bereits gewarnt, die Armee würde keinerlei »dumme republikanische Agitation dulden«) und auf die richtige Strategie für den Sieg (Görgey hoffte, die Österreicher mit einer Offensive besiegen zu können; er hatte keinerlei Hoffnung auf einen Sieg über Paskievichs Riesenarmee).

Deák hält ihren Zwist für ziemlich unerheblich: »In Wirklichkeit verfolgten beide Männer eitle Träume: Kossuth glaubte, er könne die ungarische Unabhängigkeit in einem Europa behaupten, wo selbst so liberale Mächte wie England für deren Unterdrückung arbeiteten. Görgey glaubte, er könne für begrenzte Ziele kämpfen: für die Erhaltung der ungarischen Aprilverfassung und einen würdigen Platz innerhalb der Monarchie, und dies zu einer Zeit, als die Habsburger Ungarn weder das eine noch das andere zuzugestehen bereit waren. Kossuth glaubte, die Bauern würden bis zum letzten Mann kämpfen, um die Freiheit zu verteidigen; Görgey hoffte, eine kleine Berufsarmee ohne die Unterstützung von Guerillas und Bauern könne die größere Berufsarmee eines industriell stärkeren Landes besiegen.«[23] Daher Deáks Schlußfolgerung: »Bei der Konfrontation, zu der es von 1848/49 kam, war Ungarn der unvermeidliche Verlierer. Es hätte sich auf das große politische Abenteuer von vornherein nicht einlassen dürfen.«[24]

Vor allem mit zwei Dingen sollte man sich dabei eingehender befassen: Mit den Schwierigkeiten beim Aufbau einer ungarischen Verteidigungsindustrie und mit den internationalen Zusammenhängen. Beide fallen sehr viel mehr ins Gewicht als die Differenzen zwischen Kossuth und Görgey oder das Problem des Nationalitätenkonflikts und die Rolle der Bauern.

Was zunächst die Verteidigungsaufgaben betrifft, so mußten zwei Probleme gelöst werden: Das neue ungarische Ministerium mußte sich die Kontrolle über die Streitkräfte und ihre Aufstellung in Ungarn verschaffen (von der über die ungarischen Streitkräfte außerhalb Ungarns ganz zu schweigen); und als man sich der Invasion gegenübersah, mußte man eine nationale Verteidigung organisieren. Merkwürdigerweise erwies es sich als weniger schwer, die Streitkräfte unter ungarische Kontrolle zu bringen, als ein eigenes effektives nationales Verteidigungssystem aufzubauen. Das ist um so erstaunlicher, als die Streitkräfte, die die Ungarn rechtmäßig zu kontrollieren behaupteten, sowohl die Truppen unter Jellačič' Kommando wie die ungarischen Truppen außerhalb

Ungarns umfaßten. Aus ungarischer Sicht war die Forderung eine klare Sache. Artikel 3 der Aprilgesetze lautete: »Alle Angelegenheiten, zivile, militärische und kirchliche, sowie alles, was die Finanzen und die Verteidigung des Landes betrifft, sollen in Zukunft durch das ungarische Ministerium reguliert und geleitet werden, und S. M. soll die Exekutive (in Ungarn) durch sein Ministerium führen.«

Trotz der Pragmatischen Sanktion von 1723, die Ungarn *inseparabiliter ac indivisibiliter* an die anderen Habsburger Besitztümer band, hielten sich die Ungarn für berechtigt, ihre neue Verfassung entsprechend dem Gesetz von 1790 zu interpretieren, das Ungarn zu einem *regnum liberum independens* gemacht hatte, das heißt, zu einem freien Reich, das mit den Habsburgern nur durch Personalunion verbunden war, was die österreichische Regierung, die sich selber als Erbin der Staatskonferenz betrachtete, nicht anzuerkennen bereit war. Sobald diese nicht mehr provisorisch war, am 10. Mai 1848, forderte sie die Ungarn auf, in »gemeinsamen Angelegenheiten« Übereinstimmung zu erzielen, womit sie in Ungarn, wie voraussehbar, auf Ablehnung stießen. Die Ungarn weigerten sich, irgendwelche im ungarischen Staatsschatz befindlichen Gelder zurückzuzahlen, und lehnten es ab, ein Viertel der Staatsschuld zu übernehmen oder für die Zinszahlungen aufzukommen. Außerdem prägten sie ihre eigene Währung und verletzten damit das österreichische Banknotenmonopol.

Doch was die Österreicher wirklich aufbrachte, war die ungarische Stellung zu Verteidigungsfragen und außenpolitischen Angelegenheiten. Hier überredeten die Ungarn den König, ihnen die Kontrolle über das regionale Armeehauptquartier oder der »Generalkommandos« in Ungarn und Transsylvanien zu geben, was dazu führte, daß alle kommandierenden Generäle (einschließlich Jellačič', der am 19. Juni als Ban entlassen worden war) nun ihre Befehle aus Budapest entgegennehmen sollten. Die Ungarn hatten auch das Recht, den Bau aller Militärbauten und Depots in Ungarn zu überwachen und in der dortigen Armee Beförderungen durchzuführen. Dann, im Juli, als Erzherzog Johann zu einer Art Kompromiß mit den Ungarn zu gelangen suchte, ließ ihn der ungarische Kriegsminister wissen: »Es ist nicht meine Pflicht, zu analysieren, was unsere gegenwärtige Situation verlangt, was sie im Hinblick auf Einigkeit und Übereinstimmung verlangt. Doch gibt es ein verlautbartes Gesetz, demzufolge dem ungarischen Minister für Verteidigungsfragen eine bestimmte Kompetenz zuerteilt ist, wobei er S. M., unserem gemeinsamen Monarchen, untersteht oder seinem Vizekönig (dem Palatin) und niemandem sonst. Und ich halte die genaue Ausführung dieses Gesetzes und seine Befolgung für meine Pflicht.«[25]

Es gab nur einen einzigen Kompromiß, dem der König am 20. August zustimmte, und der machte einen Austausch von Offizieren möglich (wobei ungarische Offiziere aus nichtungarischen Regimentern sich ungarischen Regimentern anschließen konnten und umgekehrt) und einen entsprechenden Austausch von Regimentern. Ende August kamen ungarische Regimenter, die nicht in Italien stationiert waren, allmählich nach Hause, während nichtungarische Regimenter aus Ungarn abgezogen wurden. Diejenigen, die an der Südfront belassen worden waren, um sie vor Jellačič zu schützen, sollten mehrheitlich zu ihm überwechseln, als er am 11. September in Ungarn einfiel.

Am 31. August jedoch hatte die österreichische Regierung bereits erklärt, daß die Existenz eines unabhängigen ungarischen Ministeriums eine »politische Unmöglichkeit« sei, und die totale Kontrolle über die Verteidigungs- und Finanzpolitik verlangt. Die Entscheidung des ungarischen Ministeriums, Tausende von Freiwilligen zu rekrutieren und aus ihnen eine nationale Verteidigungsstreitmacht, die sogenannten »Honvéd-Regimenter«, zu bilden, verstärkten zweifellos den österreichischen Zorn, ebenso wie die Tatsache, daß die Ungarn es unterlassen hatten, Radetzky Verstärkungen zu schicken.

Bevor wir mit der Untersuchung der ungarischen Verteidigungsprobleme fortfahren, müssen wir uns mit den außenpolitischen Schwierigkeiten befassen. Beide hingen unvermeidlich zusammen. Denn die Frage, wer für die Außenpolitik zuständig war, war ein weiteres Problem, bei dem Österreich und Ungarn aneinandergerieten. Den Aprilgesetzen zufolge sollten die Ungarn einen Minister bei Hofe haben, der offiziell als »Minister um die Person des Königs« bekannt war, das heißt, einen »Minister *a latere*«, der die Pflicht hatte, den König in allen die ungarischen Interessen betreffenden Gesetzen zu beraten sowie alle Gesetze gegenzuzeichnen, in denen es um ungarische Angelegenheiten ging. Auch in außenpolitischen Fragen sollte er konsultiert werden, und tatsächlich war der erste ungarische Amtsträger ein hochgeachteter Magnat und Diplomat, der ehemalige österreichische Botschafter in London, Fürst Paul Esterházy.

Jedenfalls gewöhnten sich die Minister in Wien und Ungarn bald daran, Fürst Esterházy als ungarischen Außenminister zu bezeichnen, eine Situation, die der ungarische Ministerpräsident Batthyány ausnutzte, um eine mehr oder weniger unabhängige Außenpolitik zu betreiben. Das hatte mitunter eigenartige Folgen – so etwa durften ungarische Schiffe im Mittelmeer ungarische Flaggen hissen, um nicht in den italienischen Krieg hineingezogen zu werden –, doch das Ausland erkannte die ungarischen Diplomaten nicht an. Die Franzosen waren zwar drauf und dran, Botschafter auszutauschen, ließen es aber bleiben, als die Österreicher protestierten. Die Briten ließen sich, trotz der ungarnfreundlichen Haltung J. A. Blackwells, Palmerstons Bevollmächtigen in Ungarn, gar nicht erst auf irgendwelche ungarischen Prätentionen ein.

Palmerston war der Überzeugung, die Habsburger Monarchie sei ein wichtiger Bestandteil des Gleichgewichts der Kräfte, und die ungarischen Bemühungen um Unabhängigkeit würden deren Funktion in der europäischen Diplomatie in Frage stellen. Daher war er nicht bereit, den Ungarn irgendwelche militärische, finanzielle oder moralische Unterstützung zu gewähren, und weigerte sich, irgendeinen ihrer Repräsentanten offiziell zu treffen. Er hoffte sogar, daß der Unabhängigkeitskrieg so schnell wie möglich von Österreich gewonnen werden würde. Dem Unterhaus erklärte er: »Österreich ist ein besonders wichtiges Element im Gleichgewicht der europäischen Kräfte. Österreich liegt inmitten Europas, als Hindernis für ein Überhandnehmen der einen wie für eine Invasion der anderen Seite. Die politische Unabhängigkeit und Freiheit Europas hängen meiner Meinung nach davon ab, daß Österreich eine große europäische Macht bleibt; daher ist alles, was Österreich auch nur andeutungsweise schwächt oder verkrüppelt oder, schlimmer noch, was ihm den Status einer Großmacht raubt und zu einem Staat zweiten Ranges macht, ein großes Unglück für Europa, das jeder Engländer mißbilligen und zu verhindern suchen sollte ... «[26]

Das begriffen die Ungarn im Sommer 1848 nicht, was vor allem auf Palmerstons Italienpolitik zurückzuführen ist, die, oberflächlich betrachtet, auf eine Unterstützung nationaler Befreiungsbewegungen um ihrer selbst willen hinzuweisen schien. Daher glaubte man in Ungarn, sich auf britische Unterstützung verlassen zu können, sollte es wirklich zum Schlimmsten kommen. Dieser Illusionen sollte man bald genug beraubt werden.

Im Sommer 1848 befürchtete man allerdings kaum, auf britische Unterstützung angewiesen zu sein. Denn bis August schienen sich die Dinge zugunsten der Ungarn zu entwickeln. Man nahm an, daß Radetzky in Italien geschlagen werden würde und daß es den Deutschen in Frankfurt (wohin die Ungarn eine Delegation geschickt hatten) auch gelingen würde, sich zu vereinigen. Ohne Deutsche und Italiener würden die Habsburger gezwungen sein, sich mit den Ungarn zu arrangieren. Oder, anders ausgedrückt, die Habsburger Monarchie würde zum Königreich Ungarn werden.

Der Krieg mit Italien jedoch brachte die ungarische Regierung in eine schwierige Lage. Die öffentliche Meinung Ungarns war entschieden auf seiten der Italiener, während ungarische Truppen unter Radetzky gleichzeitig dafür kämpften, Lombardo-Venetien für Österreich zu halten. Im Parlament verteidigte sich die Regierung mit der Behauptung, es gehöre zu den Bedingungen der Pragmatischen Sanktion, den eigenen Monarchen zu verteidigen, sofern er angegriffen wurde. Es gab aber noch einen anderen Grund, von offiziellen Bemühungen, die ungarischen Truppen zurückzurufen, abzusehen: Das hätte Jellačić' Grenzern ebenfalls die Gelegenheit gegeben, nun heimzukehren.

Immerhin geriet die Regierung in eine peinliche Lage, als die Österreicher Ende April um Verstärkungen baten. Die Forderung führte zu Kossuths berühmter Parlamentsrede vom 20. Juli, in der er erklärte, daß Truppen nur nach Italien geschickt werden würden, falls sich die Italiener weigerten, einem ehrenhaften Frieden zuzustimmen. Und der, so erklärte er, sollte ihnen eine »freie und nationale Regierung« zugestehen. Am nächsten Tag definierte er diese Bedingungen als die österreichische Aufgabe in der Lombardei. Die ungarische Position am Ende der Debatte besagte schließlich nichts anderes, als daß Truppen nur dann nach Italien geschickt werden würden, wenn Ungarns eigene Sicherheit garantiert war und die Italiener das Angebot einer nationalen Verfassung ablehnten. Kurz, Radetzky würde keinerlei Verstärkungen von Ungarn erhalten. Nur wenige Tage nach dieser Debatte jedoch sollte der Feldmarschall bei Custozza seinen entscheidenden Sieg über Karl Albert erringen.

Ungarns Starrheit in den Fragen der Finanz- und der Verteidigungspolitik strapazierte die österreichische Geduld bis zum letzten, selbst wenn man von der ungarischen Italienpolitik absieht. Ende August 1848 wurden die Ungarn gewarnt, daß Österreich, sollten sie die Abgaben für Verteidigung und Finanzen verweigern, nicht länger neutral bleiben würde, was ihre Auseinandersetzung mit Jellačić anging. Ob Österreich je neutral gewesen war, ist natürlich in der Geschichtsschreibung der Revolutionen sehr umstritten. Wie auch immer, als Jellačić' Armeen am 11. September 1848 die Drau überschritten, war er bereits wieder in sein Amt als Ban eingesetzt worden (4. September), und am 3. Oktober wurde er zum Oberkommandierenden und königlichen Kommissar für Ungarn ernannt.

Als die Ungarn begriffen, daß der Streit mit Österreich vielleicht tatsächlich durch Waffengewalt beigelegt werden müsse, bildeten sie die ungarischen Honvéd-Regimenter. Außerdem standen der Regierung auch loyale ungarische Regimenter der kaiserlichen Armee sowie Tausende von Nationalgardisten zur Verfügung. Sie alle sollten zusammen mit ausländischen Freiwilligen zu Honvéd-Bataillonen verschmolzen werden, von denen es bei Kriegsende insgesamt 204 Bataillone mit mehr als 170 000 Mann geben würde.

Doch die Rekrutierung war nur ein erster Schritt. Man mußte die Truppen auch bewaffnen und ausrüsten, und das sollte sich als wesentlich schwieriger erweisen. Von ausländischen Lieferungen abgeschnitten, hatte die Regierung zusehen müssen, wie die meisten Armeevorräte nach Italien oder Österreich geschickt wurden, und verfügte nun selber kaum über genügend Gewehre, mit denen sie ihre Truppen bewaffnen konnte. Bei den Uniformen oder der Munition sah es nicht viel besser aus. Die Patronen waren häufig schadhaft, jeder vierte Schuß versagte. Größere Schlachten gingen verloren, weil es einfach zu wenig Waffen gab, um eine Offensive durchzuführen.

Aber allein die Tatsache, daß es zu einer Frühlingsoffensive kommen konnte, bei der die Ungarn nicht nur in der Zahl der Truppen, sondern auch nach Waffen überlegen waren, ist ein kleines Wunder, für das nicht zuletzt Kossuth verantwortlich ist. Mit Deáks Worten: »Letztlich blieb Ungarn nichts anderes übrig, als aufzurüsten, und Kossuth nahm sich der Aufgabe persönlich an. Er kümmerte sich täglich darum, wobei ihm die Produktion von Kanonen ebenso am Herzen lag wie die von Unterhemden. Nur ein so unverbesserlicher Optimist wie er konnte diese scheinbar unmögliche Aufgabe auf sich nehmen. Zu einer Zeit, in der Böhmen und die Steiermark einzeln jährlich 45 000 Tonnen Eisen produzierten, produzierte Ungarn insgesamt nur etwa 30 000 Tonnen im Jahr, und die landeseigene Produktion hatte nicht einmal Ungarns sehr bescheidene Bedürfnisse in Friedenszeiten decken können. Die Kupferproduktion lag unter 2000 Tonnen, die von Blei unter 200 Tonnen. Andere Metalle gab es praktisch nicht; die für militärische Zwecke so wichtige Schwefelmine war erst 1848 eröffnet worden. Und die einzige Waffenfabrik des Landes in Pest hatte bis zum November, als sie von der Regierung nationalisiert wurde, kaum etwas produziert; danach lieferte sie bis zu 500 Musketen täglich. Es gab einige gute Pulverfabriken, aber damit sind auch schon alle Militärfabriken aufgezählt. Die ungarische Industrie hatte in den letzten zwei Dekaden zwar große Fortschritte gemacht, doch gab es wenig Maschinenwerkzeuge und noch weniger geübte Mechaniker oder Facharbeiter.«[27] Und im Verlauf des Unabhängigkeitskrieges war die ganze Waffenindustrie zweimal von Budapest nach Nagyvárad verlagert worden, damit sie der österreichischen Armee nicht in die Hände fiel, Produktionsunterbrechungen, die ein an sich schon gravierendes Problem nur noch gravierender machten.

Die Hauptursache für die ungarische Niederlage liegt also darin, daß die ungarische Industrie unterentwickelt war und das Land über keine gut ausgebildete Armee verfügte, die den Österreichern hätte widerstehen können. Daß Ungarn ganz ohne Verbündete dastand, war auch nicht gerade hilfreich. Das bedeutete nämlich, daß seine ökonomischen und militärischen Mängel nicht ausgeglichen werden konnten. Auch die Nationalitätenfrage stellte eine Behinderung dar, doch fiel sie vielleicht nicht ganz so schwer ins Gewicht, wie man später glaubte. Das gilt auch für die Rolle der Bauern. Schließlich spielte auch die russische Intervention eine Rolle. Sie wurde stets für entscheidend gehalten — was sie zweifellos gewesen wäre, hätte der Krieg länger gedauert. Doch muß man Haynau Gerechtigkeit widerfahren lassen: 1849 war er in Ungarn der wahre Sieger.

Hat Deák also recht, wenn er argumentiert, daß Ungarns Niederlage unausweichlich war? Seine Behauptung steht auf sehr sicheren Grundlagen, vor allem im Hinblick auf die russische Intervention. Andererseits hätte es eine – wenn auch äußerst unwahrscheinliche – Möglichkeit für einen Kompromiß gegeben, wäre Görgey im April 1849 nach Wien marschiert. Entscheidender jedoch ist die Tatsache, daß man den Ungarn eine eigene Regierung aufgrund der Ereignisse in Italien zugestanden hatte. Italien, nicht Ungarn, war der Schlüssel für die Ereignisse von 1848.

Erst nach dem Erfolg Radetzkys von Anfang August gelangten die Österreicher allmählich zum Schluß, daß die Revolutionen niedergeschlagen werden konnten. Davor wurde jeder ungarischen Forderung nachgegeben, alle Wünsche Batthyánys erfüllt. Wäre Radetzky geschlagen worden, hätte sich das ungarische Wagnis möglicherweise ausbezahlt. Auch in Deutschland hätten die Dinge eine andere Wendung nehmen können; vielleicht wäre dann der König nach Buda gekommen. Jedenfalls wären die Dinge wohl anders verlaufen, und vielleicht hätte auch Batthyánys Ministerium überlebt.

Die Revolution in Lombardo-Venetien

Wie ist es den Österreichern also gelungen, die Revolution in Italien niederzuschlagen? Daß es ihnen gelingen würde, stand ja von vornherein keineswegs fest. Denn obwohl Radetzky den ganzen Winter 1847/48 über vor einem Ausbruch der Revolution in Lombardo-Venetien gewarnt hatte, und trotz der entscheidenden strategischen Bedeutung, die Mailand in seiner Kriegsplanung hatte, war er gezwungen, sich nach nur fünftägigen Straßenkämpfen aus der Stadt zurückzuziehen. Eine außerordentliche Demütigung für einen Kommandanten, der geschworen hatte, eine Aufgabe der Stadt nur über seine Leiche zuzulassen. Und die Preisgabe Venedigs, ohne daß ein Schuß abgefeuert worden war, ließ Radetzky noch schlechter dastehen. Er redete sich damit heraus, in Mailand zuwenig Vorräte gehabt zu haben und von dem Kommandanten Venedigs, Graf Zichy, nie auf die drohende Gefahr hingewiesen worden zu sein.

Immerhin konnte er sich mit einem erfolgreichen Rückzug mit einem großen Teil seiner Armee ins »Festungsviereck« (die vier großen Befestigungen von Verona, Mantua, Legnago und Peschiara) trösten – »einer der traurigen Meisterstreiche der Kriegskunst«, wie er ihn selbst in einem Bericht an Ficquelmont beschrieb.[28]

Seine Entschuldigungen halten einer genaueren Betrachtung nicht stand. Im Hinblick auf den Verlust Mailands stellt sich die Frage, wieso Radetzky überhaupt zum Rückzug gezwungen war, da er doch in der Stadt überlegene Kräfte zur Hand hatte und weitere Truppen nicht weit entfernt in Bereitschaft lagen? Überdies waren die Mailänder nicht bewaffnet, das Umland war vergleichsweise friedlich, und die piemontesische Armee hatte gerade eben erst mobilgemacht und war zerstreut, so daß es nur drei Regimenter in unmittelbarer Nachbarschaft der Grenze gab. Die strategische Ausgangslage begünstigte eindeutig Radetzky.

Der Aufstand begann am Morgen des 18. März und setzte sich am 19. März fort, beschränkte sich aber hauptsächlich auf den Innenstadtbereich. Radetzkys Plan, wenigstens am 19. März, bestand darin, die Zitadelle und die anderen militärischen Gebäude und Kasernen um jeden Preis zu halten. Solange wollte er mobile Truppen einsetzen, um die Aufständischen niederzuwerfen, und sich auf den Bastionen gegen jede Bedrohung von außen zur Wehr setzen. Und da die piemontesische Front bisher ruhig geblieben war, konnte er weitere Truppen holen, um die Stadt zu verstärken.

Am 20. März sah es jedoch für die Österreicher sehr viel schlimmer aus. Die Insurgenten gewannen an Boden, während den kaiserlichen Besatzungen die Lebensmittel und die Munition ausgingen. Sie wurden an verschiedenen Plätzen eingekesselt, und die italienischen Truppen begannen zu desertieren. Die Stimmung sank zunehmend: Die Soldaten mußten die Nächte durchwachen und einen Versuch nach dem anderen unternehmen, um Offiziere und Mannschaften zu retten, die von der Hauptstreitmacht abgeschnitten waren.

Schließlich bemühten sich die ausländischen Diplomaten in der Stadt, einen Waffenstillstand zu vermitteln. Radetzky nahm an, doch die Italiener lehnten ab. Dafür ließen sie Ballone aufsteigen, mit denen man die Bauern in der Umgebung zu Hilfe rief. (Aber der Glaube in Wien, die Bauern würden im Konfliktfall für Österreich und gegen ihre Grundherren kämpfen, erwies sich als unzutreffend.) Nun belagerten die Rebellen in der Stadt die Tore und Bastionen, während Radetzky im Zentrum wieder verlorenen Boden zurückzugewinnen versuchte. Die Österreicher wurden zurückgeworfen, die Insurgenten konnten sich der Stadttore bemächtigen und damit die Peripherie der Stadt erreichen. Inzwischen waren sie einigermaßen organisiert, konnten in etwa koordiniert vorgehen und besaßen gemeinsame Ziele; vor allem aber – und das fiel weit mehr ins Gewicht – erwiesen sich ihre Barrikaden als außerordentlich wirksam – am fünften Tag gab es 1651 teils feste, teils transportable Barrieren, hinter denen sich mobile Gruppen von Insurgenten verschanzen konnten.

Am darauffolgenden Tag erhielt Radetzky Berichte über Verluste und Niederlagen der Garnisonen von Como, Bergamo, Cremona und Brescia, hinzu kamen Meldungen über weitere piemontesische Aktivitäten an der Grenze. In der Nacht vom 21. zum 22. März entschloß er sich daher, die Stadt aufzugeben.

Am wenigsten ausschlaggebend für seinen Entschluß aber waren die Truppen der Piemontesen, über die sich Radetzky nicht allzu viele Sorgen machte. Karl Albert hatte erst am 3. März den Krieg erklärt, und die erste Vorhut der piemontesischen Armee überschritt den Ticino nicht vor dem Nachmittag des 25. März und dem Morgen des folgenden Tages – mehr als zwei Tage, nachdem Radetzky die Stadt verlassen hatte. Wäre es ihm gelungen, die Ordnung in Mailand aufrechtzuerhalten, wäre er nach allem, was wir wissen, geblieben und hätte gekämpft. Tatsächlich aber wurde er ohne ausreichende Vorräte überrascht, doch das war ausschließlich seine eigene Schuld, um so mehr, als das Land unter Kriegsrecht stand.

Welche Entschuldigung die Armee für die Kapitulation von Venedig vorbrachte, kann man in den Memoiren von General Schönhals, Radetzkys Adjutanten, nachlesen. »Es war bemerkenswert«, heißt es darin, »daß auch kurz nach dem Ausbruch der Revolution aus Venetien keinerlei Berichte an den Feldmarschall kamen, insbesondere kein Bericht über den dortigen Zustand der Lage, weder vom Generalkommando noch von den beiden Korpskommandanten. Man tröstete sich mit dem Gefühl, es gäbe von dort eben nichts zu berichten, und die Ordnung sei in keiner Weise in Frage gestellt.«[29] Doch die Archive enthalten durchaus verzweifelte Berichte aus Venetien, die die Behauptungen von General Schönhals widerlegen; darüber hinaus finden sich dort auch Beweise, daß Radetzky die Berichte nach Wien weitergeleitet hat, versehen mit dem Hinweis, alles stehe zum besten.

Schon Mitte Februar hatte sich Zichy mit seinen Befürchtungen direkt an Wien gewandt, und der Marinekommandant von Venetien, Admiral Martini, hatte ähnliche Berichte dorthin geschickt: Die Matrosen der Stadt würden mit den Italienern sympathisieren, die Stimmung der Arbeiter im Arsenal stehe kurz vor dem Siedepunkt, die Regierung habe jegliche Autorität verloren, und nur zusätzliche Truppen mit mindestens 15 000 Mann könnten die Situation vielleicht noch retten. »Wie kann man nur denken«, schrieb Zichy am 28. Februar an den Kriegsrat von Wien, »ein Großteil der Marine sei dem Haus Österreich nicht übel gesinnt und würde nicht bei der ersten sich bietenden Gelegenheit die Waffen ergreifen, um sie gegen uns einzusetzen?«[30]

Die Antwort berief sich erstaunlicherweise auf die beruhigenden Versicherungen Radetzkys: »Wie schlimm die Lage in Venedig auch empfunden wird, ich hege in dieser Hinsicht keinerlei Befürchtungen, weil es einerseits kein ungünstigeres Gelände für einen Volksaufstand gibt und weil es andererseits derart einfach ist, Verstärkungen nach Venedig zu schicken, daß ich persönlich keinerlei Schwierigkeiten hätte, jedweden Aufstandsversuch niederzuschlagen.«[31] Und Martini erhielt auf einen seiner mitleiderregenden Berichte folgende Antwort: »Sie sehen gewiß nicht über die Schwierigkeiten Ihrer gegenwärtigen Situation hinweg, aber im Gegenzug erhofft man völlige Pazifizierung infolge der nun vom Oberkommando unternommenen Schritte, aufgrund derer man allgemein doch das Beste hoffen kann.«[32] Zichy bat schließlich

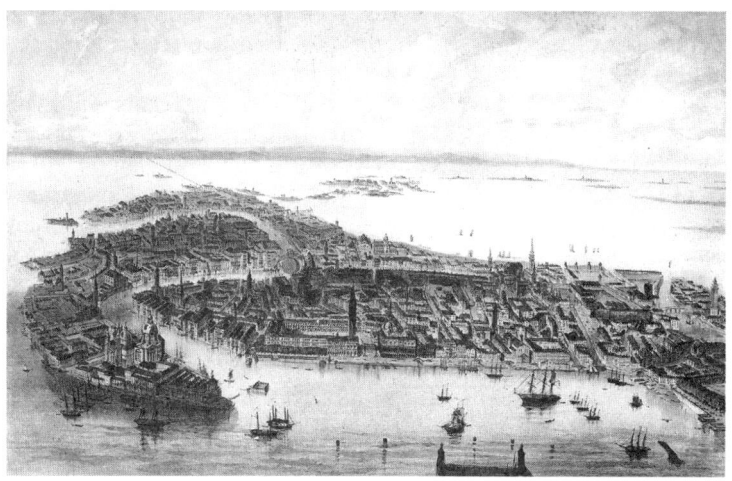

Das Glück Venedigs bestand darin, daß die Stadt, auf unzähligen Inseln erbaut und von einem großen Kanal durchflossen, vom Festland durch einige Meilen getrennt war. So sah es sich auf seine alten Grenzen verwiesen, auch als das industrielle Zeitalter begann. Die neuen Industrien und Menschenmassen mußten auf dem Festland Platz suchen, zumeist in der gesichtslosen Kunststadt Mestre. Venedig bietet daher heute dasselbe Antlitz wie vor Jahrhunderten, als alle seine wichtigen Kirchen und Paläste erbaut wurden. Zwar wurde 1845 ein »Eisenbahn-Viadukt« über die Lagune gebaut, aber das erleichterte nur den Verkehr in die Stadt, die selber unverändert blieb.

nicht einmal mehr das in Venedig stationierte Armeekorps um Hilfe – er gab einfach auf.

Die Folge davon war, daß Radetzky einen Verlust an Glaubwürdigkeit hinnehmen mußte. In Wien betrachtete man ihn als einen weiteren Versager im Kommando, was bedeutete, daß die dortige Regierung eher geneigt war, mit den Italienern zu verhandeln, als sie zu bekämpfen.

Auch die Armee war inzwischen vom Zerfall bedroht. Denn allen Mythen zum Trotz gab es kein »machiavellistisches« System in den kaiserlichen Streitkräften, das dafür gesorgt hätte, daß die Truppen der einen Nationalität stets im Heimatland der anderen stationiert wurden. Als Graf Hartig, ein ehemaliger Gouverneur der Lombardei, am Vorabend der Revolutionen die Loyalität der in Italien dienenden italienischen Truppen bezweifelte, entdeckte er, daß »ihre Loyalität nicht nur nicht bezweifelt worden war, sondern sogar jede Anspielung auf solche Zweifel... als eine Verletzung der militärischen Ehre betrachtet wurde«.[33] In Wirklichkeit schien man in Wien von der Annahme auszugehen, das Kaiserreich sei nun einmal übernational, und so werde es stets Truppen verschiedener Völker geben, die irgendwann an irgendeinem Ort im Reich stationiert werden und den Umständen entsprechend eingesetzt werden würden. »Und obwohl die meisten Regimenter alle paar Jahre in die unterschiedlichsten Habsburger Besitzungen verlegt wurden, läßt sich daraus keineswegs schlüssig folgern, der Hofkriegsrat hätte dabei nach irgendeinem besonders raffinierten oder diabolischen System gearbeitet. Wer das nicht glauben will, müßte darlegen, wieso sich bei Ausbruch der Revolution so viele Truppen zur falschen Zeit am falschen Ort befanden und warum sie schon so lange da gewesen waren.«[34]

Tatsächlich waren in Italien zu Beginn des Krieges von Radetzkys 61 Infanteriebataillonen neun ungarisch, 6 tschechisch, 10 südslawisch, 12 österreichisch und 24 italienisch. Das heißt, 39 Prozent seiner Infanterie und 33 Prozent seiner gesamten Armee bestanden aus Italienern, und das trotz der Bedenken, die er selber in einem Bericht vom Dezember 1848 an Wien eingeräumt hatte. Er hatte damals nach Wien geschrieben: »Ich mißtraue diesen Truppen nicht im geringsten. Sie werden ihre Pflicht erfüllen, aber wir dürfen von ihnen nicht mehr erwarten, als billig ist, insbesondere wenn sie gegen ihre eigenen Landsleute in die Schlacht geführt werden. Zweifellos werden diese Truppen allen möglichen Einflüssen ausgesetzt sein und zur Desertion verlockt werden; wenn das Kriegsglück sich gegen sie wendet, kann ich für ihre Loyalität nicht einstehen. Eine derartige Erfahrung wäre nicht einmal überraschend, sie ist so alt wie die Geschichte selbst.«[35]

Beim Fall Mailands und Venedigs sah der Feldmarschall seine eigene Prophezeiung erfüllt, denn Anfang April waren fast 11 000 seiner italienischen Truppen desertiert – und die 10 000, die blieben, waren ein besonderes Problem. »Aber wo soll ich sie denn aufstellen?« bat er in Wien um Rat. »In vorderster Front? Da könnten sie überlaufen, ihre Waffen gegen uns richten und eine Lücke in die Schlachtlinie schlagen, die gefährlich sein würde. In der Reserve können sie meine Nachhut bedrohen; sie in den Befestigungen zu halten, wäre sogar noch gefährlicher, da sie diese dann dem Feind übergeben könnten. Man kann sie nur aufteilen und dafür sorgen, daß es nur zu teilweisen und allmählichen Übertritten kommen kann. Schlimmstenfalls werde ich sie entwaffnen und auflösen.«[36] Wie sich zeigte, sollte es noch mehr Desertionen geben, auch wenn einige Regimenter, vor allem diejenigen, die lange Zeit in Italien stationiert waren, loyal geblieben waren.

Auch die wachsenden Spannungen mit den Ungarn und den Südslawen machten Radetzky zu schaffen. Die Ungarn weigerten sich, Verstärkungen nach Italien zu schicken, und bemühten sich um eine Regelung, die den Italienern die Lombardei zugesprochen hätte. Dafür blieben die Kroaten neutral und schickten dem Feldmarschall weitere Truppen. Doch es gab Zeiten, in denen die Unterstützung durch die Südslawen in Frage zu stehen schien. Der serbische Patriarch zum Beispiel drohte die Grenzer zurückzurufen, sollte er durch die kaiserliche Armee in Südungarn nicht besser vor den Ungarn geschützt werden. Ja, er drohte sogar, sich mit den Sarden zu verbünden, ein Schachzug, den die radikaleren Südslawen tatsächlich befürworteten. Unter diesen Umständen – die um so grotesker waren, als die Sarden sich weigerten, die Ungarn als richtige Feinde zu behandeln – mußte Radetzky sich bemühen, in der ungarischen Frage neutral zu erscheinen.

Das gelang ihm auch, trotz seiner persönlichen Sympathien für Jellačić, den er bewunderte und der auch schon in seiner Armee gedient hatte. Den Kriegsminister ließ er wissen: »Ich will die Frage gegenwärtig nicht untersuchen, ob die übermäßige Selbstsicherheit der Ungarn in der Behandlung anderer Völker die Schicksalsschläge heraufbeschworen hat, die uns von dieser Seite drohen. Genug, daß die Schicksalsschläge da sind.«[37] Währenddessen schrieb er an Rajačić: »Ich habe nicht die Absicht, mich zum Richter zwischen den beiden Seiten aufzuschwingen, die nun Ungarn mit unvorhersehbarem Unglück bedrohen. Aber mit ihren Führern, wer immer sie sind, wird die Weltgeschichte hart ins Gericht gehen. Es soll, es darf in der österreichischen Armee nicht zu einer Spaltung kommen. Aber gibt es denn keine andere Möglichkeit zur Versöhnung beider Seiten außer der unglücklichsten überhaupt – einem Bürgerkrieg?«[38] Auch auf anderen Gebieten hielt der Feldmarschall sich in der ungarischen Frage auf Distanz. Vielleicht war es ganz gut, daß er keine Mittel übrig hatte, die er Jellačić hätte schicken können. Und wenn er dem serbischen Führer Suplikac gestattete, von Italien nach Hause zurückzukehren, ließ dies keineswegs den

Rückschluß zu, daß er dasselbe Privileg auch Hauptmann Mészáros gewährte, dem ungarischen Kriegsminister.

Radetzkys Aufgabe wurde wesentlich erleichtert, als sich Jellačič auf eine Anfrage von Schwarzenberg hin bereit erklärte, eine Proklamation zur Beruhigung der Grenzer zu verfassen. Dort hieß es unter anderem: »Laßt euch nicht von Berichten und Ängsten über die Sicherheit eures Landes ablenken – seid versichert, daß wir uns stark genug fühlen, unsere Nation ohne eure Hilfe zu verteidigen.«[39] Im November 1848 konnte Radetzky daher nach Wien berichten: »Wenn ich vorläufig das große Glück habe, daß die Einheit aller unter meinem Kommando stehenden Völkerschaften der größtenteils aus ungarischen und kroatischen Regimentern bestehenden Armee gewahrt blieb, so ist dies einzig und allein dem Umstand zuzuschreiben, daß es die Regierung vermieden hat, die eine Nation auf Kosten der anderen zu begünstigen.«[40] Ein britischer Bericht an Lord Palmerston war unterdessen zu der gleichen Schlußfolgerung gelangt: »Was die bisherigen Differenzen zwischen Ungarn und Kroaten angeht, so hat meines Wissens Feldmarschall Radetzky denselben mit gewohntem Takt und Talent ein Ende gemacht.«[41] Soweit das zutraf, handelt es sich tatsächlich um eine sehr bemerkenswerte Leistung, die nicht wenig zu seinem Erfolg beitrug.

In Wien sah man dies allerdings anders. Hier hatte Radetzkys Ruf nach der Kapitulation von Mailand und Venedig stark gelitten, und am 20. April hatte ihn Ficquelmont schriftlich angewiesen, sich auf einen Verhandlungsfrieden vorzubereiten.[42] Ein »so allgemeiner und entscheidender« Aufstand wie derjenige, der stattgefunden habe, könne »nur genauso entschieden niedergeschlagen oder durch Verhandlungen beruhigt werden«. Doch »selbst wenn Österreich über die Mittel zu einem solchen Unterdrückungskrieg verfügen sollte«, wäre keineswegs sicher, ob es ihn vor den Augen Italiens und der Welt auch führen könne. Daher habe man sich zu Friedensverhandlungen entschlossen, obwohl man nach wie vor Krieg führe. »Mit ein bißchen Glück«, so Ficquelmont, könne man die Auseinandersetzung »auf die venezianischen Provinzen beschränken«, aber selbst »militärisch errungene Vorteile... können nur dazu beitragen, den Frieden durch Verhandlungen wiederherzustellen«.

Radetzky wurde über die Einzelheiten nicht informiert (obwohl er sich wohl denken konnte, daß man in der Hoffnung, Venetien behalten zu können, an eine Übergabe der Lombardei dachte), sieht man davon ab, daß Herzog Hartig als »Friedenskommissar« nach Italien geschickt wurde, und zwar mit dem Befehl, die Kontrolle aller vom Feldmarschall eingenommenen Territorien zu sichern. Hartigs Aufgabe bestand darin, die Italiener zu »befrieden«, was vor allem bedeutete, daß er für die Ruhigstellung Radetzkys zu sorgen hatte.

158

Friedensverhandlungen wurden auf drei Ebenen geführt: durch Hartig, nachdem dieser sich mit der Armee von Nugent vereinigt hatte, die sogleich in der Lage war, Verstärkungen an Radetzky zu entsenden; durch Hummelauer, einen österreichischen Diplomaten, dem man die heikle Mission anvertraut hatte, nach London zu gehen und die Briten zur Vermittlung zu bewegen; und durch verschiedene Emissäre, die nach Mailand geschickt wurden, um die Lombarden gegen die Sarden auszuspielen. Hummelauers Aufgabe war eine reine Verzweiflungsmission. Bevor er abreiste, ließ man ihn wissen: »Wir können Ihnen keine genauen Informationen geben. Das italienische Problem müssen wir unbedingt so rasch wie möglich aus der Welt schaffen. Sehen Sie zu, was Sie uns von der englischen Regierung an Unterstützung beschaffen können. Uns kommt es vor allem darauf an, daß die Italiener einen Teil der Staatsschuld übernehmen. Uns fehlen die Mittel, einen Krieg wirksam führen zu können, und selbst eine gewonnene Schlacht würde das Problem nicht lösen. Lassen Sie uns wissen, wie man in London die Lage einschätzt.«[43]

Doch man konnte die Briten zu keinem vernünftigen Kompromiß bewegen. Als Hummelauer Palmerston bat, eine Vermittlungstätigkeit auf der Grundlage einer Selbstverwaltung für Lombardo-Venetien aufzunehmen, wurde das am 23. Mai abgeschlagen. Am nächsten Tag bot er daher einen Vermittlungsvorschlag an, der den Verzicht auf die Lombardei sowie Selbstverwaltung für Venetien vorsah. Palmerston war einverstanden, aber das englische Kabinett lehnte den Vorschlag am 3. Juni ab. Hummelauer kehrte daher mit leeren Händen nach Wien zurück.

Unterdessen führten alle Versuche, die Lombarden und die Sarden gegeneinander auszuspielen, zu nichts. Ein weiterer österreichischer Diplomat, von Philipsberg, wurde nach Mailand geschickt, um ein selbständiges lombardisches Königreich unter einem habsburgischen Fürsten vorzuschlagen, das von einem gewählten Parlament regiert werden sollte. Die Mission hatte jedoch einen unerwarteten Ausgang. Von Philipsberg wurde festgenommen, was man damit begründete, sein Anerkennungsschreiben sei nicht ganz in Ordnung. Unverdrossen schickte die kaiserliche Regierung einen anderen Gesandten namens Schnitzer-Meerau, diesmal mit dem Angebot, die Lombardei ganz in die Unabhängigkeit zu entlassen. Die »anständigen Bedingungen« beinhalteten jedoch »vor allem die Übertragung eines entsprechenden Teils der Staatsschuld des österreichischen Reiches auf die Lombardei«.[44] Die Lombarden lehnten das Angebot ab, und am 25. Juni berichtete Schnitzer-Meerau, nun verlangten sie nicht nur die Lombardei, sondern alle österreichischen Gebiete Italiens, bevor sie zu Verhandlungen bereit seien. Der österreichische Außenminister Wessenberg hatte ohnehin schon von der Vereinigung der Lombardei mit Sardinien erfahren, was ihm gestattete, Radetzky freie Hand zu lassen.

Der Feldmarschall hatte sich bitter über Hartigs Friedensbemühungen beklagt, die er lächerlich fand und die in seinen Augen nur als Schwäche mißverstanden werden konnten. Jedenfalls hatte er nicht die Absicht, mit Hartig zusammenzuarbeiten, und ließ den Kriegsminister, Herzog Latour, wissen: »Ich werde nur mit dem Schwert in der Hand verhandeln.«[45] Er behauptete, Hartigs Instruktionen seien unvereinbar mit den letzten Anweisungen, die er persönlich vom Kaiser erhalten hätte (sich, falls nötig, entsprechend den Kriegsgesetzen zu verhalten), bei anderer Gelegenheit erklärte er, er verstehe sie nicht. Jedenfalls glaubte er, Hartig werde von den Italienern manipuliert, die ihm die Erlaubnis abgerungen hätten, Zeitungen zu veröffentlichen, in denen Desinformation und antiösterreichische Propaganda veröffentlicht würde. Radetzky war sehr sorgfältig darauf bedacht, Hartig nie persönlich zu begegnen, während er ihn wissen ließ, er werde, sollte in Lombardo-Venetien – vor allem im Festungsviereck, das sich im Belagerungszustand befand – das Kriegsrecht aufgehoben werden, umgehend sein Amt zur Verfügung stellen: »Als loyaler Untertan kann ich nichts tun als gehorchen. Aber dann wäre ich gezwungen, mein Kommando niederzulegen.«[46]

Mitten in diesen Streitereien hatte Radetzky ein ernsthafteres Problem zu lösen. Denn am 11. Juni befahl ihm Wessenberg, der neue Außenminister, mit den Sarden einen Waffenstillstand auszuhandeln.[47] Der Krieg wurde teuer, und der Armee stand eine »wohlverdiente Ruhepause« zu. Der Feldmarschall war wie vom Donner gerührt. »Wir sind tief gesunken«, schrieb er an Hartig, »aber bei Gott so tief doch nicht.«[48] Daraufhin schickte er Fürst Felix Schwarzenberg, der österreichischer Botschafter in Neapel war, als die Revolution ausbrach, nach Innsbruck, um die Entscheidung rückgängig machen zu lassen.

Doch die endgültige Auseinandersetzung zwischen Wessenberg und Schwarzenberg fand in Wien statt. Der Außenminister sorgte sich vor allem wegen der Kriegskosten und einer möglichen französischen Intervention. Aber Schwarzenberg, der sich an die von Radetzky vorgegebene Linie hielt, wandte ein, die Aufgabe der Lombardei ließe kaum Einsparungen erwarten; vielmehr würden die Italiener daraufhin nur Venedig bedrohen und bei der ersten sich bietenden Gelegenheit angreifen. Österreich hingegen müsse eine große stehende Armee an seiner Südflanke bezahlen. Außerdem sei es nicht im Interesse Frankreichs, einen starken Staat südlich seiner Grenzen entstehen zu lassen. Radetzky jedenfalls beabsichtige keineswegs, eine französische Intervention zu provozieren. Schließlich gäbe es schon einen De-facto-Waffenstillstand, da keine Armee in der Lage sei, die Initiative zu ergreifen. Was man also tatsächlich brauche, seien mehr Truppen und eine Entscheidungsschlacht.

Und nachdem Wessenberg vom Fehlschlag der Mission Schnitzer-

Nicht nur tschechische und ungarische Revolutionäre hatten sich gegen die Wiener Zentralmacht erhoben. Auch in Italien brachen überall nationale und soziale Erhebungen aus, die vom König von Sardinien unterstützt wurden. Feldmarschall Radetzky errang jedoch in einer Schlacht bei Custoza einen entscheidenden Sieg über die aufständischen Truppen. Das Bild zeigt die »Totenbestattung auf dem Schlachtfeld«.

Meeraus und der Vereinigung der Lombardei mit Piemont erfahren hatte, erklärte er sich schließlich einverstanden. Da sich ein Kompromißfrieden auf diplomatischem Wege nicht erreichen ließ, mußte er die Initiative wohl oder übel Radetzky überlassen.

Daß die österreichische Diplomatie erfolglos geblieben war, war natürlich vor allem auf die Italiener zurückzuführen. Ihre Anfangserfolge bei der Einnahme der wichtigsten Städte von Lombardo-Venetien hatten sie zu der irrigen Annahme verleitet, den Krieg bereits gewonnen zu haben – genau wie sich Windischgrätz in Ungarn nach dem Fall von Budapest getäuscht hatte. Daher ihr übermäßiges Selbstvertrauen bei den österreichisch-italienischen Verhandlungen.

Doch Karl Albert war auch kein besserer Feldherr als Windischgrätz. Er war ein schlechter Organisator, und seine Besetzungspolitik half dem Feind, da seine Steuern vor allem die Armen trafen, und wie Windischgrätz hielt man ihn für den Schutzherrn des dortigen Adels. Sein Übername war *il re dei signori* und ermöglichte Radetzky, die Bauern gegen ihn auszuspielen. Mit den Worten von Franco della Peruta: »Die Kriegslast fiel vor allem auf die ärmeren Teile der Bevölkerung und auf das in Industrie und Handel beschäftigte Bürgertum, während die bürgerliche Gutsbesitzerschicht und die Aristokratie soweit wie

161

möglich verschont wurden.«[49] Im August 1848 gab es daher für Radetzky bereits Vivatrufe von Bauern der ganzen Umgebung, obwohl auch er später ihr Vertrauen verlieren sollte. Sie fürchteten vor allem, daß beide Seiten sie als Soldaten haben wollten, und das machte niemanden populär.

Doch Karl Albert hat den Krieg nicht wegen seiner Politik gegenüber den Bauern verloren. Seine Niederlage war auf handfestere militärische Fehler zurückzuführen, angefangen damit, daß eine Besetzung der Lombardei von ihm gar nicht eingeplant war und seine Armee, als ihn die provisorische Regierung der Lombardei zur Intervention aufforderte, alles andere als einsatzbereit war. Man hatte eigentlich damit gerechnet, eine Revolte in Genua niederschlagen zu müssen. Statt dessen marschierte man nun ohne ausreichendes Kartenmaterial, Zelte, Pferde und Vorräte in die Lombardei ein.

Hinzu kam, daß der König ein schlechter Feldherr war und davon ausging, die Österreicher seien schon besiegt. Somit wurden keine energischen Anstrengungen unternommen, die Österreicher zu verfolgen oder zu einer größeren Schlacht zu zwingen, bevor sie sich im Festungsviereck festsetzen konnten. Nicht zuletzt schreckte Karl Albert vor dem Einsatz italienischer oder ausländischer Freiwilliger zurück, da er befürchtete, ihr republikanischer Enthusiasmus könnte seine royalistischen Truppen anstecken. Deswegen weigerte er sich, die Franzosen um Hilfe zu bitten, und war nicht bereit, lombardische Soldaten damit zu betrauen, die österreichischen Nachschublinien durch Tirol abzuschneiden. Die polnische Legion, die der Dichter Adam Mickiewicz in Italien organisiert hatte, mußte mit einer Revolte drohen, bevor sie Kriegsgefangene rekrutieren und dem Feind auf dem Schlachtfeld entgegentreten durfte.

Auch nachdem Radetzky Verstärkungen durch Truppen unter General Nugent erhalten hatte, war nicht vorauszusehen, wie die Sache ausgehen würde: Beide Seiten verfügten mehr oder weniger über die gleiche Zahl von Soldaten. Doch Radetzky erwies sich als der bessere General, und am 6. August konnte er in Mailand einziehen, nachdem er am 24./25. Juli in Custoza eine entscheidende Schlacht geschlagen hatte. Latour hatte ihm nach all dem Hin und Her über den Waffenstillstand geschrieben: »Ich halte mich nicht für befugt, von hier aus zu entscheiden, wann der richtige Augenblick gekommen ist, König Karl Albert von Sardinien in der Schlacht zu stellen... Diese Entscheidung muß Eurer Exzellenz als dem Oberkommandierenden, als dem kriegserfahrenen Manne, der das Vertrauen des Monarchen, der Regierung und der Armee in so hohem Maße besitzt, überlassen bleiben... Sie müssen die Freiheit haben zu entscheiden, was sie betreffs des Feindes unternehmen wollen.«[50] Die Antwort war Radetzkys Rapport aus Custoza: »Ein entscheidender Sieg ist das Ergebnis dieses heißen Tages.«[51]

Da hatte der Feldmarschall auch seine Schlacht um die italienische Innenpolitik gewonnen. Graf Hartig war am 3. Juli als Hofkommissar zurückgetreten. Nur ein paar Tage vorher hatte ihm Radetzky geschrieben: »Ich bedauere auch aufrichtig, daß es zwischen uns in so mancherlei Hinsicht Schwierigkeiten betreffs unserer Einschätzung des gegenwärtigen Zustands Italiens gegeben hat. Doch habe ich auch deswegen, weil man hier alle meine Warnungen und Prognosen in den Wind geschlagen hat, derart bittere Erfahrungen gemacht, daß Eure Exzellenz es mir nicht zum Vorwurfe machen wird, wenn ich zu bedenken gebe, daß ich aus dem allgemeinen Zusammenbruch wenigstens meine militärische Ehre unbefleckt gerettet habe. Ich hoffe auch, daß Eure Exzellenz die freundlichen Gefühle gegen mich bewahrt haben, die Sie so oft in früheren und besseren Zeiten gezeigt haben.«[52]

Mit der Wiedereroberung Mailands war der Krieg in Italien mehr oder weniger vorbei. Der Ausgang hatte nie festgestanden, und die Situation sollte tatsächlich noch einige Zeit unsicher bleiben. Im September etwa sah es so aus, als ob die Franzosen intervenieren würden. Aber statt dessen kam es zu einem Vermittlungsangebot – auf das sich die Österreicher nur unter der Bedingung einlassen wollten, daß für sie damit kein Gebietsverlust verbunden war. Im März 1849 nahm Karl Albert gegen den Rat der Engländer und Franzosen den Krieg noch einmal auf. Aber innerhalb einer Woche wurde er von Radetzky geschlagen. Mit der Niederlage der Ungarn und der Übergabe von Venedig im August 1849 war die Revolution besiegt.

Ungehorsam und die Kamarilla

Zahlreiche Mythen ranken sich um die Rolle der verschiedenen Kommandanten, die an der Niederschlagung der Revolution beteiligt waren. Unter anderem heißt es, sie hätten gerade aufgrund ihres Ungehorsams triumphiert – das soll Fürst Schwarzenberg behauptet haben. Eine zweite Legende bezieht sich auf eine angebliche Kamarilla, eine Gruppe von Höflingen – Mitgliedern der kaiserlichen Familie und kaiserlichen Kommandanten –, die angeblich gemeinsam und hinter dem Rücken der Wiener Regierung eine Strategie der Gegenrevolution koordiniert haben sollen. Vor allem Graf Latour soll dabei eine Schlüsselrolle eingenommen haben, da er angeblich im Kriegsministerium für die ganze Zusammenarbeit verantwortlich war. So soll er, als der Kaiser Jellačić den Ban-Titel absprach, diesem Geld und Kriegsmaterial beschafft haben.

Durch diese Mythen wird zuweilen der Eindruck vermittelt, die Gegenrevolution sei organisiert gewesen, die Gegenrevolutionäre hätten alle ähnliche Ansichten vertreten und seien von gleicher Bedeutung gewesen. Die Namen Windischgrätz, Jellačič und Radetzky werden in einem Atemzuge genannt, als seien sie austauschbare Marionetten, deren Fäden einigen Berichten zufolge Latour, anderen Berichten zufolge Fürst Schwarzenberg in der Hand gehabt haben soll. Die Wahrheit sieht allerdings etwas anders aus.

Was die Frage des persönlichen Ungehorsams betrifft, so steht außer Zweifel, daß Radetzky sich nicht der Insubordination schuldig gemacht hat. Beim Streit mit Hartig und Wessenberg verhielt er sich immer klar und eindeutig. Er plädierte für die Beibehaltung des Kriegsrechts und für eine Entscheidungsschlacht, an Ungehorsam aber dachte er nicht. Statt dessen versuchte er es mit Argumenten, denen er allerdings Nachdruck mit der Drohung verlieh, daß er sein Kommando niederlegen würde, wenn man nicht auf ihn hören sollte. »Als kommandierender General«, ließ er Latour wissen, »bin ich dem Kriegsministerium und Ihrer Majestät verantwortlich; sollten meine Operationen und die Position meiner Armee Maßnahmen notwendig machen, die die üblichen administrativen Vorschriften überschreiten, werde ich sie Eurer Exzellenz gegenüber verantworten.«[53] Etwas Ähnliches hatte er schon Hartig gesagt: »Ich bin ein loyaler Untertan und kann nichts tun als gehorchen. Aber ich wäre dann durchaus gezwungen, mein Kommando niederzulegen.«[54] So blieb der kaiserlichen Regierung praktisch nichts anderes übrig, als die Ansichten des Kommandanten vor Ort abzusegnen, wollte sie nicht ein Chaos riskieren und die Moral der Armee gefährden.

Auch Windischgrätz war der Insubordination angeklagt worden, da er sich angeblich geweigert hatte, Radetzky Truppen zu schicken, und in Prag Befehle mißachtet hatte. Auch das trifft nicht zu. So rief Windischgrätz im März 1848 in Wien nicht das Kriegsrecht aus, was doch, wie allgemein bekannt, seine erklärte Absicht gewesen war. Daß er nichts unternahm, hing mit seinem Respekt vor dem Hof zusammen, der lieber Konzessionen machen wollte. Er selber war nicht bereit, sich deutlicher auszudrücken, »bevor sich gewisse Augen nicht geschlossen haben«.[55] Sein Benehmen in Prag als Armee-Kommandant von Böhmen entsprach in mancher Hinsicht dem Radetzkys.

Windischgrätz hat vor allem durch sein Bombardement von Prag Berühmtheit erlangt, das angeblich den ersten Schritt bei der Bekämpfung der Revolution darstellte. Nun war Krakau bereits bombardiert worden, ohne daß das irgendwelche weitere Folgen gehabt hätte, und genauso war es auch im Falle Prags. Es gab nämlich gar keine richtige revolutionäre Bewegung in der Stadt, die die Monarchie hätte gefährden können. Der Slawische Kongreß war vor allem ein Debattierklub, der der Dynastie mehrheitlich loyal gesinnt war und nichts mit dem Prager »Pfingstaufstand« zu tun hatte. Außerdem hatte die »Böhmische Charta« vom 8. April den meisten Böhmen – den Tschechen noch mehr als den Deutschen – bedeutende Konzessionen zugestanden. Die

Provinz hatte eine separate Verwaltung (wenn auch kein separates Ministerium) erhalten, und der tschechischen Sprache war als Amtssprache in allen Bereichen der Verwaltung und der Erziehung volle Gleichberechtigung zugestanden worden. Außerdem war ein neuer Reichstag einberufen worden – der nicht von den alten Ständen ausging –, und die Frage einer Vereinigung mit Schlesien und Mähren sollte an den Reichstag verwiesen werden, sobald dieser in Wien eröffnet worden war.

Angesichts solcher Konzessionen gab es für größere revolutionäre Aktivitäten gar keinen Bedarf. Und so war der Juni-Aufstand »eigentlich eine spontane öffentliche Reaktion auf die Provokationen des österreichischen Militärkommandanten von Böhmen, Fürst Alfred zu Windischgrätz... Sobald er (am 20. 5. nach Prag) zurückkam, wurden die militärischen Aktivitäten in der Stadt intensiviert und die Patrouillen verdoppelt, und bei einer militärischen Revue vom 7. Juni machte der General ausdrücklich abschätzige Bemerkungen über die neue Verfassung. Er vergrößerte die Garnison und stellte auf den Höhenzügen über der Stadt schwere Artillerie auf.«[56]

Am 12. Juni, nach einer friedlichen Protestdemonstration und einer Messe, kam es zu Reibereien zwischen Studenten und Truppen. Als einige Studenten getötet wurden, artete das in eine Revolution aus. Barrikaden wurden gebaut, und sechs Tage lang wurde in den Straßen gekämpft, bis Windischgrätz am 17. Juni die Aufständischen durch eine schwere Kanonade von den Höhen der Stadt herab aus ihren Verschanzungen trieb. Seine Frau (die Schwester von Fürst Schwarzenberg) war am ersten Tag der Kämpfe durch eine verirrte Kugel getötet worden, und vielleicht war auch das der Grund, weshalb er sich auf keine Kompromißlösungen mehr einließ. Nach Beendigung der Kämpfe rief er in der Stadt den Belagerungszustand aus und berief eine militärisch-zivile Kommission, um die Schuldigen zu finden, die hinter der »Revolution« steckten. Beide Schritte wurden ohne Wissen des Kriegsministeriums in Wien unternommen.

Wien hatte bereits Ursache, mit dem Benehmen des Fürsten unzufrieden zu sein. Es war zum Beispiel ein offenes Geheimnis, daß Graf Leo Thun, der Gouverneur von Böhmen, der im Mai eine von Wien unabhängige Regierung bildete, von Windischgrätz unterstützt worden war.[56a] Latour verlangte von Windischgrätz eine Erklärung. Der verteidigte sich damit, er habe eben geglaubt, Wien habe die Kontrolle über das Reich verloren, seine Motive seien »die reinsten und edelsten gewesen«.[57] Und während der Wiener Mai-Krise hatte Windischgrätz gefordert, direkt dem Kaiser unterstellt zu werden, und um Erlaubnis gebeten, mit 20 000 Mann regulärer Truppen und den böhmischen Reserven nach Wien zu marschieren. Das alles lehnte Latour in einem Privatbrief ab, ebenso Franz Karl.

So wie sich Windischgrätz benahm, konnte sein Bericht über den Juni-Aufstand auf die Regierung in Wien nicht besonders glaubwürdig wirken. Man vermutete, er habe den Aufstand mehr oder weniger provoziert, und schickte sowohl einen zivilen wie einen militärischen Kommissar nach Prag, um Genaueres über die Vorgänge zu erfahren. Sie hatten Vollmacht, Windischgrätz zum Rücktritt aufzufordern und alle Truppen aus der Stadt abzuziehen, sollte sich dies zur Herstellung des öffentlichen Vertrauens in die Regierung als notwendig erweisen. Windischgrätz übergab sein Kommando umgehend dem militärischen Kommissar, Graf Mensdorff, sobald er von dessen Vollmacht hörte, übernahm aber das Kommando bald wieder, da eine entsprechende Petition der Armee dies verlangte und überdies deutlich wurde, daß sein Rücktritt allein die Ordnung nicht wiederherstellen würde. Latour hatte unterdessen die Nachricht vom freiwilligen Rücktritt des Fürsten erhalten und freute sich öffentlich darüber. Denn sonst, erklärte er, wäre man ihn nur mit großen Schwierigkeiten losgeworden. Es gibt keinerlei Hinweise darauf, daß die beiden Männer irgendwie zusammengearbeitet haben.

Nach der Unterdrückung des Aufstands wurde Windischgrätz zum Helden der Gegenrevolution. Er erhielt den persönlichen Dank des Kaisers und schließlich (am 3. Juli) einen Freispruch durch die beiden Kommissare: Er habe »nur den Aufruhr bekämpft und der konstitutionellen Ordnung nichts anhaben wollen, seine Beweggründe seien loyal gewesen«.[58] Aber für Latour und das Ministerium wurde er damit zu einem noch größeren Problem. Zunächst einmal weigerte er sich, Radetzky Hilfstruppen zu schicken; danach verwickelte er sich in einen Dauerstreit über das Kriegsrecht und die Bürgerrechte der politischen Gefangenen. Doch Windischgrätz konnte, genau wie Radetzky, immer wieder mit seinem Rücktritt drohen. Denn in einem solchen Fall befürchtete man, seine Truppen würden aus Prag desertieren und scharenweise nach Italien abreisen.

Am 24. Juni schrieb Windischgrätz an Latour, er könne Radetzky nicht helfen. »Die in Prag stationierten bewaffneten Kräfte zu schwächen, nur weil man welche nach Italien schicken möchte, hieße Vorteile preiszugeben, die mit großen Opfern und Schwierigkeiten errungen worden sind, und würde schließlich zur Preisgabe Böhmens führen. Das ist meine feste Überzeugung, die auf genauer Kenntnis der Situation basiert, weswegen ich offen erklären muß, daß, sollte ich ausdrücklich gezwungen werden, Truppen abzustellen, weder ich und noch viel weniger ein anderer in der Lage wäre, Böhmen zu halten. Deswegen bin ich entschlossen, nach Innsbruck zu gehen, um dem Kaiser meinen Standpunkt vorzutragen.«[59] Windischgrätz argumentierte, daß Truppen nur dann nach Italien gebracht werden könnten, wenn er Verstärkung erhielte. Sonst könne er für die Aufrechterhaltung der

Ordnung in den ländlichen Gebieten Böhmens keine Verantwortung übernehmen. Daher Latours Antwort, er habe Windischgrätz' Brief mit »großem Bedauern« erhalten.[60]

Es gab auch zahlreiche Konflikte wegen des Kriegsrechts und der Gefangenen, die von der Untersuchungskommission unter Anklage gestellt worden waren. Die Wiener Regierung mochte keine Wahlen für den Reichsrat abhalten, solange Prag unter Kriegsrecht stand. Ein Hofrat Komers wurde nach Prag geschickt, ausgestattet mit der Vollmacht, ein Dekret zur Aufhebung des Kriegsrechts zu verabschieden, sollte sich dieses als nicht länger notwendig erweisen. Komers setzte sich mit Thun und mit dem Fürsten in Verbindung, hielt es aber offenbar für unklug, Windischgrätz zu verärgern, der ihm versicherte, nach einigen kleinen formalen Veränderungen könne man ohne weiteres freie Wahlen abhalten. Das Kriegsrecht würde gerade ihre Freiheit garantieren.

Das Ministerium erklärte sich widerwillig einverstanden, und es bedurfte einer Reichstagsversammlung, um Windischgrätz endlich dazu zu bringen, das Kriegsrecht aufzuheben. Vorläufig ließ er sich von seiner Meinung nicht abbringen: Jeder Versuch, ohne Kriegsrecht auszukommen, würde zwangsläufig zur Anarchie führen. Und er drohte erneut, sich an den Kaiser zu wenden, sollte man es in Wien wagen, sich über ihn hinwegzusetzen.

Komers seinerseits hatte überhaupt keinen Grund für die Aufrechterhaltung des Kriegsrechtes feststellen können. Daß bereits 94 Personen von der Untersuchungskommission festgesetzt worden waren, schien ihm Beweis genug für die Wiederherstellung von Gesetz und Ordnung. Doch er fürchtete, jede Kontrolle über das Militär zu verlieren, wenn Windischgrätz sein Kommando niederlegen sollte. Ebensowenig wollte das Ministerium in Wien den Kaiser zwingen, sich zwischen Windischgrätz und dem Ministerium entscheiden zu müssen.

Der neue Reichstag kam am 10. Juli zusammen, und die tschechischen Deputierten nutzten ihre Zeit vor allem, um das Kriegsrecht in Prag anzugreifen. Da einer der von der Untersuchungskommission festgenommenen Männer zum Abgeordneten gewählt worden war, wurde die Situation für den neuen Justizminister, Alexander Bach, prekär. Doch er war ein energischer Mann, durchaus bereit, der Armee die Stirn zu bieten. So gab er bekannt, es werde keine Schauprozesse geben, die politischen Gefangenen würden durch eine Amnestie begnadigt, und es war Latour, der Windischgrätz dazu brachte, die Haltung des Ministers zu akzeptieren.

Der Fürst war jedoch über die Vorgänge im Reichstag empört und glaubte, Sicherheitspläne für den Fall ausarbeiten zu müssen, daß der Reichstag den Monarchen angreifen sollte. Deswegen wandte er sich einmal mehr an den Hof (an Franz Karl und die Kaiserin) und verlangte erneut eine Vollmacht. Diesmal erhielt er sie, zurückdatiert auf den 23. Mai, also in die Zeit der Mai-Krise, in der das Ministerium handlungsunfähig gewesen war, womit sich die fehlende ministerielle Gegenzeichnung erklärte. Die Vollmacht – von der er nur in der äußersten Situation Gebrauch machen sollte – gab Windischgrätz die Freiheit, alle von ihm für richtig befundenen Schritte zur Beendigung der Unruhen zu unternehmen und die von ihm benötigten Truppen auszuheben.

Am 28. August baute er seine Position weiter aus, indem er Fürst Lobkowitz auf den Posten des kaiserlichen Generaladjutanten verhalf, der ein ergebener Parteigänger des Fürsten war und angewiesen wurde, dafür zu sorgen, daß der Kaiser keinerlei Dokumente unterzeichnete, die den Thron in Gefahr bringen konnten. Noch wichtiger: Er wurde instruiert, den Kaiser schleunigst aus Wien zu schaffen, sobald Gefahr für seine Person bestand. In Windischgrätz' eigenen Worten: »Sobald Sie bemerken, daß Konzessionen erpreßt werden oder daß sich die Person des Kaisers in irgendeiner Gefahr befindet, sammeln Sie so viele Truppen wie möglich und bringen den Kaiser und die ganze kaiserliche Familie über Krems nach Olmütz, und zwar nicht fluchtartig, sondern unter dem Schutz der Armee.«[61] Er fügte hinzu: »Dann werde ich Wien erobern, der Kaiser wird zugunsten seines Neffen abdanken, und ich werde Ofen [Budapest] nehmen.« Lobkowitz wurde jedoch instruiert, dem Ministerium von diesen Plänen keine Mitteilung zu machen, auch nicht Latour, der Windischgrätz zufolge »zwar wohlmeinend, aber durch die jüngsten Ereignisse völlig in die Irre geleitet worden, wie auch durch den Reichstag, und der in der Tat ziemlich durcheinander ist«.

Doch dieser Plan wurde erst bei der Wiener Revolution vom Oktober 1848 nach der Ermordung Latours umgesetzt. Da hatte man allerdings Grund, für die Sicherheit des Kaisers zu fürchten, und niemand widersetzte sich dem, was geschah. Man kann also Windischgrätz nicht vorwerfen, seine Geheimvollmachten auf unverantwortliche Weise ausgenutzt zu haben. Erst nach der Niederlage der Revolution verliehen sie ihm eine beinahe unbeschränkte Machtfülle und erlaubten ihm, seinen Schwager Schwarzenberg zum Ministerpräsidenten zu machen, den Kaiser zum Rücktritt zu bewegen und Ungarn zurückzuerobern. Doch dann geriet er zwangsläufig mit Schwarzenberg über fast alle Fragen der neuen Regierungspolitik aneinander, auch wenn er, was vielleicht gar nicht so überraschend war, unfähig war, sie in irgendeiner entscheidenden Weise zu ändern. Schließlich wurde er im Frühjahr 1849 als Oberkommandierender von Ungarn entlassen, nachdem er sich als unfähig erwiesen hatte, die Gegenoffensive der Ungarn niederzuschlagen.

Wie immer man seine Rolle bewertet, die Behauptung, er habe die

Im Oktober 1848 kam es zu einer neuen und heftigeren revolutionären Welle; nach Straßenkämpfen mußte der Hof aus Wien fliehen, und die Garnison zog sich zurück. Erst die von außen anrückenden Heere unter Feldmarschall Windischgrätz und Joseph von Jellačič konnten nach Wochen die Stadt im Sturm nehmen und die Anführer der Revolution vor ein Standgericht stellen.

Monarchie durch Insubordination gerettet, läßt sich wohl nicht aufrechterhalten. Wie Radetzky war auch er stets bereit, für das, was er für richtig hielt, offen einzustehen, und da er mit Rücktritt drohte, setzte er sich, genau wie der alte Feldmarschall, oft durch.

Anders dagegen verhält es sich bei Jellačič. Alles, was er im Frühling und Sommer 1848 tat, war fraglos illegal und ungehorsam, und seine ganze Strategie beruhte darauf, seine Schritte im nachhinein vom Kaiser sanktionieren zu lassen. Schon seine Ernennung war illegal, da sie vor der Bildung des neuen ungarischen Ministeriums erfolgte, wodurch die eigentlich notwendige ministerielle Gegenzeichnung entfiel, die, wie man in Wien wußte, nie erfolgt wäre. Die anschließende Weigerung des Bans, Befehlen aus Budapest zu gehorchen, seine Ausrufung des Kriegsrechts im zivilen und militärischen Gebiet Kroatiens, vor allem aber die Aufstellung einer Armee, mit der er in das benachbarte Territorium Ungarns einfallen wollte, und das zu einer Zeit, als ihn der Kaiser seines Titels und Amtes als Ban enthoben hatte – all das war allerdings ein geradezu monströses Beispiel für Insubordination. Zuletzt erhielt er jedoch die erhoffte Unterstützung, als ihn der Kaiser am

4. September wieder als Ban einsetzte und am 3. Oktober zum Oberkommandierenden der königlichen Streitkräfte in Ungarn ernannte,
dem Land, in das er eingefallen war.

War das alles schon geplant gewesen? Hatte Latour das alles im Auftrag der Kamarilla organisiert? Das behaupteten die Ungarn, da sie
Briefe aufgefangen hatten, die zu beweisen schienen, daß Jellačič Munition, Vorräte und Geld von Latour erhalten hatte. Betrachtet man jedoch den Zustand, in dem sich Jellačič' Armee befand, läßt sich davon
wenig bemerken. »Den kroatischen Streitkräften fehlten vor allem
schwere Artillerie, moderne Gewehre und Feldausrüstung. Nur etwa
die Hälfte aller Grenzer war gemäß den geltenden militärischen Vorschriften bewaffnet und ausgerüstet; die übrigen trugen ihre National-
trachten und hatten die Waffen dabei, derer sie habhaft werden konnten: Vorderlader, Musketen, sogar Piken.«[62] Gewiß, Jellačič nahm an,
die regulären Kräfte in Ungarn würden zur kaiserlichen Fahne desertieren, unter der er antrat, aber er muß dennoch gehofft haben, eine
bessere Armee anzuführen. Zuletzt konnte er nicht einmal seine Truppen bezahlen und ließ Baron Kulmer, seinen wichtigsten Verbindungs-
mann bei Hofe, wissen: »Es ist schwer, die Disziplin zu wahren, wenn
Soldaten keinen Sold erhalten.«[63]

Wie sehr das den Tatsachen entspricht, kann man dem Brief eines
Offiziers entnehmen, der die Stimmung und den Zustand von Jellačič'
Truppen beschreibt: »In vier Tagen sind wir vor Pesth, und Gott möge
sich der Stadt erbarmen, denn die Grenzer sind so verbittert und er-
bost, daß man sie kaum im Zaume halten kann. Jetzt schon kann man
sie kaum vor Exzessen abhalten, sie rauben und stehlen zum Er-
schrecken. Wir befehlen jeden Tag tausend Auspeitschungen; aber das
hilft nichts: Gott selbst hält sie nicht zurück, was vermag da ein Offizier? Wir werden von den Bauern ziemlich freundlich aufgenommen,
aber jeden Abend kommen Klagen, einige davon ganz entsetzlicher
Art. Ich bin verzweifelt wegen dieser Räuberbande und komme mir
selbst nicht viel besser als ein Räuber vor.«[64]

Inwieweit Jellačič tatsächlich von Latour unterstützt wurde, darüber
gibt die Korrespondenz zwischen Jellačič und Kulmer Auskunft, ohne
den Jellačič wahrscheinlich gar nicht zum Ban ernannt worden wäre,
und der sicher ebenso wie Jellačič überzeugt war, daß man die neue ungarische Verfassung nicht bestehen lassen dürfe. So schrieb Kulmer am
30. März, als er Jellačič zu seiner neuen Ernennung gratulierte: »Es
sieht in Ungarn nicht gut aus. Das neue Ministerium ist zwar bestätigt
worden, auch wenn ich glaube, daß es nichts erreichen wird. Zuletzt
wird Österreich Ungarn erneut erobern müssen.«[65] Kulmers Ansicht
nach sollte Jellačič diese Aufgabe übernehmen, und jede Verzögerung
machte ihn ungeduldiger.

Jellačič selbst war vorsichtiger und wollte sich vorher lieber von

Wien die Erlaubnis holen, aber Kulmer insistierte, die Zustimmung werde er schon erhalten, sobald der Einmarsch einmal erfolgt sei. So warnte er Jellačič am 28. August: »Nur wenn Sie tatsächlich die Drau überquert haben, wird das Vertrauen in Sie, das nun rapide abnimmt, wieder steigen. Sind Sie einmal erfolgreich in Ungarn eingefallen, werden Sie eine kaiserliche Sanktionierung erhalten.«[66] Einige Tage später schrieb er: »Die höchsten Kreise in Wien erwarten, hoffen und wünschen, daß Sie nicht innehalten, bevor Sie Pest erreicht haben. Also vorwärts, guter Freund!«[67] Er ließ auch durchblicken, daß Latour den Einmarsch begünstige, indem er etwa am 16. August schrieb: »Ich komme gerade von Latour, der mir soeben gesagt hat: Als Minister darf ich dem Ban keinen Rat erteilen, aber wäre ich an seiner Stelle, würde ich nicht so lange zaudern. Ich wäre schon längst marschiert.«[68]

Die Korrespondenz zwischen Jellačič und Latour bestätigt, daß sich Latour streng an seine Pflichten als verfassungsmäßiger Minister hielt. Soweit sind Kulmers Bemerkungen sicher zutreffend. Die Korrespondenz zwischen Jellačič und Latour – ebenso wie zwischen Latour und anderen Feldherrn – stellt jedenfalls ganz unmißverständlich klar, daß keinerlei Geldmittel auf Geheimkanälen von Wien nach Zagreb flossen. Latour übersandte zwar Gelder, aber das teilte er den Ungarn auch mit und erklärte auch die Gründe. Er schickte ihnen Kopien der Briefe Jellačič' und versuchte sie dazu zu bewegen, die Gelder selber zur Verfügung zu stellen. Denn Latour ging es vor allem um die pensionierten Offiziere, die Frauen, Witwen, Kinder und Waisen des Grenzgebietes, die ohne Sold, ohne Pensionen und ohne Existenzmittel blieben. Er befürchtete, ein weiteres Ausbleiben der Zahlungen würde zuletzt dazu führen, daß die Grenzer aus Italien herbeigerufen würden, um einen Angriff auf die Ungarn durchzuführen. Aber den ganzen Sommer hindurch – bis Kaiser und Minister beschlossen, Jellačič' Invasion zu decken – war Latour bemüht, sich soweit wie irgend möglich aus den ungarischen Angelegenheiten herauszuhalten, und er wies die Generale in Ungarn an, den Befehlen des ungarischen Ministeriums zu gehorchen.

Auch für die These, Jellačič sei mit Geld aus irgendwelchen geheimen Quellen unterstützt worden, existieren keine schlüssigen Beweise. Weder den Akten des Geheimen Kabinettsfonds noch denen des Habsburgisch-Lothringischen Familienfonds ist zu entnehmen, daß je irgendwelche Hilfsgelder zur Verfügung gestellt worden wären. Es gibt nur eine einzige Eintragung im Familienfonds, die sich auf Jellačič bezieht und aus der hervorgeht, daß Jellačič' Vater 1700 Gulden erhielt, um den künftigen Ban als Leutnant auszurüsten. Die Forderung ging offensichtlich auf seine Mutter zurück.

Grundsätzlich bestand das Problem in Kroatien darin, daß die Kroaten nicht bereit waren, die Legitimität der ungarischen Regierung anzuerkennen, die ihnen deshalb auch keine finanziellen Mittel zukommen lassen wollte. Und auch wenn sich die Österreicher bei diesem Zwist um Neutralität bemühten, waren sie wegen der Verstärkungen in Italien auf die Kroaten angewiesen. Somit konnten sie Jellačič' Forderungen nicht völlig überhören, vor allem dann nicht, wenn sie so drastisch formuliert waren: »Ohne Grenzer wäre der Sieg Österreichs in Italien nicht möglich gewesen, ohne Grenzer würde die österreichische Monarchie jetzt rettungslos am Rande des Abgrunds stehen.«[69] Und Jellačič machte hinreichend deutlich, daß es einen Kompromiß in Ungarn nicht geben konnte: »Es ist eine unleugbare Tatsache«, schrieb er, »daß die Regimenter der Grenzer das ungarische Ministerium unter keinen Umständen anerkennen werden und daß ich – selbst wenn ich es wollte – mich selbst diesem Ministerium nie unterstellen könnte, da das Oberkommando daraufhin seine Autorität verlieren würde und die Aufrechterhaltung von Gesetz und Ordnung unter der Bevölkerung ebenso wie unter den Grenzer-Regimentern zusammenbrechen würde.«[70] Als Antwort darauf ignorierten die Ungarn – in der Person ihres Finanzministers Kossuth – die finanziellen Bedürfnisse der Grenzer, und der Kriegsminister Mészáros unterließ es, den für die Pensionen und Beförderungen der Grenzer-Regimenter zuständigen Verwaltungsapparat funktionsfähig zu halten.

Jellačič stellte Latour daher ständig unter Druck, für Geld und Beförderungen zu sorgen, verlangte im Juni 148 000, im Juli 280 000 und im August 145 262 Gulden. Und Latour tat, was er konnte, um das Geld zu beschaffen. Am 12. Juli schickte ihm Jellačič eine Quittung über den Erhalt von 100 000 Gulden und verlangte weitere 168 107.[71] Daraufhin schrieb Latour einen scharfen Brief an Esterházy, in dem es hieß: »Ich gestatte mir... einmal mehr darauf hinzuweisen, daß die vom Finanzminister zur Sperrung der regulären Zahlungen unternommenen Schritte eindeutig nur dazu beitragen, unter den Bevölkerungsteilen in Kroatien, die sich bisher von den bestehenden Unruhen ferngehalten haben, Unzufriedenheit zu verbreiten, also unter denen, die sich der bittersten Armut gegenübersehen. Dadurch wird die vorgeschlagene kaiserliche Beilegung des äußerst bedauerlichen Konflikts in gegenwärtiger wie in künftiger Hinsicht nur noch schwieriger gemacht.«[72]

Doch gab er sich keinen Illusionen hin. Er wußte, daß seine Motive durch Kossuth falsch interpretiert werden würden. Daher fuhr er fort: »Wenn er (Kossuth) beabsichtigt, meine Note vom vierten des Monats, die sich auf die Kosten der Begleichung der Forderungen (Jellačič') bezieht, als neues Beispiel für die feindliche Haltung der kaiserlichen Regierung gegenüber der territorialen Einheit Ungarns und als Attacke auf die gesetzliche Garantie der Unabhängigkeit und der Integrität des Ungarischen Reiches hinzustellen, so muß ich in meinem eigenen Namen und in dem meiner Kollegen ausdrücklich dagegen protestieren, da, wie ich wiederholt dargelegt habe, die immer wieder erwähnte Überweisung von Mitteln ohne jede Absicht im Hinblick auf Unterstützung irgendeiner politischen Fraktion erfolgt ist, sondern nur zur regulären Bezahlung der Truppen diente, von denen einige bei Gör, andere bei den vom italienischen Feind bedrohten Verteidigungsstellungen im Küstenstreifen postiert sind, ebenso wie zur Deckung der gerechten Forderungen von aktiven und pensionierten Staatsdienern und ihren Familien, den Witwen und Kindern, die auf Unterstützung durch die Staatskasse angewiesen sind. Dabei hatte man einzig die Interessen eines Volkes im Sinn, das sich nun monatelang im Kampf befindet und nach wie vor mit bewundernswertem Opfermut und in großer Zahl für die Rechte seines Monarchen auf blutigem Schlachtfeld streitet.«

Wie vorauszusehen, unternahmen die Ungarn nichts: Jellačič fuhr fort, sich zu beklagen und Mittel anzufordern, und Latour verhielt sich nach wie vor loyal gegenüber den neuen Institutionen. So etwa ließ er Jellačič am 14. August wissen: »Die vielen Nachteile, die dem kaiserlichen Dienst aus der Insubordination der ganzen Militärgrenze dem ungarischen Kriegsministerium gegenüber entstehen, und die hartnäckige Weigerung der Grenzer, diese Tatsache anzuerkennen, habe ich schon seit geraumer Zeit mit Bedauern zur Kenntnis genommen. Aber so sehr ich auch die Notwendigkeit zugebe, das fast unlösbare Problem dadurch einer Lösung zuzuführen, daß man die Angelegenheit schrittweise wieder auf den früheren Stand bringt und alles dem österreichischen Kriegsministerium unterstellt, kann ich doch nicht die kategorischen kaiserlichen Befehle mißachten, die Eurer Exzellenz bekannt sind, und muß meine administrative Autorität der des ungarischen Kriegsministeriums unterordnen.«[73] Und am 20. August schickte er ein Zirkularschreiben an alle Generalkommandos in Ungarn und der Grenze, worin er bestätigte, daß sie ihre Forderungen und Berichte direkt nach Budapest zu übermitteln hätten, sofern sie nicht ausländische Regimenter oder Regimenter außerhalb Ungarns betrafen. Nur in diesem Fall durften sie sich an ihn selber wenden.

Eine Woche danach stellte Latour Esterházy ein Ultimatum. Er schrieb: »Die Truppen und die Verwaltung müssen bezahlt werden; Witwen und Waisen, Pensionäre, die Frauen der Offiziere, die im Felde dienen und zurückbleiben, schreien nach den Mitteln für ihren Unterhalt!«[74] Dann fügte er in einem noch etwas drohenderen Tonfall hinzu: »Jeder hilfreichen Intervention seitens des österreichischen Ministeriums wird eine zweifelhafte Absicht unterstellt. Mein Ministerium kann daher nichts andres tun, als Eurer Exzellenz dringend zu raten, auf die jüngsten Klagen des Generalkommandos einzugehen und Eurer Exzellenz Aufmerksamkeit darauf zu lenken, wohin Darben und Not zuletzt zwangsläufig führen, nämlich zu der Entscheidung, die zum Überleben unbedingt notwendigen Mittel mit Gewalt in den Nachbarländern zu holen.« Er schloß: »Ich flehe daher Eure Exzellenz in Namen des österreichischen Ministeriums dringend um umgehende Abhilfe an, und wenn es im Laufe dieser Woche nicht zu einer positiven Entscheidung kommt, bleibt diesem österreichischen Ministerium nichts anderes übrig, als dem völlig unerträglichen Elend an der Grenze durch passende Mittel ein Ende zu setzen.« Als immer noch nichts geschah, überredete Bach das Ministerium am 29. August, eine Warnung zu erlassen, man könne im Streit zwischen Ungarn und Kroatien nicht länger neutral bleibe, solange die Ungarn nicht bereit seien, auf ihre Verteidigungs- und Finanzministerien zu verzichten.

Am 11. September überschritt Jellačič, nun wieder in seine Bans-Würde eingesetzt, die Drau. Seine ersten Berichte klangen optimistisch, und am 4. Oktober löste der Kaiser das ungarische Parlament auf und setzte ihn als Oberkommandierenden aller bewaffneten Streitkräfte Ungarns ein. Sein Spiel war aufgegangen, aber Latour konnte ihn erst jetzt offen unterstützen, eine Unterstützung, die er am 6. Oktober mit seinem Leben bezahlte.

Das Kaiserreich ist also weder durch Insubordination noch durch eine Kamarilla gerettet worden. Thesen dieser Art sind nur die linken Varianten von Metternichs »comité directeur«. Windischgrätz hatte sich schließlich geweigert, Radetzky Truppen zu schicken, und der war wiederum nicht bereit gewesen, sich im Streit zwischen Ungarn und Kroatien zu entscheiden. Und Latour hatte abwechselnd Windischgrätz, Jellačič und Radetzkys verärgert, als er darauf bestand, seine Pflicht als verfassungsmäßiger Minister zu erfüllen. Außerdem hatten sie kaum etwas füreinander übrig; vor allem Windischgrätz hielt weder von Jellačič' noch von Radetzkys militärischen Fähigkeiten viel und vertrat die Ansicht, Latour habe sich dem Konstitutionalismus verkauft; Radetzky dagegen war in der Beurteilung anderer Menschen eher zur Großmut geneigt.

Auch auf politischer Ebene bestanden profunde Unterschiede zwischen den drei Männern. Die politischen Ansichten Jellačičs sind am schwersten zu bestimmen. Er glaubte offensichtlich an ein vereinigtes Kaiserreich, das die Selbstbestimmung der verschiedenen Völker zuließ, aber welchen Grad von Freiheit sie nun seiner Ansicht nach erhalten sollten, läßt sich schwer sagen. Jedenfalls machte er im Sommer 1848 nicht sehr viele Zugeständnisse, als er das Land unter Kriegsrecht stellte. Seine wenig freundliche Beschreibung von Windischgrätz andererseits (den man seiner Meinung nach während der ungarischen Kampagne hätte entlassen sollen) macht deutlich, daß er nicht völlig reaktionär war. »Windischgrätz ist ein Aristokrat«, sagte Jellačič. »Er haßt jede Revolution aus innerem Gefühl wie aus professionellem Instinkt. Er hat die Frankfurter Verfassungsideen in Prag zerschlagen, und hier in Wien will er keine Freiheiten gestatten. Er geht sehr hart mit einem reuigen Revolutionär um. Ein richtiger republikanischer Teufel hingegen findet in seinen Augen mehr Gnade, denn da stoßen die Extreme aufeinander. Abgesehen davon, daß er ein Aristokrat ist, ist er ein militärischer Pedant.«[75] Damit wäre Windischgrätz größtenteils einverstanden gewesen, auch wenn er sich verbeten hätte, ausgerechnet von Jellačić als Soldat kritisiert zu werden.

Windischgrätz' Ansichten über Aristokratie waren 1848 wohlbekannt und beinahe zum Klischee geworden. Wie tief verwurzelt sie waren, zeigt sich in seinem Briefwechsel mit Graf Stadion zur Zeit des Prager Aufstandes. Stadion hatte ihm geschrieben: »Der Kaiser hat seinen Völkern Zugeständnisse gemacht. Wieso und unter welchen Umständen, hat er selber zu entscheiden. Sie wurden gemacht und sind von diesem Augenblick an Eigentum des Volkes geworden und als solche ebenso heilig wie jedes andere Eigentum. Dieses Eigentum anzutasten und einzuschränken ist ein großes Unrecht. Man darf und soll nicht behaupten, daß der Kaiser seine Völker belügt; es wäre bestimmt nicht in seinem Sinne, ein kaiserliches Geschenk anzufechten. Wer dem Kaiser dazu rät, schmälert seine Ehre.«[76] Worauf Windischgrätz trocken zurückgab: »Was die Geschenke des Kaisers an sein Volk betrifft – wem gehören denn diese Geschenke? Ein Mann kann nicht das Eigentum anderer Leute verschenken, und trotz all seiner Macht kann das, was dem Kaiser nicht gehört, nicht als Eigentum des Volkes angesehen werden.«[77] Windischgrätz' Antwort an Stadion entspricht genau der von Shakespeares York an Richard II.: »Nimm Herefords Rechte weg, und nimmt der Zeit/ Die Privilegien und die gewohnten Rechte/ Laß Morgen denn auf Heute nicht mehr folgen/ Sei nicht du selbst, denn wie bist du ein König/ Als durch gesetzte Folg' und Erblichkeit?«

Kurz, die Monarchie hing von der Fortdauer der sozialen Pyramide ab, auf deren Spitze der Kaiser selber stand. Doch diese Stellung konnte er nur bewahren, wenn er mit seinem Adel zusammenarbeitete und ihn über das Volk setzte. Ihn zu entfernen oder seine Rechte oder Privilegien abschaffen hätte bedeutet, den Zusammenbruch der Monarchie herauszufordern. Daher durfte es keinerlei Konzessionen an Liberalismus oder Demokratie geben. Die menschliche Rasse, soll Windischgrätz einmal gesagt haben, beginnt beim Baron; darunter gibt es nur Affen.

Radetzky dagegen war viel fortschrittlicher und schätzte den Adel ganz anders ein. Nach 1820 hatte er seine Überzeugung schriftlich festgehalten, daß alle Länder bald Verfassungen haben würden, und die kaiserliche Verfassung vom 25. April 1848 hieß er ausdrücklich willkommen, indem er dem ersten Kriegsminister, Peter Zanini, schrieb: »Gestern erhielt ich die neue Verfassung vom Innenminister. Sie beruht auf so liberalen Grundlagen, daß ich sie für die liberalste Europas halte. Daß die Presse daran etwas auszusetzen finden wird, müssen wir natürlich erwarten, aber ich hoffe doch, daß der bessere Teil der Nation darin eine Garantie für alle Wünsche und Ideen finden wird, die er für sein Glück vonnöten glaubt.«[78]

Daß der Reichstag keine Dankadresse an seine Truppen in Italien verabschieden mochte, dämpfte seinen Enthusiasmus um einiges: »Rom hat seinen Armeen nicht in dieser Weise gedankt, auch Griechenland nicht und ebensowenig die blutige französische Republik; der modernen Freiheit blieb es überlassen, der Welt ein so unwürdiges Schauspiel zu bieten.«[79] Andererseits erwiderte er auf ein Zirkularschreiben von Latour, datiert vom 24. September, worin die Kommandanten erinnert wurden, daß Befehlsgehorsam bedeutete, »die konstitutionellen Institutionen und Einrichtungen eines Staates aufrechtzuerhalten«[80], empört: »Die Armee hat keinen Grund, irgendeine Vorliebe für das gefallene System zu hegen. Soweit das System als Despotismus bezeichnet werden kann, handelte es sich um einen zivilen – nicht um einen militärischen – Despotismus. Die Armee wurde vernachlässigt, beleidigt; somit hegt sie keinerlei Feindschaft gegen die freien Institutionen, die es Ihrer Majestät gefallen hat, Ihren Völkern zu verleihen.«[81]

Doch die Oktober-Revolution in Wien und die Ermordung von Latour am 6. Oktober überzeugten den alten Feldmarschall, daß Österreich für die Freiheit noch nicht reif war. Daher klang die Proklamation, in der er der Wiener Garnison vorwarf, ihre Pflicht vernachlässigt zu haben, ganz anders: »Soldaten! Öffnet eure Augen vor dem Abgrund, der sich vor euren Füßen auftut! Alles bewegt sich; die Stützen der gesellschaftlichen Ordnung sind zerstört; Besitz, Moral, Religion sind von Vernichtung bedroht. Alles, was dem Menschen heilig und teuer ist, alles, worauf der Staat beruht, was ihn aufrecht erhält, sind diese Leute zu zerstören entschlossen. Das, nicht die Freiheit, ist das Ziel eines jeden Unruhestifters, der euch zu Ruin und Schande verlocken will.«[82]

Als ein Reichstagsmitglied später der Armee vorschlug, gleichfalls Deputierte zu wählen, richteten die Truppen in Italien wie vorauszusehen eine Petition an den Kaiser, in der sie um Ablehnung dieses Vorschlags baten. »Die Armee als integraler Teil der Exekutivmacht«, erklärten sie, »kann sich nie ... an der Legislative beteiligen.«[83] Radetzky gratulierte Schwarzenberg persönlich, als er den Reichstag von Kremsier auflöste.

Radetzky hoffte jedoch nach wie vor, das italienische Volk für das Haus Habsburg gewinnen zu können. Doch wollte er das nach der Revolution tun, nicht durch Liberalismus, sondern durch eine besondere Art von »Klassenkampf«. Er war völlig überzeugt, daß die Revolution in Italien vom Adel ausgelöst worden war, und plante, ihn durch einen Appell an die Bauern zu isolieren. So schrieb er an Schwarzenberg:

»Die müßigen Reichen demütigen, den loyalen Bürger beschützen, sich aber wie in Galizien besonders um die ärmeren Bauern zu kümmern, sollte das leitende Prinzip für die Regierung von Lombardo-Venetien sein.«[84] Sein Stabschef, General Hess, soll diese Politik sogar direkter geäußert haben: »Das Volk liebt uns, die Adligen hassen uns, daher müssen wir sie vernichten.«[85]

In der Folge wurden die norditalienischen Adligen immer wieder mit dem Ziel besteuert, ihre wirtschaftliche und gesellschaftliche Basis zu zerstören. Radetzky erhob spezielle Steuern, Zusatzsteuern und außerordentliche Steuern, um sie zu zwingen, den Krieg zu bezahlen. Er versuchte sogar schon im November, alle adligen Ländereien zu konfiszieren, obwohl die Sequestrationsdekrete erst nach dem Mailänder Aufstand vom Februar 1853 in Kraft gesetzt wurden. So erwarb er sich er einen Ruf als Kommunist. Palmerston sagte, seine Politik würde »im Geiste der abscheulichsten Unterdrückung durchgeführt und eine Doktrin erkennen lassen, die nur den Anhängern des Kommunismus entspreche«.[86] Sie sei »subversiv gegen die eigentlichen Grundfesten der Gesellschaftsordnung gerichtet«.

Dennoch scheiterte Radetzkys Plan. Zunächst einmal unterhöhlte man damit die Gesamtwirtschaft Norditaliens, die auf einer wohlhabenden Landwirtschaft beruhte. Zweitens fürchteten die Bauern stets, der Feldmarschall wolle sie rekrutieren, weswegen alle Dekrete, die die Amnestie von Deserteuren vorsahen, als hinterlistiges Mittel zur Auffüllung der Armee verstanden wurden. Auf dem Land fand die österreichische Armee kaum Rückhalt; vielmehr flohen Tausende von Bauern in die Schweiz.

Im Januar 1849 konnte der britische Minister in Turin Palmerston berichten: »Die Österreicher erklären aus politischen Gründen immer wieder, daß nur eine Klasse ihrer italienischen Untertanen, nämlich die Adligen, wirklich gegen sie eingenommen seien und daß die ergriffenen Maßnahmen nur darauf abzielen würden, den Geist der Revolution in diesem speziellen Teil der Bevölkerung zu brechen und ihnen damit die Möglichkeit geben, der übrigen Bevölkerung das Glück und die Zufriedenheit zu schenken, die jene, wie behauptet wird, auch durchaus willens sei, aus den Händen ihrer österreichischen Herren zu empfangen. Meine eigenen Informationen haben mich zu ganz anderen Schlußfolgerungen geführt. Berichte von Personen, die das genauer betrachten konnten, lassen mich glauben, daß in den Männern, Frauen und Kindern der ganzen Lombardei ein tiefverwurzelter Haß sitzt und daß dieses Gefühl unmäßig zugenommen hat, seit ihre Provinzen wieder besetzt worden sind.«[87]

Radetzkys Ansichten waren also deutlich verschieden von denen von Windischgrätz. Es ist nicht ohne Ironie, daß letzterer im Oktober 1848 seinen Schwager, Fürst Schwarzenberg, zum Ministerpräsidenten ernennen sollte. Zweifellos war er der Meinung, daß der dreizehn Jahre jüngere Schwarzenberg, der einst in seinem Regiment als Kadett gedient hatte, sich ihm politisch anschließen würde. Aber das war ein Irrtum. Schwarzenberg hatte fast den ganzen Sommer 1848 mit Radetzky zugebracht und sich dessen Ansichten über Adel und Bauern zu eigen gemacht. Daher war er mit der Abschaffung der Robot einverstanden und machte den Vorschlag, den Adel von jeder Sonderrolle in der Regierung auszuschließen. Schlimmer noch, er war bereit, viele der konstitutionellen Minister von 1848 zu behalten und ein parlamentarisches Regime in Betracht zu ziehen. Den Vorhaltungen von Windischgrätz hielt er entgegen, die ungarischen Edelleute seien nicht minder »politisch und moralisch degeneriert« als die Italiener.

Ja, im Gegensatz zu seinem Schwager fand er an den Adligen insgesamt keine lobenswerten Eigenschaften. »Ich kenne kein Dutzend Männer unseres Standes«, schrieb er, »die über so viel politischen Scharfsinn oder so viel Erfahrung verfügen, daß man ihnen einen wichtigen Teil der Macht anvertrauen könnte, ohne bald darauf darum fürchten zu müssen. Ich habe mir sehr viel Gedanken gemacht, wie man den Adel von Österreich zu einer Körperschaft vereinen könnte, dem man einen ihm entsprechenden politischen Einfluß zukommen lassen könnte, aber die Elemente, aus denen diese Körperschaft bestehen sollte, habe ich nicht finden können. Demokratie muß bekämpft und ihren Exzessen muß Einhalt geboten werden, aber wenn da niemand anders Hilfestellung leisten kann, bleibt dies zwangsläufig der Regierung selber überlassen. Sich auf einen Verbündeten zu verlassen, der so schwach ist, wie unsere Aristokratie es unglücklicherweise ist, würde unserer Sache mehr schaden als nützen.«[88]

Je eingehender man das Problem untersucht, desto überzeugender werden die Hinweise, daß die Monarchie 1848 nicht durch irgendeine reaktionäre Verschwörung gerettet wurde, schon gar nicht durch eine Verschwörung von Männern, die von einer gemeinsamen Strategie, Politik oder auch nur gegenseitiger Sympathie zusammengehalten worden wären. Abgesehen von der Hoffnung, den Exzessen der Revolution irgendwie Einhalt gebieten zu können, hatten diese Männer kaum etwas gemeinsam. Daher entbehrt es nicht einer gewissen Ironie, daß sie dennoch häufig in einem Atemzug genannt werden – so als wären sie tatsächlich gleichbedeutende Mitglieder eines gegenrevolutionären »Teams« gewesen. Jellačić kann nicht wirklich als »der Mann, der Österreich gerettet hat« bezeichnet werden, ein Titel, den ihm sein englischer Biograph so großzügig zugesteht.[89] Und Windischgrätzs Bedeutung wird am besten von Louis Eisenmann zusammengefaßt: »Ohne militärisches Talent wurde er der Kommandant eines Armeekorps in Prag; ohne politisches Talent, einen Augenblick lang, hinter den Kulissen, der Herr Österreichs.«[90] Radetzky jedoch erscheint als bedeutende

Figur, dessen Siege wirkliche Leistungen waren, und dessen Erfolge der Schlüssel zur Gegenrevolution waren. Wäre es ihm nicht gelungen, Karl Albert zu besiegen, hätte Österreich wahrscheinlich die Willenskraft gefehlt, es mit den Ungarn aufzunehmen. Was Ungarn angeht, sollte man Haynau gerecht zu werden versuchen. Denn ohne ihn hätten, dank der Inkompetenz von Windischgrätz und Jellačič, die Russen den Krieg zu Ende führen müssen.

Andererseits haben alle diese Männer eine entscheidende Rolle gespielt, und jeder hatte seinen Teil beitragen müssen, damit die Revolution besiegt werden konnte. Man kann nicht genügend betonen, daß es über das »Wie« keinerlei Übereinstimmung gab. Und da man sich über den nächsten Schritt genauso wenig einig werden konnte, ließ sich auch nicht voraussagen, welche Wendung die Ereignisse schließlich nehmen würden. Alles, was zwischen 1848 und 1849 geschah, war äußerst verwirrend und widersprüchlich, so daß die ganze eher chaotisch verlaufende Geschichte eine Vielzahl möglicher Ausgänge in sich barg.

In der Folge erwies sich Fürst Schwarzenberg als der starke Mann der Reaktion. Aber auch ihm fehlte letztlich eine klare Zukunftsperspektive. Im Zentrum der Gegenrevolution stand daher nicht Stärke und Entschiedenheit, sondern Unstimmigkeit und Verwirrung – mehr ein Vakuum als eine Kamarilla. Dieses Vakuum wurde schließlich durch den Neoabsolutismus ausgefüllt.

5.

Von der Gegenrevolution zum Ausgleich

In den Jahren 1848/49 geriet das Habsburger-Reich näher an den Rand der Auflösung als irgendwann sonst vor 1918. Selbst der Erste Weltkrieg sollte sich fast bis ganz ans Ende hin als eine weit geringere Bedrohung der Monarchie erweisen als die Revolutionen von 1848. Deswegen hat man sich so eingehend mit ihnen befaßt, wobei es weit mehr um dynastische als um soziale oder selbst um nationale Interessen ging, obwohl auch diese zweifellos eine Rolle spielten. Die entscheidende Frage jedenfalls – und das wird häufig vernachlässigt – war die, welche Dynastie in Ungarn, Lombardo-Venetien und Deutschland herrschen sollte. Um sicherzustellen, daß es in allen drei Fällen nur eine Antwort gab, griffen die Habsburger in jeder der drei Auseinandersetzungen zu den Waffen. Darum wurden die Revolutionen nicht auf den Barrikaden – oder nicht nur auf den Barrikaden – besiegt, sondern vor allem auf dem Schlachtfeld.

Schwarzenberg

Die beiden letzten Phasen der Niederlage der Revolution machten innenpolitisch wie außenpolitisch eine Rückkehr zum Status quo ante möglich. Alles wurde wieder so, wie es vor der Revolution gewesen war. Da diese beiden Phasen entscheidend durch die Staatskunst von Fürst Schwarzenberg bestimmt wurden, sollte man sich zu Anfang dieses Kapitels mit seiner Politik und seiner Person befassen. Wenige österreichische Staatsmänner sind umstrittener als er; selbst seine Zeitgenossen waren sich über ihn nicht einig.

Nicht leugnen läßt sich, daß er Eindruck machte. Franz Joseph nannte ihn »den größten Minister, den ich je an meiner Seite hatte«.[1] Metternich bezeichnete ihn einmal als einen »Schüler aus meiner diplomatischen Schule...Ein Mann von festem Charakter, echtem Mut und klarem Blick«, auch wenn er ihn später als »irregeleiteten Schüler« betrachtete und seine brüsken Schwankungen zwischen »zu wenig« und »zu viel« verurteilte. Nikolaus I. von Rußland beschrieb ihn als einen »Palmerston in einer weißen Uniform«, während Bismarck auf Schwarzenbergs hochfahrende Kraftmeierei Preußen gegenüber äusserst empfindlich reagierte. Heute kreist der Disput weniger darum, ob er erfolgreich war oder nicht – im allgemeinen hält man ihn für äußerst erfolgreich –, sondern darum, ob er ein Schüler Metternichs oder ein Realpolitiker war.

Fürst Felix Schwarzenberg, im Jahr 1800 geboren, konnte als Neffe des Fürsten Schwarzenberg, des alliierten Kommandanten der erfolgreichen Koalition gegen Napoleon, auf eine sichere Karriere in der österreichischen Armee oder im diplomatischen Dienst vertrauen. Wie sich zeigte, glückte ihm gleich beides; 1818 trat er in die Armee ein, 1824 in den diplomatischen Dienst. Für seine Karriere als Diplomat brauchte er die Armee jedoch nicht zu verlassen; im Gegenteil, er stieg auch als Diplomat ständig die militärische Karriereleiter hinauf. Und wo immer er in der diplomatischen Welt, sei es aus eigenem Ungeschick oder infolge von Pech, danebenhieb, sorgten sein Charme, seine Beziehungen und sein gutes Aussehen dafür, daß alles von ihm abglitt und er nur immer weiter aufstieg. 1824 wurde er nach St. Petersburg geschickt, wo ihn seine Freundschaft mit Fürst Trubetskoy bei Nikolaus I. zur Persona non grata werden ließ. Trubetskoy war, wie sich herausstellte, der Anführer des Dekabristenaufstandes von 1825 und flüchtete, als die Revolte scheiterte, in die österreichische Botschaft, wo er um Asyl bat. Der neue Zar glaubte daher, daß Schwarzenberg schon vorher von der Verschwörung gewußt hätte. Erst 1844 söhnte er sich mit ihm aus.

Einen viel größeren diplomatischen Fehltritt leistete sich Schwarzenberg in England. Dort ließ er sich auf eine Liebesaffäre mit Jane Digby, Lady Ellenborough, Tochter des Ersten Seelords und Gattin des Königlichen Lordsiegelbewahrers, ein, was zur Folge hatte, daß der österreichische Botschafter – übrigens derselbe Fürst Esterházy, der 1848 ungarischer Außenminister werden sollte – seine Rückversetzung nach Wien arrangieren mußte.

Danach wurde Schwarzenberg erstaunlicherweise nach Paris geschickt, wohin ihm Lady Ellenborough folgte, die inzwischen ein Kind von ihm erwartete. 1832 war er in Berlin, eine Gestalt, die, wie man meinen könnte, mehr dem romantischen Zeitalter als der Welt der Diplomatie angehörte. Doch seine Karriere war nicht zu bremsen, und er setzte sie mit diversen Posten in Italien fort. Als ihn 1848 die Revolution einholte, war er österreichischer Botschafter. Über Triest und Wien schlug er sich zu Radetzkys Armee durch und nahm seine soldatische Laufbahn wieder auf. Und während er in Italien diente, eignete er sich einige der Ansichten des Feldmarschalls (sie waren im ganzen Offizierskorps verbreitet) über die neue Verfassung und die verräterische Rolle des italienischen Adels an.

Doch Schwarzenberg hatte sich schon früher Gedanken über die Verfassung und den Adel gemacht. Bevor er Wien verließ, um sich der

Armee Nugents anzuschließen, schrieb er am 9. April in der Wiener Zeitung einen Artikel, in dem er auf einen drei Tage zuvor in derselben Zeitung erfolgten Angriff auf den Adel antwortete. Der Autor, Ignaz F. Castelli, hatte die österreichischen Adligen beschuldigt, sich bedeckt zu halten und die Revolution nicht zu unterstützen. Schwarzenberg, der unter dem Pseudonym »ein Edelmann« zeichnete, bestritt dies. Der Adel habe sich nur zeitweise von den Ereignissen zurückgezogen; daß man in den Zeitungen kaum etwas über den Adel lese, habe nichts zu bedeuten. Schwarzenberg zufolge war der Adel patriotisch, hatte die jüngsten Zugeständnisse unterstützt und sich für sie eingesetzt. Doch nun komme es darauf an, daß sich ein jeder für ein geeintes und mächtiges Österreich stark mache.

Daß Schwarzenberg weiterhin an die neuen Institutionen glaubte, zeigte sich, als er sich bei einem Urlaub im Juli 1848 in seinem Heimatdorf in Böhmen als Kandidat für den Reichstag aufstellen ließ. Einer seiner Gutsarbeiter wandte ein, daß dies einen Kompromiß mit den Massen bedeuten würde. Schwarzenbergs Antwort war: »In einem konstitutionellen Staat müssen wir uns daran gewöhnen, mit den Massen Kompromisse zu machen.«[2]

Selbst wenn ihn die tragischen Ereignisse vom Oktober 1848 ebenso abgestoßen haben mochten wie Radetzky, bedeutete das für ihn nicht das zwangsläufige Ende der konstituionellen Regierung in Österreich. Im Gegenteil ist es ihm zu verdanken, daß der Reichstag nicht, wie von Windischgrätz gefordert, aufgelöst, sondern nach Kremsier verlegt wurde. Denn Schwarzenberg war es, der unter dem Druck Stadions und der konservativen tschechischen Deputierten im Reichstag den Kaiser überredete, am 19. Oktober ein zusätzliches Manifest herauszugeben, daß das drei Tage vorher erlassene ergänzte, in dem Windischgrätz in Wien freie Hand gegeben worden war. Ohne die Autorität von Windischgrätz im geringsten zu schmälern, wurde nun klargestellt, daß die Macht des Reichstags unangetastet blieb und er mit der Arbeit an einem Verfassungsentwurf fortfahren sollte.

Der Reichstag war obendrein vom Ministerpräsidenten persönlich ermuntert worden, als der ihm am 27. November seine Minister vorstellte. Die Kabinettsmitglieder galten als überwiegend liberal. Stadion war Innenminister, Bach Justizminister, Krauss Finanzminister und Bruck Handelsminister. Außerdem hatte Schwarzenberg erklärt: »Das Ministerium will sich nicht hintanstellen, wenn es gilt, liberale und populäre Institutionen ins Leben zu rufen; es hält sich vielmehr für verpflichtet, sich an die Spitze dieser Bewegung zu stellen. Wir wollen ohne jeden Hintergedanken wirklich eine echte konstitutionelle Monarchie.«[3]

Unter anderem versprach er Gleichheit aller Bürger vor dem Gesetz, gleiches Recht für alle Völker, Rechenschaftspflicht der Regierung gegenüber der Öffentlichkeit für alle Verwaltungszweige und das Prinzip der freien Gemeinden in einem freien Staat. Auch seine Zielsetzung in Italien oder Ungarn bezog er in den großen Zusammenhang seines großen Entwurfs mit ein: »Die Vereinigung der Länder und Rassen der Monarchie in einer großen politischen Körperschaft.«

Nur seine deutsche Politik blieb undurchsichtig, auch wenn er da den Akzent vor allem auf die Veränderungen setzte. »Die fortgesetzte Existenz von Österreich als politische Einheit ist sowohl eine deutsche wie eine europäische Notwendigkeit. Durchdrungen von dieser Überzeugung wenden wir uns der natürlichen Weiterentwicklung des immer noch unvollständigen Verwandlungsprozesses zu. Erst wenn ein verjüngtes Österreich und ein verjüngtes Deutschland neue und definitive Gestalt erlangt haben werden, wird es möglich sein, ihre gegenseitigen Beziehungen auf staatlicher Ebene zu regeln. Bis dahin wird Österreich weiterhin fortfahren, loyal seine Pflichten als Mitglied des Bundes zu erfüllen.«[4]

Österreichs eigene Verjüngung wurde wenige Tage später durch die Nachricht von einem Monarchenwechsel bestätigt. Ferdinands Abdankung war in der kaiserlichen Familie seit November 1847 im Gespräch. Er hatte bereits im Sommer 1848 seine Abdankung angeboten, aber Windischgrätz war dagegen gewesen, weil das Prinzip der erblichen Monarchie (»von Gottes Gnaden«) nicht angetastet werden dürfe. Doch im Zusammenhang mit der Flucht nach Olmütz anläßlich der Oktober-Revolution hatte die Kaiserin den Vorschlag noch einmal ausgesprochen und diesmal Schwarzenbergs und Windischgrätzs Zustimmung erlangt. Letzterer mochte vielleicht, trotz einigem Unbehagen, eingesehen haben, wie vorteilhaft es war, einen Monarchen zu haben, der persönlich nicht an die Versprechungen gebunden war, die sein Vorgänger dem Volk gegeben hatte (eine recht eigenwillige Interpretation des erblichen Prinzips). Windischgrätz ging daher davon aus, daß sich Franz Joseph bei der Thronbesteigung von der Revolution und all ihren Folgen lossagen würde. Und Ferdinand strich dem neuen Kaiser übers Haar und sagte: »Gott segne dich, bleib nur brav, Gott wird dich schützen! Laß nur, es ist gern geschehen.«[5]

Aber am folgenden Tag las Schwarzenberg im Reichstag eine Proklamation im Namen des neuen Monarchen vor, die sogar noch weiter ging als seine vorige, worin er die neuen Institutionen gepriesen hatte. Österreich schien auf gutem Weg zu einem verfassungsmäßigen Staat zu sein. Daher war es ein tiefer Schock, als Stadion am 6. März den Abgeordneten in Kremsier mitteilte, der Reichstag sei aufgelöst, und der Kaiser habe bereits einer neuen Verfassung zugestimmt. Diese, datiert vom 4. März, war »von Gottes Gnaden« und sollte durch Dekret in Kraft gesetzt werden. Doch da sie nie in Kraft gesetzt wurde, stellt sich die Frage, ob Schwarzenberg überhaupt je beabsichtigt hatte, mit einem

Parlament zu regieren. War es ihm je ernst gewesen mit seinen Äußerungen oder war er einfach ein unehrlicher und skrupelloser Opportunist?

Schwarzenberg und die Innenpolitik

Nach allem, was wir wissen, war Schwarzenberg keineswegs ein überzeugter Anhänger des Absolutismus und wäre vielleicht sehr wohl bereit gewesen, mit einem gewählten Parlament zusammenzuarbeiten. Andererseits scheint er – außer dem Wunsch nach einem starken und vereinigten Österreich – kein bestimmtes politisches Programm gehabt zu haben, und als Ministerpräsident war er wahrscheinlich in mancher Hinsicht überfordert. Gerade die ihm eigentümliche merkwürdige Mischung aus entschlossenem Patriotismus und politischer Unerfahrenheit erklärt vielleicht, wie es zu seinen Verlautbarungen über freie Institutionen, den Entwurf der Verfassung vom 4. März und zuletzt zur politischen Ausmanövrierung durch Kübeck und Franz Joseph kam. Es könnte auch verständlich machen, warum er sich auf Minister wie Bach und Krauss verlassen hat, die aus einer ganz anderen sozialen Welt als der seinen stammten.

Doch das ist nur die eine Seite. Hinzu kommt, daß er zwischen den extremen Forderungen des Reichstags und den unmißverständlich absolutistischen Prätentionen des neuen Monarchen, der regieren wollte, wie seinerzeit sein Großvater Franz, hin- und hergerissen wurde. Schwarzenberg seinerseits fehlte die politische Fähigkeit – und vielleicht das persönliche Engagement –, zwischen diesen Kräften zu lavieren.

Als der neue Ministerpräsident sein Amt antrat, war er laut Friedrich Walter »außerordentlich ungenügend über den inneren Zustand der Monarchie informiert und folglich kaum fähig, Entscheidungen zu treffen«.[6] Daher sein Vertrauen in Bach, »den aktivsten und mächtigsten seiner Kollegen«[7] – auf dessen »entscheidendes parlamentarisches Talent«[8] und geschulte Überzeugungsfähigkeit er nicht verzichten mochte. Kübeck jedoch, der dem Fürsten oft »seinen Mangel an Qualifikationen und Ignoranz« vorwarf, behauptete, Bach sei nur in technischen Einzelfragen konsultiert worden, und der Fürst habe prinzipielle Angelegenheiten selber in die Hand genommen. »So sehr der Fürst die Fähigkeiten und Sorgfalt seines Innenministers bewunderte, er hat die allgemeinen Linien der Politik des Ministeriums stets selbst bestimmt und durch die Faszination, die von seiner starken Persönlichkeit ausging, Bach dazu gebracht, sich seiner Führung anzuschließen.«[9]

War Schwarzenberg ein aufrichtiger Anhänger der Verfassung? Gewiß lehnte er Anarchie und Revolution ab und verurteilte dementsprechend die Ereignisse von 1848. Doch er kandidierte eben auch für das Parlament und stellte sich mit Namen und Stimme hinter Erklärungen, die den Parlamentarismus unterstützten. So muß man annehmen, daß er persönlich nichts gegen das parlamentarische System als Regierungsform einzuwenden hatte.

Das läßt sich auch anhand seines Briefwechsels mit Windischgrätz im Winter 1848 nachweisen. Windischgrätz war schließlich für seine Ernennung zum Ministerpräsidenten verantwortlich gewesen und galt in den Augen vieler Zeitgenossen als Retter der Monarchie. Deswegen verlangte er »laufend über die wichtigsten innenpolitischen Fragen informiert zu werden«, ebenso wie »über alle Schritte und Verhandlungen in der Außenpolitik«.[10] Da er außerdem darauf bestand, daß »die Minister jede offene Hinwendung zur Partei des Fortschritts unterlassen sollten, Reformideen nicht zu weit unterstützen und sich, soweit es mit neuen Umständen zu vereinbaren ist, an das Althergebrachte halten«[11] sollten, zwang er Schwarzenberg, die eigenen Prinzipien, so sie denn konstitutionell waren, zu verteidigen. Und genau das hat Schwarzenberg getan und seine Minister und den Reichstag verteidigt, obwohl ihm die Unterstützung der Armee wie des Hofes ziemlich sicher gewesen wäre, hätte er seinem Schwager zugestimmt. Doch im Gegenteil schrieb er am 5. Januar 1849 an Windischgrätz: »Unser Reichstag in Kremsier wurde sehr zahm. Jeder Sieg, jeder Fortschritt in Ungarn weitet seinen politischen Horizont und befördert seine Fähigkeit zur Gesetzschreibung.«[12] Und zwei Tage später, als er seine Minister verteidigte, beschrieb er das Ministerium als einen Ort, »an dem regulierter Fortschritt stattfindet«.[13] Wie Windischgrätz behauptete auch er, die Revolution zu bekämpfen, allerdings mit anderen Mitteln.

Schwarzenberg brach zum erstenmal mit dem Reichstag, als es zu einem Konflikt über die Formulierung von Grundrechten kam, in dessen Verlauf sich ziemlich viele Abgeordnete entschieden für den Gedanken der Volkssouveränität aussprachen. So schrieb er am 12. Januar 1849 seinem Schwager: »Der Reichstag hat sich in den letzten paar Tagen als so bösartig erwiesen, daß je länger je weniger Hoffnung besteht, das geplante Ziel, nämlich gemeinsam die Verfassung auszuarbeiten, auch zu erreichen.«[14] Und am 21. Januar berichtete er schon, daß der Entwurf der eigenen Verfassung fertig sei. »Dann«, fügte er sarkastisch hinzu, »wird die ganze unnötige Versammlung gebeten, sich auf die Beine zu machen.«[15]

Als ihm Windischgrätz jedoch riet, ganze Arbeit zu leisten und gleich auch die »Ideologen« aus dem Kabinett zu weisen, stellte sich Schwarzenberg nach wie vor hinter seine Kollegen. »Geeignete Minister«, antwortete er, »sind selten, vor allem in Zeiten, wo... Durchhaltevermögen und ein gewisser moralischer Mut unbedingt vonnöten sind.«[16] Sollte sein jetziges Ministerium auseinanderfallen, erklärte er, stünden ihm keine anderen Mitarbeiter mehr zur Verfügung.

Die Debatte, die Schwarzenberg in Kremsier zu seiner Sinnesänderung bewegte, betraf jene Klausel des Verfassungsentwurfs, in der es hieß: »Alle Souveränität geht vom Volk aus und wird auf der in der Verfassung vorgeschriebenen Weise ausgeübt.«[17] Stadion hatte die Abgeordneten vor einer solchen Formulierung gewarnt, aber die »Einmischung« wurde zurückgewiesen. (Windischgrätz hatte erklärt: »Wenn sie es von Gottes Gnaden nicht hinnehmen wollen, müssen sie es von Gnaden der Kanone lernen.«)[18] Die fatale Klausel wurde schließlich gestrichen, aber der Schaden war einmal angerichtet.

Der endgültige Verfassungsentwurf fiel jedenfalls recht radikal aus. Der Monarch war zwar noch mehr oder weniger für die Außenpolitik zuständig, doch in der Innenpolitik war seine Macht begrenzt. Seine Minister waren dem Parlament rechenschaftspflichtig und hatten, was die Gesetzgebung betraf, nur ein aufschiebendes Veto. Der Monarch konnte das Parlament zwar auflösen, aber nur einen Monat lang, und wenn er es tat, dann mußte innerhalb von drei Monaten ein neues Parlament gewählt werden. Auch viele andere Aspekte der Reichstagsvorschläge wurden als provokativ empfunden: Die Adelstitel sollten abgeschafft werden, die römisch-katholische Religion nicht länger »herrschend« sein; an die Einführung der Zivilehe war gedacht, und alle Bürger sollten vor dem Gesetz gleich sein. Überdies lag eine lange Liste mit bürgerlichen Rechten auf dem Tisch – Redefreiheit, Versammlungsfreiheit und vieles mehr. Paragraph 21 der Nationalitätenrechte lautete: »Alle Völker des Reiches haben gleiche Rechte. Jedes Volk hat ein unveräußerliches Recht, seine Nationalität und seine Sprache zu bewahren.«[19]

Was die lokale Autonomie anging, sah man von einer Sonderregelung für Ungarn (von dem man annahm, es habe seine eigene Verfassung) und Lombardo-Venetien ab. Abgesehen davon wurden allen traditionellen Ländern – mit einigen wenigen geographischen Unterschieden – die gleichen Rechte verliehen. Sondergerichtshöfe sollten die Streitigkeiten zwischen Nationalitäten innerhalb eines einzelnen Landes schlichten. Darüber hinaus sollten alle Länder in Landkreise unterteilt werden, die soweit wie möglich den ethnischen Gegebenheiten entsprechen sollten. Das Parlament bestand aus zwei Häusern, dem Oberhaus, dem drei Repräsentanten jedes Landes und einer aus jedem Landkreis angehörten, und dem Unterhaus, das sich aus direkt gewählten Abgeordneten zusammensetzte, wobei auch Bürger mit niedrigem Vermögen Stimmrecht erhalten sollten. Das war die berühmte Kremsier Verfassung.

In vielem war sie offensichtlich zu radikal für die Regierung. Insbesondere betraf das die Stellung des Monarchen, die man als herabsetzend empfand, obwohl die Klausel über die Volkssouveränität schließlich fallengelassen worden war. Die Tatsache, daß man Ungarn und

Lombardo-Venetien nicht in die Verfassung einbezogen hatte, bedeute-
te, daß die Monarchie nicht in dem Sinne »vereinigt« war, wie das Franz
Joseph vorschwebte. Nicht zuletzt deshalb ließ man sie nicht politische
Wirklichkeit werden.

Dennoch ist es zu einer Kontroverse über die »Kremsier Verfassung«
gekommen. Joseph Redlich zum Beispiel hat sie mit der französischen
Verfassung von 1791 und mit der amerikanischen Verfassung verglichen und sie für die beste erklärt, die Österreich je angeboten bekam.[20]
Auch andere haben über die »verpaßte Chance« geschrieben.[21] Ihnen
allen hat C. A. Macartney mit dem Einwand widersprochen, man sei
sich nur darum einig geworden, weil man von der Auflösung bedroht
gewesen war. »Es ist über diesen Reichstag unter den Historikern zu einer Legendenbildung gekommen. Die Völker der Monarchie, für einen
Augenblick dem Einfluß des Hofes, der Aristokratie und den anderen
reaktionären Kräften entronnen, hätten sich in gegenseitiger Liebe und
süßer Vernunft vereint und eine Lösung gefunden, die Österreich ein
friedliches Dasein erlaubt haben würde, hätte die Reaktion sich nicht
dazwischengeworfen. Das Gegenteil ist wahr. Die Arbeit, die der
Reichstag schließlich geleistet hat, war zwar äußerst wertvoll. Aber der
Impuls dazu ergab sich nicht aus der Nichteinmischung der undemokratischen Kräfte, sondern vielmehr aus ihrer hintergründigen, allzu
nahen Präsenz. Jedermann in Kremsier war sich schmerzhaft der Tatsache bewußt, daß Windischgrätz nur den geeigneten Zeitpunkt ab-
paßte, alles, was sie erarbeiteten, beiseite zu wischen.«[22] Macartneys
Einwand erklärt jedoch nicht, warum der Entwurf dennoch so radikal
ausfiel. Und er widerlegt auch nicht die Annahme, daß die Kremsier
Verfassung der Monarchie eine Grundlage für friedlichen Fortschritt
geschenkt haben würde, hätte man sie in Kraft gesetzt.

Doch kehren wir zur ursprünglichen Fragestellung zurück. Die Alternative zu Kremsier war, wie sich schließlich herausstellte, nicht Windischgrätz und der Absolutismus, sondern Schwarzenberg und Graf
Stadion, der ja nun ein energischer Befürworter parlamentarischer Institutionen war. Und als Schwarzenbergs Innenminister bekam gerade
er die Aufgabe, eine alternative Verfassung zu der von Kremsier zu entwerfen. So ist es vielleicht wenig überraschend, daß diese Verfassung —
die durch Dekret in Kraft gesetzte Verfassung vom 4. März 1849 — einige Ideen aus dem Entwurf von Kremsier übernahm, auch wenn sie
die radikaleren gestrichen hatte.

In der Version Stadions erhielt der Monarch in der Außenpolitik
eine beinahe unbegrenzte Machtbefugnis, während er innenpolitisch
seine Exekutivmacht durch »verantwortliche Minister« ausüben sollte.
Die gesetzgeberische Befugnis sollte er mit dem Reichstag teilen, der
aus einem Oberhaus mit gewählten Repräsentanten der örtlichen
Landtage und dem Unterhaus bestand, das durch Direktwahl bestimmt

werden sollte. Gesetze bedurften der Zustimmung beider Häuser ebenso wie der des Monarchen. In einem Notfall oder wenn der Reichstag aufgelöst war, konnte der Monarch durch Befehle an den Reichsrat regieren, aber solche Befehle bedurften der nachträglichen Zustimmung des Reichstags. Die Mitglieder dieses Reichsrats wurden vom Monarchen selber nominiert.

Unter dem Reichstag standen dann die Landtage, Landkreise, Distrikte und Gemeinden, alle durch gewählte Räte regiert und weitgehend autonom. Jeder Bürger war vor dem Gesetz gleich, und das in Kremsier formulierte Prinzip von Gleichheit der Sprache und Nationalität wurde wiederholt, auch wenn es nun nicht länger ausdrücklich »garantiert« war. Einwohnern der österreichischen Lande wurde Gewissensfreiheit und die private Ausübung ihrer Religion versprochen, wobei ihnen die bürgerlichen und politischen Freiheiten unabhängig von ihrem Glauben zugestanden wurden.

Es gab eine lange Liste solcher bürgerlichen Freiheiten. Doch »die eigentliche Bedeutung der Verfassung, abgesehen von ihrem Zwangscharakter, war ihr panmonarchischer Standpunkt. Der Monarch sollte nur einmal gekrönt werden: als Kaiser von Österreich. Es durfte nur eine Staatsbürgerschaft, ein Gesetz und ein zentrales Parlament geben. Die Monarchie sollte auch eine einzige Zollunion darstellen; alle internen Zolltarife sollten abgeschafft werden.«[23]

Nur Lombardo-Venetien, dessen genauen Status man später klären wollte, blieb – und auch nur nominell – von dieser neu gefundenen Einigkeit ausgenommen. In Ungarn sollte die bisherige Verfassung in Kraft bleiben, bis auf die Artikel, die der neuen gesamtösterreichischen widersprachen. Jeder Nationalität und jeder örtlichen Sprache war auf allen Gebieten des öffentlichen und privaten Lebens Gleichheit zugestanden. Die Einzelheiten sollten in einem getrennten Statut aufgeführt werden. Währenddessen wurde die »Militärgrenze« wieder eingeführt und aus den Ländern der St. Stephanskrone drei neue Kronländer – Transsylvanien (mit dem Partium), Kroatien-Slawonien und die Woiwodina – gebildet.

Alles in allem war die Verfassung keineswegs reaktionär. Sie setzte sich zwar über die Volkssouveränität hinweg und gestand dem König ein Vetorecht in der Gesetzgebung zu; doch sah sie ein verantwortliches Ministerium, ein parlamentarisches System und bürgerliche Rechte vor. Außerdem führte Schwarzenbergs Justizminister Schmerling Justizreformen durch, die in wichtigeren Zivil- und Strafsachen Geschworenengerichte und zum erstenmal überhaupt eine öffentliche Zeugenbefragung vorsahen – ein weiterer Hinweis dafür, daß man an eine neue, verfassungsmäßige Epoche dachte. Doch Stadions Verfassung wurde ebensowenig in Kraft gesetzt wie die von Kremsier.

Warum nicht, ist nicht klar. Wahrscheinlich wollte der junge Kaiser im Grunde lieber allein regieren. Aber ob er nun selber die Initiative zur Wiedereinführung der Alleinherrschaft ergriff oder ob jemand anders dahintersteckte, ist offen. Jedenfalls war es Kübeck, der Finanzminister Metternichs, der für die Wiedereinführung des monarchischen Absolutismus sorgte, und er stieß bei Schwarzenberg nur auf geringen Widerstand. Der nämlich verhielt sich während der Manöver Kübecks merkwürdig passiv: »Man kann nicht umhin, in Schwarzenbergs Benehmen eine gewisse Unsicherheit über sein künftiges Verhalten wahrzunehmen«, während Kübecks »Überlegenheit sich daraus ergab, daß er für ein klares Konzept kämpfte und genau wußte, was er wollte«.[24] Andererseits sind Schmerling, Krauss und Bruck alle zurückgetreten, bevor der Übergang zum Absolutismus abgeschlossen war.

Es gab natürlich gute Gründe, warum die Verfassung Stadions nicht umgehend in Kraft gesetzt werden konnte. Zunächst einmal ergaben sich die Ungarn erst im August 1849 (General Klapka, der im Fort Komárom aushielt, erst im November); auch Venedig kapitulierte nicht vor August; ein großer Teil der Monarchie mußte daher nach wie vor befriedet werden, und bis die Regierung sicher war, daß sie die vollständige Kontrolle zurückerlangt hatte, ließen sich aus ihrer Sicht Reichstagswahlen nicht verantworten. Überdies bedurfte auch die deutsche Frage einer Lösung, die möglicherweise auch eine Veränderung der österreichischen Verfassung nach sich zog. Und schließlich herrschte in Wien immer noch der Belagerungszustand.

Angesichts der Nachwehen der Revolution gab es nur allzu viele plausible Gründe, die Inkraftsetzung der Verfassung zu verschieben. Dennoch fuhr die Regierung fort, sich in der Gesetzgebung an das Prinzip zu halten, daß sie sich eines Tages vor dem Reichstag würde rechtfertigen müssen. Dies erlaubte Schwarzenberg und seinem Kabinett die Initiative zu behalten, sich vor Kritik zu schützen und dafür zu sorgen, daß dem Monarchen in der Regierung keine dominierende Rolle zukam. (Schwarzenberg sagte, er wolle nicht den »Lohnschreiber« für den Thron abgeben.) Doch das machte es Kübeck auch möglich, den ganzen Vorgang ins Lächerliche zu ziehen. Man konnte ihm einfach nicht widersprechen, wenn er behauptete, daß das Ministerium sich mit »dem Schild einer theoretischen Verantwortung schützt, dessen tatsächliches Nichtvorhandensein ihm völlige Verantwortungslosigkeit verleiht«.[25] Praktisch wurde das Land durch die Armee, die Bürokratie und die Gendarmerie geleitet. Radetzky wurde 1849 zum Generalgouverneur von Lombardo-Venetien ernannt; Erzherzog Albert 1851 zum Generalgouverneur von Ungarn; Fürst Carlos Schwarzenberg zum Generalgouverneur von Transsylvanien, und Franz Joseph selbst nahm den Titel des großen Woiwoden an, überließ aber die Regierungsgeschäfte der Woiwodina einem österreichischen General. Kroatien wurde im Januar 1853 gleichgeschaltet, obwohl man Jellačič anfangs als Gouverneur bestätigt hatte. Doch er verlor bald seine Kompetenzen, und das Königreich wurde von der Armee regiert.

Die übrige Monarchie wurde durch Beamte regiert, die Hand in Hand mit der Polizei arbeiteten. Die Verwaltung war völlig zentralisiert, die Verwaltungssprache Deutsch, und jeder Unterricht oberhalb der Primärstufe wurde in Deutsch erteilt. In Ungarn und Kroatien mußte man daher die Verwaltungsposten mit deutschsprachigen Tschechen oder Slovenen besetzen. Da diese Männer in Ungarn Uniformen im magyarischen Stil erhielten, nannte man sie die »Bach-Husaren«.

Kübecks Angriff auf das Ministerialsystem begann am 19. Oktober 1850, als er nach seiner Rückkehr aus Frankfurt, wo er Österreich beim Bundestag vertreten hatte, zum Kaiser bestellt wurde. Der teilte ihm mit, er habe beschlossen, den in der Verfassung vorgesehenen Reichsrat einzuberufen, und Kübeck sollte dessen Kompetenzen bestimmen. Er sollte die Statuten entwerfen und die Mitglieder vorschlagen. Warum ausgerechnet Kübeck diese Aufgabe erhielt, ist unklar. Vielleicht weil bekannt war, daß er etwas gegen das Ministerium hatte (Krauss, nicht er, war zum Finanzminister bestimmt worden), vielleicht weil er die Unterstützung wichtiger Konservativer wie Metternich genoß, die eine Rückkehr zum Regierungssystem des Vormärz wünschten. Und da er einen Ruf als Finanzexperte besaß, mag man bei Hofe auch gehofft haben, daß er international zur Hebung des österreichischen Kredits beitragen würde. Außerdem war er es gewesen, der beim Entwurf der Verfassung überhaupt eine solche Körperschaft vorgeschlagen hatte. Jedenfalls wurde er, als er dem Kaiser am 1. November die ersten Vorschläge vorlegte, zum Präsidenten der neuen Körperschaft berufen. Bald darauf, am 19. November, ließ man ihn wissen, daß der Reichsrat »über der Verfassung steht und sie in gewissem Sinne ersetzen soll«.[26] Nun müssen die Absichten des Kaisers schon ziemlich unmißverständlich geworden sein. »Es ist nicht unsere Aufgabe«, urteilt Macartney, »das, was Franz Joseph an diesem entscheidenden Punkt unternahm, an dem strengen Ehrbegriff, den seine Biographen ihm zuschreiben, zu messen, und wir wissen nicht, wessen Stimme ihn zu dem Glauben überredet hat, er sei an keinen Eid gebunden, was immer er auch geschworen habe. Aber es steht ziemlich fest, daß er spätestens 1850 der Meinung war, es sei – unabhängig davon, was ihm Schwarzenberg bei der Thronbesteigung für Worte in den Mund gelegt hatte – sowohl sein Recht wie seine Pflicht, diese Worte zu ignorieren und sich selbst zum absoluten Herrscher über seine Lande zu machen.«[27] Kübeck war nur allzu bereit, ihm dabei zur Hand zu gehen.

In seinem Memorandum an den Kaiser griff Kübeck das Prinzip ministerieller Verantwortlichkeit an. Es beruhe auf der Volkssouveränität, argumentierte er, und habe daher in der Monarchie nichts zu suchen.

In einer Monarchie sei die Verantwortlichkeit Sache des Monarchen; die ministerielle Verantwortlichkeit gehöre abgeschafft, und einen Ministerialrat brauche man nicht. Statt dessen sollten die einzelnen Minister einem aus würdigen Staatsmännern zusammengesetzten Reichsrat Vorschläge machen, und allein diesem stünde es dann zu, den Monarchen zu beraten.

Was Kübeck vorschlug, war in der Tat nichts anderes als eine Rückkehr zum Vormärz, mit Ministern als »Hofstellen-Leiter« und einem dem »Staatsrat« entsprechenden Reichsrat. Der Reichsrat wurde dann im April 1851 einberufen, auch wenn der Kaiser es mit dessen Machtbefugnis nicht zu weit trieb, um Schwarzenberg nicht zum Rücktritt zu veranlassen. Dieser war von Kübeck konsultiert worden und hatte sich bereit erklärt, mit der neuen Körperschaft zu leben − schließlich war sie von der Verfassung vorgesehen −, wenngleich er hoffte, ihre Autorität zu begrenzen und dem Ministerium den Vorrang zu sichern.

Das war im August 1851 jedoch nicht mehr möglich. Kaiserliche Dekrete gestanden die ministerielle Verantwortlichkeit dem Reichsrat zu, der zusätzlich die Aufgabe erhielt, zu untersuchen, inwieweit die Verfassung überhaupt funktionsfähig war. Doch weder Schwarzenberg noch Bach reichten ihren Rücktritt ein; das tat nur Krauss, ebenso wie vorher Schmerling und Bruck. Schließlich machte der Kaiser aller Unsicherheit ein Ende, als er am 29. Dezember einer Gesamtsitzung des Ministeriums und des Reichsrats vorstand, wo Vorschläge zur Verfassungsänderung vorgelesen und seine Absichten bekanntgegeben wurden. Zwei Tage später wurde die Verfassung außer Kraft gesetzt, und der Neoabsolutismus erhielt durch das sogenannte Silvesterpatent vom 31. Dezember 1851 seine gesetzliche Basis.

Eigentlich bestand das Patent aus drei Dokumenten: Das erste informierte das Ministerium, die Verfassung sei außer Kraft gesetzt worden, mit Ausnahme der Abschaffung der Bauernabgaben und dem Prinzip der Gleichheit vor dem Gesetz; das zweite Dekret setzte die 1849 zugestandenen Rechte außer Kraft, obwohl auch weiterhin Religionsfreiheit garantiert wurde und den Kirchen die Verfügung über ihr Eigentum zugesichert blieb; das dritte bezog sich auf die neue administrative Organisation der Monarchie. Darin wurde die Absetzung der gewählten Ratsversammlungen auf Länder-, Bezirks- und Gemeindeebene verfügt, Schmerlings Gesetzesreformen für ungültig erklärt, in den ungarischen Ländern das österreichische Zivil- und Strafrecht eingeführt und das Prinzip der Gleichheit von Sprache und Nationalität abgeschafft. Zuletzt sollte eine Kommission, der Kübeck vorstand, die Gesetze der Monarchie revidieren und alles, was irgendwie an das repräsentative Prinzip oder an die Revolutionen von 1848 erinnerte, abschaffen.

Kurz, Franz Joseph war zu dem System Metternichs zurückgekehrt, nur daß er es sehr entscheidend gestrafft und jene starke Zentralisierung durchgesetzt hatte, die stets der große Wunsch Metternichs gewesen war. Außerdem hatte er seine Minister selber ernannt. Kein Wunder, daß Metternich, der bald darauf nach Wien zurückkehrte, ihm seinen Segen gab.

Schwarzenberg selbst hatte wahrscheinlich gemischte Gefühle. Einerseits war er bereit gewesen, mit einem Parlament zu arbeiten, andererseits hatte er sich an ein Dasein ohne Rechenschaftspflicht vor dem Reichstag gewöhnt. Hinzu kam, daß mit der Rückkehr zur Ein-Mann-Herrschaft die Schlacht mit Kübeck auf institutioneller Ebene verloren war. Wie sich zeigte, ließ sich Franz Joseph ebensowenig von einem Reichsrat beherrschen wie von einem Ministerium. »Solange Kübeck lebte, wurde er oft zur Beratung bestellt, vor allem in finanziellen Fragen, aber der Reichsrat selbst hatte nie die geringste Auswirkung auf die Politik.«[28]

Schwarzenbergs Deutschlandpolitik

Die Revolutionen hatten in Deutschland das Frankfurter Parlament hervorgebracht, das die Aufgabe hatte, eine Verfassung für ein vereinigtes Deutschland auszuarbeiten. Schon im Oktober 1848 wurde erkennbar, daß man sich für ein »kleindeutsches« Arrangement entscheiden würde; Österreich sah sich vor die Wahl gestellt, sich entweder für eine Personalunion mit den eigenen, nichtdeutschen Ländern zu entscheiden oder sich ganz aus dem neuen Deutschland herauszuhalten. Da Wien diesem Plan unmöglich zustimmen konnte, wurde die Krone des neuen Deutschland im Frühling 1849 Friedrich Wilhelm von Preußen angeboten, das damals bereits der wirtschaftlich und militärisch führende Staat Deutschlands war. Er lehnte das Angebot am 3. April 1849 ab, da er sich, wie er sagte, zu fein war, eine Krone im Rinnstein aufzulesen. Sie von den deutschen Fürsten anzunehmen, bereitete ihm hingegen weniger Skrupel. Sein Ministerpräsident, General von Radowitz, versuchte genau dies zustande zu bringen, so daß zwischen Januar und Mai 1850 die Erfurter Union (später die Deutsche Union) ins Leben gerufen wurde, wobei der König von Preußen »Reichsvorstand« oder Leiter des Deutschen Reiches wurde und Deutschland einen Reichstag mit zwei Kammern erhielt. Nicht nur Österreich konnte das nicht hinnehmen; auch die deutschen Monarchen waren damit nicht allzu glücklich: Die Union wurde von den Königreichen Bayern, Sachsen, Hannover und Württemberg boykottiert, von den kleineren Staaten ganz zu schweigen.

Im Mai 1850 machte Schwarzenberg deutlich, daß er die Union zu ignorieren gedachte, indem er Österreichs Position als Präsident des

Die neoabsolutistische Herrschaft des inzwischen 22jährigen Kaisers Franz Joseph führte immer wieder zu neuen liberalen, nationalen und sozialen Unruhen. Alle drei Elemente zogen sich in einem Attentat vom Februar 1853 zusammen, als ein ungarischer Schneidergeselle den Monarchen während eines Spaziergangs zu erdolchen suchte.

Deutschen Bundes aufs neue unterstrich und den Bund wieder einberief. Daß er damit jedoch nicht beabsichtigte, die deutschen Angelegenheiten einmal mehr im Sinne Metternichs zu ordnen, beweisen seine Vorschläge vor der Dresdener Konferenz. Jedenfalls hatte er schon auf dem Reichstag in Kremsier von einem verjüngten Deutschland gesprochen und ganz zu Anfang seiner Amtszeit als Ministerpräsident verschiedene Pläne vorgeschlagen, die zu einer Reorganisation des Deutschen Bundes geführt hätten.

Einer dieser Pläne war die Teilung Deutschlands in sechs Kreise, ein anderer die Gründung eines neuen Direktorats, das direkt der Präsidentschaft unterstand, während wieder ein anderer eine Kammer betraf, in der Österreich 38 und das übrige Deutschland 32 Stimmen gehabt hätten. Die österreichische Regierung hatte den Deutschen Bund sogar schon einmal für beendet erklärt. Bis weit ins Jahr 1849 hinein jedoch war Schwarzenbergs Aufmerksamkeit anderweitig in Beschlag genommen worden: von Italien und vor allem von Ungarn. So hatte er im September 1849 das deutsche Interimsabkommen mit Preußen getroffen, demzufolge beide Staaten gemeinsam die deutschen Angelegenheiten überwachen würden, bis man sich über ein längerfristigeres Abkommen würde einigen können. Dieses Interimsabkommen lief am 1. Mai 1850 aus.

Schwarzenberg nutzte die Einberufung des Bundes, um deutlich zu machen, daß Österreich, das seine Stellung in Italien und Ungarn zurückerlangt hatte, nun bereit war, dasselbe auch in Deutschland zu tun. Eine Gelegenheit ergab sich im Zusammenhang mit den Streitigkeiten um Schleswig-Holstein und Hessen-Kassel. In Schleswig-Holstein rief der König von Dänemark den Bund gegen seine deutschen nationalistischen Gegner zu Hilfe, zur Abwechslung bat also einmal der Souverän um Schutz vor seinen rebellischen, konstitutionell gesinnten Untertanen. Appelliert wurde in beiden Fällen an Preußen und den Deutschen Bund. Welche Körperschaft würde sich nun als Schiedsrichter in deutschen Angelegenheiten durchsetzen?

Komplikationen ergaben sich vor allem daraus, daß es im Falle Schleswig-Holsteins um mehr als nur um deutsche Interessen ging. Das Gleichgewicht der Kräfte im Ostseeraum stand möglicherweise auf dem Spiel, falls der König von Dänemark die Kontrolle über die Elbfürstentümer verlieren würde, weswegen Rußland – von Großbritannien ganz zu schweigen – gegen jede Änderung des Status quo war.

Zar Nikolaus I. wurde daher von beiden Seiten konsultiert und gab Österreich seine moralische Unterstützung. Doch er konnte alle Einzelheiten des konstitutionellen Disputs zwischen Österreich und Preußen ebensowenig begreifen wie Palmerston und gab bekannt, er würde nur dann aktiv intervenieren, wenn es über Schleswig-Holstein zu einem Krieg zwischen den beiden deutschen Staaten käme. Im Falle Hessen-Kassels wollte er sich neutral verhalten, auch wenn er Österreich wohlwollend gesonnen war.

Wie sich zeigte, entschied sich der Bund, seine Autorität über Hessen-Kassel durchzusetzen, nicht zuletzt deshalb, weil preußische Militärstraßen durch das Land führten. Die Besetzung der Pfalz führte zu einer Auseinandersetzung zwischen österreichischen und preußischen Truppen, bei denen ein preußisches Pferd und fünf österreichische Schützen verwundet wurden. Das Pferd ging als das »Weiße Pferd von Bronzell«, dem Ort des Ereignisses, in die Geschichte ein, und trotz der geringen Zahl von Verwundeten bestand in Deutschland für einen Augenblick eine reale Kriegsgefahr.

Die Gefahr erledigte sich dadurch, daß Preußen vollständig nachgab. Friedrich Wilhelm hatte stets gezögert, die Forderungen Österreichs in Frage zu stellen – als deutscher Romantiker kannte er die Habsburger Geschichte zu gut –, und so erklärte er die Union für aufgelöst. Radowitz wurde als Botschafter nach London versetzt und sein Rivale, der konservative Otto von Manteuffel, wurde nach Olmütz geschickt, um mit Schwarzenberg zu verhandeln. Doch der bestand darauf, Preußen müsse vollständig abrüsten, bevor es zu Verhandlungen kommen könne. Das wurde allgemein als Demütigung der Preußen empfunden, auch wenn das erzielte Übereinkommen (oder die »Punktation«, wie es damals hieß) als solches weit weniger demütigend war als die Tatsache, daß Preußen nachgegeben hatte. Denn man war übereingekommen, das Problem von Hessen-Kassel und Schleswig-Holstein allen deutschen Staaten gemeinsam zur Lösung vorzulegen und über die Zukunft des Bundes auf »freien Konferenzen« in Dresden zu bestimmen, an denen sich alle deutschen Staaten beteiligen konnten. Die Konferenzen begannen am 23. Dezember 1850 und dauerten bis zum 15. Mai 1851.

Auf der Dresdener Konferenz machte Schwarzenberg drei wichtige Vorschläge: Erstens sollte Österreich geschlossen dem Verein beitreten – der sogenannte »Gesamteintritt«; zweitens sollte ein neues Exekutivorgan geschaffen werden, dem Österreich, Preußen, die vier anderen Königreiche sowie die übrigen deutschen Staaten angehörten, und das eine schnelle Mobilisierung des Bundes ermöglichen sollte; drittens sollte die Monarchie geschlossen dem Zollverein oder der deutschen Zollunion beitreten. Schwarzenberg zufolge waren das äußerst geringfügige Veränderungen, doch hätten sie stattgefunden, hätten sie ein politisch und wirtschaftlich zusammenhängendes 70-Millionen-Reich in der Mitte Europas geschaffen, das sich von der Ostsee bis zur Adria erstreckt hätte.

Zunächst schienen die Dinge ganz nach den Wünschen Schwarzenbergs zu verlaufen. Er hatte erfolgreiche Gespräche in Berlin geführt, bevor die Konferenz zusammenkam, und dort sogar angeboten, den Vorsitz des Bundes mit Preußen zu teilen, auch wenn die Einzelheiten, wie er sagte, noch ausgearbeitet werden mußten. Doch in Dresden gab es Schwierigkeiten. Zunächst einmal forderten einige deutsche Staaten ein nationales Parlament, was Schwarzenberg, der auf dem föderativen Prinzip bestand, ablehnen mußte. Danach erhoben die kleineren Staaten, die heimlich von Preußen ermutigt wurden, Einwände gegen die vorgeschlagene Exekutive. (Der österreichische Vorschlag hatte den Großmächten je zwei Stimmen zugestanden, den vier anderen Königreichen eine Stimme, und die übrigen drei Stimmen für die restlichen Kleinstaaten vorgesehen, also so verteilt, daß Preußen dauernd in der Minderheit geblieben wäre.)

Schwarzenberg war kompromißbereit und machte noch einmal das Angebot, die Präsidentschaft im Austausch gegen eine wesentlich größere Exekutive mit Preußen zu teilen. Dann kehrte er nach Wien zurück und überließ die Leitung der Konferenz seinem Deputierten Buol. Buol begriff bald, daß Österreichs Eintritt in die Zollunion auf wenig Gegenliebe stieß, und holte sich einen Zollexperten namens Hock, um die österreichische Position noch einmal zu präzisieren. Als Schwarzenberg zurück nach Dresden kam, stand am 23. Februar 1851 die Abstimmung des Plenums bevor. Doch sie wurde um zwei Wochen verschoben – Manteuffel hielt nichts von Schwarzenbergs Angebot einer geteilten Präsidentschaft –, und als sie schließlich zustande kam, war die Mehrheit gegen Österreich.

Nun konnte Manteuffel erklären, Preußen würde nur ein einstimmiges Votum akzeptieren. Und die Preußen forderten nun eine *De-jure*-Gleichheit mit Österreich in allen Bundesangelegenheiten sowie eine größere Exekutive (was wiederum für die mittleren Staaten unannehmbar war) als Preis für den Gesamteintritt Österreichs. Schwarzenberg bot den Preußen ein gesetzlich verankertes Mitspracherecht bei allen Bundesfunktionen an, bestand aber darauf, daß die Präsidentschaft bei Österreich verblieb. Damit war die Konferenz festgefahren, es wurden alle möglichen neuen Vorschläge gemacht, und die mittelgroßen Staaten befürchteten allmählich, daß sich Österreich und Preußen auf ihre Kosten einigen würden.

Die Konferenz drohte ergebnislos zu enden. Buol riet Schwarzenberg, wieder von vorne anzufangen und erneut das erste Angebot auf den Tisch zu legen, doch der führte lieber Geheimverhandlungen mit Manteuffel. Schließlich gestand er deren Scheitern ein und war am 9. April bereit, in Ermangelung eines Besseren die alte Bundesstruktur, verbunden mit einer österreichisch-preußischen Verteidigungsallianz, zu akzeptieren. Doch bestand er darauf, sämtliche Komiteeberichte dem Plenum zur endgültigen Abstimmung vorzulegen, mit dem Hintergedanken, sie danach dem Bundestag in Frankfurt zur weiteren Besprechung vorzulegen.

So wurde am 15. Mai eine letzte Sitzung abgehalten, auf der Österreichs Vorschläge niedergestimmt wurden. Nicht einmal auf Komitee-Ebene reichte die Zustimmung aus, um die Frage des Gesamteintritts und der neuen Exekutive dem Plenum zur Abstimmung vorzulegen. Nur ein Bericht über Handel und Tarife wurde schließlich genehmigt. Dennoch fühlte sich Schwarzenberg verpflichtet, die Arbeit der Konferenz zu loben, bevor er sie endlich abschloß. Bevor er am darauffolgenden Tag gemeinsam mit Manteuffel Dresden verließ, unterschrieb er noch einen Verteidigungspakt mit dem preußischen Staatsmann. Er war auf drei Jahre ausgelegt (mit der Möglichkeit der Verlängerung), richtete sich gegen die Bedrohung durch einen revolutionären Umsturz und enthielt – abgesehen von der Verpflichtung zur gegenseitigen Verteidigung – keine besonderen Garantien. Immerhin bot er einen gewissen Modus vivendi mit Berlin.

Wie also soll man diese Verhandlungen bewerten? In den letzten Jahren hat der amerikanische Historiker Roy Austensen Schwarzenbergs Diplomatie verteidigt, ihn als erfolgreichen Schüler Metternichs gefeiert und ihn gegen die Behauptung in Schutz genommen, er sei ein erfolgloser »Realpolitiker«[29]. Dennoch scheint auf der Hand zu liegen, daß Schwarzenberg als Realpolitiker gescheitert ist. Es gelang ihm

nicht, die Monarchie geschlossen in den Deutschen Bund einzubrin-
gen; er scheiterte mit seinem Versuch, sie dem Zollverein anzuschließen und damit mit seinem Vorhaben, ein 70-Millionen-Reich zu
schaffen, das vielleicht Europa beherrscht hätte. Austensen zufolge hatte er gar nicht die Absicht, Europa zu dominieren, ja nicht einmal die
Absicht, Preußen zu dominieren; und auch der Beitritt Österreichs
zum Zollverein bedeutete ihm nicht viel − sofern er überhaupt verstand, was da auf dem Spiel stand. Seine Berater waren ohnehin geteilter Meinung − Bruck und Hock hatten unterschiedliche Ansichten −,
und der Beitritt war hauptsächlich dazu gedacht, die nationalistische
deutsche Meinung in einem für Österreich günstigen Sinn zu beeinflussen.

Im Grunde seines Herzens wußte Schwarzenberg nur allzu gut, daß
die Führung Deutschlands die Zusammenarbeit mit Preußen bedingte,
und diese Zusammenarbeit war denn auch das Hauptziel seiner Politik.
Und Austensen zufolge ist ihm das gelungen. Er hat immerhin die
Schaffung eines nationalen Parlaments oder eines Bundesgerichtshofs
verhindert und damit die föderative Natur des Bundes erhalten. Darüber hinaus hat Österreich die Präsidentschaft behalten können, Radowitz war gestürzt und die Erfurter Union aufgelöst. Zuletzt hatte die
Verteidigungsallianz vom 16. Mai einen Modus vivendi mit Preußen
geschaffen.

Alle weiteren Bemühungen, noch mehr für Österreich herauszuschlagen, sind nach Ansicht Austensens nicht sehr ernsthaft gewesen.
Schwarzenbergs Reformvorschläge waren stets bescheiden gedacht und
sollten nie ausufern. »Schwarzenbergs Vorschläge für eine Bundesreform waren im Geiste des Metternichschen Konservatismus gehalten,
sie waren als Waffe gegen die Revolution gedacht und sollten in
Deutschland ein Gleichgewicht der Kräfte schaffen, das für Österreich
günstig war. Der ›Gesamteintritt‹ hätte Wiens Stellung in den Bundesinstitutionen Berlin gegenüber verstärkt und damit Österreich für
einige der politischen Gewinne Preußens während der letzten Dekade
entschädigt. Die Ausdehnung des Zollvereins hätte Österreich eine
Stimme im Handel und in der Wirtschaft Deutschlands gesichert. Die
Exekutive wäre ein sehr viel effektiveres Zentralorgan im Fall innerer
Unruhen oder einer ausländischen Invasion gewesen. Das föderative
Prinzip war zwar für Schwarzenberg unantastbar, doch über Verbesserungen ließ er mit sich reden. Er zögerte, sich mit dem ganzen eigenen
Prestige und dem Prestige Österreichs hinter sie zu stellen und war
sehr wohl bereit, für weniger abzuschließen.«[30]

Doch vieles spricht dagegen, in Schwarzenberg einen Schüler Metternichs zu sehen. Zunächst einmal war er, anders als Metternich,
schnell bereit, Gewalt anzuwenden. Und der Versuch, Preußen zur voll-
ständigen Abrüstung zu zwingen, war unnötig demütigend. Und wenn

er auch das föderative Prinzip befürwortet und die Entstehung eines gewählten Parlaments verhindert haben mag, so war er an einem Punkt der Verhandlungen doch entschieden bereit, die parlamentarische Karte auszuspielen. Schließlich hatte er sie schon in Österreich ausgespielt und dort, wenn auch erfolglos, im Juli 1848 selber für das Parlament kandidiert. Aus Dresden konnte er daher schon am 21. Dezember 1850 an Franz Joseph schreiben: »Eure Majestät weiß um meine Gefühle angesichts der Volkssouveränität und weiß, daß ich sie nicht vertrete. Aber ich kann nicht leugnen, daß der Plan preußischer Generalbevollmächtigter verwirklicht werden wird, wenn der wohldurchdachte Plan des Königs nicht bereits in den Anfängen durch die vorgeschlagenen Mittel durchkreuzt wird.«[31] Franz Josephs Antwort ist nicht erhalten, aber Schwarzenbergs nächster Brief sagt uns, was darin steht: »Die erneuten Befehle Eurer Majestät betreffend die Unzulässigkeit populärer Repräsentation werden prompt befolgt werden.«[32] Eine Mahnung, zu der es in einer Korrespondenz mit Metternich nie gekommen wäre.

Eine weitere Schwäche der Argumentation Austensens ist die These, daß Schwarzenberg nie wirklich an den Gesamteintritt geglaubt habe, soweit es den Zollverein betraf. Tatsächlich wurden die Verhandlungen über die Zukunft dieser Körperschaft mindestens so energisch wie die des Bundes betrieben. In einem Brief an Franz Joseph erklärte Schwarzenberg: »Zu den wirksamsten Mitteln, welche der Regierung Eurer Majestät zu Gebote stehen, um ihren Einfluß im deutschen Lande für die Dauer zu behaupten und zu vermehren, gehört ohne Zweifel eine thätige Betheiligung Oesterreichs an der Pflege der gemeinsamen materiellen Interessen Deutschlands. Die immer steigende Wichtigkeit dieses Staatswesens bringt es mit sich, daß für Oesterreich mit der Zeit auch die Aufgabe immer schwieriger werden müßte, seine politische Stellung als erste deutsche Bundesmacht und damit eine der Grundfesten des ganzen europäischen Systems mit Nachdruck und Würde aufrechtzuerhalten... Dieser Schritt erscheint zugleich im Lichte einer politischen Maßnahme, deren Tragweite selbst bis an die Verhältnisse der Macht und des Einflusses der großen europäischen Staaten reicht... «[33] In einem Memorandum, das unter den Papieren Schwarzenbergs gefunden worden ist, heißt es unter anderem: »Die Zollunion ist eine Sache von Leben und Tod für Österreich. Es wird sie mit viel größerer Energie betreiben als jedes andere Projekt und auch vor Konzessionen auf dem rein politischen Feld nicht zurückschrecken, um sie voranzubringen. Wenn die Zollunion, so wie sie Österreich vorschwebt, zustande kommt, wird Preußens Einfluß vollständig gebrochen werden.«[34]

Schwarzenbergs Haltung gegenüber dem Zollverein war also weit weniger halbherzig, als Austensen es darstellt. Auch was den angeblichen Streit zwischen Bruck und Hock betrifft, erscheint Austensens Auffassung wenig plausibel. Stritten sie sich um das Prinzip oder um die Einzelheiten? Stritten sie sich überhaupt? Hock jedenfalls bezeichnete später die Jahre der Zusammenarbeit mit Bruck als die besten seines Lebens.[35]

Zweifelhaft ist auch, daß sich die deutschen Nationalisten den Gesamteintritt gewünscht hätten, so daß er von Wien als Lockmittel hätte genutzt werden können, um die Nationalisten dazu zu bringen, Österreich in der deutschen Frage zu unterstützen. Das scheint wenig wahrscheinlich. Der Gesamteintritt hätte dazu führen können, daß ein Magyare oder ein Pole der Präsident der deutschen Konföderation geworden wäre. Keine sehr anziehende Vorstellung für einen deutschen Nationalisten.

Somit vermag man Schwarzenberg nur mit Mühe in die Tradition Metternichs zu rücken, nicht zuletzt auch deshalb, weil Metternich selbst Schwarzenbergs Politik offen abgelehnt hat. Schwarzenberg wirkt überzeugender als gescheiterter Realpolitiker. Und selbst als Schüler Metternichs hätte er versagt, da seine Abmachung mit Manteuffel vom 16. Mai in Zeit und Umfang viel begrenzter war, als Schwarzenberg gewollt hatte. Statt einer sicheren Vereinbarung holte er sich nur eine Allianz von drei Jahren, statt einer Garantie für die territoriale Unabhängigkeit beider Staaten nur eine gegenseitige Verteidigungsverpflichtung, und statt direkt gegen eine französische oder englische Einmischung gerichtet zu sein, bezog sich der Vertrag nur auf die Bedrohung durch einen revolutionären Aufstand. Schwarzenberg hatte also kaum etwas gewonnen, obwohl er die Erfurter Union zum Scheitern gebracht hatte.

Kurz, sowohl innen- wie außenpolitisch sind seine Erfolge schwer einzuschätzen. In beiden Fällen sieht es fast so aus, als sei er nach ersten Anfangserfolgen nicht in der Lage gewesen, die Ereignisse weiterhin so zu gestalten, wie er wollte – vielleicht, weil er selber keine allzu klare Vorstellung davon hatte. Somit kann man ihn unmöglich als sehr erfolgreich bezeichnen. Seine Hinterlassenschaft war – auch wenn ihn Franz Joseph später als seinen bedeutendsten Ratgeber gelobt hat – letztlich negativ. Denn er hinterließ den Kaiser in der unseligen Überzeugung, die Interessen des Hauses Habsburg könnten im äußersten Falle stets mit dem Schwert verteidigt werden. Es bedurfte mindestens zweier Kriege, um Franz Joseph vom Glauben an den Nutzen dieser Politik abzubringen, obwohl er in hohem Alter noch einmal zu ihm zurückfinden sollte. Mit fatalen Konsequenzen.

Die ökonomischen Folgen von 1848

Etwa ein Jahr nach Schwarzenbergs Tod wurden die Beziehungen zum Zollverein durch den Handelsvertrag vom Februar 1853 geregelt. Dabei wurde Österreich aus der Zollunion ausgeschlossen, jedenfalls bis

1860, wo man neu verhandeln konnte. Doch Bruck erklärte sich mit den Ergebnissen ziemlich zufrieden, ein Urteil, das durch die jüngsten Forschungen entschieden bestätigt wird.

Denn wenn Österreichs Ausschluß damals auch wie ein Sieg für Preußen aussah, ist das aus heutiger Sicht keineswegs der Fall. Nachdem Österreich durch einen wiederbelebten Deutschen Bund die politische Führung Deutschlands wieder an sich gerissen hatte, gelang es ihm nun, sich mittels des Handelsvertrags fast alle ökonomischen Vorteile zu sichern, die ihm eine Vollmitgliedschaft im Zollverein eingebracht hätte. Dies jedenfalls ist die Schlußfolgerung des Wirtschaftshistorikers Thomas F. Huertas: »Einerseits waren die Außenhandelsstrukturen der beiden Gebiete praktisch identisch, weswegen kaum Impulse für gegenseitigen Handel bestanden. Andererseits reduzierten die Februar-Verträge die Zölle auf ein Minimum, so daß die beiden Gebiete beinahe eine Freihandelszone bildeten. Der nächste Schritt zur Zollunion fiel wirtschaftlich kaum ins Gewicht, nur politisch war er von enormer Bedeutung.«[36]

Eine Zollunion hätte der Habsburger Monarchie wenig Vorteile gebracht, da der Handelsvertrag die Handelstarife zwischen beiden Gebieten praktisch so weit wie irgend möglich reduziert hatte. »Dadurch erhielt Österreich bereits freien Zugang zum Zollverein-Markt, und zwar für seine wichtigsten Exportgüter wie Getreide, Wolle, Holz, Bettfedern, Flachs, Leinen, Garn, Kupfer, Rohleinen und chemische Produkte. Diese Produkte machten 1863 über 70 Prozent des Gesamtexportes der Habsburger Monarchie in das Gebiet des Zollvereins aus. Die Tarife, die auf dem übrigen Drittel der österreichischen Exporte in den Zollverein lagen, waren nicht besonders hoch, die Tarife für Vieh, Hopfen, Wollgarn, Seide, Baumwollgarn, feines Leder, Gebrauchsglas, Mehl und Früchte lagen alle unter einem Wertzuschlag von 10 Prozent.«[37] Das heißt: »Die Februarverträge hatten praktisch die Produktions- und Verbrauchsgewinne ausgeschöpft, die eine völlige Freihandelszone den beiden Ländern gebracht hätte.«[38] Das eigentliche Motiv für einen Eintritt in den Zollverein muß Huertas zufolge ein politischer gewesen sein: »Die ökonomischen Vorteile dieser Politik sind übertrieben worden – sowohl von den Publizisten der Epoche wie von späteren Wirtschaftshistorikern.«[39]

Der Handelsvertrag vom Februar 1853 ist nur eine der vielen wirtschaftlichen Veränderungen der Epoche zwischen 1848 und 1854, die vor kurzem von Wirtschaftshistorikern neu untersucht worden sind. Andere Themen sind die Tarif-Revisionen von 1852 und 1854, die »Grundentlastung« oder die Emanzipation der Bauern, die, 1848 deklariert, tatsächlich erst 1853 legal durchgesetzt wurde, ferner die Abschaffung der Zollbarriere oder »Zwischenzollinie« zwischen Österreich und Ungarn, der Aufbau der Eisenbahnen nach 1848, die Gründung der »Creditanstalt« von 1855.

Zusammengenommen werden diese Veränderungen oder Reformen manchmal als eine Art Wasserscheide der österreichischen Politik- oder Wirtschaftsentwicklung dargestellt. Frühere marxistische Historiker haben sie als die unabdingbaren Voraussetzungen für die Entwicklung einer bürgerlichen Gesellschaft innerhalb der Monarchie betrachtet, während andere sie als Teil der von Schwarzenberg entworfenen politischen Strategie gesehen haben, der politischen Opposition durch materiellen Fortschritt den Wind aus den Segeln zu nehmen. In den Worten von Macartney: »Die Ergebnisse, die in den verschiedenen Abteilungen während der Jahre von Franz Josephs erst beinahe absolutistischer, dann absolutistischer Herrschaft erzielt worden sind, sind mit jeder Elle gemessen sehr beeindruckend: Ob zum Guten oder Bösen, jedenfalls haben sie das Antlitz der Monarchie radikaler verändert als ein ganzes halbes Jahrhundert der Regierung von Franz und Ferdinand.«[40]

Eine neue Generation amerikanischer Wirtschaftshistoriker allerdings hat diese Beurteilung in Frage gestellt. Die Reformen seien relativ unbedeutend gewesen und hätten die wirtschaftliche Entwicklung der Monarchie nur marginal beeinflußt. Dieser Ansicht sind etwa Thomas Huertas, John Komlos, Richard Rudolph und David F. Good.

Was die Tarifveränderungen von 1852 und 1854 betrifft, herrschte die Auffassung vor, die Reform, die das System der Einfuhrverbote abschaffte und ausländische Güter mit denen der Monarchie in Konkurrenz treten ließ, habe den wirtschaftlichen Fortschritt wesentlich beschleunigt. Die neue Konkurrenz soll die lokalen Produzenten angeblich gezwungen haben, effizienter und produktiver zu arbeiten. Doch Huertas stellt fest: »Faktisch gesehen wurde das Ausmaß der Tarifreform stark übertrieben. Denn die meisten österreichischen Importzölle wurden in Wirklichkeit erhöht. Was die Produzenten betraf, schienen die Reformen auf den ersten Blick die jahrhundertealte Politik der Einfuhrverbote abzuschaffen und sie durch einen Schutztarif zu ersetzen. Doch in den meisten Fällen setzte die Regierung denselben so hoch an, daß der Zoll einem Importverbot gleichkam... Kurz, die Tarifreformen hatten wenig Auswirkung auf die österreichische Wirtschaft... Selbst wenn man davon ausgeht, daß die Gesamtsteigerung der Industriegüterimporte mit der Tarifänderung zusammenhing und daß durch die Reform die österreichischen Preise der entsprechenden Güter halbiert wurden, betrug der maximale Gewinn der Tarifreform gerade 0,25 Prozent des Bruttosozialprodukts. Der Übergang von Schmuggelrouten auf legale Importwege mag den Löwenanteil des gesteigerten Imports der Manufakturen ausgemacht haben. In diesem Falle hatte die Monarchie den Nutzen der Tarifreform zu einem Gutteil bereits vorher durch Schmuggel realisiert.«[41]

Macartney zufolge fand »die größte Veränderung auf dem Land

statt«[42], und man kann kaum daran zweifeln, daß »das wichtigste Gesetz, das die revolutionären Monate von 1848 überdauert hat, die ›Grundentlastung‹ war«.[43] Damit waren die Bauern aus ihrer vorigen Untertänigkeit befreit, und das Land, das sie früher als Herrenland bewirtschaftet hatten, ging rechtmäßig in ihren Besitz über. In Österreich mußten sie nur ein Drittel des Grundwertes bezahlen, für ein weiteres Drittel kam der Staat auf, und das letzte Drittel ging zu Lasten des Grundherren als Entgelt für die Befreiung von juristischen und Verwaltungsdienstleistungen, die er vorher zu erbringen hatte.

In Ungarn erhielten die Bauern das Land, das sie in Nutznießung bestellt hatten, unentgeltlich zugesprochen, und der Staat kompensierte die Grundherren voll und ganz für die kapitalisierten Werte der Rente, die sie vorher einbehalten hatten (etwa ein Drittel des Grundwertes). Die anderen Grundherren wurden mit verzinslichen Obligationen mit einer Laufzeit von vierzig Jahren bezahlt, die sie verkaufen oder beleihen konnten. In den westlichen Ländern wurden etwa 290 Millionen Gulden in Kompensation ausgezahlt, in Ungarn etwa 304 Millionen.

Man geht im allgemeinen davon aus, die »Robot« sei so viel ineffizienter als Lohnarbeit gewesen, daß die Emanzipation der Bauernschaft die landwirtschaftliche Produktivität gesteigert haben müsse. Doch Komlos behauptet, daß das Endergebnis wirtschaftlich gesehen kaum in Betracht falle. Die Gesamtsteigerung des Bruttosozialprodukts habe in Ungarn 1,2 Prozent und in Österreich 2,4 Prozent betragen. David F. Good erklärt den Grund: »Die niedrige Arbeitsproduktivität beim Frondienst kann durch die entsprechend größere Produktivität der Leibeigenen wettgemacht worden sein, die mit größerem Eifer und besseren Werkzeugen und Tieren das eigene Stück Land bestellten. Auf die bäuerliche Gesamtproduktion bezogen, war der Frondienst nicht unbedingt ineffizient. Außerdem sind die Durchsetzungskosten für freie Arbeitsleistung nicht gleich Null … Doch selbst wenn man davon ausgeht, daß freie Arbeit weit effizienter als der Frondienst war, war die Auswirkung der Emanzipation noch sehr gering. Das hängt damit zusammen, daß die Robot in der Landwirtschaft nur einen kleinen Teil der Gesamtarbeitsleistung ausmachte. Im Falle Ungarns schuldeten die Bauern vor 1848 insgesamt 24 Millionen Robot-Arbeitstage im Jahr. Das sind etwa 4,4 Prozent der circa 540 Millionen Arbeitstage, die jährlich für urbares Land aufgewendet werden mußten. In Österreich schuldeten die Leibeigenen ihren Herren 68 Millionen Tage oder 9 Prozent der etwa 756 Gesamtarbeitstage.«[44]

Komlos mißt auch der Kapitalbildung im Gefolge der Emanzipation wenig Wert bei: Obligationen konnten nur dadurch in wirkliches Kapital verwandelt werden, indem man sie an Kapitalisten verkaufte. »Anders gesagt, was immer die Obligationenbesitzer unternahmen, beanspruchte Investitionen, die anderweitig hätten erfolgen können.«[45]

202

Daher kommt er zum Schluß, »daß die Emanzipation der Bauernschaft keine tiefen Auswirkungen auf die Wirtschaft der Habsburger Monarchie haben konnte. Die Reform sollte vielmehr als rein formale Handlung und nicht als Wendepunkt der österreichischen Wirtschaftsgeschichte betrachtet werden. Nur eine mechanistisch-deterministische Geschichtssicht würde die Reformen von 1848 als notwendige Vorleistung für die weitere ökonomische Entwicklung betrachten.«[46]

Die Art der Handelsverbindungen zwischen Österreich und Ungarn war etwa ein Jahrhundert vor 1848 festgelegt worden. Hauptsächlich bestanden sie in einem Austausch österreichischer Industriegüter für bestimmte ungarische Landwirtschaftsprodukte. Zwischen 1846/47 war das wichtigste österreichische Exportprodukt nach Ungarn gewebte Baumwolle (31 Prozent des Gesamtexports), während das wichtigste ungarische Exportprodukt nach Österreich unverarbeitete Wolle (30 Prozent) und Weizen (12 Prozent) war. Alle diese Güter jedoch waren Tarifbestimmungen unterworfen – anders als beim Güteraustausch zwischen anderen Teilen der Monarchie. So ist die wirtschaftliche Bedeutung der Zollschranken zwischen Österreich und Ungarn etwas umstritten, insbesondere auch die Frage, ob sie für Österreich oder für Ungarn vorteilhafter waren. Bis 1840 waren wohl die meisten Ungarn der Meinung, ihr Verschwinden sei für sie von Vorteil. Erst danach setzte eine Kampagne Kossuths und seiner Gefolgsleute ein, die Zölle als Mittel zur Förderung einer ungarischen Industrie zu erhalten – eine Strategie, die sie den Schriften des deutschen Ökonomen Friedrich List entnommen hatten. Als die Tarifbarriere 1850 abgeschafft wurde, gab es zahlreiche Kontroversen.

Vor allem ungarische Historiker vertraten lange Zeit die Auffassung, das Verschwinden der »Zwischenzollinie« hätte Österreich in den Stand versetzt, Ungarn in einer Art kolonialer Abhängigkeit zu halten. Nur einige wenige waren der Meinung, dadurch sei das ungarische Wirtschaftswachstum gesteigert worden. Schließlich setzte sich (vor allem bei Hanák, Bérend, Ránki und Katus) die Ansicht durch, alles in allem habe Ungarn von der Zollunion profitiert. Dennoch wird ihr die relative Rückständigkeit der ungarischen Industrie angelastet, vor allem was Textilien betrifft.

Komlos und Huertas stellen diese Sicht der Dinge in Frage. Ihren Berechnungen nach hatte die Zollbarriere so oder so kaum irgendwelche praktischen Auswirkungen. »Die Abschaffung der Zwischenzollinie erlaubte der ungarischen Wirtschaft, Waren und Dienstleistungen im Wert von maximal 7 Millionen Gulden mehr zu produzieren als vor 1850. Verglichen mit dem Bruttosozialprodukt der Jahrhundertmitte von etwa 460 Millionen Gulden bedeutete dies eine Steigerung von insgesamt 1,5 Prozent, ein kaum ins Gewicht fallender Betrag. Österreich sparte etwa 8,1 Millionen Gulden, verglichen mit einem Bruttosozialprodukt von etwa einer Milliarde Gulden, das heißt, weniger als 1 Prozent.«[47]

Huertas' Berechnungen zufolge hat die Monarchie eine Einkommenssteigerung von gerade 0,2 Prozent aufzuweisen. Seine Erklärung: »Erstens waren die Tarife im Binnenhandel des Kaiserreichs minimal, und man kann daher nicht behaupten, daß sie die wirtschaftliche Interaktion der Monarchie vor 1850 wesentlich behindert hätten.«[48] Zweitens wurden die Güter, die Österreich und Ungarn miteinander tauschten, auch auf den Weltmarkt exportiert. »Das heißt, daß die Exporte beider Partner auch auf dem Weltmarkt wettbewerbsfähig waren. Daher entsprachen die Preise im Binnenhandel einigermaßen dem Weltmarktniveau. Beide Faktoren gemeinsam sorgten dafür, daß keinem der beiden Partner ein wesentlicher Nachteil entstand, wenn er den Importen des anderen eine Vorzugsstellung einräumte. Ebensowenig gewann ein Partner sehr viel dabei, wenn er auf den Märkten des anderen eine privilegierte Stellung einnahm. Der Monarchie insgesamt brachte die Abschaffung der ›Zwischenzollinie‹ kaum etwas, da deren Existenz eine optimale Verteilung ihrer produktiven Ressourcen nicht verhindert hatte.«[49]

Wie im Falle des Zollvereins jedoch stellt Huertas erneut fest, die politischen Ziele der Regierung von 1850 könnten wichtiger gewesen sein als die ökonomischen Einzelheiten: »Auch wenn (die Abschaffung der Zollbarriere) auf das ungarische Gesamteinkommen kaum Auswirkungen hatte, hat sie möglicherweise die Einkommensverteilung innerhalb Ungarns zugunsten der adligen Großgrundbesitzer verschoben. Sie bildeten den harten Kern derjenigen, die die Habsburger in Ungarn unterstützten, und beherrschten die lokale Szene vor und nach 1850. Man kann daher die Abschaffung der Zwischenzollinie, die ihre Getreidepreise in die Höhe trieb, als Belohnung der Zentralregierung für ihre Loyalität in der Zeit des Vormärz betrachten und als Versuch, ihre Treue zur neoabsolutistischen Periode zu garantieren.«[50]

David F. Good zufolge wurde »der Brucksche Impuls zur Wirtschaftsintegration der habsburgischen Lande durch Abbau der österreichisch-ungarischen Tarifbarriere von einer neuen Transportpolitik verstärkt. In der Jahrhundertmitte befanden sich 70 Prozent der 2617 Eisenbahnkilometer des Kaiserreiches in Staatsbesitz – der höchste Prozentsatz Europas. Das Eisenbahnkonzessionsgesetz sah eine Verringerung der Art und des Umfangs der Regierungsbeteiligung an Eisenbahnen vor. Die Regierung sollte einige ihrer Betriebe verkaufen und die weitere Entwicklung dadurch befördern, daß sie Zinsen für das Kapital privater Investoren garantierte.«[51]

Zu dieser Politik kam es auch, weil der Regierung wegen der ökonomischen Schwierigkeiten nach dem Krimkrieg nichts anderes übrigblieb, aber sie entsprach durchaus der Liberalisierungspolitik der neoabsolutistischen Periode und wurde tatsächlich umgesetzt. Nach 1854 wurden die nördlichen und südöstlichen Linien an Privatgesellschaften verkauft, die vor allem durch französisches Kapitel finanziert wurden und die wiederum, als Gegenleistung für Steuerkonzessionen und finanzielle Garantien, bereit waren, das neue Eisenbahnnetz auf Ungarn auszudehnen. 1856 verkaufte der Staat dann seine lombardisch-venetianische Eisenbahnlinie an ein Konsortium aus ausländischen und inländischen Investoren; schließlich wurde sie mit verschiedenen anderen vereinigt. 1859 waren nur 13,8 km des Gesamteisenbahnnetzes in Staatshänden.[52] Dann dehnten die Privatgesellschaften ihre Liniennetze weiter aus, auch wenn der »Eisenbahnboom« gegen 1860 wieder abflaute. 1860 war das österreichische Schienennetz von 1300 auf 3000 Kilometer angewachsen und das ungarische von 200 auf 1700 Kilometer.

Die Bedeutung dieser Entwicklung wird im allgemeinen von Wirtschaftshistorikern anerkannt. Good selbst weist auf die entscheidende Tatsache hin, daß die Eisenbahnen sowohl die Transportkosten für die Kunden senkten wie in anderen Wirtschaftsgebieten eine Nachfrage erzeugten. Ja man kann so weit gehen, die Eisenbahnen als den führenden Sektor der Wirtschaft zwischen 1850 und 1860 zu bezeichnen, »der einen bedeutenden Anteil an der Verbesserung der wirtschaftlichen Infrastruktur hatte«.[53] Der ungarische Historiker László Katus argumentiert, daß die Eisenbahnen der dynamischste Sektor der ungarischen Ökonomie zwischen 1848 und 1918 waren.[54] Richard Rudolph ist da skeptischer und betont die Kontinuität des Eisenbahnbauprogramms seit 1848. Er bestreitet auch entschieden, daß eine neue, durch die Revolution ins Leben gerufene bürgerliche Gesellschaftsordnung den Eisenbahnboom möglich gemacht hat. Der spätere »Eisenbahnboom« im zaristischen Rußland beweise das Gegenteil.[55]

Und noch eine Entwicklung soll gemeinsam mit den bereits erwähnten Reformen die wirtschaftliche Stellung der Monarchie gestärkt haben – die Gründung der »Creditanstalt« zur Förderung von Österreichs Handel und Industrie, die Kredite für langfristige Investitionen zur Verfügung stellen sollte. Vor 1848 war es um die Fähigkeit der Monarchie, Kapital für Industrieentwicklung zur Verfügung zu stellen, sehr schlecht bestellt. An dieser Situation änderte auch die Gründung der Niederösterreichischen Escompte-Gesellschaft von 1853 kaum etwas. Doch das Gerücht, die Brüder Pereire, die Gründer des Crédit-Mobilier in Frankreich, wollten in Österreich eine ähnliche Bank einrichten, führte dazu, daß die Regierung von seiten der Rothschilds und zahlreicher wohlhabender Aristokraten unter Druck geriet und die Creditanstalt gründete. Sie »war als Aktiengesellschaft mit dem damals enormen Kapital von 100 Millionen Gulden organisiert. Das war mehr als das Kapital der Nationalbank (73,5 Millionen Gulden) und ließ das

Kapital der zweitgrößten Handelsbank, der Niederösterreichischen Es-compte-Gesellschaft (5 Millionen Gulden), die wiederum über mehr Kapital verfügte als jedes einzelne Industrieunternehmen, beinahe unerheblich erscheinen. Die Größe ihrer Kapitalgrundlage erlaubte der Creditanstalt, ihre Aktivitäten über das reguläre kommerzielle Bankge-schäft hinaus auf Gebiete auszudehnen, auf denen sich etwa die Crédit-Mobilier hervortat – die Finanzierung langfristiger Kapitalprojekte und die Gründung neuer Firmen.«[56] Historiker wie Gerschenkron, Ca-meron und März haben daher alle die Bedeutung dieses Schrittes be-tont.[57]

Worin liegt die Gesamtbedeutung dieser ökonomischen Verände-rungen in den ersten Jahren nach 1850 für die Entwicklung der öster-reichischen Wirtschaft? Gerade viele der spektakuläreren Reformen hatten trotz positiver und dringend notwendiger Maßnahmen wie der Expansion des Eisenbahnnetzes und der Gründung der Creditanstalt nicht die wirtschaftlichen Auswirkungen zur Folge, die man ihnen traditionell zuschreibt. Deswegen kam es nach 1848 zu keinem bedeu-tenden Wirtschaftsaufschwung.[58] Traditionellerweise sah man in den Jahren vor 1848 die Vorbereitungsphase für ein rapides Wirtschafts-wachstum nach 1848, das im Boom der Gründerzeit von 1867 bis 1873 gipfelte. Dann kam die große Depression von 1873–1879, danach, bis etwa 1895, eine Periode des langsamen Wachstums, worauf in der Monarchie bis zum Ersten Weltkrieg ein starker Wachstumsschub er-folgte.

Jüngste Forschungen allerdings haben nachgewiesen, daß es im Österreich der Vormärzperiode ein konstantes Wirtschaftswachstum gab, das ungebrochen über 1848 hinweg bis 1859 bestand. Erst da gibt es einen klaren Bruch. Die Umkehrung war jäh – Komlos zufolge eine Einbuße von 20 Prozent zwischen 1861 und 1864 –, wurde aber durch einen genauso starken Aufschwung ausgeglichen. Der Gipfel der öko-nomischen Aktivität in den Jahren vor 1860 wurde in den Jahren vor 1873 noch übertroffen. Die große Depression von 1873–1879 verlief ganz ähnlich – ein starker Niedergang, dem in den Jahren nach 1880 ein kräftiger Wiederaufschwung folgte –, was das langsame, aber steti-ge Wachstum bis 1914 zur Folge hatte. »Man kann das Jahr 1848 nicht als Anfangspunkt eines Wachstumsschubs betrachten«, kommentiert Good, »und es steht mit dem beschleunigten Wachstumsschub, der be-reits eingesetzt hat, in keiner Verbindung. Keiner der uns bekannten Produktionsindizes deutet in den Jahren nach 1848 auf einen solchen Schub hin. Vielmehr stellen diese Jahre ein Übergangsstadium des übergeordneten Musters der im ganzen 19. Jahrhundert allmählich zu-nehmenden Wachstumsrate dar.«[59]

Die Unterbrechung dieses Trends in den Jahren nach 1860 wird von Huertas der Außenpolitik der Monarchie zugeschrieben: »Die militärischen Auseinandersetzungen der Monarchie zur Eingrenzung der Kräfte des Nationalismus und zur Sicherung seiner Großmachtstellung führten zu einer Geld- und Fiskalpolitik, die wirtschaftliches Wachstum verhinderte.«[60] In seiner Darstellung der Habsburger Geldpolitik unterscheidet er vier Perioden: die Revolutionen von 1848, den Krimkrieg, den italienischen Krieg von 1859 und den Krieg von 1866 gegen Preußen und Italien. Nach den Revolutionen von 1848 fing die Regierung an, eigene Banknoten zu drucken, und brach damit das Notenmonopol, das 1816 der österreichischen Nationalbank verliehen wurde. Und da sie gleichzeitig bei der Bank Darlehen aufnahm, sorgte die Regierung mit dafür, daß deren Notenpressen immer rascher liefen.

Die zunehmende Geldmenge bewirkte, daß die Bank die Konvertibilität des Silberguldens nicht länger garantieren konnte; die Monarchie ging vom Silberstandard ab, und die Währung wurde frei konvertierbar. Danach versuchte die Regierung immer wieder, die Konvertibilität erneut herzustellen, wurde aber stets durch die Notwendigkeit der Finanzierung der eigenen Kriege daran gehindert. »Die Geldpolitik des Kaiserreiches kann bündig als die vergebliche Jagd nach der Silberparität beschrieben werden, die die Regierung unter dem Ansturm der Revolutionen von 1848 für eine frei konvertierbare Währung aufgegeben hatte. Jeder neue Krieg zwang die österreichische Regierung, ihre Ziele aufzugeben und die Nationalbank erneut um Mittel anzugehen, um die Armeen im Feld finanzieren zu können. Sobald die Feindseligkeiten aufhörten, begann die Nationalbank, ihre Staatsschulden abzubauen und sich Silberreserven zur Wiederaufnahme von Münzzahlungen zuzulegen. Das Wachstum der Geldmenge nahm rasant ab und wurde in einigen Fällen sogar negativ. Das Agio, der Unterschied des Gulden zu seiner Silberparität von 1847, zeigte sehr deutlich das Hin- und Hertaumeln in der Habsburger Geldpolitik.«[61]

Der erste Reformversuch fand zwischen 1851 und 1853 unter Finanzminister Baumgartner statt, aber seine Bemühungen wurden durch den Krimkrieg zunichte gemacht. Dann wurde Bruck 1855 wieder Finanzminister. Er hatte den Auftrag, das Finanz- und Fiskalsystem zu reformieren, und war ziemlich erfolgreich. Er weigerte sich, die Geldmenge drastisch zu verringern, aber er erhöhte den Wechselkurs, indem er Staatseigentum und Aktien verkaufte und die Münzvorräte der Bank erhöhte. Und die war im Oktober 1858 denn auch in der Lage, die Münzzahlungen erneut aufzunehmen. Da war Österreich auch wieder so weit, mit dem Zollverein aufgrund der Währungsvereinbarung von 1857 eine Währungsunion zu bilden. Sie verpflichtete beide Partner, an einer festgelegten Silberparität festzuhalten, aber mit dem Kriegsausbruch von 1859 gab der Wechselkurs kräftig nach, und die Regierung begann erneut, Darlehen aufzunehmen.

Die Debatte über eine konstitutionelle Verfassung nach dem Krieg verlängerte die Zeit der Unsicherheit und führte dazu, daß der Wechselkurs noch einmal abstürzte. Der Finanzminister von Plener versuchte das Problem zu lösen, indem er die Menge des »hochwertigen« Geldes begrenzte (sie fiel zwischen September 1861 und Dezember 1865 um 29 Prozent), aber er verursachte damit nur eine Baisse, auch wenn andere Faktoren – zum Beispiel eine schlechte Ernte – das ihre beitrugen.

Der Krieg von 1866 zwang die Regierung einmal mehr, ihre Zuflucht zur Druckerpresse der Nationalbank zu nehmen. Danach gab es den Aufschwung der Gründerzeit, und die Geldmenge nahm bis 1871 beständig zu. Nach 1871 aber nahm das Wachstum ab, und der plötzliche Abfall der Wachstumsrate führte zur Depression von 1873. Damit trugen die Schwankungen der Habsburger Geldpolitik in den Jahren von 1848–1873 zu einer Verlangsamung des Wirtschaftswachstums der Monarchie bei.

Auch der bedeutende Anstieg der nichtmonetären Verschuldung der Regierung spielte eine Rolle.[62] Denn in der Zeit zwischen 1848 und 1865 stieg die Anzahl der öffentlichen Obligationen von 1,13 auf 2,47 Milliarden Gulden, was einer durchschnittlichen Erhöhung von 80 Millionen Gulden oder etwa zwei Prozent der Staatsverschuldung zwischen 1865 und 1868 gleichkommt. Soweit die Schulden private Investitionen verdrängten, haben sie österreichisches Wachstum verhindert.[63]

In Deutschland dagegen konnte die Geldmenge viel konstanter zunehmen, und die deutsche Staatsverschuldung wurde unter größerer Kontrolle gehalten. »Die Steigerung der deutschen Staatsschuld in den Jahren von 1849 bis 1865 betrug 1,25 Milliarden Mark, etwa 80 Millionen Mark im Jahr oder etwa die Hälfte der Zunahme der Habsburger Verschuldung. Dadurch wurde die deutsche Wirtschaft natürlich weit weniger belastet, vor allem in den Jahren nach 1850. Zwischen 1851 und 1856 stieg der öffentliche Anteil der deutschen Staatsschuld auf 1,2 Prozent des deutschen Bruttosozialprodukts, während der öffentliche Anteil der Habsburger Staatsschuld zwischen 1856 und 1858 4,9 Prozent des Bruttosozialprodukts der Monarchie betrug.«[64] Daher gab es in Deutschland nach 1850 ein viel stärkeres Wachstum. Zwischen den beiden Ländern nahm die Disparität in der Pro-Kopf Produktion bis ins Jahr 1890 immer weiter zu.[65] Daß diese Disparität auf eine Vielzahl von Ursachen zurückzuführen ist, kann nicht verleugnet werden, aber letzten Endes hängt die wirtschaftliche Rückständigkeit Österreichs in den Jahren von 1848 bis 1867 mit seiner Außenpolitik zusammen. »Sowohl die Geld- wie die Fiskalpolitik ... wurden durch die militärischen Ziele der Monarchie bestimmt. Diese führten das Reich in verschiedene Konflikte, die Ressourcen abzogen, entweder durch Steuern oder durch Verschuldung im öffentlichen Sektor. Daher vielleicht das rückständige Wirtschaftswachstum der Monarchie. Jedenfalls verschärfte die Wechselkurspolitik des Kaiserreichs die nachteiligen Wirkungen seiner militärischen Politik.«[66]

Buol und die Habsburger Außenpolitik

Über die Außenpolitik der Monarchie in der Zeit von 1853 bis 1866 gibt es kaum Kontroversen. Das Scheitern der Habsburgischen Politik in allen Bereichen ist derart offensichtlich, daß man dem kaum etwas hinzufügen kann, wenn man nicht bloß die Geschehnisse referieren will. Immerhin hat es einige Versuche der Revision gegeben, die Aufmerksamkeit verdienen. Dazu gehört das Bemühen um die Rehabilitierung von außenpolitischen Versagern wie Buol und Rechberg. Es heißt, sie hätten keine Alternativen gehabt, seien in einer fast ausweglosen Lage gewesen und – einmal mehr – »Schüler Metternichs« gewesen, die den Frieden und das Konzert der europäischen Mächte gegen die skrupellosen Ambitionen von Männern wie Lord Palmerston, Napoleon III. und Bismarck hätten verteidigen wollen.

Im Falle Buols haben sowohl Roy Austensen wie Paul Schroeder mildernde Umstände für sein Scheitern gefunden. Vor allem Schroeder, der einen sehr detaillierten Bericht über die österreichische Politik während des Krimkriegs geschrieben hat, macht England für den Krieg und dessen katastrophale Folgen für Österreich verantwortlich: »Der eigentliche Grund für den Krieg hat auch jede Bemühung, ihn vor einem militärischen Sieg zu beenden, zunichte gemacht – britische Ehre und Prestige.«[67] Das hing mit der Ideologie der Whigs zusammen, »dem britischen Wunsch, europäischen Fortschritt und geordnete Freiheit sowohl gegen reaktionären Despotismus wie gegen die radikale Revolution durchzusetzen, und die alte repressive internationale Ordnung durch eine neue, konstitutionelle und liberale zu ersetzen, die sich an England orientierte.«[68]

In seinem Bemühen zur Durchsetzung dieser liberalen internationalen Ordnung sei England immer wieder mit Österreich aneinandergeraten. »Überall in Europa, wo England etwas Gutes tun wollte – in Italien, Deutschland, Polen, auf dem Balkan, in der Türkei – war Österreich da und stand ihm im Wege.«[69] Daher die lange Folge der Unstimmigkeiten zwischen den beiden Mächten während des Krieges. Ihre fundamentalen Ziele waren völlig verschieden: Buol wollte eine revidierte Form des alten europäischen Konzerts der Mächte mit alten Regeln, aber neuen Bindungen (England, Frankreich, Österreich), Palmerston jedoch hatte damit nichts im Sinn und beabsichtigte, Rußland durch einen dramatischen Sieg an die Grenzen Europas zu verweisen. Diese unterschiedlichen Standpunkte ließen Buols Strategie schließlich scheitern, auch wenn er kurzfristig erfolgreich zu sein schien. Immerhin hat er sich, bevor er sich mit den Westmächten verbündete, von Preußen, dem Deutschen Bund, Frankreich und Sardinien Österreichs territoriale Integrität garantieren lassen. Und danach brachte er es fertig, beide Seiten an den Konferenztisch zu bringen und einen Frieden zu sichern, ohne Österreich in den Krieg hineinzuziehen. All das war Schroeder zufolge ganz im Sinne Metternichs und lobenswert: »Buols Ideen entsprachen ganz der Politik Metternichs nach 1815. Sein Ziel war, mögliche Aggressoren eher innerhalb des Konzerts einzugrenzen als eine offene Koalition gegen sie zu bilden, Kriege wenn möglich nur für klar definierte, rationale, kalkulierbare Ziele zu führen und damit aufzuhören, wenn dieses Ziel erreicht war. Friedensregelungen sollten für die Besiegten erträglich und für die Sieger durchsetzbar sein, für politische Probleme galt es, politische und nicht militärische Lösungen zu finden. Sein Hauptziel war, das zu bewahren, was Metternich 1815 erreicht hatte, und dem sich England seit 1822 oft widersetzt hatte und was es nun zerstören wollte: die österreichische Führung eines unabhängigen europäischen Zentrums, das preußischen Ambitionen wie russischem Expansionsdrang einen Riegel vorschob und Dreh- und Angelpunkt des Konzerts der Mächte bleiben wollte. Buol war kein großer Mann, und vielleicht nicht einmal ein angemessener Vertreter dieser Gedanken. Aber das, wofür er einstand, verdient Respekt.«[70]

Dem schließt sich Austensen an: »Buol wich nie von Metternichs Grundprinzipien ab ... Seine eigene Diplomatie, selbst in ihren aktiveren Phasen, war defensiv und üblicherweise in entschieden metternichschen Begriffen formuliert ... Sein Versagen bedeutet mehr als ein persönliches Versagen; es war vielmehr das Versagen eines konservativen, defensiven Konzerts der europäischen Diplomatie – das heißt, der Metternichschen Tradition.«[71]

Das ist nicht von der Hand zu weisen, jedenfalls soweit es Buols Diplomatie während des Krimkrieges betrifft. Doch hat die Geschichte auch eine andere Seite. Buol zufolge fand 1854/55 in der österreichischen Diplomatie geradezu eine Revolution statt.[72] Die Revolution, von der Buol spricht, war seine Politik der Westallianz. Die Allianz kam am 2. Dezember 1854 zustande, aber die eigentlich revolutionäre Entscheidung war vorher getroffen worden: – der Beschluß vom 3. Juni, Rußland ein Ultimatum zu stellen. Die entsprechenden Richtlinien waren bereits im März und Mai auf kaiserlichen Konferenzen diskutiert worden, als sowohl Buol wie der Kaiser bereit schienen, in den Krieg gegen Rußland einzutreten.

Buol hatte damals argumentiert, eine russische Besetzung der Fürstentümer stelle eine Bedrohung der österreichischen und deutschen Interessen dar. Die Russen, behauptete er, bereiteten die Inbesitznahme der Gebiete vor. Doch nun, da sich England und Frankreich mit Rußland im Kriegszustand befänden, sei die Gelegenheit für Österreich gekommen, sich mit ihnen zu verbünden, um Rußland einzugrenzen. Buol glaubte von den Westmächten im Gegenzug für die Allianz eine Garantie für die territoriale Integrität Österreichs erhalten zu können, vielleicht sogar ein österreichisches Protektorat der Fürstentümer nach dem Krieg. Eine Allianz mit Rußland schloß er aus, einmal, weil er der Überzeugung war, die Russen würden Österreich, was Strategie und Diplomatie anging, mit an Sicherheit grenzender Wahrscheinlichkeit ignorieren, und zweitens aus der naheliegenden Befürchtung, daß ein derartiges Bündnis nicht nur eine Einladung an die Westmächte darstellen würde, Österreich anzugreifen, sondern in Ungarn und Italien zur Revolte führen müsse. Selbst Preußen könnte dann versucht sein, seine Forderungen in Deutschland durchzusetzen. Neutralität lehnte Buol ab, weil er dadurch der Möglichkeit verlustig ging, die Politik irgendeiner Großmacht zu beeinflussen.

Doch Buols Vorschlag brachte offensichtliche Nachteile mit sich, Nachteile, die vielen seiner Kollegen gleich ins Auge sprangen. Der Generalstabschef, General Hess, etwa wies daraufhin, daß Rußland Österreichs traditioneller Verbündeter gegen die Revolution gewesen war, daß die Monarchie weder militärisch noch finanziell stark genug sei, Krieg gegen das Zarenreich zu führen und ein solcher Krieg überdies in Polen eine Revolution auslösen könne. Und angesichts der Unzuverlässigkeit und traditionell antiösterreichischen Haltung der Westmächte sei zu befürchten, daß diese die Karte Europas nach einem Sieg anhand revolutionärer Richtlinien neu ordnen würden.

Doch Buol ging nur insoweit auf ihn ein, als er bereit war, mit der Absendung des Ultimatums zu warten, bis er mit Preußen die Verteidigungsallianz von 1851 wieder erneuert und die türkische Zusicherung erhalten hatte, daß Österreich die Fürstentümer während des Krieges besetzen dürfe. Dann legte er Rußland das Ultimatum vor – ohne jegliche vorherige genauere militärische Absicherung durch England, Frankreich oder Preußen.

In der Folgezeit allerdings gab sich Wien gemäßigter. Es verweigerte seine Unterschrift zu einem Vertrag mit Frankreich und mit England bis zum 2. Dezember 1854, als man beide Mächte bereits dazu gebracht hatte, sich mit gemäßigten Kriegszielen einverstanden zu erklären. Österreich nahm auch nicht aktiv an dem nachfolgenden Krieg teil, obwohl das zweite österreichische Ultimatum vom 28. Dezember 1855 mit einer Beteiligung am Krieg drohte, falls Rußland sich weigern sollte, einen Frieden auszuhandeln.

Doch da war der Eimer bereits in den Brunnen gefallen. Rußland, das 1849 interveniert hatte, um die Monarchie zu retten, das zwischen 1848 und 1851 die Fürstentümer besetzt und 1853 Österreich während der Leiningen-Mission nach Konstantinopel volle diplomatische Unterstützung gewährt hatte (Österreich hatte gedroht, der Türkei den Krieg zu erklären, sollte die Türkei in Montenegro einfallen), fühlte sich durch Österreichs Undank im Herzen getroffen. Der Zar schenkte die Statue von Franz Joseph, die bisher sein Studierzimmer geschmückt hatte, seinem Kammerdiener und ließ den österreichischen Botschafter wissen, er selbst und Johann Sobieski von Polen seien die beiden dümmsten Könige der Geschichte gewesen, da sie beide Österreich gerettet hätten. Als er wenige Monate später starb, gaben seine Untertanen dem österreichischen Undank die Schuld. Und jahrzehntelang noch haben Reisende aus Rußland berichtet, wie oft man dort die österreichische Politik verfluchte.

Tatsächlich läßt sich wenig zu Buols Verteidigung sagen. Zwar hatte Nikolaus von Rußland es tatsächlich abgelehnt, den Status quo im Balkan zu garantieren – ja, er hatte Österreich ermutigt, in Bosnien-Herzegowina einzufallen – und war damit am österreichischen Mißtrauen gegen ihn selber schuld. Aber er hatte Österreich eine gemeinsame Verwaltung der Fürstentümer angeboten, weshalb kaum Grund zu der Annahme bestand, er würde Österreich ignorieren. Auch Buols Angst vor einer französisch inspirierten Revolution in Italien ist einer genaueren Prüfung wert. Die Möglichkeit dazu bestand durchaus, doch da Radetzky Lombardo-Venetien fest in der Hand hatte und Karl Albert 1848 und 1849 große Niederlagen hatte hinnehmen müssen, konnte man mit einer umgehenden Unterdrückung rechnen. Außerdem war Frankreich in dem Krieg auf der Krim engagiert und besaß kaum Möglichkeiten, die Italiener zu unterstützen.

In der Folgezeit sollten die Sarden dasselbe Spiel wie die Österreicher spielen, wenn auch mit entschieden besseren Ergebnissen. Denn im Januar 1855 gingen auch sie ein Kampfbündnis mit Frankreich gegen die Russen auf der Krim ein, doch im Gegensatz zu den Österreichern nahmen sie an den Gefechten teil. Napoleon III. fühlte sich nach dem Krieg keineswegs verpflichtet, Österreich aus Dankbarkeit zu unterstützen; er war dessen ärgstem Feind weit mehr verpflichtet. Wie auch Schroeder und Austensen zugeben, ist Buol einer Illusion erlegen, wenn er je etwas anderes erhofft hatte. Dabei zerstörte er die ganze Grundlage der Metternichschen Außenpolitik, die auf der gegenrevolutionären Allianz zwischen Österreich und Rußland beruhte. Die Beziehungen der beiden Mächte waren danach nie mehr so wie zuvor.

Das Ultimatum vom 3. Juni 1854 muß daher, wie Norman Rich sagt, als »eine Tat von fast unvorstellbarer Dummheit« erscheinen.[73] Er fügt hinzu: »Im Rückblick kann das Ultimatum als ein Wendepunkt der europäischen Geschichte betrachtet werden, denn es bedeutete das Ende der Freundschaft und Zusammenarbeit der beiden osteuropäischen konservativen Mächte und den Anfang einer erbitterten Feindschaft, die im Krieg von 1914 gipfeln sollte, in der Zerstörung beider Kaiserhäuser, und in der Liquidierung des Habsburger Reiches.«[74]

Der Mann, der einiges davon voraussah und Buols Benehmen vernichtend beurteilte, war merkwürdigerweise Metternich selbst. Seine eigene Politik war die der strengen Neutralität gewesen, entsprechend seinem Rat: »Die Zentralmacht Österreich darf sich niemals als die Speerspitze des Ostens gegen den Westen noch als die des Westens gegen den Osten brauchen lassen.«[75] Daher wandte er sich gegen das Ultimatum und den Bündnisvertrag und charakterisierte seinen ehemaligen Kollegen wie folgt: »Die fatalen Konsequenzen dieser... Handlung bleiben Graf Buol verborgen. Er sieht genau, was er vor sich hat, von dem, was kommt, sieht er nichts.«[76]

Schroeder besteht dennoch darauf, Buol sei ein Schüler Metternichs gewesen, nur eben kein erfolgreicher. Und auch wenn Metternich 1854 bis 1856 auf strikter Neutralität bestanden hatte, so habe er doch in früheren Jahren 1815 und 1840/41 »die europäische Garantie und eine Allianz der Großmächte für die Türkei vorgeschlagen, die Buol so sehr zu bewerkstelligen suchte. Außerdem entsprach sein Programm der Westallianz von 1812–1829, die Rußland stoppen sollte, genau dem, was Buol und Franz Joseph, wie sie behaupten, erneut in die Tat umzusetzen versuchten.«[77] Allerdings hatte Metternich Rußland nie mit Krieg bedroht, wie Buol und Franz Joseph es 1854 taten.

Vielleicht sollte man Buol und seinen Kaiser daher nicht als Schüler Metternichs, sondern als Schüler Schwarzenbergs betrachten, wie Bernhard Unckel es vorschlägt.[78] Denn Schwarzenbergs Ziel sei die Errichtung eines mächtigen, zentralisierten Österreichs gewesen, das seine Unabhängigkeit behalten und seine Interessen verteidigen konnte. Daher Schwarzenbergs Suche nach »Mitteleuropa«, seine entschiedene Haltung in der ungarischen Flüchtlingsfrage von 1849/50 und seine Bereitwilligkeit, Napoleon III. anzuerkennen, obwohl der Zar nicht einverstanden war. Daher auch erkläre sich Österreichs entschiedene Haltung in Montenegro (die Leiningen-Mission von 1853) und seine Bereitwilligkeit, sich 1854 gegen den Zaren zu stellen. Das sei nur die Fortsetzung von Schwarzenbergs Politik der Selbstbehauptung gewesen, einer Politik, die übrigens auch Buols Hoffnungen, nach dem Krieg in den Fürstentümern einigen politischen und wirtschaftlichen Einfluß zu behalten, erklärt. Buol kann daher entweder als ein gescheiterter Schüler Metternichs oder als gescheiterter Schüler Schwarzenbergs betrachtet werden. Wahrscheinlich war er eine Mischung von beiden. Erfolgreich war er jedenfalls nicht.

Das Versagen seiner Politik wird erst mit dem italienischen Krieg von 1859 unmißverständlich klar. Denn zunächst schien der Friede von Paris seine »diplomatische Revolution« zu rechtfertigen. Schließlich endete er mit einem Vertrag, der von Österreich, Frankreich und Großbritannien unterschrieben wurde und der die Unabhängigkeit und Integrität des Ottomanischen Imperiums garantierte. Aber dennoch verhinderte der Vertrag weder ein eventuelles »Rapprochement« zwischen Frankreich und Rußland noch verpflichtete er Napoleon III., den Status quo in Westeuropa zu schützen. Im Gegenteil bereitete Napoleon sich 1858 schon vor, sein altes Versprechen in die Wirklichkeit umzusetzen, »etwas für Italien zu tun«, nämlich gemeinsam mit Sardinien einen Krieg gegen Österreich zu führen.

Die Falle wurde in Plombières gestellt, und zum vorgesehenen Zeitpunkt fiel Buol prompt herein. Einmal mehr stellte er ein Ultimatum, einmal mehr hatte er sich nicht um klare Zusicherungen von Militärhilfe bemüht, und einmal mehr sollte Österreich seine Wirtschaft gefährden, indem es eine Politik der Selbstbehauptung in der Manier Schwarzenbergs betrieb. Nur tat es das gegen den Willen einer internationalen Konferenz, die zusammengekommen war, um über die italienischen Angelegenheiten zu beraten. Doch da sie von dem zur revisionistischen Macht gewordenen Rußland einberufen worden war, bestand kaum Hoffnung, daß sie die österreichische Position unterstützen würde. Die österreichische Finanzkraft war ohnehin so schwach, daß sie eine längere Mobilhaltung ihrer Armee nicht ertragen konnte. Daher die Notwendigkeit einer schnellen Entscheidung.

Ein weiterer Aspekt von Schwarzenbergs Vermächtnis spielte bei dieser Entscheidung eine Rolle: die Notwendigkeit, die Einheit des Reiches zu sichern. Lombardo-Venetien hatte seit 1849 keine eigene Regierung haben dürfen; genau wie Ungarn und Kroatien war das Land von der Armee regiert worden, und man hatte sich nicht bemüht, die Situation zu ändern. Jetzt konnte man natürlich die Italiener nicht mehr kaufen, wie das einige Landsleute 1848 vorgeschlagen hatten. Die Führer der italienischen Gesellschaft befanden sich größtenteils im Exil, und vielen hatte man nach den mißglückten Mazzini-Aufständen in Mailand von 1853 die Güter konfisziert. Auch die Ernennung von Franz Josephs Bruder Maximilian zum Generalgouverneur machte da keinen Unterschied, da er noch weniger Machtbefugnisse erhielt als Erzherzog Rainer 1818.

Der Kaiser war so oder so nicht gewillt, den Italienern irgendwelche Konzessionen zuzugestehen, da das womöglich auch anderswo zu Sonderwünschen geführt hätte. Was er gerade noch zugestand, war eine Reihe von Maßnahmen, die er seinem Bruder im Juli 1858 auf dessen Bitte nach Veränderungen mitteilen ließ. Diese beinhaltete die Abschaffung gewisser Steuerprivilegien der Bezirke, die Reorganisation der Kunstakademien in Mailand und Venedig, bessere Löhne für Distriktsärzte und Veränderungen in den Rekrutierungsbestimmungen. Überdies war an die Entsendung einer Kommission gedacht, die herausfinden sollte, ob die Vermögenssteuer in Italien überproportional hoch war. Doch Franz Joseph betonte, daß es nie eine Regierung in den italienischen Provinzen geben dürfe, die unabhängig von Wien oder mit Wien nur durch ein Ministerium für italienische Angelegenheiten verbunden sei. »Die Stärke des österreichischen Einflusses auf Italien hängt von der Solidarität der ganzen Monarchie ab, nicht von der besonderen Bedeutung der italienischen Länder und ihrer Entwicklung«[79], schrieb Maximilian verzweifelt an seine Mutter und erklärte: »Wir leben jetzt in einem völligen Chaos, und gelegentlich frage ich mich, ob mein Gewissen den blinden Gehorsam den Befehlen aus Wien gegenüber gestattet...«[80]

Doch konnte er nichts tun. Wie die Dinge lagen, konnte man den Italienern nicht die Institutionen zugestehen, die den anderen Völkern der Monarchie verweigert wurden; auf die britische Meinung konnte ebensowenig Rücksicht genommen werden. Wie Buol in einer Depesche vom Pariser Kongreß schrieb: »Lassen wir die britische Einmischung in Italien in größerem Umfang zu, was für ein Grund besteht dann für London, sich ausschließlich auf dieses Gebiet zu beschränken?«[81] Es gab also keine Möglichkeit, sich vor 1859 mit den Italienern ins Benehmen zu setzen. Ihr Schicksal konnte nur durch Krieg entschieden werden.

Und so entschied man sich für Krieg, noch bevor ein europäischer Kongreß zusammenkommen konnte, um über die Zukunft Italiens zu beraten. Österreich ließ sich dazu provozieren, ultimativ eine piemontesische Demobilisierung zu fordern, und spielte damit Cavour in die Hände, der nun für die französische Intervention sorgen konnte. Damit hatten die Österreicher nur halb gerechnet, aber sie hofften in diesem Falle auf preußische Unterstützung. Das war ein Fehler, und zwar ein voraussehbarer. Denn Preußen hatte sich Österreich weder angeschlossen, als Rußland im Krimkrieg aus den Fürstentümern verdrängt wurde (»Ich finde es unglaublich, daß ich ohne die Unterstützung Ihrer Majestät vorgehen muß«, hatte Franz Joseph an Friedrich Wilhelm IV. geschrieben[82]), noch waren Preußen und die deutschen Staaten bereit gewesen, die vier Punkte zu unterstützen. Und auch jetzt zeigten die Preußen wenig Eifer, eine Politik zu unterstützen, bei der sie nicht konsultiert worden waren.

So mußte Österreich Frankreich und Sardinien ganz alleine gegenübertreten. Franz Joseph hatte sich bei seiner Mutter nur eine Woche vor der Schlacht bei Solferino beklagt: »Unsere Position ist schwierig... Wir haben einen zahlenmäßig überlegenen, sehr tapferen Feind..., dem auch die niedrigsten Mittel willkommen sind und der die Revolution zu seinem Verbündeten hat... Wir werden in unserem eigenen Land überall verraten... Ich hoffe, daß schließlich Deutschland und der jämmerliche Abschaum Preußens uns im letzten Augenblick noch zu Hilfe kommt.«[83] Doch Preußens Mobilmachung vom 24. Juni, begleitet von dem Vorschlag eines bewaffneten Vermittlungsversuchs, kam zu spät für die Österreicher: Am gleichen Tag wurden sie bei Solferino von den Franzosen geschlagen. Franz Joseph schloß mit Napoleon III. den Frieden von Villafranca und übergab die Lombardei an Sardinien.

Einigen Berichten zufolge war er dazu auch durch den Nationalitätenkonflikt gezwungen, der bei Solferino in der Desertion vieler seiner italienischen und ungarischen Truppen zutage getreten war. Doch war das bestimmt nicht der entscheidende Grund für eine österreichische Niederlage. Nur etwa 6 Prozent der österreichischen Truppen waren desertiert, von denen die meisten Italiener waren. Die lombardischen Truppen waren weit weniger zuverlässig als die Venezianer, vielleicht, weil abzusehen war, daß die Lombardei eher italienisch werden würde als Venetien. Unter den ungarischen Truppen gab es sehr viel weniger Deserteure, als man befürchtet hatte. Kossuth und Klapka stellten zwar während des Krieges eine ungarische Legion zur Unterstützung der Franzosen zusammen, eine Truppe von etwa 4000 Mann. Doch die bestand hauptsächlich aus Kriegsgefangenen, deren Nationalität unklar war, und sie beteiligte sich nie am Kampfgeschehen. So gelangt István Deák in einer Untersuchung über die Nationalitätenfrage zu dem Schluß, daß es kein größeres Nationalitätenproblem in der Armee gab.[84] »In Magenta und Solferino marschierten die unteren Offiziersränge mit Würde und Stolz in den Tod, und ihr deutsches, tschechisches, ungarisches, kroatisches oder rumänisches Fußvolk marschierte ihnen nach, ohne groß zu klagen.«[85]

Die wirklichen militärischen Ursachen für die Niederlage sind anderswo zu finden, hauptsächlich in der Armeeführung. Der Oberkommandierende war Graf Gyulai, ein Günstling des Grafen Grünne, dem Adjutanten des Kaisers (und de facto Kriegsminister), ein Mann ohne jede Erfahrung im aktiven Dienst. Er war von seiner Nichteignung für den Posten so sehr überzeugt, daß er um Befreiung von seinem Kommando bat; außerdem hatte er sich mit seinem Stabschef überworfen. Dennoch überließ man ihm die Leitung der Kampagne. Und da das Ultimatum gestellt worden war, bevor die Armee mobilgemacht hatte, war sie kaum auf einen Feldzug vorbereitet. Der notorische Geldmangel hatte Ausrüstungsmängel und Transportprobleme zur Folge, weshalb die Soldaten in Italien krank, erschöpft und hungrig ankamen. Gyulai führte sie zunächst übervorsichtig, überließ es dem Feind, den ersten Angriff auszuführen, und verzichtete auf jede Gelegenheit, die Initiative zu ergreifen.

Als er bei Magenta geschlagen wurde, zog er sich ins Festungsviereck zurück. Hier wurde er durch den Kaiser persönlich ersetzt, der, begleitet von Hess und Grünne, selbst in die Schlacht zog. Hess schlug eine Defensivstrategie vor, was um so dringender geboten gewesen wäre, als die Armee an Vorratsmangel litt. Doch Franz Joseph und Grünne griffen lieber an und stießen dann bei Solferino auf die Fran-

Der Traum von einem vereinigten Italien, der zur Zeit des Napoleon I. für eine kurze Zeit Wirklichkeit geworden war, lebte auch in den kommenden Jahrzehnten immer wieder auf, obwohl doch der Norden unter habsburgischer, die Mitte unter päpstlicher und der Süden unter bourbonischer Herrschaft lebte. Die Schlachten der zweiten Revolutionszeit hatten gezeigt, daß die isolierten Kräfte Italiens zu schwach waren, das österreichische Kaiserreich aus Italien hinauszudrängen. So suchte Graf Cavour die Einheit und Unabhängigkeit Italiens auf zweierlei Wegen zu erlangen. Eine mustergültige liberale Verfassung sicherte Piemont-Sardinien das liberale Bürgertum Italiens als Bundesgenossen, und ein Bündnis mit dem Frankreich Napoleons III. verschaffte Turin endlich einen starken Bundesgenossen. Tatsächlich schlug Napoleon 1859 die Österreicher in der Schlacht von Magenta vernichtend und zog als Sieger in Mailand ein. Das Bild zeigt Kaiser Napoleon III.

zosen. Hier setzten sich die bessere Führung, größere Erfahrung und die Geübtheit des Feindes durch, auch wenn das Nationalitätenproblem, auf indirekte Weise, seinen Teil zur Niederlage beigetragen haben mag. Denn das österreichische Oberkommando hatte nur »zögernd die neuen Gewehrwaffen eingeführt, weil diese Präzisionswaffen die Taktik des offenen Befehls und damit eine größere Selbständigkeit vorausgesetzt hätten, wodurch die Desertion erleichtert worden wäre. So unternahm das Oberkommando lieber nichts.«[86]

Rechberg, Mensdorff und der Weg nach Sadowa

Nach der Niederlage in Italien wurde Buol von Rechberg als Außenminister abgelöst. Dessen größtes außenpolitisches Problem war, wie sich zeigen sollte, die deutsche Frage, die inzwischen von niemand Geringerem als Bismarck vorangetrieben wurde. Da Bismarck bereits entschieden hatte, in Deutschland gebe es nicht genügend Platz für Österreich und Preußen, hatte Rechberg keinen leichten Stand und scheiterte schließlich.

Dennoch ist auch er wie Schwarzenberg und Buol als Verfechter einer Metternichschen Politik betrachtet worden, dessen ehrenhafte und europäische Deutschlandpolitik der Realpolitik Bismarcks bei weitem vorzuziehen gewesen wäre. »Auch wenn man einige Elemente von Österreichs Deutschlandpolitik legitimerweise als eng und selbstsüchtig bezeichnen kann, läßt sich doch sagen, daß sie insgesamt ein sehr viel umfassenderes Konzept beinhaltete als das preußische. Die Männer, die durch Metternichs Schule gegangen waren, beurteilten die deutschen Angelegenheiten im Zusammenhang mit der Aufrechterhaltung eines stabilen europäischen Systems. Da Österreich der wichtigste Garant (und größte Nutznießer) der Übereinkommen von 1815 war, mußten sie die Wirkungen jeder Veränderung in Deutschland oder Europa insgesamt in Betracht ziehen. Sie wußten, daß mit dem Verlust der Stellung Österreichs in Deutschland eine entscheidende Verminderung seiner Möglichkeiten einhergehen würde, in Europa stabilisierend zu wirken, was zu einer größeren Verschiebung in den Beziehungen der Großmächte führen mußte. Anders als Preußen konnte Österreich seine Interessen nicht mit einer aggressiven Politik verfechten, weil es dadurch als Verteidiger der Legalität und Tradition die Glaubwürdigkeit verloren hätte, die als seine größte Errungenschaft galt. Erfahrung wie Schulungen hatten Wien gelehrt, sich zurückhaltend zu verhalten und in europäischen Angelegenheiten einen mäßigenden Einfluß auszuüben. Im Interesse Europas und Österreichs.

Die Preußen dagegen betrachteten Deutschland als Kampfplatz zur Befriedigung ihres Ehrgeizes nach Expansion. Dies war eine engere und kurzsichtigere Politik; und wie Schwarzenberg richtig vorausgesagt hatte, sollte sich ein preußisches Deutschland schließlich ganz Europa gegenüber so verhalten.«[87]

Austensen definiert eine »Metternichsche« Deutschlandpolitik als eine Politik, die die deutschen Angelegenheiten zunächst und hauptsächlich in einen europäischen Zusammenhang stellte, die sich, zweitens um enge und freundschaftliche Zusammenarbeit mit Preußen bemühte, dessen Mitwirkung bei der Leitung des Bundes unabdingbar war, und die drittens die Vorrangstellung Österreichs in Deutschland sicherte. Mit anderen Worten, wenn Österreich sich bemühte, Deutschland so zu organisieren, daß das europäische Kräftegleichgewicht sowohl vor den Ambitionen Frankreichs wie Rußlands gesichert werden konnte, dann lief das darauf hinaus, daß sich Deutschland in Europa hinter die österreichischen Interessen zu stellen und damit einverstanden zu sein hatte, Österreich die Rolle der deutschen Führungsmacht zuzugestehen.

Das Problem lag darin, daß angesichts des ökonomischen, militärischen und politischen Aufstiegs Preußens nach 1848 seine Staatsmänner – allen voran Bismarck – nicht mehr einsahen, wieso sie sich weiter an diese Vorgaben halten sollten. Aus ihrer Sicht blieb das europäische Gleichgewicht von einer Neuordnung der deutschen Angelegenheiten entsprechend dem veränderten Kräfteverhältnis in Deutschland unberührt. Sie sahen auch nicht ein, wieso die österreichischen Interessen in Italien oder auf dem Balkan mit denen Europas identisch sein sollten, eine Gleichsetzung, die um 1860 auch keiner anderen Großmacht einleuchtend erschien.

Man kann daher die Haltung der damaligen österreichischen Staatsmänner durchaus als anachronistisch einstufen. Und die österreichische Verpflichtung zur Aufrechterhaltung des europäischen Gleichgewichts wirkt angesichts des Ultimatums an Rußland von 1854, des Ultimatums an Sardinien von 1859 und angesichts der österreichischen Versuche, zwischen 1861 und 1863 den Deutschen Bund zu reformieren, wenig plausibel. Die Preußen wurden dabei stets ignoriert oder herausgefordert. Zutreffend war nur, daß die Absprachen von 1815 Österreich hervorragend paßten und daß man sie nur ändern wollte, wenn es für Österreich von Vorteil war.

»Metternichsche Diplomatie« ist also so gesehen nur ein anderer Name für »österreichische Realpolitik«. Eine wirkliche Friedens- und Europapolitik hätte Österreich Konzessionen abverlangt, die man zu leisten nie bereit war, weder in Italien noch in Deutschland, noch sonstwo. In Wien erwartete man vielmehr, daß die anderen europäischen Mächte die Führungsrolle Habsburgs akzeptierten, obwohl die Italiener (und andere) entschieden dagegen waren und man die deutschen Staaten in Kriege um Italien und den Balkan hineinzuziehen drohte, wo sie nichts verloren hatten. Und obwohl Preußen die führende Wirtschaftsmacht Deutschlands war, dem deutschen Zollverein vorstand und die führende Militärmacht des deutschen Raumes darstellte, auf die sich die deutschen Länder (einschließlich Österreich) bei einem möglichen Krieg gegen Frankreich verließen, sah man in Wien keinerlei Anlaß, die deutschen Bundesinstitutionen zugunsten Preußens zu verändern.

Als daher Franz Joseph 1860 den Prinzregenten von Preußen traf, erhielt er vom österreichischen Außenministerium den folgenden Rat: »Der Prinzregent muß verstehen, daß der kaiserliche Hof selbst beim besten Willen den Einfluß, das Prestige und die eigentliche Macht Preußens zu fördern, augenblicklich aus sehr legitimen Gründen zögert, seine Rechte und seine Stellung in Deutschland zu opfern. Österreich hat ehrenhaft gegen Deutschlands Erbfeind gekämpft, hat Soldaten und Geld verloren, hat eine Provinz in Italien opfern müssen, hat die Nebenlinien des Kaiserhauses auf der Halbinsel illegal entthront gesehen: Und nun wird erwartet, daß es sich auch in Deutschland zurückzieht. Der Prinzregent, als Freund Österreichs, muß verstehen, daß er das nicht verlangen kann, weil dies eine katastrophale innenpolitische Wirkung auf die ganze Habsburger Monarchie hätte und eine Prestigeeinbuße in ganz Europa nach sich ziehen würde.«[88]

Das entsprechende preußische Memorandum, das für den preußischen Prinzregenten vorbereitet wurde, stellte nur fest, was ohnehin auf der Hand lag: »Es ist offensichtlich, daß Österreich auf Hilfe angewiesen ist, während Preußen leicht Verbündete finden kann und nicht von österreichischer Hilfe abhängig ist... Wenn Österreich von uns verlangt, einen Angriff auf das Mincio (Venetien) als Kriegshandlung anzusehen, wären wir gezwungen, die Gründe darzulegen, die uns davon abhalten, der Aufforderung nachzukommen, sofern unsere Bestrebungen in Deutschland nicht berücksichtigt werden.«[89]

Nach dem italienischen Krieg führte Franz Joseph einige Verfassungsreformen in der Monarchie durch – das Oktoberdiplom von 1860 und das Februar-Patent von 1861. Sie trugen zwar wenig dazu bei, die konstitutionelle Krise des Neoabsolutismus zu lösen, gestatteten dem Kaiser aber, einen Versuch zu machen, Deutschland dadurch zu dominieren, daß er einer Bundesreform zustimmte (Delegierte eines österreichischen Parlaments konnten nun gemeinsam mit denen anderer deutscher Staaten ein deutsches Bundesparlament bilden). Selbst der berühmte »Fürstentag« von 1863 kann in diesem Licht gesehen werden.

All das mußte natürlich zu einem Zusammenstoß mit Preußen führen, das seine eigenen Reformpläne hatte und von 1860 bis 1865 damit beschäftigt war, den Zollverein so umzugestalten, daß Österreich draußen blieb. Zwischen 1860 und 1866 wurde die zweite Runde um

Nach dem Bündnis mit dem Kaiser der Franzosen und der siegreichen Schlacht von Magenta ergriff ein liberaler und nationaler Rausch Italien, das sich nun stark genug fühlte, auch auf dem Meer die Österreicher zu schlagen. Tatsächlich war die italienische Flotte weit überlegen, als sie sich den schwachen österreichischen Kräften bei Lissa 1866 zu einer Seeschlacht stellte. Aber Admiral von Tegetthoff manövrierte die Italiener aus und schoß die italienische Flotte zusammen. Die neue Kriegstechnik, die das nächste halbe Jahrhundert bestimmen sollte, wurde auf Nebenkriegsschauplätzen erprobt. Wie die Eisenbahn zum ersten Mal im amerikanischen Bürgerkrieg eine entscheidende Rolle spielte, so war die Seeschlacht von Lissa die erste offene Seeschlacht, in der gepanzerte Schiffe aufeinandertrafen.

die deutsche Vorherrschaft ausgefochten und mehr oder weniger um dieselben Streitpunkte wie 1848 und 1851: Es ging um die Bundesreform, den Zollverein und Schleswig-Holstein. Diesmal war Rechberg weniger wagemutig als Schwarzenberg, und als um Schleswig-Holstein ein militärisches Kräftemessen drohte, unterlag Österreich, obwohl es die meisten Bundesstaaten auf seiner Seite hatte.

Was läßt sich zugunsten Rechbergs vorbringen? Daß seine Politik ein verzweifelter Versuch war, mit Bismarck zu einem Kompromiß wegen Schleswig-Holstein zu gelangen, kann nicht geleugnet werden (er war gegen die Neuordnung des Deutschen Bundes, die dann jedoch durchgesetzt wurde, weil Franz Joseph dafür war). »Wenn wir ruhig, aber unbeirrt unsere legitimen Rechte verteidigen«, sagte er einem bayrischen Kollegen, »und die anderen deutschen Regierungen um uns sammeln, wird Preußen einsehen, daß es seine Pläne unmöglich durchsetzen kann, und das wird den Sieg der ruhigeren und vernünftigeren Seite in Berlin erleichtern.«[90] »Wir wollen Preußen keineswegs demüti-

gen«, äußerte er bei anderer Gelegenheit. »Wir verlangen nur, daß es
seinerseits unsere Würde anerkennt und die Stellung, die wir in
Deutschland als Großmacht und als Erbe einer ruhmreichen Vergangenheit haben.«[91] Das war vielleicht wirklich im Geiste Metternichs.
Aber dennoch war es sinnlos und machte die Haltung Österreichs auf
alle mögliche Weise widersprüchlich.

Doch Rechberg sah keine Alternativen, wenngleich ihm bewußt war,
daß das Festhalten an diesem politischen Kurs (Zusammenarbeit mit
Preußen um der Zusammenarbeit willen) sowohl demütigend wie erfolglos bleiben mußte, solange Bismarck in Berlin für die Außenpolitik
zuständig war. »Es belastet den Geschäftsgang außerordentlich«,
schrieb er, als ihn Bismarck aufgefordert hatte, auf alle sentimentalen
Floskeln in der Politik zu verzichten, »wenn man es mit einem Mann zu
tun hat, der seinen politischen Zynismus derart offen an den Tag legt,
daß er die Erklärung in meinem Brief, wir würden die Aufrechterhaltung des Bundes und die ererbten Rechte der deutschen Fürsten zur
Grundlage unserer Politik machen, mit der haarsträubenden Phrase beantwortet, wir sollten uns beide auf den praktischen Boden der Kabi-
nettspolitik stellen und uns den Blick nicht durch die Nebel trüben lassen, die aus den Doktrinen einer deutschen Gefühlspolitik aufsteigen
würden. Eine solche Sprache ist eines Cavours wert. Festhalten an den
Grundlagen der Legalität ist eine nebulöse Politik des Gefühls! Die
Aufgabe, diesen Mann zu bändigen, ihn von seiner expansionistischen
Nützlichkeitspolitik abzubringen..., geht über Menschenkraft.«[92]

Andere, wie der Deutschlandexperte im österreichischen Außenministerium, von Biegeleben, und der Staatsminister in der österreichischen Regierung, von Schmerling, gelangten zu der naheliegenden
Schlußfolgerung, daß der Zeitpunkt für eine Veränderung der Politik
gekommen war. Wie Schmerling schrieb: »Umgeben von Egoisten, muß
selbst ein ehrlicher Mann eine egoistische Politik verfolgen, um nicht
unterzugehen.«[93] Biegeleben schlug ein Bündnis mit Frankreich vor, einen Kurs, den Rechberg strikt ablehnte, indem er darauf hinwies, daß
das letztendlich zur Isolation Österreichs führen würde. Doch da seine
Politik keine Ergebnisse zeigte und er in Wien immer mehr ins Kreuz-
feuer der Kritik geriet, trat er im Oktober 1864 zurück.

Erst 1866 ging auch Österreich zur Realpolitik über. 1865 wurde ein
Angebot der Italiener, Venetien abzukaufen, abgelehnt, da das Kaiser-
haus ein solches Geschäft als Zumutung empfand, obwohl der Finanzminister von Plener angesichts des desolaten Zustands der kaiserlichen
Finanzen nur zu gern zugegriffen hätte. 1866 wurde dann der entscheidende Schritt getan: Nachdem Menssdorff-Pouilly, der neue Außenminister, erfahren hatte, daß Bismarck eine Allianz mit Italien abgeschlossen hatte, handelte er einen Geheimvertrag mit Frankreich aus.
Dem Dokument zufolge sollte Österreich Venetien an Frankreich über-

Graf von Cavour war seit 1852 Ministerpräsident von Sardinien, das nach den Niederlagen in den Kriegen gegen Österreich in dem Königreich Piemont aufging. Cavour führte die fortschrittlichste und liberalste Verfassung auf dem Kontinent ein und machte die norditalienische Dynastie auch auf diesem Wege zu einem Anziehungspunkt für ganz Italien, das unter der autoritären Herrschaft der Habsburger im Norden, der Päpste in der Mitte und der Bourbonen im Süden ächzte. Durch ein Bündnis mit Napoleon III. gelang es dem Haus Savoyen unter Cavour, der österreichischen Großmacht innen- und außenpolitisch zu begegnen und die Lombardei und Venetien dem italienischen Königreich anzuschließen. Früh wurde Cavour in England der Bismarck Italiens genannt.

geben, falls es einen Krieg gegen Preußen gewinnen sollte, und sich dafür an Deutschland schadlos halten. Man plante die Abtrennung Schlesiens von Preußen und wollte eine Nebenlinie des Hauses Habsburg, die aus Zentralitalien ausgewiesen worden war, im Rheinland ansiedeln. Napoleon III. sollte bei den österreichischen Gewinnen in Deutschland ein Mitspracherecht erhalten, aber daß man Frankreich deutsches Gebiet angeboten hat, stimmt wahrscheinlich nicht. So weit ging die neue österreichische Realpolitik nicht. Napoleon verpflichtete sich zur Neutralität im Kriegsfall, sollte aber die Ehre haben, Venedig an Italien übergeben zu dürfen.

Das Ergebnis war äußerst kurios, und trotz aller Bemühungen lassen sich keine Gründe ausmachen, die die Wiener Politik rechtfertigen können.[94] Sie führte nämlich zu nichts anderem, als daß einmal mehr kaiserliche Truppen auf den Schlachtfeldern Norditaliens starben, obwohl das Gebiet, das sie verteidigten, anschließend weggegeben werden sollte – ob sie nun gewannen oder verloren. Zweifellos ein übertrieben hoher Preis.

Doch Franz Joseph ließ es zu, und das militärische Hasardspiel ging schlecht aus. Die Niederlage bei Sadowa hatte den Ausschluß Österreichs aus Deutschland zur Folge und den Verlust Venetiens obendrein. Noch vor Kriegsbeginn vermerkte von Plener in seinem Tagebuch, es wäre besser gewesen, Venedig an die Italiener zu verkaufen. »Aber in den höchsten Kreisen galt es als verräterisch, das Thema auch nur zu erwähnen, und jetzt wird es 100 000 Mann und viele Millionen Gulden kosten. Österreich wird finanziell und wirtschaftlich ruiniert, und Venetien werden wir sowieso verlieren.«[95] Er hatte offensichtlich einen klareren Blick für die Fähigkeiten der österreichischen Armee als sein Kaiser.

Was die Diplomatie von Rechberg betrifft, so hat sie einen Verteidiger in dem Historiker Richard B. Elrod gefunden, der sich ausführlich mit dieser Periode der habsburgischen Außenpolitik befaßt hat. »Rechberg begriff völlig zu Recht, daß Österreich Cavour, Napoleon III. und Bismarck nicht mit ihren eigenen Waffen schlagen konnte, daß Österreich, umgeben von revisionistischen Staaten, seine Probleme nicht lösen konnte, indem es selber revisionistisch wurde. Aber seine eigenen politischen Grundsätze der Passivität, der Mäßigung und des Widerstands gegen jede Veränderung in Italien oder Deutschland waren ebenso unhaltbar. Sein Glaube, andere Mächte sollten an den Prinzipien und an einer Politik festhalten, welche vor allem Österreich diente, und die die Unruhe und die Spannungen in ohnehin unstabilen Gegenden Zentraleuropas steigerten, war unangebracht und offensichtlicher Selbstzweck. Dennoch argumentiert man sophistisch, wenn man behauptet, daß der dritte Weg für Österreich darin bestanden hätte, dem unwiderstehlichen Drang nach Veränderung nachzugeben. Dazu hatte die Regierung in Wien gewiß viele Möglichkeiten: Sie erhielt Angebote für die Abtretung oder den Verkauf von Venetien sowie für einen Ausgleich mit Preußen in Deutschland. Aber wie Rechberg und später Mensdorff erkannten, wurden die meisten Vorschläge nicht gemacht, um Probleme zu lösen, sondern um die Tür zu weiteren Forderungen zu öffnen. Darüber hinaus enthielten die meisten von ihnen die

Die Kriegstechnik entschied in der zweiten Hälfte des 19. Jahrhunderts alle wesentlichen Schlachten: die Eisenbahn, die Panzerung der Schiffe oder das Zündnadelgewehr, das 1866 den Ausschlag in der Schlacht von Königgrätz gegen die Preußen gab. Nun sah sich Österreich endgültig auf seine Mitte und den Osten verwiesen; der Friede von Prag legte die Abtretung Venetiens an Italien fest, und in Deutschland wurde Wien aus dem Deutschen Bund ausgeschlossen. Von nun an hatte Preußen die Führungsrolle in Deutschland übernommen. Das Bild zeigt das Schlachtfeld von Königgrätz am späten Abend und läßt die Grausamkeit erahnen, mit der hier gekämpft worden war.

Gefahr, Österreich in einen Konflikt mit anderen Mächten (vor allem mit Rußland auf dem Balkan) zu verwickeln oder das Prinzip des Nationalismus anzuerkennen.

Im November 1863 stellte der österreichische Botschafter in London kategorisch fest, daß Österreich eine Provinz stets lieber durch Krieg verliere, als sie am grünen Tisch wegzuschenken. Paradoxerweise hatte er recht. Selbst Lord Clarendon räumte ein, als es bei der österreichisch-preußischen Auseinandersetzung von 1866 zum Letzten kam, für die Österreicher sei ›ein katastrophaler Krieg besser als die freiwillige Schande‹.

Die Entscheidung, 1866 zu kämpfen, versetzte Österreich wenigstens in die Lage, den Kriegsverlauf und seinen Ausgang einigermaßen zu kontrollieren, auch wenn es ihn verlor. Der Geheimvertrag mit Frankreich vom 12. Juni war nicht nur abgeschlossen worden, um Napoleons Neutralität zu garantieren, sondern auch, um seine Italienpolitik zu kontrollieren und sich damit vor einem nationalistischen Krieg mit Italien zu schützen, und um den französischen Kaiser auf eine nichtnationale Lösung in Deutschland (Schlesien für Österreich und eine neutralisierte Rheinlandzone) festzulegen. Auch die Konstellation des deutschen Krieges, in dem die süddeutschen Staaten auf österreichischer Seite kämpften, hatte eine ähnliche Funktion: Sie sollte verhindern, daß der Krieg zum Nationalkrieg wurde.

So war denn auch der Ausgang des Krieges für Österreich nicht unerträglich, obwohl Österreich aus Deutschland ausgeschlossen wurde. Das Reich war nach wie vor unabhängig, immer noch eine europäische Macht und immer noch ein Hemmnis für den deutschen Expansionismus. Das alles wurde erst durch den Deutsch-Französischen Krieg dramatisch verändert. Die Schaffung eines mächtigen und nationalistischen Deutschen Reichs verwandelte das internationale europäische System. Und auf lange Sicht konnte auch Bismarcks Genie die Tatsache nicht verbergen, daß das Deutsche Reich an sich ein destabilisierender Faktor der europäischen Politik war.«[96]

So zutreffend diese Einschätzung der österreichischen Politik in vielem erscheint, so ist doch schwer nachvollziehbar, wie man Österreich als stabilisierenden Faktor der europäischen Diplomatie des 19. Jahrhunderts und als Bannerträger der europäischen Interessen betrachten kann, da es diplomatische Lösungen für seine Probleme stets ablehnte. Letzten Endes nämlich ging es bei der österreichischen Kompromißverweigerung weder um diplomatische Strategie noch um Kriegsbereitschaft, sondern ausschließlich um die Ehre des Kaisers. Darum mußten die Soldaten in Italien sterben; darum wurde das riskante böhmische Kommando eher Benedek gegeben als Erzherzog Albrecht; darum wurde er dazu getrieben, in Sadowa zu kämpfen und anschließend von den dafür Verantwortlichen so jämmerlich behandelt. Die Ehre des Kaisers verlangte, daß kein Territorium kampflos preisgegeben wurde; Theorien über den Gegensatz zwischen europäischen Interessen oder Prinzipien und Realpolitik entschuldigen und rationalisieren da nur.

Und falsch ist es auch, das Deutsche Reich nach 1870 als destabilisierenden Faktor darzustellen. Das geht am Kern des Problems vorbei, verkennt nämlich die Tatsache, daß der destabilisierende Faktor in Europa Österreich selber war. Denn nachdem Österreich die Führung Deutschlands und Italiens entglitten war, strebte es als Kompensation eine Vormachtstellung auf dem Balkan an. Das fiel solange nicht ins Gewicht, solange Deutschland Österreich noch bremsen konnte. Doch 1914, als das nicht geschah, löste Wien einen Weltkrieg aus, der zum Untergang der Monarchie führte – nach einem letzten Ultimatum, nach einer weiteren Zurückweisung jeglichen Kompromisses, diesmal mit den Südslawen. Die Verweigerung der Kompromißbereitschaft hatte daher katastrophale Folgen, auf lange wie auf kurze Sicht.

Genau wie der Verlust der italienischen Führung eine Verfassungsreform mit sich brachte, war dies auch nach dem Ausschluß aus Deutschland der Fall. Teilweise war das ein gleichsam natürlicher Preis für das politische Versagen; in Wien erkannte man, daß die Monarchie das zur Wiederingangsetzung der Wirtschaft benötigte Geld nur dann geliehen bekommen würde, wenn es zu Veränderungen der Verfassung kam.

Die Zeit zwischen 1860 und 1866 stellt daher eine Art fortdauernder Verfassungskrise dar, die schließlich durch den Ausgleich oder den Kompromiß mit Ungarn beendet wurde, ein Handel, der in großer Eile zwischen Franz Joseph und den Magyaren abgeschlossen wurde. Davor hatte die Monarchie den Übergang vom Oktober-Diplom von 1860 zum Februar-Patent von 1861 vollzogen, den Reichsrat des Oktober-Diploms in ein Zentralparlament umgewandelt, daß nun eher der Verfassung Stadions von 1849 entsprach.

Daß das ältere Patent damit in einem eher zentralistischen Sinne überarbeitet worden war, führte offenbar alsbald zu großer Aufregung unter den Ungarn. Schon vor 1866 nahm daher Franz Joseph Verhandlungen mit Ferenc Deák auf, dem anerkannten Sprecher Ungarns. Der bestand auf der Legalität der Aprilgesetze von 1848, war aber praktisch bereit, sie zu modifizieren, was Finanzen, Außenpolitik und die Verteidigung anging. Doch es bedurfte noch der Niederlage gegen Preußen, um den Kaiser von der Notwendigkeit eines Kompromisses zu überzeugen. Im Grunde seines Herzens war er Absolutist, ohne jede Einsicht in die Notwendigkeit eines Parlaments. Doch nun hatte er keine Wahl. Er bekam gleich zwei, wenn auch zu sehr guten Bedingungen.

6.

Die Doppelmonarchie

Einer weitverbreiteten Ansicht nach ist es mit der Habsburger Monarchie zwischen 1864 und 1914 kontinuierlich abwärts gegangen. 1914 habe sie am Rande des Zusammenbruchs gestanden, und der Erste Weltkrieg habe nur das Unvermeidliche besiegelt. Tatsächlich aber erstrebte damals kaum jemand in der Monarchie eine Republik, und praktisch niemand wünschte den Zerfall des Habsburger Reiches. Ironischerweise waren die militantesten Dissidenten die deutschen Nationalisten, die unter der Leitung Georg von Schönerers dafür eintraten, daß sich die deutschsprachigen Österreicher lossagen und dem deutschen Hohenzollernreich anschließen sollten.

Nur die Kriegsniederlage konnte daher zum Zusammenbruch führen, und die stand bis zum Frühsommer 1918 keineswegs fest. Und auch von da an kämpfte die Habsburger Armee noch bis zum bitteren Ende weiter. Doch hätten die Mittelmächte den Ersten Weltkrieg gewonnen, hätte ihn die Habsburger Monarchie womöglich nicht nur intakt überstanden, sondern vielleicht sogar Gebietsgewinne gemacht. In diesem Kapitel wird man deshalb wenig unangebrachten Determinismus finden. Doch um den Zustand des Habsburger Reiches vor seinem Untergang möglichst exakt zu bestimmen, wird es notwendig sein, Themen wie die Stellung Ungarns innerhalb der Monarchie, das Nationalitätenproblem, das Auftreten neuer politischer und sozialer Kräfte, den Kulturpessimismus und die außenpolitischen Probleme aus der Zeit vor 1914 genauer zu untersuchen.

Der Ausgleich von 1867

Wenden wir uns zunächst dem Ausgleich zu. Einige angelsächsische Historiker ziehen den Ausdruck »Regelung« vor, aber wie auch immer: Was da geregelt wurde, war nicht sehr populär. Nicht lange, und die meisten Deutsch-Österreicher verabscheuten die Regelung von Herzen, und auch viele Ungarn wollten sie ändern. Die übrigen Völkerschaften der Monarchie fühlten sich – sehr zu Recht – betrogen.

Und dennoch kam man nicht von ihr los. Die ungarische Führung weigerte sich, irgendeine Alternative, die einen Machtverlust mit sich gebracht hätte, auch nur in Betracht zu ziehen. Und da Franz Joseph nicht bereit war, den Ungarn noch mehr Einfluß zuzugestehen, wurde der Ausgleich zum Notanker des ungarischen Staates – und damit unantastbar. Seine Bestimmungen standen eisern fest, und er nahm denn auch erst mit der Monarchie ein Ende.

Die meisten Historiker, nicht anders als die meisten Zeitgenossen, haben kaum etwas Gutes über den »Ausgleich« zu sagen. Die Gründe dafür sind nicht schwer zu verstehen. Zunächst einmal war die Abmachung nicht zwischen Repräsentanten der verschiedenen Teile der Monarchie getroffen worden, sondern zwischen Franz Joseph und der ungarischen Führung. Nachdem er mit dieser zu einer Übereinkunft gekommen war, zwang er sie der »österreichischen Hälfte« seiner Domänen auf, trotzdem sie bei den meisten seiner dortigen Untertanen nicht sehr populär war, ja nicht einmal bei den ungarischen Untertanen. György Szabad zufolge hatten es die ungarischen Parlamentarier, die am Ausgleich beteiligt waren, unterlassen, »die fragwürdige Legitimität der Wahlen von 1865 in Betracht zu ziehen, und gar nicht bedacht, daß die vorgesehenen Bedingungen den Wählern von Deáks Partei kaum bekannt waren. In den Wahlen von 1865 hatte man keine Silbe auf den Hinweis verschwendet, daß das Gesetz von 1848 im Hinblick auf eine Ausweitung der herrscherlichen Prärogative revidiert werden sollte, und nicht einmal jene Teile des Programms, in denen es um gemeinsame Angelegenheiten ging, waren in Ungarn veröffentlicht worden.«[1] Dies ist ein etwas eigenwilliger Standpunkt, da praktisch alle Wahlen im Ungarn des 19. Jahrhunderts von »fragwürdiger Legitimität« waren und es sehr zweifelhaft ist, ob man Deák tatsächlich Irreführung der ungarischen Wähler vorwerfen kann. »Als das Parlament im Herbst einberufen wurde«, schreibt László Peter, »konnten weder die Wähler noch ihre Repräsentanten sich irgendeinem Zweifel über den von Deák erhofften Verfassungsausgleich hingeben. Seine Prinzipien lagen klar zutage. Um so bemerkenswerter ist, daß 1865 bis 1866 kein einziger ungarischer Politiker gegen Deáks Vorgehen Einspruch erhob... Die Einigkeit des Parlaments von 1866 im Hinblick auf den Wunsch, mit der Krone zu einem Ausgleich zu kommen, war beeindruckend. *Kiegyenlítés*, der Ausgleich, hatte noch nicht den üblen Beigeschmack, den das Wort durch die kunstlose englische Übersetzung ›Compromise‹ schließlich bekommen hat... Deáks Autorität war ungeheuer; die meisten Abgeordneten erkannten seinen Führungsanspruch an, und Parteien als solche gab es nicht.«[2]

Ob mit oder ohne Zustimmung der Bürger, die ungarische Führung hatte offensichtlich die Möglichkeit erkannt, einen ausgezeichneten Handel abzuschließen. Franz Joseph scheint es 1866 sehr eilig gehabt zu haben und hat vielleicht das Kleingedruckte des mit den Ungarn ausgehandelten Vertrages nie gelesen. Jedenfalls enthielt das ungarische Gesetz über den Ausgleich wichtige Klauseln, denen zufolge Ungarn nicht nur eine separate Armee zustand, sondern auch eine unabhängige Außenpolitik. Diese Klauseln waren zwar in der österreichischen Fassung des Ausgleichs gestrichen worden, aber das bedeutete nur, daß die Monarchie auf der Grundlage zweier unterschiedlicher Gesetze regiert wurde, die einen ganz unterschiedlichen Wortlaut hatten. Die Österreicher gingen von einer Art »Oberstaat« aus, der »Österreichische Monarchie« hieß, dem die beiden »Reichshälften« untergeordnet waren.

Doch eine derartige Vorstellung war mit der ungarischen Verfassung völlig unvereinbar. Die sah nämlich einen mit einer eigenen Verfassung versehenen ungarischen Staat vor, der nur den Monarchen, oder genauer, die Person des Monarchen, mit den Österreichern teilte, mit denen man bestimmte verfassungsmäßige Absprachen getroffen hatte. Den Ungarn war es an sich ziemlich gleichgültig, daß das österreichische Gesetz anders lautete. Ihre Version des Ausgleichs war zuerst angenommen worden; außerdem legte die Präambel fest, daß es sich beim Ausgleich um eine Absprache zwischen verfassungsmäßigen Regierungen in Österreich und Ungarn handle. So gingen sie davon aus, das österreichische Verfassungsrecht sei ebenso auf Ungarn angewiesen wie das ungarische auf Österreich.

Der Ausgleich überließ einiges auch den Launen des Schicksals, etwa dadurch, daß man entschied, der sogenannte »Wirtschaftsausgleich« zwischen Österreich und Ungarn solle alle zehn Jahre neu ausgehandelt werden. Die Absprache bezog sich nicht nur auf Handel und Zölle, sondern auch auf die Geldsumme, die beide zur gemeinsamen Währungskasse beisteuern mußten, die sogenannte »Quote«. Wie zu erwarten, führten die Verhandlungen zu regelmäßigen Zusammenstößen zwischen beiden Hälften der Monarchie. Karl Luegers Sicht des Ausgleichs, die er 1895 dem österreichischen Unterhaus vortrug, entsprach daher der der meisten Deutsch-Österreicher: »Ich betrachte den Dualismus«, sagte er, »als Unglück, ja, als das größte Unglück, das mein Vaterland je ertragen mußte, selbst als ein größeres Unglück als die verlorenen Kriege.«[3]

Damit wären die Sprecher der Völkerschaften absolut einverstanden gewesen. Der Ausgleich von 1867 hatte sie den »Herrenrassen« ausgeliefert, ungeachtet all dessen, was sie 1848 für die Dynastie geleistet hatten. Andrássy soll ihre Stellung einem österreichischen Kollegen gegenüber mit der Bemerkung umrissen haben: »Ihr kümmert euch um eure Slawen, wir uns um unsere.«[4]

In jüngster Zeit hat der Ausgleich neue Verteidiger gefunden. So hat Macartney den Standpunkt vertreten, daß es wohl kaum eine Alternative gegeben habe, da alle anderen Möglichkeiten schon versucht worden waren, und daß der Ausgleich, bei all seinen Fehlern, immerhin ein

Nach dem »Ausgleich« zwischen Wien und Budapest, der Schaffung der sogenann-
ten Doppelmonarchie, wurde auch ein neues Reichswappen geschaffen. Von nun an
war das Habsburgische Kaiserreich eine k. u. k. Monarchie. Kaiserlich-königlich, k.
k., stand für die österreichische, zisleithanische Reichshälfte, k. für die königlich-un-
garische Reichshälfte. Es gab also ein österreichisches und ein ungarisches Reichs-
wappen.

halbes Jahrhundert gehalten habe.[5] Zwei Einwände drängen sich auf:
Zunächst einmal ist es trotz der Verfassungsexperimente von 1860/61
einfach nicht wahr, daß alles versucht worden war – man braucht nur
an die Verfassung von Kremsier oder selbst an die Stadion-Verfassung
zu denken – ; zweitens besteht kein Anlaß, in der begrenzten historischen Dauer einen Beweis für die Vernunft einer Lösung zu sehen.

Beinahe alle nichtungarischen Historiker sind sich einig, daß die Ungarn mit dem Ausgleich die Kontrolle der Monarchie an sich gerissen
haben. Denn während die Magyaren wirklich in der Lage waren, ihre
Slawen niederzuhalten, und sehr solidarisch zusammenstanden, wenn
es zu Übergriffen aus Wien oder, öfter sogar, zu Widerständen kam, so
unterminierte in »Zisleithanien« – einer der Namen für die österreichische Hälfte der Monarchie – der bittere Disput zwischen Deutschen
und Tschechen die Position der österreichischen Regierung in ihren

Verhandlungen mit Ungarn. Das führte zu folgendem: »Faktisch beherrschte Ungarn die ganze Monarchie und beutete sie aus... Alle zehn Jahre, bei jeder Erneuerung des ›Ausgleichs‹ nahmen die ungarischen Forderungen zu... Wäre es nicht zum Ersten Weltkrieg gekommen, wäre Ungarn wahrscheinlich bei der Erneuerung des ›Ausgleichs‹ von 1917 unabhängig geworden.«[6]

Die neuere Studie eines anerkannten österreichischen Historikers ist zu den gleichen Schlußfolgerungen gelangt. Unter Kálmán Tisza hätten die Ungarn 1875 den Charakter des Dualismus verändert: »Durch Tiszas Formel übernahmen die Ungarn die Führung der ›Doppelmonarchie‹ und die Herren von Ungarn waren die Magyaren.«[7] In der Studie wird darauf hingewiesen, daß der Fall der österreichischen Regierung Badeni von 1897, ein Ereignis, das beinahe zum Ende der parlamentarischen Regierungsform führte, nicht zuletzt deshalb erfolgte, weil Badeni sich um die tschechische Zustimmung zur Erneuerung des Wirtschaftsvertrages mit Ungarn bemühte. »Die österreichische Innenpolitik dieser Jahre kann ohne den ständigen Druck der Ungarn nicht verstanden werden. Viel von dem, was den österreichischen Regierungen angelastet wurde und wird, ist nur eine Konsequenz des Dualismus, nur eine der heimtückischen und ominösen Konsequenzen des Dualismus, der Preis für die fixe Vorstellung, Ungarn auf jeden Fall im System behalten zu müssen.«[8]

Mit dem Ausbruch des Ersten Weltkriegs wurde die ungarische Vorrangstellung in allen diplomatischen und wirtschaftlichen Angelegenheiten »unzweideutig«.[9] Das gipfelte darin, daß Tisza Ungarn vollständig von Österreich abschottete, es fast wie ein unabhängiges Land regierte und dem hungrigen Österreich lebensnotwendige Nahrungsmittel verweigerte.

Ungarische Historiker allerdings stellen den Dualismus etwas anders dar. Péter Hanák zum Beispiel hat deutlich zu machen versucht, daß die Situation komplexer war, als manche österreichische Historiker zugeben. Er weist darauf hin, daß die Ungarn betreffenden Vereinbarungen in drei Hauptgruppen gegliedert waren: a) die rein internen Angelegenheiten, in denen Ungarn laut Ausgleich unabhängig war, wobei die von der ungarischen Regierung getroffenen Entscheidungen nach der Zustimmung des ungarischen Parlaments vom ungarischen König gebilligt werden sollten; b) die sogenannten »unpragmatischen Absprachen« (das heißt, die Absprachen, die sich nicht aus der Pragmatischen Sanktion von 1723 herleiten ließen), Absprachen, die auf einer »Übereinstimmung der Interessen«, auf »gemeinsamen Prinzipien« beruhten und sich auf die Quote und die Zoll- und Handelsabsprachen des wirtschaftlichen Ausgleichs bezogen; sie sollten von den Regierungen Österreichs und Ungarns alle zehn Jahre neu ausgehandelt und die Ergebnisse den beiden Parlamenten und dem Souverän vorgelegt werden;

c) betraf die Pragmatische Sanktion und wurde vom gemeinsamen kaiserlich-königlichen (später kaiserlich und königlichen) Ministerium umgesetzt.

Dessen verfassungsmäßiger Stellenwert war ziemlich unklar. Denn laut Gesetzestext war das gemeinsame Ministerium (unter der Kontrolle zweier unabhängiger parlamentarischer Delegationen Österreichs und Ungarns) nur für die Angelegenheiten zuständig, für die nicht bereits eine der Regierungen der beiden Reichshälften zuständig war. Auch die Beziehungen der gemeinsamen Minister zu den »nationalen« Ministern Österreichs und Ungarns blieben unbestimmt, da der gemeinsame Außenminister gesetzlich verpflichtet war, nur »im Einvernehmen mit den Ministerien beider Parteien und mit ihrer Zustimmung« vorzugehen.[10] Gemeinsame Politik sollte durch ein gemeinsames Ministerium vorbereitet, dann den getrennten Delegationen beider Parlamente zur Abstimmung vorgelegt und schließlich dem Monarchen zur Zustimmung unterbreitet werden. All dem konnte man durchaus entnehmen, daß Ungarn in eigenen Angelegenheiten unabhängig war und in gemeinsamen gleichberechtigt.

In der Praxis aber sah das ganz anders aus. Zunächst einmal kam es zu einigen innenpolitisch wichtigen Abweichungen von der Verfassung. Die ungarische Regierung mußte nämlich ihre Vorschläge zuerst nicht dem Parlament, sondern dem König vorlegen – in Übereinstimmung mit einer sehr genau festgelegten Formel (der »vorläufigen Sanktion« oder *élozetes szentesítés*). Mit anderen Worten, der Monarch hatte ein Vetorecht bei der Gesetzgebung, und zwar bevor sie vor das Parlament kam. Das könnte man auch als feudales Überbleibsel betrachten und nicht als Zeichen ungarischer Abhängigkeit, hätte es Franz Joseph nicht als sein selbstverständliches Recht betrachtet, die Vorschläge der ungarischen oder österreichischen Regierung mit irgendwelchen Höflingen durchzusprechen, vor allem, wenn diese Vorschläge die Monarchie als Ganzes betrafen. Zur Hofgesellschaft aber zählten Mitglieder der kaiserlichen Familie, der Aristokratie und der Streitkräfte, die alle eher der Dynastie als den jeweiligen Regierungen verpflichtet waren. Damit konnte Franz Joseph selbst innere ungarische Angelegenheiten den Bedürfnissen Wiens unterordnen.

Ähnliche Abweichungen von der gesetzlichen Vorlage gab es auch in gemeinsamen Angelegenheiten. Dabei wurde die Politik nicht durch Verhandlungen der beiden Regierungen und Parlamente festgelegt, sondern vom Monarchen und den betreffenden Regierungen. Wenn es zu Meinungsverschiedenheiten kam, mußte meistens die Regierung nachgeben. Bei Streitigkeiten zwischen Österreich und Ungarn entschied also der Monarch. Auch die gemeinsamen Minister stimmten ihre Politik mit dem Monarchen ab. Die Delegationen spielten nur formal eine Rolle, und nur in Angelegenheiten von allergrößter Bedeutung fiel die verfassungsmäßige Zuständigkeit der österreichischen und ungarischen Ministerpräsidenten überhaupt ins Gewicht. Die Offiziere und Höflinge dagegen, die der Monarch immer wieder um Rat fragte, nahmen am Entscheidungsprozeß ständig teil. Damit wurde der Monarch, in László Péters Worten, zum »Dreh- und Angelpunkt der politischen Struktur«.[11] Er fährt fort: »Die Kontrolle des Souveräns über die Armee – die hauptsächlich außerhalb der konstitutionell legalen Sphäre lag – gab Franz Joseph normalerweise freie Hand in allen Angelegenheiten, die für die Monarchie als Großmacht entscheidend waren: in der Außenpolitik, der Verteidigungspolitik und bei den kaiserlichen Finanzen. In der höchsten Sphäre der Staatspolitik blieb Franz Joseph auch nach 1867 ein Autokrat. Er traf Entscheidungen, nachdem er sich vom ›Ministerrat für gemeinsame Angelegenheiten‹ (manchmal auch als ›Kronrat‹ bezeichnet) hatte beraten lassen, der eher eine konsultative als eine exekutive Körperschaft mit ungenau definierter Mitgliedschaft ohne formellen verfassungsmäßigen Status war.«[12]

Paradoxerweise zur Zufriedenheit vieler Ungarn. Ein Delegationsmitglied erklärte zum Beispiel 1906: »Ich erkenne nur gemeinsame Minister, aber keine gemeinsame Regierung an.«[13] Péter behauptet sogar, daß das 1867 in Deáks Absicht lag: »Daß eine Regierung von einer parlamentarischen Mehrheit ausgehen sollte, war für Deák und seine Anhänger das *sine qua non* eines funktionierenden Verfassungswesens; sie gingen aber nicht davon aus, daß dem Parlament die letzte Entscheidung zustehen sollte. Die politische Verantwortung wurde streng dualistisch aufgefaßt: Die Regierung sollte sowohl das Vertrauen des Monarchen wie des Parlaments bewahren, um erfolgreich zwischen beiden Seiten (das heißt dem König und dem Parlament – nicht Österreich und Ungarn) vermitteln zu können. Deák und die 67er Mehrheiten nach 1867 hielten mehr von einer Verfassung, die die verschiedenen Machtzentren ins Gleichgewicht brachte, als von einem parlamentarischen Regierungssystem.«[14]

Péter legt Wert auf die Tatsache, daß die Autorität des Monarchen durch die »Loyalität der großen Mehrheit der Untertanen ihrem Herrscher gegenüber«[15] entscheidend gestärkt wurde. »Kaisertreue und *királyhúség*«, fügt er hinzu, »waren im 19. Jahrhundert machtvolle Gefühle.« Er weist auch auf »die einschüchternde Wirkung« hin, »die von der Person des Monarchen auf Politiker und in noch stärkerem Ausmaß auf gewöhnliche Bürger ausging«[16], bevor er zu dem Schluß kommt, »daß die Magie des Amtes (die zu bewahren Franz Joseph sein Bestes tat, indem er die Hofetikette auf das peinlichste einhielt), im Verein mit der bemerkenswert effektiven institutionellen ›Herrschermacht‹ sicherstellte, daß es ein halbes Jahrhundert lang zu einem mehr als ausreichenden Grad der Zusammenarbeit der beiden Hälften selbst in Krisenzeiten kam«.[17] Daher hat Hanák sicher recht, wenn er die verbreitete österreichische Darstellung des Dualismus für einer Korrektur bedürftig hält.

Zwei weitere Punkte sollten laut Hanák bedacht werden. Der eine ist, daß Ungarn zwar sehr viel Einfluß auf die Außenpolitik nahm – etwa 25–30 Prozent der Mitglieder des diplomatischen Korps waren Ungarn, ganz abgesehen von den drei ungarischen Außenministern in dieser Zeit, die alle eine Außenpolitik entsprechend den von Andrássy vorgegebenen Richtlinien verfolgten –, aber über keinerlei Einfluß in der Armee verfügten. Die war den Ungarn entschieden unfreundlich gesinnt und hat sich innerhalb Ungarns oft wie eine Besatzungsarmee aufgeführt. Sie stellte innerhalb des ungarischen Staates eine unabhängige Macht dar und machte Ungarn von der Dynastie abhängig. Hanáks Wort von der »Achillesferse des Dualismus« trifft in hohem Maße zu, denkt man an die vielen Auseinandersetzungen, die es zwischen Österreich und Ungarn wegen militärischer Angelegenheiten gab, oder an die Verfassungskrise von 1903–1906, wo ein Truppendetachement (auch wenn es ungarische »Honvéds« waren) die Abgeordneten aus dem ungarischen Parlament trieb, ja die kaiserliche Armee sogar den (zuletzt hinfällig gewordenen) Befehl erhielt, in Ungarn einzufallen und es zu besetzen.

Abschließend stellt Hanák die Bedeutung der emotionalen Faktoren klar, die man stets im Auge behalten sollte. Unabhängig davon, wie gut Ungarn beim Dualismus abschnitt, die ungarische Öffentlichkeit empfand Ungarn nach wie vor als unterdrücktes Land. Im Gegenzug reagierte die österreichische Öffentlichkeit äußerst negativ auf die von ihr als unheilvoll und übermächtig empfundene Rolle Ungarns in der Monarchie.

In der Zeit von 1866 bis 1868 waren weder der Kaiser noch seine führenden Militärberater im geringsten geneigt, irgendeiner Regelung zuzustimmen, die letztendlich zu einer Spaltung der Armee geführt hätte. Insbesondere Erzherzog Albert verhielt sich gegenüber allen ungarischen Plänen für irgendwelche separaten ungarischen Militärformationen äußerst mißtrauisch. Franz Joseph jedoch, dem sehr daran gelegen war, zu einem Übereinkommen mit den Magyaren zu kommen, erklärte sich ziemlich schnell mit einigen Vorschlägen von Andrássy, der rechten Hand Deáks und dem ersten Ministerpräsidenten des neuen Ungarn, einverstanden. Diese Vorschläge waren ausdrücklich dazu bestimmt, dem Zwist ein Ende zu machen. Das Problem von 1867 bestand Zoltán Szász zufolge darin, »wie man die Habsburger Monarchie entzwei schneidet und doch in einem Stück beläßt«.[18]

Dasselbe galt für die Armee, da Kálmán Tisza und andere einwandten, die Pragmatische Sanktion von 1723 fordere nur eine gemeinsame, nicht unbedingt eine vereinigte Verteidigung. Andrássy fand die Formel, die dieses Hindernis aus der Welt schaffte. In János Décsys Worten war er »der rechte Mann zur rechten Zeit für die rechte Aufgabe«,[19] und laut Gábor Vermes hat seine »brillante und energische Diplomatie« das Problem gelöst.[20] Man einigte sich darauf, dem Herrscher das Kommando der gemeinsamen kaiserlich-königlichen Armee zu belassen[20a], während die Art des Wehrdienstes, die Umstände der Unterbringung und die Finanzierung der ungarischen Regimenter durch das ungarische Parlament bestimmt wurden. Die Kommandosprache der Armee sollte Deutsch sein, sowohl für die ungarischen wie für die anderen Regimenter.[20b]

Im Gegenzug brachte Andrássy Franz Joseph dazu, der Aufstellung einer Landwehr in Österreich und Ungarn (und Kroatien) zuzustimmen, wobei die ungarische selbstverständlich »Honvédség« genannt wurde. Sie sollte in Organisation und Uniform der gemeinsamen Armee entsprechen, zusätzlich eigene Insignien und Flaggen haben, und Ungarisch als Kommandosprache verwenden. Ihren Eid leistete sie auf den König und die nationale Verfassung. Andrássy empfand die »Honvédség« als Nukleus einer Nationalarmee, aber genau um das zu verhindern, ließ Franz Joseph keine eigene Artillerie zu. Der Monarch bestand auch darauf, den Oberkommandierenden selber zu ernennen, und war für die Beförderungen zuständig. Letztlich war die »Honvédség« einfach zu klein, um es mit der kaiserlichen Armee aufzunehmen: 1870 verfügte sie gerade über 10 000 reguläre Soldaten. »Ein Bataillon bestand bloß aus 21 bis 26 Mann, oft nicht einmal genug, um eine ordonanzmäßige Wache zusammenzustellen. Militärkapellen waren bis zu den Feiern von 1896 nicht erlaubt, unter anderem auch deshalb, weil man befürchtete, die Musiker könnten zahlreicher sein als die Soldaten, denen sie zum Marsch aufspielten.«[21]

Andrássy sah jedoch ein, daß, wie die Dinge standen, mehr nicht zu holen war. »Stets ein politischer Realist, erkannte er, unter den gegenwärtigen Umständen alle möglichen Konzessionen ausgeschöpft zu haben, und da er die politische Einigung nicht gefährden wollte, die Ungarn völlige Parität innerhalb der Doppelmonarchie gegeben hatte, setzte er die militärischen Absprachen im Parlament durch. Doch er mußte versprechen, die Regierung werde sich mit allen verfügbaren Mitteln um größere militärische Autonomie bemühen, um die vehementen Einwände der Opposition zu beschwichtigen, und dies war kein gutes Vorzeichen.«[22]

Die Opposition aber war nie zufrieden, und ihre stärkste Waffe beim Kampf um eine nationale Armee war der parlamentarische Stellungskrieg gegen die Armeegesetze, die alle zehn Jahre zur Diskussion gestellt wurden. Die Debatte über das Gesetz von 1889 verlief äußerst erbittert und führte zu dem Hinweis des alternden Andrássy, der jetzt dem Oberhaus angehörte, man habe 1867 nie an eine getrennte Armee für Ungarn gedacht.

Graf Andrássy beendete die Ära des österreichisch-ungarischen Gegensatzes und der immer erneuten Erhebungen und Revolutionen. Auf diplomatischem Weg brachte er den sogenannten »Ausgleich« zustande, der Ungarn im Rahmen des Reichsverbandes ein gewisses Maß an Selbständigkeit und Eigenverantwortung sicherte. Graf Andrássy wurde konsequenterweise der erste Ministerpräsident des neuen Ungarn und war in den siebziger Jahren lange Jahre Außenminister der Doppelmonarchie, für die er das Dreikaiserabkommen von 1873 mit dem russischen und dem deutschen Reich aushandelte.

Dennoch mußten Konzessionen gemacht werden, um das Gesetz durchzubekommen, einschließlich der berühmten Änderung, durch die die gemeinsame Armee nun nicht mehr als »kaiserlich-königlich« sondern als kaiserlich und königlich bezeichnet wurde (»k. u. k.« statt k. k.«). Als dann das gemeinsame Ministerium 1898 um eine bescheidene Vergrößerung der Truppenstärke bat, griff man erneut zur parlamentarischen Hinhaltetaktik, diesmal verbunden mit gewaltsamen Demonstrationen, und das acht Jahre lang. Zuletzt erhielten die »Honvédség« ihre heißersehnte Artillerie, aber nicht bevor der Zwist Franz Josephs berühmten Tagesbefehl von Chlopy vom 17. September

1903 provoziert hatte, in dem er seine Absicht, die Armee vereinigt zu lassen, noch einmal wiederholte, und der beinahe die Durchführung des Plans »U«, die militärische Besetzung Ungarns, zur Folge gehabt hätte. Trotz dieser bitteren Auseinandersetzung konnten die »Honvédség« und die kaiserliche Armee vor 1914 und während des Ersten Weltkriegs gut zusammenarbeiten. Fest steht, daß sich ungarische Truppen in beiden Armee-Einheiten bis zuallerletzt ausgezeichnet haben.

Deswegen hat man immer wieder eingewandt, mit ein klein wenig mehr Nachgiebigkeit hätte der ganze Streit vermieden werden können, ein Standpunkt, den Gunther Rothenberg, heute vielleicht der bedeutendste Militärhistoriker der Monarchie, vehement bestreitet. Die Überlegungen eines österreichischen Generals, ob »die tapferen Ungarn, die seit den Tagen Maria Theresias besondere Uniformen, Applikationen und enge Hosen getragen haben, sich wirklich anders verhalten hätten, wenn sie ihr Nationalemblem statt des Doppeladlers an ihren Helmen angebracht hätten«[23], kommentiert er so: »Entscheidend aber war die Sprachfrage und die konnte nicht gelöst werden...Um ihre Vorrangstellung in ihrem eigenen Königreich zu behalten, waren die Ungarn auf die ungarische Kommandosprache angewiesen; eine Gewährung derselben aber wäre einer Teilung der Armee gleichgekommen, der kein wahrer Habsburger zustimmen konnte. So war die Lösung des Militärproblems von Anfang an zum Scheitern verdammt.«[24]

Auch das Nationalitätenproblem wird im Zusammenhang mit dem Armeeproblem oft erwähnt. Die eine Forderung aber, die im ungarischen Parlament nie erhoben wurde, war die, Ungarisch zur Regimentssprache aller in Ungarn ausgehobenen Regimenter zu machen, obwohl das das effektivste Mittel gewesen wäre, sämtliche nichtmagyarischen Rekruten zu magyarisieren. Nach der Jahrhundertwende waren die meisten ungarischen Politiker bereit, sich damit zu begnügen, Ungarisch zur Kommandosprache aller ungarischen Regimenter zu machen. »Doch niemand glaubte im Ernst«, schreibt László Péter, »daß gut siebzig Worte und Phrasen, die in rumänische und slowakische Rekruten eingedrillt wurden, diese nun ungarisieren würden, ebensowenig wie sie oder die Magyaren durch die deutsche Kommandosprache germanisiert worden waren.«[25]

Der Kampf um die Armee kann daher nicht allein als ein Nebenprodukt des Nationalismus oder der nationalen Frage betrachtet werden. Im Grunde ging es um eine konstitutionelle Frage im strengen Sinne des Wortes. Geht man einmal davon aus, daß das dualistische System von Monarchen abhing, daß Wahlen durch die Regierung arrangiert wurden und in den Augen der Opposition keine Legitimität besaßen, daß die Ungarn auf Formalität und Tradition sehr viel Gewicht legten (sie waren oft verblüfft, daß englische »Gentlemen« keine Uniformen trugen), so mußte die Opposition den traditionellen Streit mit der Krone vor ihrer Zustimmung zu den Armeegesetzen und anderen Aspekten des Ausgleichs, die periodisch vor das Parlament kamen, fast zwangsläufig bis zum Äußersten treiben. Dies war ihr wichtigstes Mittel, den Monarchen (und indirekt auch die Nationalitäten) auf die bleibende Bedeutung der ungarischen Nation und auf ihren entscheidenden Stellenwert in der Verfassung hinzuweisen. Die Tatsache, daß die außenpolitischen Probleme gegen die Jahrhundertwende weniger dringlich erschienen (vielleicht war es auch kurzfristig zu einer Schwächung der Wirtschaft gekommen) mag den Zeitpunkt der Auseinandersetzung mitbestimmt haben.

War es überhaupt ein ernsthafter Streit? Hat Rothenberg recht, wenn er die Ansicht, ein bißchen Flexibilität hätte ihn mühelos beilegen können, derart entschieden zurückweist? »Die Krise von 1905–1906«, schreibt Norman Stone, »war hauptsächlich Theaterdonner, weit mehr eine Pappversion von 1848 als eine Vorwegnahme von 1918.«[26] Im gleichen Artikel heißt es aber auch, daß »achtzig Worte schlichtes Deutsch eine Krise hervorriefen, die an den Grundfesten der Existenz der Habsburger Monarchie rüttelte«, und daß ein anderer Disput über die Armee zwischen 1911–1912, auch zur Zeit der Balkankriege, weit ernsthaftere Folgen hatte. Damals wies István Tisza, der Ministerpräsidenten Ungarns, die Obstruktionisten mit Waffengewalt aus dem Sitzungssaal. Stone fährt fort: »Ein Armeegesetz wurde schließlich in Kraft gesetzt, auch wenn es sich nicht mehr rechtzeitig auswirken konnte. Wenn die österreichisch-ungarische Armee sehr große Verluste erlitt und schlecht ausgebildet und ungenügend ausgerüstet war, so hat das zu einem entscheidenden Teil Ungarn zu verantworten.«[27]

Vielleicht ist daher die Schlußfolgerung erlaubt, daß zwar sehr viel von dem, worüber in der Armeedebatte gestritten wurde, an sich nicht so schrecklich wichtig war, daß aber der Gebrauch, den ungarische Politiker von der Debatte als Mittel zur Behauptung der Rechte des Parlaments und der ungarischen Nation in der Verfassung machten, letzten Endes tatsächlich schwerwiegende Folgen hatte.

Die Wirtschaft des Dualismus

Wenden wir uns der Wirtschaft zu. Was hat der Dualismus Ungarn und der Monarchie in wirtschaftlicher Hinsicht gebracht? Üblicherweise werden die Folgen recht pessimistisch betrachtet. Bis Mitte 1950 sahen die ungarischen Historiker Ungarn unter dem Dualismus als eine Art österreichische Kolonie an, eine althergebrachte Sehweise der Dinge. Oszkár Jászi zum Beispiel beschrieb die Rolle Wiens als »eine wirtschaftliche Tyrannis, die den Fortschritt in den ungarischen, slawischen und rumänischen Gebieten der Monarchie verhindert...und dem Wohlergehen der Bevölkerung im Wege gestanden hat«.[28]

Andere Historiker haben darauf hingewiesen, daß die Monarchie in wirtschaftlicher Hinsicht wenig effizient war: Böhmen war durch seine Flüsse an die Wirtschaft Deutschlands angeschlossen; Galizien und die Bukowina vom Rest der Monarchie durch Berge abgeschnitten, das Vorarlberg hing mit den Textilzentren der Schweiz und Schwabens zusammen. Die Monarchie besaß keine Flußverbindung zu ihren wichtigsten Adriahäfen, die Donau war nur sehr schwer schiffbar, und zwei Drittel der Landgebiets bestanden aus Hügeln und Bergen. Dazu kam die politische und wirtschaftliche Unsicherheit wegen des Dauerstreits um die Erneuerung der Wirtschafts- und Militärabsprachen des Ausgleichs, die das Vertrauen in den Doppelstaat nicht eben vergrößert haben.

Dennoch beurteilen die meisten heutigen Historiker die Wirtschaft der Doppelmonarchie sehr positiv — entsprechend dem Titel von David. F. Goods jüngstem Buch »Der wirtschaftliche Aufstieg des Habsburger Reiches, 1750–1914«. Die neue Sicht auf die Dinge macht einerseits die wachsende wirtschaftliche Einheit der Monarchie vor 1914 deutlich sowie die Vorteile, die beide Teile, vor allem Ungarn, davon hatten. Soweit es die wirtschaftliche Einheit betrifft, hebt Good vor allem die Entwicklung des Eisenbahnnetzes, die Expansion des Bankenund Kreditsystems und die wachsende regionale Marktintegration hervor. Kurz vor Ausbruch des Ersten Weltkriegs zum Beispiel besaßen selbst die abgelegensten Gebiete Ungarns beachtliche Eisenbahnnetze: 96 und 82 Eisenbahnkilometer auf 100 000 Menschen in Transsylvanien und in Kroatien-Slawonien im Jahre 1910. Sie schnitten damit auch im Vergleich mit den entwickelteren Gebieten in den österreichischen Ländern gut ab und weit besser als die unabhängigen Balkanstaaten wie Rumänien, Bulgarien und Serbien (49, 42 und 31 Eisenbahnkilometer auf 100 000 Menschen).[29]

Insgesamt kommt Good zu folgendem Schluß: »Was wir an quantitativen Daten ermittelt haben, gibt denen recht, die die positiveren Aspekte der Habsburgischen Wirtschaftsunion betonen. Ökonomisch gesehen hat das Kaiserreich in den Jahrzehnten vor dem Ersten Weltkrieg eine beträchtliche Marktintegration erreicht. Die Herausbildung extensiver Kommunikations- und Finanznetzwerke führte zum Abbau von Wirtschaftsgrenzen zwischen den lokalen und regionalen Märkten des weitgestreuten, multinationalen Kaiserreiches. Das späte 19. Jahrhundert war eine Epoche des gesteigerten interregionalen Austauschs von Gütern und Kapital. Verbunden mit diesem Austausch kam es zu einer bedeutenden Trendsteigerung bei der Angleichung der Warenpreise, Zinsen und Lohnskalen auf regionaler Ebene. Die wirtschaftliche Integration schritt voran.«[30]

Die Eisenbahn veränderte die Landschaft Europas, zuerst die Englands, dann die Frankreichs und Belgiens und ganz zum Schluß auch die der deutschen Länder. Österreich litt auch in dieser Hinsicht unter seiner Geographie; erst mit zehnjähriger Verspätung wurden die großen Bahnlinien, die Nordbahn und die Südbahn, gebaut. Aber die Verbindungen nach Prag, Budapest und den italienischen Reichsteilen blieben noch immer lückenhaft. Auf die Dauer aber zeigte sich das neue Verkehrssystem als wirkungsvoller als alle Freiheitsbewegungen in der Bekämpfung des Metternichschen Systems. Die geistige Abschottung erwies sich immer mehr als unhaltbar, wo neue technische Verkehrswege Österreich an Europa anschlossen.

Das macht Good durch den internationalen Vergleich deutlich. So gab es in Indien größere Preisunterschiede für Weizen als in Österreich-Ungarn; mehr regionale Schwankungen im Zinsniveau der USA und Japans. Auch beim Durchschnittseinkommen bestanden innerhalb der Monarchie weniger regionale Unterschiede als in Italien oder Schweden; Österreich-Ungarn entsprach diesem Index zufolge ziemlich genau dem europäischen Durchschnitt.

Die Monarchie stand im internationalen Vergleich also nicht schlecht da. Einer modernen Berechnung zufolge betrug das österreichische Wirtschaftswachstum zwischen 1870 und 1913 durchschnittlich 1,32 Prozent im Jahr. »Damit gehörte das Land, was das Wachstum anging, zu den führenden Staaten des 19. Jahrhunderts. Unter den Staaten mit früh einsetzendem Wachstumsschub kann es nur mit Deutschland und bei den Spätentwicklern nur mit Schweden und Dänemark verglichen werden.«[31] Nach 1871 lag die Wachstumsrate in den ungarischen Ländern sogar noch höher – bei etwa 1,7 Prozent. »Insgesamt legt die beeindruckende Entwicklung Österreichs nach 1870 und die noch höhere Wachstumsrate Ungarns den Schluß nahe, daß die relative Rückständigkeit des Reiches 1913 weniger akut war als 1870.«[32]

Dennoch scheint im 19. Jahrhundert der relative Rückstand der Monarchie zugenommen zu haben: »Auch wenn die Westgebiete des Reiches das ganze 19. Jahrhundert hindurch mehr oder weniger mit den westeuropäischen Zeitgenossen gleichzogen, nahm die relative wirtschaftliche Rückständigkeit des Reiches zwischen den Napoleonischen Kriegen und dem Ersten Weltkrieg zu. 1870 hatte das konstante Wachstum zwar auch auf die ungarischen Länder übergegriffen. Es ist jedoch unwahrscheinlich, daß das Kaiserreich in der Lage gewesen wäre, schnell genug zu wachsen, um die Lücke zu schließen, solange sich die Ostgebiete dem Wachstumsprozeß nicht anschlossen.«[33]

Goods Überzeugung, die Monarchie sei wirtschaftlich für alle ihre Teilgebiete vorteilhaft gewesen, wird von vielen anderen Wirtschaftswissenschaftlern geteilt. John Komlos behauptet in seiner neuesten Studie über die habsburgische Wirtschaftsentwicklung[34], daß »die österreichische Wirtschaft ebensogut ohne ihren ungarischen Partner zurechtgekommen wäre«.[35] Mit anderen Worten, Ungarn beutete viel eher Österreich aus als umgekehrt. Ungarn wurde »wirtschaftlich nicht von Österreich ausgebeutet...; vielmehr zog es beträchtlichen wirtschaftlichen Nutzen aus seinen Bindungen an die österreichische Wirtschaft. Österreich war ein sicherer Absatzmarkt für seine landwirtschaftlichen Produkte und unentbehrlich als Quelle von Kapital und Facharbeitern. Ungarn profitierte auch weit mehr als Österreich im Hinblick auf den Handel mit Textilien und Weizen.« Diese Vorteile waren von entscheidender Bedeutung bei der Mobilisierung der landwirtschaftlichen wie der industriellen Sektoren Ungarns. Ein solches Grundmuster ergibt sich wahrscheinlich stets in solchen Fällen, da bei der Einbindung in eine größere, fortgeschrittenere Wirtschaft die kleinere Wirtschaft, vor allem wenn sie geographisch so ungünstig wie Ungarn liegt, mehr profitiert. (Österreich produzierte selbst gegen Ende des Zeitabschnitts, mit dem wir uns befassen, doppelt so viel Güter und Dienstleistungen wie die ungarische Wirtschaft und sogar 44 Prozent mehr, wenn man die Pro-Kopf-Produktion berechnet.)[36] Dagegen hat Ungarn, Komlos zufolge, das österreichische Wirtschaftswachstum im 19. Jahrhundert entscheidend verlangsamt.

In den Jahren kurz vor 1880 begann die ungarische Regierung zahlreiche Staatsanleihen auszugeben; mehr als die Hälfte davon wurde bis gegen Ende 1890 von Österreichern gekauft. Ungarns Operationen auf dem offenen Markt in Österreich gestatteten ihm, Kapital für soziale Investitionen im eigenen Land aufzubringen, ohne dazu Mittel von Privatinvestitionen abziehen oder hohe Steuersätze erheben zu müssen. Damit konnten Regierungsausgaben und Investitionen in Perioden ho-

Die Wiener Weltausstellung von 1873 demonstrierte den Glauben an den technischen Fortschritt; die Zukunft wurde noch als Verheißung, nicht als Bedrohung gesehen. So führte man in immer neuen Hallen das Maschinenzeitalter vor, das damals auf seinen Höhepunkt kam. Der erste »Schwarze Freitag«, der Börsenkrach vom 9. Mai, der sich mitten während der Weltausstellung ereignete, auf der die Monarchie doch gerade ihren Optimismus hatte vorführen wollen, stellte deshalb ein um so größeres Menetekel dar.

hen Wirtschaftswachstums schneller als das Steuereinkommen wachsen, das heißt, das verfügbare Einkommen und damit der Konsum wurden durch Ungarns ungehinderten Zugang zum österreichischen Markt erheblich gesteigert.

»Diese Entwicklungen führten schließlich dazu, daß zu Beginn des Jahres 1878 die Industrieproduktion Ungarns zum ersten Mal bedeutend zunahm, und zwar in sehr unterschiedlichen Sektoren. Daher litt Ungarn auch nicht an den Symptomen der ›Großen Depression‹. In Österreich dagegen wirkte sich der verminderte Fonds von Investitionskapital bis weit in die neunziger Jahre hinein negativ auf die Industrieproduktion aus. Indem sie große Kapitalmengen aus Österreich abzog, verlängerte daher die ungarische Wirtschaft die Dauer der österreichischen Depression.«[37] Ungarn war im späten 19. Jahrhundert »in gewisser Hinsicht eine Last, die vom österreichischen Kapitalmarkt Mittel abzog, die die österreichische Industrie benötigt hätte«.[38]

Die ungarischen Wirtschaftswissenschaftler sehen das selbstverständlich anders. Péter Hanák hat in einer Arbeit nachzuweisen versucht, daß der Ausgleich »wesentlich zur wirtschaftlichen Prosperität der Monarchie beitrug«[39] und daß »sowohl gegenseitige Vorteile wie Nachteile im Handel zwischen den beiden komplementären Wirtschaften der beiden Länder bestanden«.[40] Er gibt zu bedenken, daß die politische Konsolidierung zur Investitionsbereitschaft ebenso wie zur internationalen Kreditwürdigkeit beitrug und die Ausbeutung der ungarischen Bodenschätze förderte. Aber ebenso wichtig war Ungarns jährlicher Beitrag von 58 Millionen Kronen zur Rückzahlung der Staatsschuld von 1867.[41] (Ungarn übernahm auch die Amortisation von 1,4 Milliarden Kronen im Jahre 1908.)

Was die Kapitalbewegung betraf, stellte Ungarn »einen sicheren Markt sowohl für den direkten wie für den indirekten Export des österreichischen Kapitals dar, und das hing nicht allein mit der gemeinsamen Staatlichkeit oder der Zinsgarantie für den Eisenbahnbau zusammen, sondern war auch das Ergebnis der engen Verbindung zwischen den Banksystemen und dem Handel der beiden Länder. Österreichisches Kapital, das in diesen Jahren in Ungarn investiert wurde, betrug etwa 3 Milliarden Kronen und erwies sich als eine fruchtbare Investition für beide Seiten.«[42] Schließlich übernahm Ungarn einen wachsenden Teil der österreichischen Güterproduktion und wurde zuletzt »eine Notwendigkeit für Österreich, dessen Industrieprodukte mit denen Westeuropas kaum konkurrieren konnten«.[43] Das läßt sich dadurch nachweisen, daß Österreich bis auf Textilien alle seine minderwertigeren Industrieprodukte an Ungarn verkauft hat, während es die besseren Waren auf den westlichen Märkten anbot.

Hanáks Arbeit wurde von einem anderen führenden Wirtschaftshistoriker der Monarchie, Scott M. Eddie, scharf angegriffen.[44] Eddie war zwar mit Hanáks grundsätzlichen Schlußfolgerungen einverstanden, zweifelte aber sehr viele seiner Statistiken und Argumente an. So hatte zum Beispiel Ungarn gegen Ende des Jahrhunderts nicht zusätzliche österreichische Güter eingeführt; Eddie zufolge blieb der Anteil ziemlich konstant. Bemerkenswerterweise kritisiert er jedoch, daß Hanák es völlig unterließ, auf den wichtigsten Beitrag Ungarns zum Wohlstand der Monarchie hinzuweisen, nämlich seine Landwirtschaftsexporte ins Ausland. Er schreibt: »Ohne Ungarns Landwirtschaftsexporte ins Ausland hätte Österreich seine massiven Importe vor allem von Fasern und Textilien nicht finanzieren können, auf denen ein Gutteil seiner industriellen Aktivitäten beruhte. Man braucht nur einen Blick auf die Zahlen für Nettoexporte und Nettoimporte zu werfen, und es wird einem schlagartig klar... Ungarns landwirtschaftliche Nettoexporte machten nicht nur die ganzen Nettoexporte der Monarchie in diesem Bereich aus, sie entsprachen auch Österreichs Importgewinnen. Das heißt, man sollte darin einen entscheidenden Beitrag Ungarns zur Gesamtwirtschaft sehen. «[45]

Es scheint daher, daß Komlos' Schlußfolgerung, Österreich hätte sich ohne Ungarn genauso schnell entwickeln können, etwas übereilt war und man die übereinstimmende Meinung der heutigen Wirtschaftshistoriker der Monarchie nach wie vor als zutreffend betrachten kann, daß sowohl Österreich wie Ungarn wirtschaftlich vom Ausgleich profitiert haben. Die Monarchie wuchs im späten 19. Jahrhundert relativ schnell und wurde wirtschaftlich immer mehr integriert.

Das Nationalitätenproblem in Ungarn

Das Nationalitätenproblem im Habsburger Reich wird häufig für den Niedergang der Monarchie verantwortlich gemacht. Das ist eine Ansicht, auf die man immer wieder stößt und die wohl vor allem durch die Untersuchungen von R. W. Seton-Watson verbreitet worden ist.[46] Dadurch, daß die Ungarn sich die Südslawen entfremdet haben, sollen sie sie den Serben in die Arme getrieben und damit die Monarchie zu ihrer verzweifelten und selbstmörderischen Strategie des Ultimatums von 1914 an Serbien gezwungen haben.

Inwieweit ist das richtig? Bevor hierauf eine Antwort gegeben werden kann, muß untersucht werden, wie die Magyaren mit ihren Völkern umgegangen sind und wie sich das auf deren Verhältnis zur Dynastie ausgewirkt hat. Bestimmt kann man nicht davon ausgehen, daß sich die Mehrheit der Südslawen – weder innerhalb noch außerhalb der Monarchie – 1914 hinter einige radikale Studenten stellte, die den Erzherzog ermordet hatten.

Doch zuvor bedarf es zweier erläuternder Hinweise auf den Ausgleich von 1868 zwischen Ungarn und Kroatien (die sogenannte *Nagodba*) und auf die im gleichen Jahr erlassenen Nationalitätengesetze. Der ungarisch-kroatische Ausgleich war mehr oder weniger eine Miniaturversion des österreichisch-ungarischen, das heißt, Kroatien bildete zwar »ein- und denselben Staatenkomplex« mit Ungarn, besaß aber einen eigenen Landtag für innere Angelegenheiten und nahm an ungarischen »pragmatischen« Delegationen teil. Wenn im ungarischen Parlament Angelegenheiten behandelt wurden, die den »pragmatischen« Teil des Ausgleichs betrafen, durften sich (bis zu vierzig) kroatische Delegierte beteiligen und ihre Meinung bekunden. Auch war ein kroatischer Minister ohne Portefeuille für die kroatischen Interessen zuständig. Alle anderen Fragen wurden im kroatischen Landtag entschieden, der auch 45 Prozent des kroatischen Steueraufkommens ausgeben konnte. In Macartneys Worten jedoch »wurde der Wert seiner Unabhängigkeit dadurch gemindert, daß der Ban, der der ›autonomen Provinzregierung‹ vorstand, zwar dem kroatischen Landtag gegenüber verantwortlich war, aber auf Vorschlag des ungarischen Ministerpräsi-

denten von der Krone ernannt wurde«.[47] Die Landessprache Kroatiens
war ausschließlich Kroatisch.

Das Nationalitätengesetz von 1868 war ein ziemlich liberales Dokument, dessen Präambel von Eötvös entworfen und durch Deák überarbeitet wurde: »Während, entsprechend den Grundprinzipien der Verfassung, alle Bürger Ungarns politisch eine Nation bilden, die
unteilbare, einzige ungarische Nation (*nemzet*), der jeder Bürger des
Landes, was immer seine persönliche Nationalität (*nemzetiség*) sein
mag, mit gleichen Rechten angehört:

Und während diese Gleichheit der Rechte nur durch spezielle Vorschriften, die den offiziellen Gebrauch der verschiedenen im Lande
verwendeten Sprachen betreffen, modifiziert werden kann, und dies
auch nur so weit, wie dies durch die Einigkeit des Landes, die praktischen Regierungs- und Verwaltungsnotwendigkeiten und die Forderung nach Ausübung unparteiischer Gerechtigkeit geboten ist, bleibt in
jeder anderer Hinsicht die völlige Gleichheit aller Bürger unangetastet:
die folgenden Regeln werden, was den offiziellen Gebrauch verschiedener Sprachen betrifft, als Richtlinien dienen.«[48]

Dies bedeutete, daß, obwohl die Staatssprache, einschließlich der
des Parlaments und der Universitäten, Ungarisch war, »ein sehr großer
Freiraum für den Gebrauch nicht-magyarischer Sprachen auf allen
Ebenen unterhalb der Bezirksebene gegeben war, in Verwaltung, Justiz
und Unterricht, während ihr Gebrauch im Privatleben völlig frei
war«.[49] Eötvös sah Ungarisch bloß als Sprache eines *nemzetiség* auf
dem Territoriums des historischen *nemzet* an. Aber dieser Standpunkt
wurde von den Magyaren nicht geteilt. Statt zur soliden Grundlage einer liberalen Nationalitätenpolitik zu werden, wurde das Gesetz von
1868 als Instrument zur Magyarisierung eingesetzt.

Diese Politik spiegelte sich von 1880 an in vielen Bereichen wider: in
der Unterrichtspolitik, den Wahlgesetzen, der Kulturpolitik, der Presse,
in den politischen Verfahren und in der öffentlichen Verwaltung. Sie
gründete sich auf das Gefühl der kulturellen Überlegenheit, auf die
Überzeugung, einen zivilisatorischen Auftrag zu haben und auf den
Glauben, es sei Ungarns übernationale Aufgabe, sich der Monarchie zu
bedienen, um das Gleichgewicht der Kräfte in Mitteleuropa aufrechtzuerhalten und der russischen wie der deutschen Hegemonie die Stirn
zu bieten.

Praktisch bedeutete dies, daß die Unterrichtsgesetze von 1879, 1883,
1891 und 1907 Magyarisch in allen staatlichen und konfessionellen
Schulen (einschließlich der Kindergärten) obligatorisch machten und
festlegten, daß alle Lehrer fließend Ungarisch können mußten und dem
Staat nicht feindlich gesinnt sein durften. Außerdem wurden die Leh-
rergehälter so hoch angesetzt, daß nur der Staat sie bezahlen (und damit auch kontrollieren) konnte.[50] Die Gesetze legten auch fest, daß

mehr und mehr Lehrfächer nur in Ungarisch unterrichtet werden durften, und das auf immer weiteren Unterrichtsstufen.

Auch Wahlbeschränkungen wurden zur Förderung der ungarischen Sache genutzt. So wurde das Wahlrecht, das 1848 an 10 Prozent der Bevölkerung verliehen worden war, unter dem Dualismus auf etwa 6 Prozent beschränkt. Die Magyaren waren, wie man sich denken kann, unter den wenigen Stimmberechtigten massiv überrepräsentiert und hatten über 90 Prozent der Parlamentssitze inne. So kam es, daß Rumänen, Slowaken und Serben zwar in über 100 ungarischen Wahlkreisen die Mehrheit bildeten, ohne es aber jemals auf mehr als fünf bis fünfundzwanzig Sitze im Parlament zu bringen – das sind weniger als zehn Prozent.

Die Regierung versuchte auch, die Presse zu kontrollieren, zunächst indem sie die Hinterlegung hoher Kautionen verlangte, bevor sie die Erlaubnis zur Gründung einer Zeitung erteilte, dann indem sie die Gesetze von 1878 anwandte, die es jedermann verboten, einen Bevölkerungsteil, eine Nationalität oder eine religiöse Gemeinschaft gegen eine andere aufzuhetzen. Wer dagegen verstieß, konnte mit Buße oder Gefängnis bestraft werden. Damit konnte man nicht nur Verlegern und Redakteuren, sondern auch Politikern zusetzen. So wurde der serbische Deputierte im ungarischen Parlament, Svetozar Miletic, schon 1870 trotz seiner parlamentarischen Immunität eingesperrt. 1892, nachdem Studenten und andere rumänische Nationalisten eine Petition mit Klagen an Franz Joseph unterschrieben hatten, erhob die ungarische Regierung gegen einige der Unterzeichner Anklage, und sie wurden von den Gerichtshöfen trotz eines internationalen Protests für schuldig befunden. (Franz Joseph war nicht bereit, die Petition entgegenzunehmen.)

Den Slowaken erging es nicht viel besser. Der Priester Andrej Hlinka zum Beispiel wurde 1906 vor Gericht gestellt, weil er die slowakische Nationalpartei unterstützt hatte, und zu zwei Jahren Gefängnis verurteilt. Sein Bischof suspendierte ihn auch als Priester. Doch als man ihm untersagte, eine neue Kirche einzuweihen, kam es zu ernsten Unruhen in der Gemeinde, die fünfzehn Todesopfer und zahllose Verhaftungen zur Folge hatten. Wieder wurden diese Ereignisse international verurteilt.

Außerdem meinte man die magyarische Position mit administrativen Maßnahmen stärken zu müssen. Die Sachsen von Transsylvanien verloren 1876 ihre alten Rechte; ein Jahr zuvor hatten die Slowaken die Schließung der *Matica Slovenska*, ihrer Kulturorganisation, hinnehmen müssen. Ihre trikonfessionellen, in slowakischer Sprache lehrenden Gymnasien waren da schon verschwunden. Man tat, was man konnte, um die Befugnisse der örtlichen Behörden zu beschneiden. Unter dem Metternichschen oder Bachschen System hatte Ungarn die Autonomie der einzelnen Orte verteidigt, jetzt vertrat die Zentralregierung die magyarischen Interessen. Daher gab es Ende des 19. Jahrhunderts praktisch keine lokale Autonomie mehr. Jede Stadt und jedes Dorf konnte einem Gesetz von 1898 zufolge nur noch einen offiziellen Namen führen, der der Zustimmung des Innenministers bedurfte; dies mußte natürlich ein ungarischer Name sein. Die örtlichen Friedhofsverwaltungen hatten sicherzustellen, daß Grabsteine ungarische Beschriftungen trugen.

Doch der Politologe und Soziologe hat Zweifel, daß die Ungarisierungspolitik wirklich repressiv war: »Der sorgfältigen Dokumentation von Robert Seton-Watson zufolge wurden in der kritischen Dekade (1898–1908) 503 Slowaken vor Gericht gestellt. Die Anklagen reichten von der Anstiftung zur Unruhe bis zur Schändung der ungarischen Fahne, und die Angeklagten erhielten in 81 Verfahren Gefängnisstrafen von insgesamt 79 Jahren und sechs Monaten. Im gleichen Zeitraum wurden 216 Rumänen zu 38 Jahren und neun Monaten Gefängnis verurteilt. Diese Gesamtzahlen sind beeindruckend, aber wenn man die Jahre durch die Anzahl der Verurteilungen dividiert, erhält man Durchschnittsstrafen von 1,6 beziehungsweise 2,2 Monaten … Die Aufzeichnungen der sozialistischen Bewegung, die durch eines ihrer Mitglieder veröffentlicht worden sind, weisen 916 Anklagen in der Vorkriegsperiode nach, die sich auf insgesamt 24 Jahre und 11 Monate oder auf eine Durchschnittsstrafe von 12 Tagen beliefen.«[51]

János unterschätzt in seinem Bestreben, die Vorteile der Assimilation zu zeigen, fast mit Sicherheit den Schaden, den die Politik der Magyarisierung unter den Nationalitäten angerichtet hat. Die Vorstellung, wegen des Gebrauchs der eigenen Sprache ein paar Monate oder wegen der Unterstützung einer bestimmten Partei gleich ein paar Jahre ins Gefängnis gehen zu müssen, scheint ihn nicht zu stören. Immerhin ist er, trotz seines Hinweises, daß die Arbeiterklasse nur etwa zehn Prozent der Bevölkerung ausmachte, bereit, die harte Politik gegenüber der Sozialdemokratie gegen Ende des Jahrhunderts einzuräumen: »Arbeitervereine wurden schikaniert, ihre Führer eingesperrt und vor Gericht gestellt und ihre Mitglieder polizeilich überwacht. Unruhen wurden von Gendarmen und Soldaten niedergeschlagen, die in die Menge schossen, oder sie mit aufgesetztem Bajonett angriffen. Die Unterdrückung erreichte unter Premierminister Bánffy (1895–1899) einen Höhepunkt, wo in regelrechten Schlachten mit den Gesetzeshütern 51 Arbeiter getötet und 114 verwundet wurden.«[52] Widerstand gegen das Regime hatte offensichtlich unangenehme Folgen. Das jedenfalls kann man mit Sicherheit sagen.

Wie reagierten die Völker, und wie wirksam war der Assimilationsdruck der Regierung? Fangen wir mit der zweiten Frage an. Dem österreichischen Historiker Horst Haselsteiner zufolge hatten die besten

Aussichten auf Assimilation jene gebildeten Stände und die wohlhabende Bourgeoisie, die relativ schnell – etwa innerhalb einer Generation – Mitglieder der herrschenden Staatsnation werden konnten.[53] Daher stellten in der Zeit des Ausgleichs die Sprößlinge des gebildeten deutschen und jüdischen Bürgertums die Speerspitze des Magyarisierung dar – Leute mit Namen wie Falk, Rákosi, Agai, Horn, Helfy und vor allem Grünwald. Danach kam es zu den Massenassimilationen der Jahrhundertwende. Haselsteiner setzt die Zahl der Beteiligten recht hoch an – es sollen sich von 1787 bis 1910 nicht weniger als 2,5 bis 3 Millionen Menschen am Assimilationsprozeß beteiligt haben. Es ist nicht klar, wie viele dieser Menschen zwangsweise assimiliert wurden (vielleicht 50 Prozent), doch Haselsteiner glaubt, daß man, soweit es ihre Anzahl vor 1914 betrifft, zweierlei feststellen kann: Erstens, daß die Anzahl der assimilierten Magyaren kaum weniger hoch war als die natürliche Wachstumsrate der Magyaren, zweitens, daß zu Beginn des Ersten Weltkriegs die Zahl der assimilierten Magyaren fast ein Viertel oder gar ein Drittel aller Magyaren ausmachte.[54] Die Volkszählung von 1910 legte den Prozentsatz der verschiedenen Nationalitäten wie folgt fest: Magyaren 48,1; Deutsche 9,8; Slowaken 9,4 Prozent; Rumänen 14,1 Prozent; Ruthenen 2,3 Prozent; Kroaten 8,8 Prozent und Serben 5,3 Prozent. Das bedeutete bei den Ungarn eine Steigerung von 2,7 Prozent im Vergleich zu 1900, eine Steigerung von 0,1 Prozent für die Kroaten und Ruthenen und eine Senkung um 1,3 Prozent, 1,1 Prozent, 0,4 Prozent und 0,2 Prozent für die Deutschen, Slowaken, Rumänen und Serben.[55]

Um herauszufinden, wie die Nationalitäten auf die ungarische Politik reagierten, muß man sich die politische Situation in Transsylvanien, den südslawischen Ländern und der Slowakei näher ansehen. In Transsylvanien gab es keinen getrennten Landtag, der den Wünschen und Hoffnungen der mehrheitlich rumänischen Bevölkerung hätte Ausdruck verleihen können. Der Landtag von 1865, in dem die Ungarn, die bloß 29 Prozent der Bevölkerung repräsentierten, 89 Mandate erhielten, hatte für eine Vereinigung mit Ungarn gestimmt, trotz der Opposition der dreizehn rumänischen Delegierten, die für 54 Prozent der Bevölkerung standen. 1874 wurde ein neues Wahlrecht in Kraft gesetzt, das durch hohe Eigentums- und Ausbildungsanforderungen die transsylvanischen Rumänen, die in ihrer großen Mehrheit analphabetische Bauern waren, um ihr Stimmrecht brachte. Daher war es keineswegs zufällig, daß die Drohung Franz Josephs, 1905 in Ungarn ein allgemeines Stimmrecht einzuführen, die dortige Verfassungskrise auslöste.

Dabei gab es in Transsylvanien kaum Widerstand gegen die ungarische Vormachtstellung. Die kleine Klasse der Intellektuellen hoffte gemeinsam mit den Kirchenführern auf eine gewisse Wahlrechtsreform sowie auf den gleichen Grad von Autonomie, den Kroatien mit der *Na-*

godba erlangt hatte. Aber umsonst. Die 1881 gegründete Nationalpartei verfiel 1892 auf den Gedanken, Franz Joseph eine Petition zu schicken, aber die Unterzeichner wurden verhaftet und 1894 zu mehreren Jahren Gefängnis verurteilt. Erst 1905 entschloß sich die Nationalpartei, die Taktik zu ändern und sich an den Wahlen zu beteiligen. 1906 wurden daher fünfzehn rumänische Delegierte ins Budapester Parlament gewählt. Sie arbeiteten mit ihren serbischen und slowakischen Kollegen zusammen, aber erreichten kaum etwas; die ungarische Regierung ignorierte sie und magyarisierte beschleunigt weiter.

In Wirklichkeit bestand daher trotz wachsendem Nationalbewußtsein (vor allem der gebildeten Klassen) ein Patt, soweit es die transsylvanischen Rumänen betraf. Das Wahlrecht wurde nicht reformiert (da blieb Tisza hart), der Landtag war verschwunden, die Hoffnung, daß Rumänien, Österreichs schwacher Partner, irgend etwas für sie tun könnte, bestand nicht. »In Transsylvanien gab es keine wichtige Gruppe, die für einen unabhängigen Staat oder für eine Vereinigung mit Rumänien eintrat. Eine solche Politik war nicht machbar, wenn man die internationalen Gegebenheiten der Zeit berücksichtigt. Rumänien, das 1914 einer Allianz mit Deutschland und Österreich-Ungarn angehörte, war unwillig und unfähig, rumänischen Nationalismus in Transsylvanien zu befördern. Keine Macht, einschließlich Rumänien, wünschte oder sah das Auseinanderbrechen der habsburgischen Monarchie voraus. Die Monarchie wurde von den meisten Staatsmännern als Notwendigkeit für das politische Gleichgewicht des Kontinents betrachtet. Auch wenn einige Rumänen in Transsylvanien und dem unabhängigen Königreich auf eine Einigung in ferner Zukunft hofften, so glaubte kaum jemand an die baldige Verwirklichung dieses Traumes.«[56]

Daher scheint es recht unwahrscheinlich – wenigstens soweit es die Nationalitätenfrage in Transsylvanien betrifft –, daß die ungarische Politik zwischen 1867 und 1914 trotz ihres rücksichtslosen Ungarisierungsprogramms wirklich dafür verantwortlich gemacht werden kann, die Monarchie an den Rand des Abgrunds getrieben zu haben. Im Gegenteil fällt das Fehlen jeglicher organisierten Opposition auf, das Fehlen jeder energischen Forderung nach der Vereinigung mit Rumänien und die Apathie großer Bevölkerungsteile.

Was die südslawischen Länder betrifft, so waren natürlich nicht alle Südslawen unter ungarische Herrschaft geraten. Die meisten Slowenen zum Beispiel lebten in der Krain, der Steiermark, Istrien, Gorizien und Gradisca, also in Gebieten, die zu Zisleithanien gehörten. Das gleiche galt für Dalmatien, dessen Bevölkerung hauptsächlich kroatisch war, obwohl dort auch Serben und Italiener wohnten.

Der politische Einfluß der Südslawen war dadurch beschränkt, daß sie sich auf beide Hälften der Monarchie verteilten. Die Einverleibung von Bosnien-Herzegowina (das Österreich 1878 besetzt und 1908 annektiert hatte) änderte daran nichts, da diese Provinzen mit keiner der Hälften der Monarchie verbunden, sondern durch das kaiserliche Finanzministerium regiert wurden, ausdrücklich um das ethnische Gleichgewicht des dualistischen Systems aufrechtzuerhalten.

Die Slowenen waren eine bäuerliche Bevölkerung, politisch äußerst konservativ und zutiefst der katholischen Kirche verbunden. Sie bewohnten zwar nicht das reichste Gebiet der Monarchie, besaßen aber meistens eigene Höfe und hatten es besser als die anderen Balkanvölker. »1914 waren die Slowenen in kultureller und wirtschaftlicher Hinsicht die bei weitem fortgeschrittenste südslawische Nation«.[57] Tatsächlich ging es dem slowenischen Bauern weit besser als seinem Gegenstück anderweitig in Osteuropa.[58] Das führte dazu, daß sie politisch gemäßigt waren. Zwar entstand nach 1848 eine nationalistische Bewegung, die den Gebrauch des Slowenischen befördern wollte, und die politischen Parteien Sloweniens widersetzten sich dem Ausgleich, doch die österreichischen Wahlrechtsreformen von 1880 und 1890 und vor allem die Einführung des allgemeinen Stimmrechts für Männer im Jahre 1907 hatten zur Folge, daß die Slowenen ihre nationalen Interessen vertreten konnten. Das aber bedeutete nicht, daß sie gegen die Habsburger gewesen wären, im Gegenteil erhoffte man sich von der Monarchie Schutz vor dem italienischen Nationalismus in Gorizien und Istrien.

Die slowenischen kirchlichen Parteien, die sich außerstande sahen, mit den deutschen Rechtsparteien zusammenzuarbeiten, taten sich mit der Partei für kroatische Rechte zusammen und unterschrieben 1912 in Ljubljana einen Vertrag zur gegenseitigen Unterstützung. Man muß jedoch betonen, daß beide Parteien gegen eine Zusammenarbeit mit den orthodoxen Serben der Monarchie waren.

Es gab auch andere Parteien bei den Slowenen, aber keine wollte das Auseinanderfallen des Kaiserreichs. »Die einzig wirklich radikale Faktion war die Jugendgruppe *Preporod*, die die Auflösung der Monarchie forderte und sich mit Slowenien, Kroatien und Serbien zu einem jugoslawischen Staat verbinden wollte. Die Organisation machte jedoch nur eine kleine Minderheit der konservativen, katholischen und bäuerlichen Bevölkerung aus. Vor 1914 gab es keine ernst zu nehmende slowenische Bewegung, die das Auseinanderbrechen des Habsburger Reiches herbeisehnte.«[59]

In Dalmatien hatten bis 1860 hauptsächlich eine winzige italienische Minderheit (2 Prozent) und die italienischsprachigen Slawen in den Küstenregionen das Sagen. Nach der italienischen Unabhängigkeit jedoch verlor die Gruppe allmählich die Gunst der Regierung. Das bedeutete einen wachsenden Einfluß für die slawische Mehrheit. Dennoch gab es Rivalitäten zwischen denen, die für Dalmatien Autonomie forderten, und den Nationalisten, die mit Kroatien in einem wiederhergestellten »Triunischen Königreich« (Kroatien-Slawonien-Dalmatien) zusammenleben wollten. Die Nationalisten jedoch gewannen 1880 die Oberhand, und 1883 wechselte die Landessprache der Provinz vom Italienischen zum Serbokroatischen.

Die politische Situation wurde noch durch die Rivalität zwischen Serben und Kroaten (16 Prozent und 82 Prozent der Bevölkerung nach der Volkszählung von 1910) kompliziert. Der Hauptgrund für die Schwierigkeiten war die ungewisse Zukunft von Bosnien-Herzegowina nach 1878, da die Serbische Nationalpartei, die 1879 gegründet worden war, sich dagegen aussprach, die Provinz mit Kroatien und Dalmatien zu vereinen, wie die Kroaten planten. Somit arbeiteten die Serben mit den Autonomisten und die Kroaten mit der Partei für kroatische Rechte zusammen, die einen klerikalen, konservativen und kroatisch-nationalistischen Kurs verfolgte. Doch zu Beginn des 20. Jahrhunderts sollten die Ereignisse zur Bildung einer serbokroatischen Koalition in Dalmatien führen, die die Ereignisse in Kroatien mitbeeinflußt hat.

Kroatien war es gelungen, sich durch die *Nagodba* von 1868 einen gewissen Grad an Autonomie gegenüber Ungarn zu erhalten. Dennoch hatte sich die ungarische Regierung die Kontrolle gesichert, indem sie den Ban stellte und die kroatischen Finanzen bestimmte. Außerdem besaßen nur zwei Prozent der kroatischen Bevölkerung das Stimmrecht, 1910 wurden es 8,8 Prozent. Somit war Politik nur die Angelegenheit einer kleinen und wohlhabenden Elite und wurde durch zwei Faktoren bestimmt: durch die Beziehung zu Budapest und durch die Rivalitäten zwischen Serben und Kroaten, die wegen der Meinungsverschiedenheiten über die Zukunft Bosnien-Herzegowinas noch verstärkt wurden.

In Kroatien-Slawonien bestand die Bevölkerung aus 62,5 Prozent Kroaten und 24,6 Prozent Serben. Der wichtigste Sprecher für die kroatischen Nationalisten war Ante Starcevic, Führer der Partei für kroatische Rechte. Sein Ziel war ein kroatischer Staat, einschließlich des triunischen Königreichs und Bosnien-Herzegowinas. Barbara Jelavich zufolge hielt Starcevic die Serben allenfalls für »zweitklassige Kroaten«, die »kroatisiert« werden konnten.[60] Die Serben wiederum widerstanden dem politischen Druck und verlangten, von der Regierung beschützt zu werden. (Bis 1903 konnten sie von Serbien kaum etwas erwarten, da dieses Land, wie Rumänien vor 1914, ein österreichischer Verbündeter und an sich ein Satellit war.)

So fiel es Budapest nicht allzuschwer, die Dinge unter Kontrolle zu behalten. Zwischen 1883 und 1903 hatte der Ban Graf, mit Unterstützung der Vereinigungspartei, die eine Verbindung zu Budapest befürwortete, und einiger Nationalisten die Wahlen von 1882, 1884 und 1892 gewonnen. Dem Regime kam weiterhin zugute, daß der serbische Bevölkerungsanteil nach 1881 durch die Eingliederung der Militärgrenze ins zivile Kroatien noch verstärkt wurde.

252

Die Doppelmonarchie Österreich-Ungarn hatte in Budapest auch eine Doppelstadt, die erst spät aus zwei kleinen Städten am Ufer der Donau zusammengefügt worden war, Buda und Pest. Auf der einen Seite lag als Residenz der Habsburger die Burg, auf der anderen Seite als Sitz der ungarischen Volksvertretung das Parlaments-gebäude, dessen monumentale Größe den hochfahrenden Selbstbehauptungswillen der Ungarn ausdrückt. Ungarn wollte alles so haben wie in Wien, nur größer, prächtiger und reicher. So ist die zweite große Donaumetropole im Grunde eine junge Stadt, mißgünstige Wiener pflegten zu sagen: eine Parvenue-Stadt. Aber seine unvergleichliche Lage im hier tief in die Donauberge eingeschnittenen Stromtal, seine geographische Schönheit und das Temperament seiner Menschen machten Budapest tatsächlich im Laufe der Zeit zu einem Gegenstück seiner uralten Konkurrentin Wien.

Nach 1894 spaltete sich Starcevics' Partei, wodurch es zur Entste-hung einer Partei für kroatische Rechte unter Josip Frank kam. Sie war antiserbischer, aber prohabsburgischer als die Mutterpartei und forder-te eine »trialistische Reorganisation« der Monarchie – das heißt, die Schaffung eines kroatischen Staates einschließlich Dalmatiens und Bosnien-Herzegowinas mit dem gleichen Status wie Österreich oder Ungarn. Auch die Slowenen Österreichs sollten dem neuen kroatischen Staat angehören.

Das war ein Vorschlag, bei dem die Serben der Monarchie offen-sichtlich die Verlierer gewesen wären. Doch dasselbe forderte auch die 1894 gegründete kroatische Sozialdemokratische Partei und die 1904 gegründete Bauernpartei. »Je wichtiger die politischen Rechte der Kroaten gegen Ende des Jahrhunderts wurden«, schreibt Barbara Jela-vich, »desto mehr nahm die Animosität zwischen Serben und Kroaten zu. Es kam zu Unruhen, und die Presse beider Seiten tauschte heftige Vorwürfe aus. Das bedeutete, daß im Zentrum der serbisch-kroatischen

Unzufriedenheit vor allem die andere Volksgruppe stand und nicht das dualistische System.«[61]

Doch das Jahr 1903 brachte viele Veränderungen. Zunächst einmal wurde in Serbien die königliche Familie ermordet und durch eine Wien feindlich gesinnte Dynastie ersetzt. In Kroatien verließ Graf Khuen-Héderváry Zagreb, um Ministerpräsident Ungarns zu werden. In Bosnien-Herzegowina starb Kállay, der seit 1882 der dortigen Verwaltung vorgestanden hatte. Eine neue Generation von Politikern gelangte in Kroatien ans Ruder, darunter einige, die in Prag bei Thomas Masaryk, einem bedeutenden Befürworter slawischer Einheit, studiert hatten.

Auch im Jahr 1905 gab es entscheidende Veränderungen. Die südslawischen Führer trafen sich in Dalmatien, um die im Zusammenhang mit der Armeefrage entstandene ungarische Verfassungskrise auszunutzen. Sie boten an, die ungarische Opposition gegen Wien zu unterstützen, wenn die Ungarn sich im Gegenzug mit einer Revision der *Nagodba* einverstanden erklären und das triunische Königreich wiederherstellen würden. Im Laufe des Jahres pflichteten mehrere serbische und kroatische Parteien in Kroatien einem ähnlichen Programm bei. Die Serben erklärten sich mit dem Ziel eines triunischen Königreichs einverstanden, vorausgesetzt, man gestand ihnen darin die Gleichberechtigung zu. Dabei ging es hauptsächlich darum, die Vereinigung von Dalmatien und Kroatien sicherzustellen; die Zukunft von Bosnien-Herzegowina blieb ausgeklammert.

Damit bildete sich eine immer stärkere kroatisch-serbische Koalition heraus, denn Kroaten und Serben versprachen nun, zusammenzuarbeiten und die gegenseitigen Rechte zu respektieren. Eine der unmittelbaren Folgen war der Gewinn von 43 der 84 Sitze im kroatischen Sabor (Mai 1906). Doch die Ungarn blieben unbeeindruckt. Angesichts der Drohung Franz Josephs mit dem allgemeinen Stimmrecht lösten sie ihre Probleme mit Wien. Danach wurde die Politik der Magyarisierung intensiviert und ein Gesetz über den Gebrauch des Ungarischen auf den Staatseisenbahnen verabschiedet, das der *Nagodba* widersprach.

Dennoch spielte die Koalition eine wichtige Rolle in der kroatischen Politik vor 1914, wenn auch oft auf opportunistische Weise. Es steht jedenfalls fest, daß ihre Aktivitäten die Behörden aufscheuchte. 1909 wurden einige ihrer Führer vor Gericht gestellt (die Agram- und Friedjungprozesse), wo ihnen subversive Verbindungen mit Serbien vorgeworfen wurden. Doch die Verwendung gefälschter Dokumente und unzulässiger Beweismittel schadete nur dem Ansehen des Gerichts, festigte die Koalition und trug der Monarchie den Ruf einer Bananenrepublik ein.

1910 trafen die Regierung und die Koalition eine Übereinkunft zur Änderung des Wahlgesetzes, wodurch die Anzahl der Stimmberechtigten von 50 000 auf 190 000 gesteigert wurde. Zwischen 1910 und 1914

Die Mitte des 19. Jahrhunderts, das vom Ende des 20. Jahrhunderts her gesehen einen so biedermeierlichen Eindruck macht, war nicht nur durch den Triumph der Technik in den Kriegen bestimmt, sondern auch in der inneren Entwicklung der Länder. Neben den Dampfschiffen und den Eisenbahnen trat das Eisen auch in der Architektur seinen Siegeszug an. Der Cristallpalast in London, der Eiffelturm in Paris und die Kettenbrücke in Budapest wurden Symbole für diese Ablösung des Steins durch das Metall in der Architektur.

arbeitete sie manchmal mit der Regierung, manchmal gegen sie, aber stets innerhalb des dualistischen Systems, in der Hoffnung, die *Nagodba* reformieren zu können. Ihr politischer Gegner waren die beiden Nachfolgeparteien der Partei für kroatische Rechte sowie die Bauernpartei, die alle für Trialismus eintraten und antiserbisch waren. Dennoch trat die Koalition für eine Kooperation mit den Serben innerhalb der Monarchie ein.

Alle wichtigen politischen Parteien in Kroatien bewegten sich also innerhalb eines politischen Rahmens, der von einem Weiterbestehen des Reiches ausging. Einzig die Studenten der geheimen Terrororganisationen setzten sich für eine Vereinigung mit Serbien ein und versuchten, diese durch politischen Mord zustande zu bringen. Sowohl ihre Ziele wie ihre Methoden waren mit an Sicherheit grenzender Wahrscheinlichkeit völlig unrepräsentativ. Dennoch wurde 1912 die Verfassung Kroatiens durch den Ban aufgehoben, nachdem einige Attentatsversuche auf ihn verübt worden waren. A. J. P. Taylor zufolge hatte dies ironische Konsequenzen: »Südslawischer Idealismus beschränkte sich auf ein paar Intellektuelle der Mittelklasse. Die kroatische ›Gentry‹ und die Armeeoffiziere neigten zur Partei für kroatische Rechte, waren zwar ungarnfeindlich, doch weit fanatischer antiserbisch eingestellt und der Monarchie ergeben. Auch die kroatische Bauernpartei, die jetzt immer massenhafter Zulauf bekam, hielt sich an diese Linie, wenn auch mit demokratischeren Schlagworten. Radić, ihr Führer, predigte die ›österreichische Idee‹. Aufgabe der Monarchie, sagte er, sei es, ›weder deutsch noch magyarisch, noch slawisch, sondern christlich, europäisch und demokratisch‹ zu sein. Die südslawische Idee, synthetisch und intellektuell wie sie war, konnte nur die gebildete Mittelklasse überzeugen; der Nationalismus der Massen stammte in Kroatien wie anderswo aus der Scholle und richtete seinen Haß auf den nächsten Nachbarn. In Österreich sorgte das allgemeine Stimmrecht für eine Dämpfung des nationalen Enthusiasmus, wenn es ihn auch nicht völlig unerheblich machte; in Kroatien hätte ein allgemeines Stimmrecht einen katholischen Bauernstand geschaffen, der den Habsburgern günstig und der ungarischen Herrschaft feindlich gesinnt gewesen wäre. Jedenfalls konnte es sich die magyarische Gentry, die in Ungarn mit allen Mitteln ein allgemeines Stimmrecht zu verhindern suchte, nicht leisten, dies in Kroatien einzuführen. Damit mußten sie auch auf die einzig funktionierende Waffe verzichten und an der eingebildeten Gefahr einer weitverbreiteten südslawischen Bewegung festhalten.«[62]

Das dritte durch die ungarische Magyarisierungspolitik betroffene Gebiet war die Slowakei. Hier war das kulturelle Leben um 1914 beinahe zum Stillstand gekommen, und den Slowaken, die der Magyarisierung zu entkommen suchten, blieb als einziger Ausweg die Emigration. »In den ersten Jahren dieses Jahrhunderts erreichte die slowakische Emigration, besonders in die Vereinigten Staaten, den Umfang einer Massenflucht. Dies schwächte das slowakische Volk weiterhin, indem es die Slowaken ihrer tatkräftigsten Männer beraubte.«[63]

Auch politisch sah die Situation schlecht aus. Der Volkszählung von 1910 zufolge betrug die slowakische Bevölkerung 1,95 Millionen oder etwa 10 Prozent der ungarischen Bevölkerung. Dies hätte ihr etwa 40 der 413 Sitze im ungarischen Unterhaus verschaffen müssen. Statt dessen wurden aufgrund des eingeschränkten Stimmrechts in den Wahlen von 1906 nur sieben slowakische Abgeordnete und in den Wahlen von 1910 nur drei ins Parlament gewählt. Und schließlich wurde noch einer von ihnen zum Rücktritt gezwungen.

So fand das politische Leben außerhalb des Parlamentes statt. Das Forum für politische Debatten war die slowakische Nationalpartei, »eine lose politische Organisation von Führern ohne Massenanhang«, die »verschiedene politische Richtungen, von liberal-demokratisch bis zu konservativ-klerikal, repräsentierten«.[64] Dazu kam die traditionelle Aufteilung in Katholiken und Protestanten. 1912 gründete Hlinka eine kirchlich-slowakische Volkspartei.

Doch kein slowakischer Politiker vor 1914 forderte die Auflösung der

Monarchie, ja nicht einmal das Bedürfnis nach tschechischer Einheit war vorhanden. Daher kann man nicht behaupten, daß die Ungarn die Monarchie 1914 durch die Art ihres Umgangs mit der Nationalitätenfrage an den Rand der Auflösung getrieben haben, so ungerecht sie sich auch verhalten haben.

Die Ungarn müssen in der Monarchie zwischen 1864 und 1914 in mancher Hinsicht deprimierende Gefühle ausgelöst haben; man braucht nur an die regelmäßigen Streitigkeiten um die Armee und die internationale Verurteilung der Magyarisierung zu denken. All das stellt ja einen wichtigen Teil des »Kulturpessimismus« dar, für den die Monarchie des »Fin de siècle« so berühmt werden sollte.

Doch Ungarn trug auch entscheidend zum Wirtschaftswachstum der Monarchie bei, wurde zu einem immer bedeutenderen Faktor der Gesamtwirtschaft und hatte einen entscheidenden Einfluß auf die Außenpolitik des Habsburger Reiches. Der ungarische Beitrag war daher keineswegs nur negativ.

Das Nationalitätenproblem in Zisleithanien

Konflikte zwischen den Nationalitäten gab es natürlich nicht nur im ungarischen Teil der Monarchie. Auch in Zisleithanien gab es sie, und sie bestimmten dort sogar das ganze politische Leben. Den österreichischen Deutschen fiel die Kontrolle ihrer Slawen um einiges schwerer als den Ungarn nach 1867. So geriet die Regierungsmacht in die Hände der Beamten, das Parlament wurde gelähmt, und Franz Joseph suchte sich die Chefs der Regierung unter den höheren Zivilbeamten aus.

Über den Ablauf der Ereignisse bestehen keine Kontroversen. Die Tschechen und Deutschen waren grundsätzlich nicht in der Lage, sich über Fragen der nationalen Repräsentation und des öffentlichen Unterrichts in den tschechischen Ländern (Böhmen, Mähren und Schlesien) und in Niederösterreich zu einigen.

Der Zwist spielte sich auf zwei Ebenen ab – in den lokalen Landtagen und im Reichsrat. Sehr oft schien ein Kompromiß in greifbare Nähe gerückt (1905 kam in Mähren tatsächlich einer zustande) – doch im entscheidenden Augenblick führte starker Druck politischer Radikaler immer wieder zu einem Scheitern. Auch mit Gewalt ließ sich keine Lösung durchsetzen: Selbst nach der Einführung des allgemeinen Stimmrechts im Jahre 1907 waren beide Seiten im Reichsrat nur eine Minderheit – 232 Deutsch-Österreicher und 107 Tschechen von insgesamt 516 Abgeordneten. Doch auch die anderen Völker – Polen, Slowenen, Ukrainer, Italiener, Kroaten, Serben – konnten sich nicht einig werden. Das führte dann zur Regierung durch die Bürokratie.

Die Probleme der Tschechen mit den Deutschen waren offensichtlich konstitutioneller Art. Die Tschechen scheinen die Wiederherstellung ihrer »alten Freiheiten« gewünscht zu haben, das heißt, die Einigkeit und Unabhängigkeit der böhmischen Kronlande, wie sie die Habsburger Könige 1526 garantiert und danach nie beachtet hatten. Praktisch bedeutete dies Föderalismus – eine Stellung Böhmens in der Monarchie, die derjenigen Ungarns vergleichbar war.

Doch selbst das schien nach 1880 kein durchführbarer Vorschlag mehr zu sein. Der letzte föderalistische Vorschlag der Tschechen erfolgte 1903, doch seine Ernsthaftigkeit wird in Zweifel gezogen: »Dieser Vorschlag wurde nie Gegenstand offizieller Verhandlungen; daher darf gezweifelt werden, ob es sich um mehr als um einen Versuchsballon handelte. Kramár, der anerkannte Führer der Tschechen, hat ähnliche Vorschläge anderer als unrealistisch bezeichnet; es war nie ganz klar, wieso. Ob er die fast unüberwindlichen Hindernisse für eine solche Reform begriff, ob er die deutsche *Conditio sine qua non* in Böhmen nicht zugestehen wollte oder ob er der Überzeugung war, die Slawen würden den Staatsapparat schließlich ohnehin übernehmen und ganz Österreich dominieren – seine Reden im Reichsrat legen die eine wie die andere Überlegung nahe. Wie immer, in der ganzen untersuchten Epoche beschränkten die Nationalparteien ihre Vermittlungsbemühungen auf böhmische Angelegenheiten und auf die Zentralverwaltung, soweit sie Tschechen und Deutsche betraf.«[65] Mit anderen Worten, die Tschechen hatten jeden Versuch aufgegeben, das dualistische System zu ändern, aber sie bemühten sich um Vorherrschaft in den böhmischen Ländern.

Der Streit zwischen Tschechen und Deutschen ging um die Verfassung, war aber auf intellektuelle und soziale Faktoren zurückzuführen. Die tschechische Mittelklasse hatte in der Jahrhundertmitte ein Nationalbewußtsein erlangt, was vor allem auf die kulturelle Blüte zurückzuführen war: Die böhmische Wissenschaftliche Gesellschaft war 1784 gegründet worden, das böhmische Nationalmuseum 1881, die *Matice ceska* – eine Kulturorganisation mit eigenem Verlag – im Jahre 1834. Daneben entstanden Lesegesellschaften und Salons, und 1836 erschien der erste Band von Palackys »Böhmischer Geschichte«.

Im Verlauf des Jahrhunderts jedoch fanden auch wichtige soziale Veränderungen statt. Die tschechische Bevölkerung, die zu Beginn des Jahrhunderts vor allem aus Bauern bestanden hatte, wandte sich nun der Industrie zu, zog immer mehr und mehr in die Städte und genoß allmählich einen wachsenden Wohlstand. Sie übernahm Gebiete und Arbeitsbereiche, die vorher von Deutschen gehalten worden waren. Prag zum Beispiel verwandelte sich von einer deutschen allmählich in eine tschechische Stadt, und selbst Wien fühlte sich von der tschechischen Einwanderung bedroht.

Um 1900 hatte die dortige tschechische Minderheit einen Bevölke-

Das »goldene Prag« war lange Kaiserstadt gewesen, und viele Herrscher hatten seit Kaiser Karl IV. auf dem Hradschin residiert. Nach dem österreichisch-ungarischen »Ausgleich« und der formellen Begründung der Doppelmonarchie machte Prag immer wieder Anstrengungen, ebenfalls zur formalen Kaiserstadt erhoben zu werden, womit Habsburg zu einer Tripel-Monarchie geworden wäre. Kronprinz Rudolph hatte Pläne dieser Art gehabt, aber er erschoß sich in Meyring. Franz Ferdinand drängte zu einer solchen Sanktionierung der gleichberechtigten Rolle der Tschechen in der Monarchie, aber er wurde von einem serbischen Studenten ermordet. So blieb Prag bis zum Untergang Habsburgs in seiner staatsrechtlichen Stellung minderen Ranges, obwohl es doch zu den schönsten Städten der Monarchie zählte. Der Stich zeigt Prag in der Mitte des Jahrhunderts, kurz nach der 48er Revolution. Es wird deutlich, wie klein alle diese Städte vor Anbruch des industriellen Zeitalters waren.

rungsanteil von 4,3 Prozent. Das scheint nicht besonders hoch (es entspricht ziemlich genau dem Prozentsatz der Schwarzen im England von heute), aber es genügte, um die Landtage von Nieder- und Oberösterreich, Salzburg und Vorarlberg zu veranlassen, vom Kaiser sanktionierte Gesetze zu verabschieden, durch die ausschließlich Deutsch zur Sprache der Landtage, der Lokalverwaltung und praktisch auch des Unterrichts wurde. So mußten tschechische Schüler, die in Wien lebten, nach Mähren reisen, um in der Schule Tschechischunterricht zu erhalten, was Ärger und Zorn erregte, da man es für verfassungswidrig hielt.

Das Problem bestand darin, daß die Verfassung unklar war. Artikel 19 der deutschen Version des Ausgleichs versprach die Gleichheit aller Landessprachen in der Schule, im Amt und im öffentlichen Leben und verpflichtete alle Kronländer, die von mehr als einer Nationalität bewohnt wurden, allen Einwohnern einen Unterricht in der eigenen Sprache zu ermöglichen. Doch in der Verfassung war nicht definiert, was man unter »Nationalität« verstand, und ob die Gleichheit dem Individuum, organisierten Körperschaften von Mitgliedern jeder Nationalität oder den Territorien, die überwiegend von einer Nationalität bewohnt wurden, zugestanden werden mußten. Die Verfassung unterließ es auch, das Wort Landessprache zu definieren, das sich sowohl auf jede in den Kronländern gesprochene Sprache beziehen konnte, wie nur auf diejenige, die an einem bestimmten Ort gesprochen wurden. Und zuletzt legte sie nicht einmal fest, wer das Gesetz durchsetzen sollte: die Zentralregierung, die Kronlande oder irgendein administratives Amt oder ein Verwaltungshof. Die Interpretation der Verfassung wurde daher zur rein politischen Angelegenheit, wobei die Interpretationen selbst als Beispiele der Diskriminierung und Gesetzwidrigkeit interpretiert wurden. Aber da keine Regierung stark genug war, eine einzige Interpretation durchzusetzen, und man sich nie auf einen Kompromiß einigte, konnte auch nie eine Lösung gefunden werden.

Wie unwahrscheinlich ein solcher Kompromiß war, zeigt eine Auflistung der verschiedenen Interpretationen: a) die Tschechen insistierten, daß Artikel 19 jedem Individuum die nationale Gleichstellung überall in der Monarchie garantiere; die Deutschen erkannten Tschechisch nur in Gebieten mit mehrheitlich tschechischer Bevölkerung als gleichwertig an; b) die Tschechen hielten jede Sprache für Landessprache, wenn sie in irgendeinem Kronland gesprochen wurde – was bedeutete, daß ein Tscheche seine Sprache im öffentlichen Leben gebrauchen konnte, wo immer er sich befand; die Deutschen wollten den Begriff auf Sprachen beschränken, die in einem bestimmten Distrikt von einer bestimmten Prozentzahl der Bevölkerung gesprochen wurde (10 bis 35 Prozent, je nachdem, wie es ihnen gerade paßte); c) die Tschechen interpretierten »nationale Gleichstellung« als das Recht, das Tschechische als Sprache der inneren wie der äußeren Verwaltung zu verwenden, mit Tschechischunterricht für tschechische Kinder, wo immer sie lebten, und einer Anzahl Verwaltungsposten, die dem Anteil der Tschechen in der Bevölkerung entsprach; die Deutschen hingegen bestanden darauf, Deutsch als einzige offizielle Sprache für die deutschen Teile Böhmens und als einzige Sprache der Verwaltung Zisleithaniens zuzulassen.

Trotzdem bemühten sich die verschiedenen Regierungen um einen Kompromiß – wenn auch nur, um die Tschechen dazu zu bringen, dem Wiener Reichsrat beizutreten, den sie zunächst boykottiert hatten. 1871 ergänzte Graf Hohenwart ihretwegen den Ausgleich. Die Tschechen sollten den Ausgleich grundsätzlich anerkennen, dafür sollte er im Hinblick auf Zisleithanien verändert werden. Dem böhmischen Landtag wurden fünfzehn Plätze in der zisleithanischen Delegation zur Überwachung der gemeinsamen Angelegenheiten zugestanden; alle ausschließlich Böhmen betreffende Gesetzgebung sollte dem böhmischen

Landtag zum Schutze der böhmischen Interessen vorgelegt werden; Verwaltungsangelegenheiten wie Zölle, Handel, Monopole, Post, Telegraphen, Eisenbahnen, Militär, sowie alles, was nicht unter die Zuständigkeit der gemeinsamen Regierung fiel, sollte in Zisleithanien durch ein Komitee beurteilt werden, dem Minister der Regierung, leitende Beamte und die jeweiligen Minister jedes Kronlandes angehören sollten; das Oberhaus sollte schließlich durch einen zisleithanischen Senat ersetzt werden, dessen Mitglieder zur Hälfte vom Kaiser, zur Hälfte von den Landtagen ernannt worden wären.

Doch diese Vorschläge riefen großen Widerstand hervor, nicht nur bei den böhmischen Deutschen, die ihren Landtag verließen, sondern bei der Armee, der Bürokratie und der Kirche, von den mährischen und schlesischen Landtagen ganz zu schweigen (wobei der schlesische Landtag, in dem die Deutschen die zahlenmäßig bedeutendste Nationalität der Provinz waren, jede Bindung an Böhmen ablehnte). Doch entscheidend war der Widerstand der Ungarn unter Andrássy, der mit dem Hinweis protestierte, die Vereinbarungen von 1867 seien unantastbar. Da auch die Slowenen, Ruthenen und andere Einwände machten, fühlte sich der Kaiser gezwungen, die Vorschläge zurückzuziehen.

Erst unter Taaffe, dem Ministerpräsidenten zwischen 1879 und 1893, kehrten die Tschechen wieder in den Reichsrat zurück. Er machte 1880 Tschechisch und Deutsch zu gleichberechtigten Sprachen der Außenverwaltung in Böhmen und Mähren, gründete eine tschechische Universität in Prag und erweiterte 1882 das Wahlrecht. Das führte dazu, daß sich in Wien eine neue Mehrheit aus Polen, Tschechen, Klerikalen und Konservativen ergab, während 1883 im böhmischen Landtag die Tschechen eine massive Mehrheit stellten. Von nun an waren die Deutschen in der Defensive. Dies führte 1890 beinahe zu einem Kompromiß in Böhmen, der zuletzt aber am Widerstand der Jungtschechen scheiterte.

1896 führte eine Wahlrechtsreform zu einer weiteren Verringerung des deutschen Anteils. Nun besaßen sie nur noch 47 Prozent der Sitze im Reichsrat; 1873 waren es noch zwei Drittel gewesen. Das führte zu einer Verschärfung der Konflikte.

Die Lage explodierte 1897, als sich der Ministerpräsident Badeni, der sich die tschechischen Stimmen zur Erneuerung des Ausgleichs mit Ungarn sichern wollte, einverstanden erklärte, dem Tschechischen in Böhmen und Mähren als interne Verwaltungssprache den gleichen Status zu verleihen wie dem Deutschen. Damit hätten alle deutschen Beamten von nun an zweisprachig sein müssen. Das hatte Unruhen im ganzen Kaiserreich zur Folge; überall protestierten die Deutschen gegen die Dekrete. Doch die einzige tschechische Antwort bestand in der Forderung, die Regelung auch in Schlesien einzuführen, wo es zweimal soviel Deutsche wie Tschechen gab.

Badeni stürzte, und die Dekrete wurden zurückgezogen. Zwischen 1900 und 1904 versuchte Ernst von Koerber beide Seiten zu versöhnen und hoffte, dies durch das »Primat des Wirtschaftsfaktors« zu erreichen.[66] Doch Koerber kam nicht weiter, weil es ihm nicht gelang, die Unterstützung des Finanzministers zu erhalten.

Die einzige ernsthafte Hoffnung vor 1914 war der sogenannte »Mährische Kompromiß« von 1905, den das Ministerium Gautsch ausgehandelt hatte und der auch ein Vorbild für Böhmen hätte sein können. Denn das Verhältnis von Tschechen zu Deutschen betrug in Mähren 71,3 zu 27,9 Prozent. Man einigte sich auf der Grundlage eines Wahlmodus, der den Tschechen 73 und den Deutschen 40 weitere Sitze zusätzlich zu denjenigen Abgeordneten garantierte, die ohnehin von den Landbesitzern und den Mitgliedern der Handelskammer bestimmt wurden. Dies, so hoffte man, würde jeder nationalen Agitation ein Ende setzen, weil damit eine tschechische Mehrheit garantiert war und die Deutschen trotzdem gut repräsentiert waren.

Doch der Kompromiß hatte in Böhmen kaum Auswirkungen. Meinungsunterschiede nach den Wahlen von 1908 führten dazu, daß die Deutschen den böhmischen Landtag blockierten, während sich die Tschechen ihrerseits im Reichsrat querlegten. Daher wurde 1914 die Verfassung des Landtages aufgehoben und der Reichstag aufgelöst.

War die kaiserliche Regierung an dieser Situation schuld? »Die Regierungen bemühten sich geduldig, aber erfolglos um einen für beide Seiten akzeptablen Mittelweg, und die Nationalisten warfen der Regierung vor, daß es ihr nicht gelang, die Einigung zu erzielen, die sie selbst verhindert hatten. Die Gemäßigten unter ihnen jedoch hofften auf eine Übereinkunft und bemühten sich bei der zwangsläufigen Umverteilung der Macht im Staat und in den Kronländern, die bestmöglichen Bedingungen herauszuschlagen. Im Verlaufe des Prozesses peitschten die Radikalen die Gefühle der Massen auf, indem sie ihnen bei Erfüllung ihres nationalen Programms unerhörte ökonomische und soziale Vorteile versprachen. Diese Agitation steigerte den Radikalismus der Stimmberechtigten und verschreckte nicht nur die herrschende Klasse Wiens, sondern erschwerte auch einen nationalen Kompromiß. Ohne ihn jedoch war eine Verfassungsreform nicht möglich, der ›Reichsrat‹ blieb paralysiert, und das führte zwangsläufig zu einer Regierung durch die Bürokratie.«[67]

Doch das eigentliche Problem waren die Deutschen. Sie hatten sich bisher aus einem anachronistischen Gefühl kultureller und politischer Überlegenheit der völligen Gleichberechtigung der Tschechen widersetzt. Warum sollten sie in den böhmischen Ländern nicht Tschechisch lernen? Zu ihrem Glück sah auch Franz Joseph nicht recht ein, warum sich daran etwas ändern sollte. Sein Reich mochte eine »Hausmacht« sein, doch jenes Haus war traditionell ein deutsches Haus gewesen.

Außerdem war er auf seine deutsche Allianz angewiesen und hatte es stets vorgezogen, die Monarchie durch die Bürokratie zu regieren.

Die Tschechen stellten so oder so kaum eine Bedrohung für die Dynastie dar. Ein künftiger tschechischer Ministerpräsident sagte 1906: »Wir wollen das österreichische Parlament vor dem gänzlichen Ruin bewahren, aber wir möchten es für die Slawen Österreichs bewahren, die zwei Drittel der Bevölkerung stellen. Das Reich steht uns zu.«[68] Kein Geringerer als Masaryk selber sagte 1909: »Wir wollen ein föderales Österreich. Wir können nicht außerhalb Österreichs unabhängig sein, neben einem mächtigen Deutschland, mit Deutschen auf unserem eigenen Territorium.«[69] Schließlich sagte Kramár 1914 nach dem Attentat auf den Erzherzog Franz Ferdinand: »Wir protestieren entschieden gegen jeden, der denkt, wir seien wegen unseres überzeugten Slawentums dem Reich feindlich gesinnt... Wir wenden uns nicht im geringsten von dem Kaiserreich ab.«[70] Der amerikanische Historiker Victor S. Mamatey ist daher zu der Schlußfolgerung gelangt: »Am Vorabend des Ersten Weltkriegs konnten sich die Tschechen, so tief enttäuscht sie vom Habsburger Reich waren, nicht vorstellen, außerhalb desselben zu leben.«[71]

In Galizien, der polnischen Provinz der Monarchie, kam man mit dem Nationalitätenproblem viel besser zurecht. Die fast 5 Millionen Polen, die 1910 17,8 Prozent der Bevölkerung Zisleithaniens ausmachten, betrachteten Österreich als wichtigsten Verteidiger der polnischen Interessen nach der Unterdrückung der Rebellion in Kongreßpolen durch die Russen von 1863. 1868 gab es daher überströmende Loyalitätsbekundungen zur Monarchie und zum Dualismus, und die Polen erwiesen sich dementsprechend als die wichtigsten Stützen des neuen politischen Systems.

Sie machten allerdings auch aus ihrer Unterstützung für die langfristige Wiedergeburt eines unabhängigen polnischen Staatswesens keinen Hehl. Bis es soweit war, wurden sie damit belohnt, daß man ihnen das Recht auf die Beherrschung des politischen Lebens Galiziens zugestand, wo es 46 Prozent Polen und 42 Prozent Ruthenen gab. Dank dem Wahlsystem besaßen die Polen die große Mehrheit der Sitze im Reichsrat und im Landtag. Dort hatten es die Ruthenen nur auf 8,6 Prozent und 14,2 Prozent der Sitze gebracht. Die offizielle Sprache der Provinz war Polnisch, ebenso wie an den beiden Universitäten Krakau und Lemberg. Darüber hinaus erhielten polnische Schulen und Kulturinstitute offizielle Unterstützung, die ruthenischen nicht.

Es bedarf keines weiteren Hinweises, daß sich die Ruthenen dadurch benachteiligt fühlten, was zu Zusammenstößen zwischen ihnen und den Polen führte. Einige von ihnen waren versucht, Rußland um Hilfe zu bitten (ethnisch waren sie mit den Ukrainern verwandt), aber da die russische Politik durchgehend repressiver war als die österreichische, war das keine sehr glückliche Alternative. Mit der Einführung des allgemeinen Stimmrechts waren die Ruthenen allmählich besser repräsentiert. 1914 stellten sie ein Viertel der galizischen Reichsratsabgeordneten und ein Fünftel der Landtagsabgeordneten. Das löste das Problem zwar nicht – im Landtag kam es zu Verhinderungstaktiken, und die Ruthenen boykottierten die Universitäten ihrer Provinz –, aber zu Beginn des Ersten Weltkriegs hatte sich ihre Lage verbessert. Man einigte sich auf einen Kompromiß beim Wahlverfahren, der den Ruthenen 27,2 Prozent der Sitze im Landtag zugestanden hätte, und die Regierung war im Begriff, Pläne für die Gründung einer eigenen ruthenischen Universität vorzubereiten.

Auch in der Nachbarprovinz Bukowina war man zu einem Kompromiß gelangt. 1910 gab es dort 305 000 Ruthenen, 273 000 Rumänen, 168 000 Deutsche und 102 000 Juden, außerdem eine beachtliche Anzahl Polen und Ungarn. Im selben Jahr verlieh eine neue Verfassung diesen sechs Nationalitäten persönliche Autonomie. »Die Tatsache, daß diese Region vom Zentrum des österreichischen Staates relativ entfernt war, scheint von Vorteil gewesen zu sein; sie wurde nie zum Schauplatz der bitteren nationalen Konflikte, die anderweitig stattgefunden haben.«[72]

Die kleinste Nationalität in der Monarchie vor 1914 waren – wenn man von den bosnischen Mohammedanern, den galizischen Juden, den Griechen, Armeniern, Albaniern und Bulgaren absieht – die 800 000 Italiener, die noch nicht zum vereinigten Italien gehörten. Sie bewohnten Südtirol und den adriatischen Küstenstreifen und stellten die Bevölkerung dreier Provinzen, Gorizia-Gradiscia, Triest und Istrien. In Südtirol versuchten sie eine eigene Kammer zu gründen, um sich der Beherrschung durch Innsbruck zu entziehen. Im Küstenstreifen, wo es fast zweimal so viel Slawen gab, versuchten sie ihre privilegierte Stellung in der Regierung zu halten. Sie waren als Nationalität an sich eher begünstigt als unterdrückt, vor allem weil sie nach 1907 mehr Repräsentanten pro Kopf hatten als irgendeine andere nationale Gruppe. So neigen die meisten Historiker denn auch eher dazu, sie als Teil der außenpolitischen Probleme Österreich-Ungarns – Italia irredenta – zu behandeln, statt als Teil des Nationalitätenproblems. Nur gelegentlich bereiteten sie Ärger, wie etwa im Fall des Studenten Guglielmo Oberdan (eigentlich Wilhelm Oberdank, ein Slowene aus Triest, der zur italienischen Seite konvertiert war), der das Martyrium um Italiens willen suchte und für einen ziemlich ungeschickten Attentatsversuch auf den Kaiser gehängt wurde.[73]

Im Gegensatz zu den Magyaren in Ungarn kann man die Deutschen in Zisleithanien sogar als Teil des Nationalitätenproblems betrachten. Sie stellten 1910 nur 35,6 Prozent der zisleithanischen Bevölkerung und 9,8 Prozent der ungarischen und nur 23,9 Prozent der Gesamtbevölke-

Zwei große Städte Habsburgs sind Kunstschöpfungen aus dem späten 19. Jahrhundert: Budapest in den ungarischen und Triest in den italienischen Besitzungen Wiens. Natürlich hatte es schon seit Jahrhunderten einen kleinen Flecken an dieser Küste der Adria gegeben. Aber erst die technische Welt machte seinen Ausbau zu einer modernen Großstadt möglich, ja erzwang ihn geradezu. Die »Südbahn« führte von Wien über die Kette der Alpen zur Adria, so daß Triest als Zugang Österreichs zum offenen Meer der wichtigste Import- und Exporthafen des modernen Industriestaats wurde. Der Aufbau einer österreichischen Handels- und Kriegsflotte war das nächste; der geschützte Hafen war ein idealer Kriegshafen, durch den Italien noch kurz vor dem Ende eine Seemacht zu werden suchte.

rung der Monarchie. Mit ihren Problemen in den tschechischen Ländern haben wir uns bereits befaßt, aber auch das Bewußtsein eines neuen und dynamischen Deutschen Reichs in unmittelbarer Nachbarschaft wirkte sich aus. »Die Stellung der Deutschen in Österreich kann mit der der österreichischen Polen oder Italiener verglichen werden. Sie fühlten sich als Teil einer größeren Nation, deren Angehörige mehrheitlich außerhalb der Habsburger Monarchie lebten. Die österreichischen Deutschen hatten frischere Erinnerungen an eine grenzübergreifende deutsche Gemeinschaft, während die Italiener in Triest oder Trient niemals Teil eines italienischen Staates gewesen waren und die polnische Staatlichkeit (abgesehen von der Republik Krakau) gegen Ende des 18. Jahrhunderts zu bestehen aufgehört hatte. Aber die österreichischen Deutschen waren bis 1866 Teil des Deutschen Bundes gewesen und hatten an der Nationalversammlung in Frankfurt am Main teilgenommen. Die Lage der Deutschen in der Habsburger Monarchie im Zeitalter des Nationalismus war daher nicht so grundlegend anders wie die der nichtdeutschen Elemente.«[74]

Deutscher Groll sollte schließlich zur Gründung einer großdeutschen Bewegung unter Georg von Schönerer in Österreich führen. Gemeinsam mit anderen (darunter Männer wie Heinrich Friedjung und Viktor Adler, die später sehr berühmt werden sollten) war er der Autor des Linzer Programms von 1882, das die Abtrennung der nichtdeutschen Gebiete wie Dalmatien, Galizien und der Bukowina von Zisleithanien forderte und Deutsch zur einzigen offiziellen Sprache von »Rest-Österreich« machen wollte. Darüber hinaus wurden verschiedene Maßnahmen zur Organisation des wirtschaftlichen und kulturellen Lebens der Deutschen empfohlen. Von Schönerers eigene Pläne jedoch waren weit extremer. Er wollte mit der katholischen Kirche und der Habsburger Dynastie brechen und sah die Zukunft der Österreich-Deutschen im Deutschen Reich. Seine Lieblingsfeinde innerhalb der Monarchie waren die Slawen und die Juden; seine Anhänger waren neben nationalistischen Studenten und extremen Antisemiten vor allem Deutsche, die in den Grenzgebieten der verschiedenen ethnischen Gruppen wohnten. 1884 führte Schönerer eine erfolglose Kampagne zur Nationalisierung der Nordbahn durch, einer Eisenbahnstrecke, die durch die Rothschilds finanziert worden war. Dabei ging es seiner Ansicht nach um einen Kampf des Volkes gegen die Juden. 1898 forderte er die deutsche Armee zum Einmarsch in Österreich auf, um dessen deutsche Bevölkerung zu retten. Einer seiner Gefolgsleute, der Abgeordnete Franko Stein, erklärte im Reichsrat vom 1. März 1902: »Ich sage es laut, wir wollen zum Deutschen Reich gehören«, und setzte hinzu: »Ein Narr, wer heute in Österreich ein Patriot ist.«[75] Am 13. März sagte er einem jungen tschechischen Deputierten: »Wir sind genauso antiösterreichisch wie Sie.«[76] Schönerer war in mancher Hinsicht ein Vorläufer Hitlers, der ihn in »Mein Kampf« glorifiziert, aber auch seinen Mangel an organisatorischem Talent kritisiert hat. Die Großdeutschen blieben denn auch eine ziemlich kleine parlamentarische Gruppe, die sich in verschiedene zerstrittene Splittergruppen aufteilte.

Mangel an organisatorischem Talent konnte man Karl Lueger und seiner Christlich-Sozialen Partei nicht vorwerfen, die damals auch die Partei der Antisemiten unter den österreichischen Deutschen vertrat, obwohl sie sich stets für die Dynastie aussprach. Lueger war ein politischer Organisator ersten Ranges, der mit seinem hypnotischen Rednertalent und seinem harten Arbeitseinsatz zugunsten der Ladenbesitzer und Handwerker Wiens das politische Leben der kaiserlichen Kapitale vollständig zu dominieren vermochte. Anfangs wurde er revolutionärer Umtriebe verdächtigt, da er die Leitung des Stadtrates herausgefordert hatte, und zwischen 1895 und 1897 verweigerte ihm der Kaiser viermal die Bestätigung seiner Wahl zum Bürgermeister. Doch seine Mehrheit wuchs, bis man an ihm nicht mehr vorbeikam. Schließlich regierte er die Stadt bis zu seinem Tod im Jahre 1910. Seine Politik

Wien und Berlin zählten in den letzten Jahrzehnten zu den am schnellsten wachsenden Großstädten Europas, nur Budapest zeigte nach der Jahrhundertwende ein schnelleres Wachstum. Während die Zuwanderer Berlins jedoch zumeist aus den deutschen Gebieten Schlesiens und Ostpreußens kamen, floß der Zustrom Wiens zumeist aus den nichtdeutschen Ländern der Monarchie. Es waren vor allem Tschechen, Slowaken, Kroaten und Galizier, die die Bevölkerung Wiens auf mehr als zwei Millionen anwachsen ließen. Das brachte nicht nur eine völlige Veränderung der Bevölkerungsstruktur, sondern auch eine soziale Verelendung mit sich, die sich dem Stadtbild aufprägte. Vor allem die Einwanderer aus Galizien, unter denen Zehntausende von Juden waren, waren unübersehbar, da sie in Barttracht und Kleidung der angestammten Welt treu blieben. Die Fremdartigkeit ihres Anblicks nährte wiederum den Antisemitismus, den Lueger und Schönerer mobilisierten. Der arbeitslose und arbeitsscheue Adolf Hitler erhielt hier Prägungen, die ihn bis in den Mai 1945 bestimmten.

war die eines Großstadt-Bosses und Sozialreformers. Es läßt sich nicht leugnen, daß Wien, was Straßen, Häuser, Abwassersysteme, Parkanlagen und andere öffentliche Einrichtungen anging, von seinen Anstrengungen profitierte.

Auch ihn hat Hitler bewundert und in »Mein Kampf« behauptet, Luegers Begräbnis habe ihn zutiefst bewegt. Doch seinen Antisemitismus hielt er für vorgeschoben, was die historische Forschung teilweise bestätigt hat. Lueger setzte seinen Antisemitismus weniger als rassische Doktrin denn als politisches Zweckmittel ein. »Wer Jude ist, bestimme ich«[77], sagte er. Einmal an der Macht, wurde seine Christlich-Soziale Partei konservativ, vielleicht weil man begriff, daß sich die Handwerker der Stadt auf Dauer den Konsequenzen der Industrialisierung nicht entziehen konnten, vielleicht aber auch, weil die Partei, als sie über Wien hinauswuchs, sich mehr und mehr der Bauern auf dem Lande annehmen mußte. Einer der führenden Landbesitzer Österreichs, Fürst Alois Liechtenstein, trat in die Führungsmannschaft der Partei. Als Lueger starb, wurden die Christlichen Sozialisten nicht länger als Feinde der großen Geschäftswelt angesehen, vielmehr waren sie für ihre Loyalität gegenüber der Dynastie, ihren Widerstand gegen die ungarischen Interpretationen des Ausgleichs und ihre Unterstützung des politischen und sozialen Paternalismus bekannt.

Eine Partei, von der man erwartet hätte, daß sie zur Versöhnung der Nationalitäten in Österreich beigetragen hätte, waren die Sozialisten, die vereint aus ihrer Hainfeld-Konferenz von 1889 hervorgegangen waren. 1907 gewannen sie 87 Sitze und wurden die größte Partei im Reichsrat. Davor hatten sie in ihrer Brünner Konferenz von 1899 ihre Loyalität der Dynastie gegenüber bekräftigt und sich für eine Lösung des Nationalitätenproblems ausgesprochen, bei der das Kaiserreich eine Föderation autonomer nationaler Gruppen geworden wäre.

Zwei ihrer Führer, Karl Renner und Otto Bauer, waren Befürworter der »persönlichen Autonomie« und schrieben einflußreiche Bücher über den Sozialismus und das Problem der Nationalitätenfrage. Sie schlugen vor, die kulturelle Frage von der territorialen zu trennen und den Bürgern des Reiches, wo immer sie waren, zu gestatten, sich als Wähler einer bestimmten nationalen Gruppe registrieren zu lassen, um dann in einer speziellen Wahl für eine vorgegebene Anzahl von Abgeordneten ihrer speziellen Nationalität zu stimmen. Diese Politik, darauf muß man hinweisen, wurde nie offiziell zur Politik der Sozialistischen Partei Österreichs erklärt. Doch entsprach sie im großen und ganzen dem 1905 in Mähren ausgearbeiteten Kompromiß, dem von 1910 in der Bukowina und dem in Galizien vom Vorabend des Ersten Weltkriegs.

Die Sozialistische Partei selbst war ironischerweise nicht in der Lage, den Folgen der Nationalitätenfrage zu entgehen, soweit es ihre eigene Organisation betraf. 1911 trennte sich die tschechische Gruppe von der zisleithanischen Hauptgruppe, weil ihr deren Führung zu deutsch war. Die Vorurteile von Marx und Engels taten offenbar nach wie vor ihre Wirkung. Das bestätigt der deutsche Historiker Hans Mommsen, wenn er schreibt: »Renners kultureller Nationalismus und Bauers großdeutsche Haltung traten in den nationalitätenpolitischen Auseinandersetzungen innerhalb der Sozialdemokratie nach der ersten russischen Revolution zunächst nur indirekt hervor.«[78] Er fügt hinzu: »Ihre Stellungnahme zur Frage der nationalen Assimilation, zum Problem der Minderheitenschulen und der wirtschaftlichen Implikationen der Nationalitätenfrage zeigt deutlich, daß sie von der nationalistischen Strömung ihrer Zeit nicht unbeeinflußt geblieben waren. Ihre Lösungsvorschläge in der nationalen Frage mündeten in eine Aporie, die darin bestand, daß die anhaltenden nationalen Konflikte, die zunehmend den Charakter imperialistischer Machtkämpfe annahmen, den Weg zu demokratischen Reformen verbauten, die die Voraussetzung jedes dauerhaften nationalen Ausgleichs darstellten.«[79]

Robert A. Kanns Urteil ist zwar nicht weniger kritisch, lautet aber anders: »Das Prinzip der persönlichen Autonomie war zwar ein viel differenzierteres Instrument zur Erlangung nationaler Gerechtigkeit als die territoriale Autonomie, aber es hätte auf lange Sicht das Problem der Nationalkonflikte nicht gelöst. Zuletzt wollten die meisten nationalen Gruppen des Habsburger Reichs – wie jede Gruppe, die unterdrückt wird oder sich unterdrückt fühlt – die Eigenstaatlichkeit und nicht die nationale Gleichstellung, die auf einer vollkommenen gesetzlichen Struktur beruht. Obwohl persönliche Autonomie gerechter ist als territoriale Autonomie, schien sie denn doch etwas ganz anderes als die gewünschte Identität von Nation und Staat zu bieten. Die Nation schien damit eher in die Akten versetzt als einer klar umrissenen territorialen Jurisdiktion zugeordnet, so begrenzt diese auch sein mochte. Dennoch, solange das Reich in die zentralistischen Systeme der beiden Doppelstaaten eingebunden war, hätte die persönliche Autonomie ein Ausmaß an nationaler Gerechtigkeit geboten wie kein anderes institutionelles System unter den bestehenden Bedingungen. Weiterhin machten Reformen auf einer solchen Grundlage die großen Erneuerungen der föderalen Strukturen hinfällig, die wahrscheinlich nicht ohne Konflikte mit Ungarn und entsprechender Intervention der Nachbarstaaten ausgegangen wären. So hätte das persönliche Prinzip die österreichische Nationalitätenfrage zwar nicht gelöst, vielleicht aber doch dazu beigetragen, die schleichende Krankheit der nationalen Desintegration einige Zeit aufzuhalten. Das allerdings war noch das Beste, worauf ein verzweifelt kranker Patient hoffen konnte.«[80]

Doch wie verzweifelt krank hatte die Nationalitätenfrage Österreich-Ungarn 1914 tatsächlich gemacht? Grund zur Besorgnis bestand zweifellos: die Verhinderungstaktik im Reichsrat nach der Badeni-Krise, die Unfähigkeit, dem Problem durch die Stimmrechtsreform von 1906 beizukommen, die fast jahrzehntelange Krise in Ungarn nach 1848 und die nationalistischen Rückbesinnungen der dortigen Nationalitäten.

Viele Beobachter hatten die Monarchie schon damals abgeschrieben. Der künftige deutsche Kaiser, Wilhelm II., hatte dieser Ansicht 1887 laut eines Berichtes von Erzherzog Rudolf auf ziemlich taktlose Weise Ausdruck verliehen: »Dann meinte er, es gehe nur in Preußen alles gut; in Österreich sei der ganze Staat morsch, der Auflösung nahe, werde in sich zusammenbrechen, die deutschen Provinzen [Österreichs] würden als reife Frucht Deutschland in den Schoß fallen, sie würden als unbedeutendes Erzherzogtum in noch abhängigere Stellung als Bayern unter Preußen kommen.«[81] Weiter heißt es: »Der Kaiser von Österreich kann als unbedeutender Monarch, wenn er will, sein Leben in Ungarn fortfristen. Preußen wird nichts thun, um das rasch herbeizuführen, es kommt ja ohnehin von selbst.«

Die Habsburger, so überraschend das klingt, haben diese Ansicht vielleicht sogar geteilt. 1866 hatte Franz Joseph seiner Mutter geschrieben: »...man muß sich so lange wehren als es geht, seine Pflicht bis zuletzt tun und endlich mit Ehren zugrunde gehen.«[82] Da war er erst 33 Jahre alt. Er ist auch mit den Jahren nicht optimistischer geworden. In seinem Testament hat er Vorsichtsmaßnahmen für den Fall getroffen, daß »die Krone nicht länger bei unserem Hause bleiben sollte« und seiner Tochter Gisela geraten, ihr Vermögen bei seinem Tode an sich zu nehmen, da es »in Deutschland sicherer sein dürfte als in Wien«.[83] Ebenso hat auch der Erzherzog Rudolf vor seinem Selbstmord in Mayerling seiner Schwester Maria Valerie geschrieben und ihr geraten, Österreich zu verlassen, »wenn Papa von uns geht«, da, wie er sagte, »nur ich weiß, was dann geschieht«.[84]

In Deutschland selbst setzten sich die Großdeutschen offen für die Annexion der deutschen, manchmal auch der nichtdeutschen Teile der Monarchie als deutsche Kolonie ein. Ein Buch, das 1899 unter dem Titel »Österreich's Zusammenbruch und Wiederaufbau« veröffentlicht wurde, schlug vor, »die österreichische Mittelmeerküste mit dem südlichen Teil Dalmatiens, Ragusa und Cattaro, Triest und Pola sollte, wie Elsaß-Lothringen, ein Reichsland bilden..., das als Basis der maritimen Macht Deutschlands in der Adria und im Mittelmeer dienen könnte«.[85] Tannenbergs vielgelesenes Buch »Großdeutschland«, das 1911 erschien, ging sogar noch weiter und schlug die Aufteilung der Monarchie zwischen Preußen, Bayern und Sachsen vor, mit der Begründung: »Jede Beleidigung eines deutschen Studenten in Prag, jede öffentliche Unruhe in Laibach ist eine Beleidigung der deutschen Ehre und Grund genug für uns, die fraglichen Gebiete zu besetzen.«[86] Doch waren es keineswegs nur die deutschen Kommentatoren, Politiker oder Fürsten, die erwarteten, daß die Habsburger ihr Reich verlieren würden.

Der ab 1890 weitverbreitete Pessimismus über die Zukunft der Monarchie kann vielleicht mit dem großen kulturellen Aufschwung in Zusammenhang gebracht werden, der gleichzeitig stattfand. Schließlich und endlich war das die Zeit von Schnitzler und Hofmannsthal, von Freud und der Psychoanalyse, der Komponisten Mahler und Schönberg, der Maler Klimt und Schiele und des Satirikers Karl Kraus. Carl Schorske meinte, die Fluchtbewegung in Ästhetik und Kunst als Reaktion auf die politische Sterilität der Zeit interpretieren zu können[87], während andere die dunklere Seite des kulturellen Aufschwungs betont haben: die Besessenheit von dem Ego, der Sinnlichkeit, der Ideologie und dem Tod. William Johnsons Studie über »Die österreichische Seele« hat Kapitel mit Überschriften wie »Tod als Bollwerk gegen Verände-

Im Jahre 1883 trafen die beiden Kronprinzen Rudolph und Wilhelm zusammen. Obwohl sie nach außen Einvernehmen, ja Herzlichkeit demonstrierten, hätten sie einander nicht fremder gegenüberstehen können. Der Hohenzoller war militärversessen und wollte das Reich, das er einst erben würde, zur Weltgeltung führen. Der Habsburger war innenpolitisch eher liberal und betont slawen- und ungarnfreundlich. Aber der Hof hielt ihn von den Staatsgeschäften fern, wobei seine moralische Haltlosigkeit vielleicht Folge, vielleicht Ursache war. Kronprinz Wilhelm würde schon fünf Jahre später deutscher Kaiser werden, aber er sollte der letzte Hohenzoller auf dem Thron sein. 1918 wurde sowohl an der Donau wie an der Spree die Republik ausgerufen.

rung«, »Tod als Nebensächlichkeit«, und »Tod als Zuflucht: Selbstmorde österreichischer Intellektueller«.[88] Karl Kraus empfand die intellektuelle Gärung seiner Zeit als kulturellen Niedergang oder geistige Hysterie in einem Reich, das er als »Versuchslaboratorium für den Weltuntergang« verdammt hat.

Doch das kann man auch ganz anders sehen. Ebenso plausibel ist das Argument, der damalige kulturelle Aufschwung sei weniger auf die örtlichen politischen Gegebenheiten als auf eine grundsätzlich gesunde Umgebung zurückzuführen, die durch Wiener Kosmopolitismus, kulturelle Freiheit und die Emanzipation der Juden entstanden war.

Auch die pessimistische Sicht des Nationalitätenproblems muß in den richtigen Zusammenhang gestellt werden. Obwohl zum Beispiel Bertold Sutter betont, nach der Badeni-Krise habe keine Regierung in Österreich weiterhin davon ausgehen können, die Deutschen innerhalb der Monarchie würden automatisch die eigenen Interessen mit denen des Staates identifizieren, sondern sich vielmehr »vom Staate abkehren, der sich von ihnen abgewandt hatte«[89], so stellt er doch fest: »In den letzten zehn Jahren vor dem Weltkrieg hatte sich der durchschnittliche Deutsch-Österreicher wieder Österreich zugewandt.«[90] Allerdings habe diese Zuwendung einen starken Beiklang von einer »Wacht am Rhein« gehabt.

Was die anderen Nationalitäten in der Monarchie und ihre Anhänglichkeit an die Dynastie angeht, so wünschte man fast in allen Fällen trotz der vielen politischen Enttäuschungen nicht, die Monarchie zu zerstören oder mit der Dynastie zu brechen. In Mähren, der Bukowina und Galizien hatte man sich vor 1914 auf einige Kompromisse geeinigt. »Der Nationalismus erstrebte also nicht die Zerstörung der Monarchie«, schreibt dazu der ungarische Historiker István Diószegi. »Von allen Nationen des Habsburger Reiches war einzig den Italienern unbedingt daran gelegen, vom Kaiserreich loszukommen; die anderen waren aus ökonomischen, politischen und außenpolitischen Gründen nicht abgeneigt, die Monarchie als geeignetes Feld für ihre nationalen Ambitionen zu betrachten.«[91]

Auch Barbara Jelavich betont: »...die nationalen Führungen mußten sich auf die unmittelbaren Tagesfragen konzentrieren. Die meisten betrafen praktische Fragen wie Wahlrecht und die Verwaltungs- und Unterrichtssprachen. Das heißt, trotzdem man tatsächlich in vielem mit der Herrschaft der Habsburger unzufrieden war, richteten die Völker ihre Aufmerksamkeit vor allem auf Alltagsprobleme. Keine bedeutendere Führungspersönlichkeit oder Partei hat die Zerstörung der Monarchie gefordert.«[92] Was die Nationalitäten in Ungarn angeht, betont Barbara Jelavich: »Das Verständnis der nationalen Entwicklungen im ungarischen Königreich wird entschieden erschwert, weil die Mehrzahl seiner Einwohner durch ein restriktives Wahlrecht vom politischen

Die Jahrhundertwende brachte eine Spätblüte Österreichs in vielerlei Hinsicht, vor allem der Kunst, Literatur und Wissenschaft. Der Secessionismus Klimts und Schieles, das neue Bauen Wagners, Olbrichs und von Loos', die Psychoanalyse Sigmund Freuds und die Philosophie Wittgensteins führten zu einem grandiosen Abendglanz Wiens, das mit Kafka, Hofmannsthal, Rilke, Schnitzler, Roth und Musil noch einmal an der Spitze Europas stand. Aber zugleich führten die nationalen und sozialen Spannungen zu immer neuen Unruhen und zu einer Radikalisierung der Bevölkerung. Der Antisemitismus löste unter dem Wiener Bürgermeister Lueger und dem deutschnationalen Parteiführer Georg von Schönerer immer heftigere Auseinandersetzungen aus, wobei der Sprachenstreit zur weiteren Verschärfung der inneren Gegensätze führte. Der inzwischen uralte Kaiser Franz Joseph mochte die Demagogen von rechts nicht, doch vor allem das nationalistische Kleinbürgertum verschaffte ihnen immer größeren Zulauf. So gehörte berittene Polizei immer häufiger zum Straßenbild.

Prozeß ausgeschlossen blieb. Die Sprecher all dieser Nationalbewegungen, wie natürlich auch die ungarische Regierung selbst, setzten sich aus einem Bruchteil der Bevölkerung zusammen. Sie behaupteten, für die ›Nation‹ und das ›Volk‹ zu sprechen, standen aber persönlich den Bauern der eigenen Nationalität ebenso fremd gegenüber wie denen einer anderen. Was die Menschen wirklich wollten, ließ sich erst nach dem Krieg feststellen, als zum ersten Mal die Bauernparteien an die Macht kamen.«[93]

Es ist daher äußerst wichtig, daß man sich das eigene Urteil nicht durch den Rückblick trüben läßt und nicht davon ausgeht, die Habsburger Monarchie habe, weil sie den Ersten Weltkrieg nicht überdauerte, ohnehin nicht überleben können. Ebenso falsch ist die Annahme, weil sie nicht überdauerte, müsse sie sich zwangsläufig im Niedergang befunden haben, und dieser Niedergang sei progressiv verlaufen. Zwischen 1864 und 1917 sah sich die Monarchie zu keinem Zeitpunkt einer vergleichbaren Herausforderung der eigenen Existenz gegenüber wie 1848/49. Tatsächlich hat es zwischen 1867 und 1914 keinen Druck von innen gegeben, der den Zusammenhalt der Monarchie in Frage gestellt hätte, und keine Abwendung von der Dynastie; vielmehr wurden in einigen Gegenden Probleme gelöst und Kompromisse geschlossen. Gleichzeitig nahm das Wirtschaftswachstum zu, und was den Lebensstandard, die Infrastruktur und die Finanzen angeht, wurde die Monarchie mehr und mehr integriert.

Wie zeitgenössische Beobachter berichteten, gab es vor allem in der Zeit nach 1906 die Empfindung, nun ginge es stetig aufwärts. So konnte zum Beispiel Louis Eisenmann, der große französische Beobachter der Monarchie, im Jahre 1910 schreiben: »Am 2. Dezember 1908 hat Franz Joseph I. den sechzigsten Jahrestag seiner Thronbesteigung feiern können. Anläßlich seines Jubiläums (Dezember 1898) hat Europa die Monarchie noch mit Furcht und Mißtrauen betrachtet, da sie nach dem Tode Franz Josephs unweigerlich zur Auflösung bestimmt schien. Aber seitdem sind zehn Jahre vergangen, und die Voraussagen lauten ganz anders. Die akute Krise wurde allein durch die Lebenskraft der Monarchie gelöst... Der gewaltsame Nationalitätenkonflikt besteht nach wie vor, aber die unvermeidliche Lösung ist in Sicht... Es scheint, daß alle österreichischen, ungarischen und austro-ungarischen Fragen aus eigener Kraft beigelegt werden können. Hierin liegt der Fortschritt; hier liegt die große Sicherheit für die Zukunft... Fünfzig Jahre des nationalen und verfassungsmäßigen Lebens haben die Völker der Monarchie in die Lage versetzt, ihre Wünsche unabhängig von denen ihres Souveräns durchzusetzen, wenn nötig auch gegen ihn. Sie sind volljährig geworden und können, wenn sie dies wünschen, ihr Schicksal in die Hand nehmen, vorausgesetzt, sie sind sich untereinander einig. Sie haben ihr gemeinsames Interesse begriffen, das sie in der Monarchie zusammengeführt hat, und mit der Zeit werden sie sich der Macht bewußt werden, die sie in Übereinstimmung mit ihren eigenen Interessen ausüben können. Die Monarchie beruht nicht länger auf der dynastischen Bindung allein, sondern ebenso auf ihrem bewußten Streben nach Einheit. Hierin liegt ihre mächtige neue Kraft; dies ist das große, das gewaltige Ergebnis der Herrschaft Franz Josephs.«[94] Dies von dem Autor eines kritischen Berichts über den Ausgleich, der 1904 veröffentlicht worden ist und den A. J. P. Taylor später »eine Arbeit allerhöchsten Ranges« (»in diesem Jahrhundert ist kein bedeutenderes Geschichtswerk geschrieben worden«)[95] genannt hat.

Daher verdient Eisenmanns revidierte Meinung über die Zukunftsaussichten der Monarchie trotz ihrer Übertreibungen Respekt. Sein

Das habsburgische Kaiserreich hatte zwar einen Großteil seiner italienischen Besitzungen im Laufe der Kriege des 19. Jahrhunderts verloren, aber noch immer herrschte der Kaiser von Österreich und Apostolische König von Ungarn über eine größere Ländermasse und über mehr Völkerschaften als jeder andere europäische Herrscher. Die österreichisch-ungarische Wappenrolle führt alle Titel von Kaiser Franz Joseph auf.

Optimismus war darauf zurückzuführen, daß man in Österreich das allgemeine Stimmrecht eingeführt hatte (»die Morgenröte eines neuen Österreich – eines Österreich, das stärker ist als das alte und sehr zum Leben entschlossen«[96]), auf seinem Glauben, dies werde auch in Ungarn der Fall sein (»der König wird das allgemeine Stimmrecht bestimmt nicht aufgeben«)[97]; und auf dem Abschluß eines neuen Wirtschaftsausgleichs zwischen Österreich und Ungarn im Jahre 1907. Diesen vor allem empfand Eisenmann als einen staatsmännischen Akt mit sehr positiven Auswirkungen für die Zukunft. Er schrieb: »...dabei hat kein Land auf Kosten des anderen profitiert, der Ausgleich fand im klar empfundenen Eigeninteresse beider Länder statt. Diesmal hatte er nicht, wie seine Vorgänger, Erbitterung und Böswilligkeit nach sich gezogen. Er wurde von beiden Staaten vor Ende 1907 angenommen. Am 1. Januar 1908 fand das verfassungsmäßige Interregnum, das zehn Jahre gedauert hatte, ein Ende.«[98]

Geschehen war folgendes: Die Österreicher hatten mit den Ungarn wirtschaftliche Vorteile gegen politische Konzessionen eingetauscht. Die meisten wirtschaftlichen Streitigkeiten der beiden Länder – bis auf das Problem der Bank, das künftigen Verhandlungen vorbehalten war – waren nun gelöst. Österreich erhielt die Bestätigung des Prinzips der Handelsfreiheit zwischen den beiden Ländern und die Gleichheit beider Untertanen vor den Steuergesetzen, die Einführung eines Schiedsgerichts zur Klärung aller Differenzen, die sich im Zusammenhang mit dem Wirtschaftsausgleich hätten ergeben können (das hatte Österreich seit vierzig Jahren vergeblich verlangt), die Wiedererlangung seiner Freiheit bei der Festsetzung der Eisenbahntarife, die in den letzten zehn Jahren zugunsten Ungarns eingeschränkt gewesen war, und schließlich einen günstigen Abschluß der Quote oder des proportionalen Beitrags zu den gemeinsamen Ausgaben, der in Zukunft bei 36,4 Prozent für Ungarn und bei 63,6 Prozent für Österreich festgelegt worden war. (1867 waren das noch 30 Prozent und 70 Prozent gewesen.)

Ungarn wiederum war wegen der Form des internationalen Vertrages – anstelle der bisherigen Vereinigung – zufriedengestellt, auch durch die Garantie, in Zukunft solle seine Unabhängigkeit und Souveränität bei Wirtschaftsvereinbarungen mit ausländischen Ländern deutlicher zum Ausdruck kommen, und durch die Zusicherung, der österreichische Markt werde seinen Anleihen ungehindert offenstehen.[99] Schließlich hat auch der Ausgang der bosnischen Krise Eisenmann beeindruckt, da, wie er meinte, beide Teile der Monarchie dadurch ein gemeinsames Interesse erhalten hätten. »Die Annexion ist unwiderruflich. Österreich und Ungarn sind durch ihren Wunsch, daran festzuhalten, geeint.«[100]

Die Frage der Außenpolitik hat insgesamt viel dazu beigetragen, ausländische Beobachter vom künftigen Zusammenhalt der Monarchie zu überzeugen. Der Präsident der Harvard-Universität, A. Lawrence Lowell, schrieb um 1896 ein Werk über »Regierungen und Parteien in Kontinentaleuropa«, wobei der zweite Band sich hauptsächlich auf die Monarchie bezog: »Die Kräfte, die das dualistische System in der Vergangenheit reibungslos funktionieren ließen, werden wahrscheinlich auch in Zukunft die gleichen Resultate erzeugen.«[101]

Darüber, wie reibungslos sie vor 1895 funktioniert haben, kann man streiten, und Lowell hat diesen Aspekt, wie sich zeigen wird, auch nicht übermäßig betont, aber man sollte bedenken, daß er die »seltsame Verbindung« zwischen Österreich und Ungarn durch die Notwendigkeit einer gemeinsamen Außenpolitik erklärt hat: »Die Erklärung dieser eigenartigen Verbindung«, schrieb er, »ergibt sich daraus, daß die beiden Länder nicht durch Sympathie oder Loyalität einem gemeinsamen Vaterland gegenüber zusammengehalten werden, sondern durch den Druck von außen, der die Vereinigung zu einer internationalen und militärischen Notwendigkeit macht. Österreich wäre auf sich alleine gestellt nicht groß genug, um für Deutschland und Italien ein wirklich wertvoller Verbündeter zu sein; und wenn es kein Verbündeter sein könnte, würde es wahrscheinlich zur Beute werden, denn es enthält Gebiete, die beide nur zu gern vereinnahmen würden. Darüber hinaus bestünde die unmittelbare Gefahr, daß einige seiner Völker offen revoltieren würden, hätte der Kaiser nicht seine ungarischen Truppen zur Hand. Andererseits wären die Magyaren ohne Österreich nicht stark genug, um die russischen Ambitionen zu blockieren oder der Flutwelle des Panslawismus zu widerstehen. Nicht nur, daß sie kaum Einfluß außerhalb ihrer Gebiete hätten, sie würden auch das große Risiko einer ausländischen Intervention zugunsten der Slawen in Ungarn eingehen. Das macht die Vereinigung unvermeidlich, und sie ist auch kaum enger, als unbedingt notwendig, um ihren Zweck zu erfüllen.«[102]

7.

Der Weg in die Katastrophe

Es ist an der Zeit, sich noch einmal der Außenpolitik der Monarchie unter dem dualistischen System zuzuwenden. Einmal mehr kein Nacherzählen, sondern eine Untersuchung der Ereignisse im Hinblick auf die dualistische Verfassung und auf die Rolle, die Österreich-Ungarn in den internationalen Angelegenheiten vor dem Ersten Weltkrieg spielte. Was die Habsburger Außenpolitik im dualistischen Zeitalter angeht, so gibt es im Grunde kaum ernsthaftere Kontroversen, und doch zwingen uns die Thesen des Historikers Paul W. Schroeder zu einer Entscheidung in der Frage, ob Österreich-Ungarn zwischen 1867 und 1914 den Frieden oder den Krieg gefördert hat.

Innenpolitische Aspekte der Habsburger Außenpolitik

Betrachten wir zunächst jene innenpolitischen Faktoren, die außenpolitische Auswirkungen hatten. István Diószegi, der führende ungarische Historiker der Außenpolitik der Monarchie, hat die damalige öffentliche Meinung folgendermaßen beschrieben: Die Deutschen konzentrierten sich auf die deutsche Frage und standen den anderen Problemen, einschließlich der Balkanfrage, gleichgültig gegenüber.[1] Wenn sie Liberale waren, hatten sie wenig Sympathien für Rußland, doch etwas gegen das Land unternehmen mochten sie nicht. Die Ungarn waren gegen die Überbewertung der Westpolitik; sie teilten zwar die Sympathien der Deutsch-Österreicher für die Deutschen, doch waren sie ihnen nicht so wichtig; sie wollten die österreichisch-deutschen Beziehungen von der Entwicklung der deutsch-russischen abhängig machen, forderten eine aktive antirussische Politik und empfanden den Osten als außenpolitisches Hauptbetätigungsfeld. Den Nationalismus auf dem Balkan beobachtete man mit Interesse und war bereit, ihn gegen die Russen zu unterstützen. Die tschechischen Ansichten wiederum waren denen der Deutschen wie der Ungarn völlig entgegengesetzt. Sie waren antideutsch und prorussisch und forderten eine österreichisch-russische Zusammenarbeit auf dem Balkan. Was den Balkan anging, vertraten die Serben und die Rumänen eine ähnliche Haltung, waren aber nicht antideutsch. Und die Polen waren sowohl antideutsch wie antirussisch.

278

Diese höchst unterschiedlichen Standpunkte führten keineswegs immer zu einer Schwächung der diplomatischen Position des Kaiserreichs – sie dienten im Gegenteil oft als Entschuldigungsgrund, wenn Wien beabsichtigte, sich aus nationalen Auseinandersetzungen herauszuhalten. »Allerdings«, schreibt Diószegi, »trat im Nationalismus der österreichischen Völker oft eine Gleichgültigkeit gegen die kaiserlichen Interessen oder gegen die Außenpolitik selbst zutage, die sehr negative Folgen hatte.«[2] Andererseits brauchte die öffentliche Meinung Ungarns, wie wir sehen werden, nie sehr lange, um sich zu außenpolitischen Fragen klar und deutlich zu äußern.

Und damit kommen wir zu dem nächsten außenpolitischen Aspekt der Innenpolitik, zu jenen institutionalisierten Vereinbarungen von 1867, die die Außenpolitik betrafen. Die meisten Historiker, einschließlich Diószegis, sind der Ansicht, die außenpolitischen Entscheidungen seien im großen und ganzen auch weiterhin Sache des Kaisers gewesen. Doch eine Studie von János Décsy über den Einfluß des Ministerpräsidenten Andrássy auf die Habsburger Außenpolitik während des Deutsch-Französischen Krieges 1870–1871[3] legt es nahe, diesen Standpunkt zu überdenken. Décsy vertritt die These, daß sich der Ausgleich von 1867, insbesondere die mächtige Position Ungarns in der österreichisch-ungarischen Partnerschaft, entscheidend auf die Außenpolitik der Doppelmonarchie ausgewirkt habe. »Deswegen konnte Andrássy, der die Sicherheit Ungarns und der Doppelmonarchie unter außenpolitischen Gesichtspunkten sah, seine Ansichten erfolgreich der gemeinsamen Regierung aufdrängen. Andrássys grundsätzliches außenpolitisches Ziel bestand darin, Entwicklungen zu verhindern, die sich gegen Ungarns nationale Interessen richteten … So bemühte sich Andrássy von Beginn seiner Amtszeit an, dieses Ziel zu erreichen. Zwischen 1864 und 1870 setzte er durch einen sorgfältig geplanten, zielgerichteten und aggressiven Einsatz das Recht Ungarns auf Parität in innenpolitischen Angelegenheiten durch und gewann damit entscheidenden Einfluß auf die außenpolitischen Belange der Doppelmonarchie.«[4]

Um zu verstehen, wie es Andrássy gelang, seinen Willen durchzusetzen, muß man sich die Funktionsweise der 1867 etablierten außenpolitischen Institutionen vor Augen führen. Artikel 8 des ungarischen Ausgleichsgesetzes sah einen gemeinsamen Außenminister vor, der dem König und den Delegationen verantwortlich war. Er sollte den diplomatischen Dienst und die Handelsdelegationen überwachen und internationale Abmachungen aushandeln. Doch der Artikel legte auch fest, daß er diese Pflichten »in Übereinstimmung mit den Ministerien beider Hälften (der Monarchie) und mit ihrer Zustimmung ausüben sollte«. Somit war er verpflichtet, beide Minister vorher zu konsultieren und mit ihnen zu einer Übereinkunft zu kommen. Das wurde besonders wegen der komplizierten Kontrollmechanismen der Delegationen sehr wichtig.

Damit erhielt der ungarische Ministerpräsident die Möglichkeit, sich zu allen wichtigen Angelegenheiten der Außenpolitik zu äußern. Und er mußte sich in außenpolitischen Fragen im ungarischen Parlament befragen lassen. Allein schon deswegen nahm er aktiv an den außenpolitischen Debatten im Kronrat teil. In den Worten von Décsy: »Ohne die Mitarbeit der Ministerpräsidenten konnte nichts Entscheidendes unternommen werden.«[5] Burián, im Ersten Weltkrieg einer der Außenminister der Monarchie, sollte später schreiben: »Die Ministerpräsidenten... hatten einen sehr beträchtlichen Einfluß in der Außenpolitik, denn sie beteiligten sich nicht nur an der Festlegung der allgemeinen Richtlinien, sondern waren auch die Leiter der zwei Parlamente oder Delegationen... und beschafften dem Außenminister die notwendige Mehrheit. Wenn er sich nicht mit einem der beiden Ministerpräsidenten einigen konnte, wurde die Position des gemeinsamen Ministers unhaltbar. Ein gutes Einverständnis mit den beiden Ministerpräsidenten war daher von entscheidender Bedeutung bei der Ausübung der Außenpolitik.«[6]

Décsy zufolge bestand Andrássys Leistung darin, den Einfluß des ungarischen Ministerpräsidenten auf die Außenpolitik gleich von Anbeginn an wirksam sichergestellt zu haben. Das wurde in seinen Augen während des französisch-preußischen Krieges entschieden, als Andrássy den Kronrat zwang, eine Politik der erklärten Neutralität zu betreiben, was gegen den Wunsch des Kanzlers und Außenministers Beust war, der lieber eine freie Hand behalten hätte, um bei geeigneter Gelegenheit gegen Preußen zu intervenieren.

Älteren Thesen zufolge war Beust, der ehemalige Außenminister Sachsens, von Franz Joseph nach der Niederlage von Königgrätz zum Reichskanzler ernannt worden, um eine Politik der Revanche gegen Preußen durchzuführen. Neuere Untersuchungen haben jedoch gezeigt, daß dies nicht der Fall war. Seine Politik zielte vielmehr darauf ab, die österreichische Führung der süddeutschen Staaten zu behaupten, um eine Dreiteilung Deutschlands sicherzustellen. Er wußte, daß weder die österreichischen Liberalen noch die Ungarn einen Rachekrieg gegen Preußen unterstützen würden, weil beide befürchteten, ein kaiserlicher Sieg würde zur Wiedereinsetzung des absolutistischen Regimes führen. Außerdem war es 1870 völlig undenkbar, die Deutsch-Österreicher für Frankreich zu mobilisieren, das sich mit ganz Deutschland im Krieg befand.

Doch der Kaiser wollte den Krieg, der Generalinspektor der Armee, Erzherzog Albert, wollte den Krieg, und auch der Kriegsminister forderte die Intervention. Unter den gegebenen Umständen kamen Beusts Ansichten denen Andrássys sehr nahe, ohne mit ihnen identisch zu sein. Er forderte die Generalmobilmachung der kaiserlichen Armee, um eine eventuell erforderliche Intervention zu ermöglichen. Andrássy jedoch lehnte jede Intervention zugunsten Frankreichs ab, solange die Russen nicht auf seiten Preußens intervenierten; statt dessen forderte er eine Politik der erklärten Neutralität, ebenso wie eine Teilmobilmachung, um Rußland abzuschrecken, also diejenige Macht, die er als den eigentlichen Feind der Monarchie ansah. Er verspürte nicht das geringste Bedürfnis nach »Rache für 1866« und erklärte am 28. Juli 1870 vor dem ungarischen Parlament: »Weder die Regierung noch irgendwelche entscheidenden Körperschaften haben die Absicht, die 1866 aufgegebene Haltung wieder einzunehmen, die dem Kaiserreich meiner Ansicht nach schädlich wäre.«[7]

Vor dem Kriegsausbruch hatte Andrássy Paris gewarnt, sich keine falschen Hoffnungen auf eine österreichisch-ungarische Intervention zu machen, hatte Berlin versichert, eine Intervention werde es nicht geben und 1869 bei Verhandlungen zwischen Frankreich, Österreich und Italien sein Veto gegen das Projekt einer vertraglich vereinbarten antipreußischen Allianz eingelegt.

Décsy hält Andrássy daher für »fraglos einen der bedeutendsten Staatsmänner des 19. Jahrhunderts« und begründet dessen Erfolg von 1870 mit seinem Selbstvertrauen und seiner Klarsicht. »Andrássy hat sich als der mächtigste Politiker der Doppelmonarchie erwiesen.«[8]

Freilich dürfen dabei zwei oder drei entscheidende Faktoren nicht übersehen werden. Zunächst einmal war Andrássy so mächtig, weil um 1870 die öffentliche Meinung beider Hälften der Monarchie seine Ansichten teilte, zweitens brach der französische Widerstand so schnell zusammen, daß eine Intervention gar nicht mehr in Frage kam, und schließlich sah auch Franz Joseph ein, daß Andrássys Politik die einzig richtige für die Monarchie war, denn 1870 hätte eine Niederlage fast mit Sicherheit das Ende des Kaiserreiches bedeutet.

Daß Andrássys Politik schließlich so erfolgreich war, verdankte sich also weniger der Machtstellung, die ihm die Verfassung bot, noch seiner Persönlichkeit, sondern letzten Endes der Tatsache, daß Franz Joseph diese Politik für richtig hielt. Beust selbst riet nach der französischen Niederlage und Rußlands erfolgreicher Aufkündigung der Schwarzmeerklauseln von 1871 dem Kaiser, die neue Situation in Europa zu akzeptieren und eine Politik der Versöhnung mit Deutschland und Rußland zu betreiben.

Die Besetzung von Bosnien-Herzegowina

Andrássys Ruhm jedoch beruht nicht einfach auf der Rolle, die er 1870 spielte. Andrássy war auch einer der Baumeister des Ausgleichs, handelte zwischen 1871 und 1879 als Außenminister die Dreikaiserallianz (1873) aus und war an der Ungültigerklärung des Vertrags von San Stefano beim Berliner Kongreß im Jahre 1878 beteiligt. Er war es, der mit Bismarck 1879 den Zweibund abschloß, eine Allianz, die für Österreich durchaus günstige Bedingungen enthielt (Deutschland versprach, Österreich im Falle eines russischen Angriffs zu Hilfe zu kommen, ohne daß Österreich verpflichtet war, Deutschland zu unterstützen, wenn es von Frankreich angegriffen werden würde). Und schließlich war er für die Besetzung von Bosnien-Herzegowina durch Österreich-Ungarn verantwortlich, die in Übereinstimmung mit den Berliner Verträgen geschah.

Allerdings beruhte Andrássys Diplomatie stets auf einer sehr ungarischen Sicht der Außenpolitik, derzufolge der Hauptfeind der Monarchie das zaristische Rußland war, dessen panslawistische Ambitionen in der Monarchie und auf dem Balkan unter allen Umständen bekämpft werden mußten. »Rußland beschäftigt ihn Tag und Nacht«, berichtete der preußische Konsul in Pest über Andrássy[9], und ein ungarischer Deputierter klagte sogar, die östliche Frage sei Andrássys »absurde Obsession«.[10] Doch das war eine nationale Eigenart der ungarischen Politik, von der sich, insbesondere nach 1878, auch der Kaiser anstecken ließ. Hegemonie konnte die Monarchie nun einmal nur auf dem Balkan ausüben.

Es war scheinbar ein Triumph, als Andrássy auf dem Berliner Kongreß die Zustimmung der Großmächte zur österreichischen Verwaltung Bosnien-Herzegowinas erhielt. Aber es war ein äußerst unpopulärer Triumph. In der Monarchie wollte im Grunde kaum jemand den Besitz dieser Herzogtümer, da er drohte, das durch den Dualismus geschaffene heikle Gleichgewicht zu zerstören. Denn welcher Hälfte der Monarchie die neuen Gebiete auch zugeschlagen werden würden, die dortigen Slawen würden so oder so ein Übergewicht erhalten. Das Problem kam immer wieder zum Vorschein und erwies sich angesichts der eisernen Entschlossenheit der Ungarn, das dualistische System nicht zu verändern, schließlich als unlösbar.

Was tun, wenn Serbien schließlich erobert war? Oder Polen? Oder Rumänien? Wie konnte man diese nichtdeutschen und nichtmagyarischen Nationalitäten in die Monarchie einbinden, ohne das dualistische System aus dem Gleichgewicht zu bringen? Mit diesem fast unlösbaren Problem war während des Ersten Weltkriegs ein großer Teil der kaiserlichen Diplomaten beschäftigt. 1878 jedoch löste man das Problem Bosnien-Herzegowinas indem man die Provinz dem gemeinsamen Finanzminister unterstellte. Das war nun allerdings eine Anomalie, die noch dadurch betont wurde, daß die neuen Untertanen des Kaisers selbst nach der Annexion von 1908 weder die österreichische noch die ungarische Staatsbürgerschaft erhalten konnten.

Im August 1878 gelang Wien die letzte territoriale Erwerbung seiner vielhundert-
jährigen Geschichte. Da Rußland immer stärker in den Balkanraum hinein aus-
griff, suchte auch Österreich seinen Einflußbereich im Osten zu sichern, indem es die
beiden osmanischen Provinzen Bosnien und Herzegowina nach einer blutigen
Schlacht bei Jajce okkupierte. Aber diese Erwerbung erwies sich als ein zweifelhaf-
ter Gewinn. Neben die alten Gegensätze zwischen den griechisch-orthodoxen Serben
und den römisch-katholischen Kroaten traten nun auch noch die Gegensätze zwi-
schen den christlichen und den muslimischen Balkanvölkern. Bis in die blutigen
Bürgerkriege unserer Jahre hinein erwies sich die völkische und religiöse Spaltung
des Balkans als kaum überwindbar; sobald der Druck einer Ordnungsmacht, zuerst
der osmanischen, dann der habsburgischen und schließlich der kommunistischen
nachließ, sank das Land erneut in Bürgerkrieg.

Franz Joseph jedoch war glücklich, das Reich auf diese Weise vergrößert zu haben; so arm das neue Territorium auch war, es trug doch
immerhin dazu bei, den Verlust der Länder wettzumachen, die er schon
verloren hatte. Der Kaiser bedauerte nur, daß Andrássy es versäumt
hatte, sich die offene Annexion der Provinzen zu sichern. Im Gegenteil
hatte der Außenminister sogar ein Memorandum geschrieben, in dem
er andeutete, sie könnten dem Sultan eines Tages zurückgegeben werden.

Wieso dann die Provinzen überhaupt erst besetzen? Andrássy und
die Militärs argumentierten mit der militärischen Sicherheit: Die Kontrolle der Provinzen würde die habsburgischen Gebiete Kroatien-Slo-
weniens und Dalmatiens vor Angriffen durch die Serben, Russen oder
Panslawisten schützen und der Monarchie die Vorherrschaft auf dem
übrigen Balkan sichern. Gleichwohl bestand kein Plan, auf Salonika zu
marschieren. Das war nie ein österreichisches Ziel, auch wenn die russische Propaganda dies behauptete.

Die Frage ist, ob die Besetzung Bosnien-Herzegowinas als Österreichs Beitrag zum Imperialismus der Epoche betrachtet werden kann. Robert A. Kann zufolge ist das »äußerst problematisch«[11]: »Zwar war der Imperialismus in der Balkanpolitik Österreich-Ungarns nicht das bestimmende Element, aber immerhin vorhanden, soweit es Bosnien betraf. Doch wurde er so ineffektiv und, was die Durchführung betraf, so nebenbei betrieben, daß man ihn nur schwer mit der Art von Imperialismus in Zusammenhang bringen kann, der den Besitz von Kolonialreichen in Übersee anstrebte. Daher ist der Vorwurf des Kolonialismus oder Pseudokolonialismus nicht am Platz.«[12]

Schon die finanziellen Aspekte lassen einen solchen Vorwurf unbegründet erscheinen: »In finanzieller Hinsicht wurde die Aneignung nicht nur nicht als Gewinn, sondern als gravierender Verlust betrachtet, was sich für die ganze Besatzungs- und Annektionszeit überzeugend nachweisen läßt. Die Besatzung wurde als das kleinere von zwei Übeln betrachtet. Wirtschaftlich war sie ein schlechtes Geschäft, bot aber eine Sicherung gegen die Bedrohung durch den zunehmenden Nationalismus auf dem Balkan und den russisch inspirierten Panslawismus«.[13]

So war Andrássy Kann zufolge kein Imperialist. Andrássy ging lediglich davon aus, es sei angesichts des 1875–1878 außer Kontrolle geratenen Balkanraums besser, die Provinzen zu besetzen, um ein gewisses Maß an Sicherheit zu erhalten. Bedenkt man den innenpolitischen Widerstand der Ungarn und der Deutsch-Österreicher, das russische Mißtrauen, den serbischen Nationalismus, die türkische Unzufriedenheit und die österreichische Beschränkung auf eine nur zeitweilige Besetzung, obwohl man die Annexion ohne weiteres zugestanden bekommen hätte, kann man laut Kann »schwerlich von einer Kolonialpolitik sprechen«.[14] Dennoch war die Annexion von 1908 eine Verletzung der Berliner Verträge und brachte Europa dem Kriege näher.

Was die Wirtschaftsentwicklung Bosnien-Herzegowinas zwischen 1878 und 1914 betrifft, so hat Peter F. Sugar die These aufgestellt, daß die Österreicher den Provinzen sechsunddreißig Jahre Frieden brachten, Gesetz und Ordnung aufrechterhielten, ein Netzwerk von Straßen bauten, öffentliche Bauten errichteten und Eisenbahnen und Fabriken zurückließen; man habe auch versucht, den Lebensstandard zu heben. Der Fortschritt sei zwar begrenzt geblieben, aber das sei hauptsächlich auf die Ungarn zurückzuführen, die den Bau dringend benötigter Eisenbahnverbindungen mit Dalmatien, Westkroatien und Österreich blockiert und eine Anbindung der Eisenbahnen der Provinzen an die Türkei und an Serbien verhindert hätten – alles, um die Tarifpolitik der ungarischen Staatseisenbahnen und den ungarischen Seehafen in Fiume zu schützen. Schließlich hätten die Ungarn allen Versuchen einer Landreform in Bosnien-Herzegowina im Wege gestanden, um keinen Präzedenzfall für ähnliche Reformen in Ungarn selbst zu schaffen.[15]

Die letzten Jahrzehnte der Friedenszeit brachten außerordentliche Investitionen Österreich-Ungarns in die Wirtschaft und Infrastruktur der an Rußland und das Osmanische Reich grenzenden Provinzen. Zugleich wollten Besuche von Mitgliedern der kaiserlichen Familie in Lemberg wie in Triest und Sarajewo demonstrieren, welches Gewicht Wien seinen nichtdeutschen Reichsteilen zumaß. Aber die Kette von Unruhen und Aufständen riß nicht ab, und es war mehr die Sorge vor den anderen Großreichen im Osten, St. Petersburg und Konstantinopel, als Eroberungswille, der Habsburg verzweifelt seine weit entfernten Landesteile behaupten ließ. Das Bild zeigt den Empfang einer bosnisch-herzegowinischen Huldigungsdelegation durch Kaiser Franz Joseph.

Kurt Wessely ist kritischer: Auch er betont das Fehlen jeglicher Landreform und vor allem den Verzicht auf jeden Ansatz, die *kmets* oder bäuerlichen Untertanen der mohammedanischen Gutsbesitzer zu emanzipieren. Seiner Ansicht nach ist dies vor allem auf politische Motive zurückzuführen, da die *kmets* meist Serben waren und als illoyal galten, während die Gutsbesitzer sich hinter das Regime stellten. Es gab zwar einige Anstrengungen zur Verbesserung der Wirtschaft, aber da es zu keiner Landreform kam, blieben sie im Grunde ohne Bedeutung.[16] Das britische Außenministerium glaubte laut Kann, daß die österreichische Verwaltung alles in allem als fortschrittlich eingestuft werden konnte, doch angesichts des Mangels an einheimischem Kapital und der Abhängigkeit von der Ernte sei kaum etwas zu erwarten gewesen. »Für koloniale Trends gab es in der Geschichte der Verwaltung zwischen 1878 und 1914 keinen Raum, es sei denn, man betrachtet das Habsburger Reich insgesamt als Residuum des Zeitalters der Kolonialverwaltung.«[17]

So weit muß man gar nicht gehen; aber man kann darauf hinweisen, daß die Steuern unter österreichischer Verwaltung um das Fünffache stiegen, daß die Bürokratie, die zur Zeit der türkischen Herrschaft von 120 Angestellten ausgeübt worden war, 1908 insgesamt 9533 Verwaltungsbeamte benötigte. Außerdem hatte der Landtag unter dem nach 1908 eingeführten Landstatut, das den Provinzen eine im Ansatz verfassungsmäßige Struktur geben sollte, nur begrenzte Machtbefugnisse, ganz abgesehen davon, daß das Wahlrecht extrem eingeschränkt war. Das gemeinsame Finanzministerium konnte gegen jede Gesetzgebung, die ihm nicht paßte, sein Veto einlegen. Daneben spielte die Verwaltung die Kroaten gegen die Serben aus und ermutigte die Kroaten und Mohammedaner zur Kooperation.

Wenn all das nicht imperialistisch war, was war es dann? Angesichts des bewaffneten Widerstands der Bevölkerung gegen die österreichische Einverleibung, angesichts der großen Militärpräsenz in späteren Jahren, angesichts des Mangels einer wirklichen Volksvertretung, des begrenzten wirtschaftlichen und sozialen Fortschritts, des Unmuts der Serben (42 Prozent der Bevölkerung im Jahre 1910, im Gegensatz zu 21 Prozent Kroaten und 34 Prozent Mohammedanern), der großen Bürokratie und der übertrieben hohen Steuerforderungen spricht manches dafür, die österreichische Politik in Bosnien-Herzegowina als imperialistisch zu bezeichnen. Die österreichische Herrschaft, könnte man zusammenfassen, mag aus damaliger Sicht nicht ganz ohne einen liberalen und modernen Zug gewesen sein, imperialistisch aber war sie wohl doch.

Österreich-Ungarn – ein europäischer Kriegs- oder Friedensfaktor?

Paul Schroeder vertritt die Auffassung, es sei vor allem Großbritanniens Schuld gewesen, daß Österreichs Position im Zentrum Europas untergraben worden ist. Das hätte Wien 1914 gezwungen, einen Krieg gegen Serbien zu provozieren, der einen Weltkrieg nach sich zog und schließlich ein Vakuum in Mitteleuropa hinterließ, das zu füllen man Adolf Hitler gestattete. Wäre die Habsburger Monarchie nicht untergegangen, so Schroeder, wäre es nie zur Tragödie des Zweiten Weltkriegs gekommen. Doch so elegant und geistvoll Schroeder diese These auch formuliert hat, einer näheren Betrachtung hält sie nicht stand.

»Die Bedrohung für Österreichs Existenz«, schreibt Schroeder in einer Untersuchung über die Ursachen des Ersten Weltkrieges, »war in erster Linie eine europäische, keine innere Bedrohung; sie war hauptsächlich ein Produkt der Entente-Politik ... Natürlich gab es keine regelrechte Verschwörung gegen Wien. Die Briten hielten Österreich nicht für ihren Feind; sie zogen es überhaupt nicht in Betracht. Sie kümmerten sich auch nicht darum (ebensowenig wie früher im 19. Jahrhundert), ob die Konzessionen und Niederlagen, die Österreich vor dem Krieg aufgezwungen, und die territorialen Opfer, die ihm während und nach dem Krieg auferlegt worden waren, dieses Land als Staat überhaupt noch existenzfähig sein ließen. England unterminierte Österreichs Stellung vor dem Krieg – eigentlich das ganze 19. Jahrhundert hindurch – und trug in einem Anfall von Geistesabwesenheit zu seiner Zerstörung während des Krieges bei.«[18]

Schuld sei Englands mangelhafte Konzeption der Rolle Mitteleuropas im europäischen Gleichgewicht gewesen. Sie beruhte auf »dem Konzept, Mitteleuropa tauge vor allem dazu, Frankreich und Rußland in Schach zu halten; wobei das Gleichgewicht als mechanisch und mehr oder weniger selbsttätig funktionierend begriffen wurde, basierend auf dem natürlichen Wunsch aller Staaten nach Unabhängigkeit, ohne daß dabei der besonderen territorialen oder politischen Arrangements in Mitteleuropa Rechnung getragen wurde. Außerdem war man überzeugt, daß Großbritannien in Mitteleuropa nur begrenzte und sporadische Interessen hätte.«[19]

Das habe schließlich dazu geführt, daß beim Auftreten Hitlers kein Gleichgewicht der Kräfte mehr bestand, vor allem »kein spezifisches System der Eindämmung deutscher Macht innerhalb Mitteleuropas... Österreich-Ungarn war für die Eindämmung Deutschlands für England und Europa wichtiger gewesen als für die Eindämmung Rußlands und Frankreichs... Was sich vor 1914 einigermaßen bewährt hatte, war die Existenz der Großmacht Österreich-Ungarn gewesen, die weder den Triumph des Großdeutschtums noch den des Panslawismus hätte überleben können und daher beiden Strömungen Widerstand leisten und sie einzudämmen versuchen mußte.«[20]

Für Schroeder scheint daher die Schlußfolgerung nahezuliegen, Englands Aufgabe bei der Aufrechterhaltung des europäischen Gleichgewichts habe darin bestanden, Österreichs Interessen zu verteidigen, da Österreich in Mitteleuropa ein Gegengewicht gegen Deutschland darstellte. Da London dies unterließ, verschwand Österreich-Ungarn, und England mußte mit den Folgen in Gestalt des nationalsozialistischen Deutschland fertig werden. So sei es zu München, zur Politik des Appeasement und schließlich zum Zweiten Weltkrieg gekommen.

Doch Schroeder verfehlt es, München und das Appeasement in den richtigen Zusammenhang zu stellen: in das globale Gleichgewicht der Kräfte. Englands Hauptsorge in den dreißiger Jahren bestand ja darin, nicht in einen Dreifrontenkrieg gegen Deutschland, Japan und Italien hineingezogen zu werden, den es in Anbetracht seiner wirtschaftlichen und militärischen Position nicht zu gewinnen hoffen konnte, vor allem wenn die Unterstützung Amerikas, Rußlands oder selbst der eigenen Kronländer ausblieb, was sehr wahrscheinlich war. Die Existenz Österreich-Ungarns wäre dabei kaum ins Gewicht gefallen.

Aber zurück ins 19. Jahrhundert. Schroeders These trifft aus einer Reihe von Gründen nicht die historische Wirklichkeit. Zunächst einmal läßt er außer acht, daß England andere Interessen hatte als die Habsburger Monarchie und kein Grund bestand, die Interessen der Monarchie den eigenen voranzustellen, sollten sie miteinander in Widerspruch geraten. Die Monarchie hatte die Aufgabe, sich um die eigenen Interessen zu kümmern, und wie wir sehen werden, hat sie es unterlassen, diese korrekt zu analysieren, und eine inkompetente Außenpolitik betrieben. Damit wurde Österreich-Ungarn zu einer erheblichen Gefahr, wenn nicht zu *der* Gefahr für das europäische Gleichgewicht vor 1914 schlechthin – eine weit größere Bedrohung, als das Großdeutschtum oder der Panslawismus darstellte. Die selbstgeschaffenen Probleme wurden geflissentlich übersehen, und in Wien glaubte man zuversichtlich, die eigene geographische Position hätte der Monarchie den Status einer europäischen Notwendigkeit verliehen. Das wiederum bestärkte Habsburg in dem Glauben, die anderen Mächte würden ihm stets zu Hilfe kommen.

Doch all das war nach 1870 überholt. Österreich-Ungarn war keine europäische Notwendigkeit mehr, und Schroeder irrt, wenn er sich erneut darauf beruft. Jedenfalls überschätzt er die englische Fähigkeit, das Gleichgewicht der Kräfte in Kontinentaleuropa aufrechtzuerhalten. Großbritannien konnte nur als Seemacht operieren. Darum konnte es die Ereignisse in Mitteleuropa auch nicht wirklich beeinflussen. Diese Schwäche trat nach 1893 sogar noch deutlicher hervor, als die Admiralität zu dem Schluß kam, die Royal Navy könne die Durchfahrt durch die Dardanellen nicht länger erzwingen. Nach diesem Zeitpunkt machte es wenig Sinn, wenn sich Österreich-Ungarn auf britische Hilfe verließ. Sein eigentliches Interesse bestand darin, mit Rußland, gegen das ihm England nicht beistehen konnte, zu einem Modus vivendi zu gelangen. Andernfalls wäre Deutschland der wichtigste Verbündete gewesen, sollte denn Hilfe vonnöten gewesen sein.

Damit ist ein entscheidender Punkt der Debatte über die Ursachen des Ersten Weltkrieges berührt. Betrachtet man die Tatsachen vorurteilsfrei, so drängt sich der Eindruck auf, daß Österreich, weit davon entfernt, Deutschland zurückzuhalten, das ganze 19. Jahrhundert hindurch selbst von Deutschland zurückgehalten werden mußte. Schließlich war es ja Preußen oder Preußen-Deutschland gewesen, das Österreich 1830, 1854, 1878, 1887 und 1912–13 während der Balkankriege zurückhalten mußte. Österreich hatte 1859 das Ultimatum an Sardinien gestellt, sich 1908 ebenso um deutsche Rückendeckung für den Bruch des Vertrages von Berlin bemüht wie 1914 bei dem Ultimatum an Serbien, das in der ganz bewußten Absicht gestellt war, einen Krieg und wahrscheinlich einen Weltkrieg auszulösen.

Es war Bismarck gewesen, der gesagt hatte: »So lange ich Minister

Bismarck zog sich nach seiner Entlassung als Reichskanzler auf seine Besitzung im Sachsenwald zurück, und sein Haus in Friedrichsruh wurde allmählich ein Wallfahrtsort der Deutschen. Aber der grollende Alte machte auch von Zeit zu Zeit Besuche in dem von ihm gegründeten Reich, was die gekrönten Souveräne stets vor diplomatische Schwierigkeiten stellte, da niemand es mit dem jungen Kaiser Wilhelm II. verderben wollte. Als Bismarck Wien besuchte und um eine Audienz bei Franz Joseph nachsuchte, wurde ihm vom Hof bedeutet, daß Seine Majestät ihn nicht empfangen könne. Bismarck hat das zu besonders bissigen Bemerkungen veranlaßt, da er es gewesen war, der den König von Preußen nach der Schlacht von Königgrätz an dem siegreichen Einzug in Wien gehindert hatte, weil er sich das österreichische Kaiserreich als zukünftigen Verbündeten erhalten wollte. Erst 1894 besuchte der junge Kaiser den uralten Bismarck in Friedrichsruh zu einem demonstrativen Zeichen der Versöhnung.

bin, gebe ich meine Zustimmung zu einem präventiven Angriff auf Rußland nicht, und ich bin weit davon entfernt, Österreich zu einem solchen Angriff zu raten.«[21] Bülow hatte gewarnt: »Wiederholen Sie die bosnische Affäre nicht.«[22] Der Kaiser hatte Österreich wissen lassen, daß Wien verrückt sein müsse, sich in die Balkankriege hineinziehen zu lassen, aber Berchtolds Frau hat später berichtet: »Der arme Polderl konnte nicht schlafen an dem Tag, an dem er das Ultimatum an die Serben geschrieben hat, er hat sich so gesorgt, sie könnten es vielleicht annehmen. Mehrmals ist er nachts aufgestanden und hat einen Paragraphen geändert oder hinzugefügt, damit da nichts passiert.«[23]

Aber warum war es so unmöglich, einen Modus vivendi mit Rußland zu erreichen? Und wieso haben die Deutschen nicht mehr Anstrengungen unternommen, um Österreich-Ungarn zurückzuhalten? Was den Modus vivendi mit Rußland betrifft, so hatten beide Mächte vor 1914 ja durchaus öfter zusammengearbeitet. Während der großen östlichen Krise von 1875 bis 1878 zum Beispiel hatte es die Reichstädter Vereinbarungen vom Juli 1876 und die Budapester Konvention vom Januar 1877 gegeben. In Budapest hatten die beiden Mächte vereinbart, im Falle eines türkischen Siegs im gerade stattfindenden Krieg gegen Serbien und Montenegro auf Wiederherstellung des Status quo ante und außerdem auf Reformen in Bosnien-Herzegowina zu bestehen. Sollte die Türkei verlieren, würde das türkische Reich aufgeteilt werden: Ein bulgarischer und ein rumelischer Staat sollten gebildet werden; Griechenland sollte Epirus und Thessaloniki erhalten, Konstantinopel eine freie Stadt werden, Rußland Batum und die südbessarabischen Länder übernehmen, die es 1856 verloren hatte, und Bosnien-Herzegowina sollte ganz oder teilweise Österreich-Ungarn zugesprochen werden.

Jedenfalls steht fest, daß Österreich-Ungarn keineswegs bereit war, die Türkei bedingungslos zu unterstützen. In Wien zog man es statt dessen vor – natürlich im Namen des europäischen Gleichgewichts –, die Türkei aufzuteilen. »Mit diesem Übereinkommen verkehrte die Habsburger Regierung ihren bisherigen Kurs der Erhaltung des Türkischen Reichs ins Gegenteil und beteiligte sich statt dessen gemeinsam mit Rußland an einem Programm zu seiner Zerstörung.«[24]

Trotzdem man sich mit St. Petersburg einig war, ging es schief. Rußland erklärte der Türkei den Krieg und schuf, im Widerspruch zur Budapester Konvention, durch die Vereinbarung von San Stefano einen großen Klientenstaat Bulgarien. Von der Politik Großbritanniens ermutigt, drängte daher Andrássy auf einen Krieg mit Rußland. Am 24. Februar legte er dem Kabinett einen eindeutigen Kriegsvorschlag vor, indem er erklärte, dies sei die letzte Chance der Monarchie, um mit europäischer Unterstützung die Differenzen mit den Slawen ein für allemal beizulegen. Er behauptete, ein derartiger Krieg wäre bei den Völkern der Monarchie populär.

Doch nur der ungarische Ministerpräsident, Kálmán Tisza, pflichtete ihm bei. In Diószegis Worten: »Die ungarische Nationalpolitik mit ihren starken antirussischen Gefühlen wurde von keinem der Völker der Monarchie unterstützt, außer von den Polen. Die Tschechen und Slowaken waren deutlich prorussisch, und die Österreich-Deutschen verhielten sich ziemlich gleichgültig. Der Repräsentant der österreichischen liberalen Partei, der an der gemeinsamen Kabinettssitzung teilnahm, äußerte seine Zweifel über die Unvermeidlichkeit eines österreichisch-slawischen Konfliktes. Die Hofkreise pflichteten dem mit zahlreichen militärischen und diplomatischen Argumenten bei, und unter den gegebenen Umständen setzte sich ihr Standpunkt durch. Andrássys Antrag wurde zurückgewiesen.«[25]

Das heißt, Andrássy wurde vor allem durch die innenpolitische Op-
position daran gehindert, 1878 einen Krieg mit Rußland zu beginnen.
Dazu trug auch Bismarcks Diplomatie entscheidend bei, vor allem sein
Angebot, beim Berliner Kongreß der »ehrliche Makler« zu sein. Seine
Lösung der östlichen Frage war die direkteste: Rußland und Österreich
dazu zu bringen, den Balkan in Einflußsphären aufzuteilen.

Während eines erheblichen Teils seiner Amtszeit erwies sich das beinahe als möglich. Der Dreikaiserbund von 1873 und seine Erneuerung
1881 führte zu einer größeren Zusammenarbeit der beiden Mächte.
1881 lehnte der österreichische Außenminister Kálnocky den türkischen Vorschlag einer gegen Rußland gerichteten Allianz rundweg ab.
Unter den Bedingungen der Liga mußte Österreich-Ungarn im Falle eines russisch-türkischen Krieges neutral bleiben. (Rußland hatte versprochen, vor dem Ausbruch eines solchen Krieges getrennte Vereinbarungen mit seinen Partnern zu treffen.)

Doch 1885–1888 kam es zu einer schweren Krise wegen Bulgarien,
die den guten Beziehungen ein Ende setzte, und es war vor allem der
innenpolitische Druck der Ungarn, der zum Bruch zwischen den beiden Ländern führte. Im September 1886 schickte Rußland einen Kommissar nach Bulgarien und drohte mit der Besetzung. Weder Kálnocky
noch Bismarck hatten etwas einzuwenden. Doch der ungarische Ministerpräsident, Kálmán Tisza, hielt im ungarischen Parlament eine
Rede, in der er erklärte, er sei dagegen. Das glaubte Kálnocky unmöglich ignorieren zu können. So veröffentlichte er im Oktober 1886 eine
Erklärung, in der er sich öffentlich hinter Bulgariens Unabhängigkeit
stellte, und dies kam »einem Ende der austro-russischen Politik der
Verständigung über die gegenseitigen Interessensphären gleich, die
fünf Jahre gemeinsam verfolgt worden war«.[26]

Im Januar 1888 riet Tisza genau wie 1878 erneut zu einem Krieg mit
den Russen und beklagte sich diesmal beim Kabinett über die »künstlichen Methoden«, mit denen man den Frieden sichern wollte. »Die
ganze ungarische liberale Partei stellte sich hinter Kálmán Tiszas
Kriegspolitik, und das Lager der Säbelraßler wurde nun entscheidend
durch den früheren Außenminister Gyula Andrássy unterstützt. Anders als vor zehn Jahren war die Kriegsfreudigkeit der ungarischen Liberalen kein isoliertes Phänomen mehr.«[27]

Auch die militärischen Führer Österreichs waren für Krieg, ebenso
der Kronprinz. Doch der Großteil des Hofes war dagegen, genau wie
Taaffe, der österreichische Ministerpräsident, und Kálnocky selbst. Der
wies darauf hin, daß alles von Deutschland abhänge, und daß unter den
Bedingungen der Doppelallianz von 1879 Deutschland Österreich nur
dann zu Hilfe kommen müsse, wenn das Land von Rußland angegriffen
werden sollte. Bismarck aber wollte keinen Krieg mit den Russen, war
allerdings bereit, die Bestimmungen des Zweibundes im Februar 1888

als Warnung an Rußland zu veröffentlichen. Das allerdings war etwas ganz anderes als Krieg und machte der innenpolitischen Debatte ein Ende; ohne Deutschland wollte niemand in den Krieg ziehen. So ging die Krise dank der deutschen Zurückhaltung friedlich vorüber.

Deutschlands Haltung gegenüber Rußland änderte sich nach Bismarcks Sturz; so wurde zum Beispiel der Rückversicherungsvertrag nicht erneuert. Doch gab es immer noch keine Unterstützung für einen bewaffneten Konflikt mit Rußland, der in Berlin »als ebenso unerwünscht wie zuvor galt, und Kálnockys Empfehlungen und Andeutungen in dieser Richtung wurden geradezu zurückgewiesen«.[28] Eine offensive Politik gegen Rußland im Balkan konnte auch nicht auf innenpolitische Unterstützung innerhalb Österreich-Ungarns rechnen: »Selbst wenn die Basis für antirussische Gefühle ziemlich breit war, so blieb das Lager derjenigen, die sich für eine Expansion auf dem Balkan einsetzten, ziemlich klein und reichte kaum über die Hofkreise hinaus.«[29]

Die Jahre nach 1890 bewiesen einmal mehr, daß Zusammenarbeit mit Rußland möglich war. Anfangs schien das nicht notwendig. Der Balkanstaat Bulgarien war antirussisch und Serbien unter König Milan ein österreichischer Satellit geworden. Unter den Bedingungen des Vertrages von 1881 hatte er sich damit einverstanden erklärt, alle anti-österreichischen Verschwörungen in seinem Reich zu unterdrücken und nur Verträge zu unterzeichnen, denen Wien zustimmte. Ein Vertrag, der 1883 mit Rumänien unterschrieben worden war, hatte noch mehr Sicherheit für die Monarchie geschaffen. Durch ihn war eine Verteidigungsallianz beider Staaten gegen Rußland entstanden, und bis 1916 wurde er regelmäßig erneuert. Er stellte auch eine Art Garantie dafür dar, daß Rumänien in Zukunft auf eine irredentistische Propaganda wegen Transsylvanien verzichtete.

Die guten Beziehungen zu St. Petersburg hingen jedoch weit mehr davon ab, daß das Zarenreich durch fernöstliche Angelegenheiten abgelenkt wurde. Denn dadurch war die Position Österreichs auf dem Balkan spürbar entlastet. Außerdem wurde zwischen Österreich, England, Italien und Spanien ein System der mediterranen Vereinbarungen abgeschlossen, das den Status quo im östlichen Mittelmeer sichern sollte. Aber 1896 ließ der britische Premierminister, Lord Salisbury, der über die zukünftige Italienpolitik im unklaren und nicht bereit war, mit Österreich engere Abmachungen über die Verteidigung Konstantinopels zu treffen, die Mittelmeervereinbarungen auslaufen.

In der Folge wandte sich Österreich mit der Rückendeckung Berlins Rußland zu. 1897 wurde eine Vereinbarung getroffen, »den Balkan auf Eis zu legen«, was bedeutete, daß beide Mächte übereinkamen, dort den Status quo zu bewahren oder ihn nur nach gemeinsamer Absprache zu verändern. Fast elf Jahre lang bot daher der Balkan keine Anlässe zu einem Konflikt zwischen den Großmächten. 1903 waren die beide Mächte in Mürzsteg sogar in der Lage, ein Reformprogramm für Makedonien zu vereinbaren, während sie im folgenden Jahr übereinkamen, neutral zu bleiben, wenn die eine Macht in einen Krieg mit einer dritten Macht hineingezogen würde – vorausgesetzt, daß es sich nicht um einen Balkanstaat handelte. Damit war Österreich vor Italien sicher (ein Verbündeter, dem man in Wien jedoch mißtraute) und Rußland vor Japan.

Die schwierige innenpolitische Lage der Monarchie trug natürlich das ihre dazu bei, eine friedliche Außenpolitik als zwingend erscheinen zu lassen – vor allem der Streit mit Ungarn über die Größe und die konstitutionelle Stellung der Armee. Alle diese Faktoren und Maßnahmen sorgten jedenfalls dafür, daß Rußland und Österreich in den Jahren 1897 bis 1908 friedlich miteinander koexistieren konnten. 1906 konnte Aerenthal, kurz bevor er Außenminister wurde, selbst eine Neuauflage des Dreikaiserbunds zwischen Österreich-Ungarn, Deutschland und Rußland vorschlagen.

Während der ersten zehn Jahre des 20. Jahrhunderts häuften sich jedoch die Ereignisse, die eine weitere Zusammenarbeit immer mehr erschwerten. 1903 wurde die Dynastie der Obrenovic in Serbien gestürzt und durch eine unabhängigere ersetzt. 1905 verlor Rußland den Krieg gegen Japan, 1907 schloß St. Petersburg einen »Entente-Vertrag« mit England im Mittleren Osten ab. Daher wandte sich Rußland wieder Europa zu, auch wenn das noch nicht unbedingt gefährliche Folgen haben mußte.

Aerenthal, der 1905 in Rußland gewesen war, hielt das Zarenreich nach wie vor für schwach: Sein Programm für eine Balkaneisenbahn zeigte, daß er wenig Angst vor dem Reich im Osten hatte. Der Handelskrieg mit Serbien von 1906 (als »Schweinekrieg« bekannt, da 80 Prozent des serbischen Exportes aus Schweinen bestanden) war dagegen eine bedrohliche Entwicklung, die nicht nur die gebildeten Klassen, sondern auch den serbischen Bauernstand der Monarchie entfremdeten.

Dennoch sah es eher nach einer weiteren Zusammenarbeit aus. 1908 fand zwischen Aerenthal und dem russischen Außenminister Izvolsky in Buchlau ein Gespräch über eine Übereinkunft statt, derzufolge Österreich das Gebiet von Bosnien-Herzegowina als Gegenleistung für eine Revision der Dardanellen-Vereinbarung annektieren sollte. Die Gespräche waren ein Erfolg, aber während Izvolsky noch die europäischen Hauptstädte auf der Suche nach Unterstützung für die Vereinbarung bereiste, annektierte Österreich in der Sorge, die Jungtürken könnten eine Verfassung für das Ottomanische Reich verkünden, plötzlich und ohne jede Vorwarnung Bosnien-Herzegowina. Das war für die Russen ein um so größerer Schlag, als England und Frankreich die russischen Vorschläge für eine revidierte Dardanellen-Konvention ablehnten.

Aber Österreich weigerte sich, sein Vorgehen in einer internationalen Konferenz zu besprechen, wie es in den Berliner Verträgen vorgesehen war. Vielmehr stellte man dem protestierenden Serbien ein Ultimatum, und genauso verhielt sich Österreichs Verbündeter Deutschland gegenüber Rußland. Beide Staaten wurden gedemütigt: Rußland, weil es zu schwach zum Kämpfen war, und Serbien, weil es gezwungen wurde, künftig besseres Betragen zu versprechen. Außerdem wurde es an der Montenegro zugesprochenen finanziellen Entschädigung nicht beteiligt.

Und dennoch gab es in der bosnischen Krise noch Möglichkeiten der Zusammenarbeit zwischen den Großmächten. In den Jahren nach 1909 weigerte sich Aerenthal trotz massiven Drucks seitens des österreichischen Generalstabschefs Conrad von Hötzendorf, Serbien anzugreifen, da er innerhalb der Monarchie keinen Raum für serbisches Territorium sah. Seine Politik war vielmehr die einer Konsolidierung der Türkei und der Aufrechterhaltung des Status quo im Balkan. Sollte das nicht realisierbar sein, plante er die Gründung eines neuen unabhängigen albanischen Staates, um Serbien und Montenegro daran zu hindern, einen Zugang zum Meer zu bekommen. Der Kaiser war mit seiner Politik einverstanden und entließ Conrad 1911, weil dieser den Außenminister ständig attackierte.

Aerenthal war mit seinem Verzicht auf eine aggressive Politik zweifellos gut beraten. Weder die Österreicher noch die Polen oder die Tschechen innerhalb der Monarchie hatten je auf Annexion gedrängt, ja nicht einmal die Ungarn waren besonders enthusiastisch: »Charakteristischerweise bezog sich die Hauptsorge der ungarischen Delegation beim Treffen zur Zeit der Krise darauf, wie man den ungarischen Anteil am diplomatischen Korps erhöhen könne.«[30]

Nach Beendigung der Krise, nachdem Izvolsky durch Sazanov ersetzt worden war, gingen die Russen einmal mehr zur Kooperation über. In St. Petersburg hatte man stets angenommen, daß Österreich die Provinz eines Tages annektieren würde. Es waren die slawischen Bewohner des Balkan, nicht die Russen, die sich weigerten, Österreich seine Taten von 1908 zu vergeben. Gegen den Rat Rußlands nutzten sie 1912 einen italienischen Angriff auf Libyen dazu aus, einen eigenen Angriff auf die europäische Türkei zu unternehmen. Einmal mehr mußte Österreich sich wegen einer Intervention entscheiden, einmal mehr drängten die Militärs zur Tat (Conrad wurde sogar zurück ins Amt berufen). Doch einmal mehr fand keine Intervention statt, und Berchtold, der Nachfolger Aerenthals, setzte dessen Politik fort. Der Glaube an die Solidarität der Monarchen und an die militärische Schwäche des Zarenreiches trugen das ihre bei. Und vor allem zeigte

Die letzte territoriale Gewinnung Habsburgs sollte auch die Quelle seines Untergangs sein. Bei einem Besuch des Thronfolgers Franz Ferdinand und seiner Gemahlin Sophie in Sarajewo wurde das zukünftige Herrscherpaar von einem bosnischen Studenten ermordet, und dieses eher beiläufige Attentat führte zu jenem Weltkrieg, den niemand gewollt hatte und der doch ganz Europa in seinen Strudel riß.

Berlin keinerlei Neigung, sich in einen derartigen Konflikt hineinziehen zu lassen.

Die Balkankriege bewiesen erneut, daß eine Zusammenarbeit mit Rußland möglich war. St. Petersburg ließ erkennen, daß es bereit war, die habsburgischen Interessen zu berücksichtigen und Österreichs Vorhaben der Gründung eines albanischen Staates wohlwollend in Betracht zu ziehen. Gleichzeitig verlangte Rußland jedoch einen Adriahafen für Serbien, was die Österreicher ablehnten. Das führte 1912 zu Grenzverstärkungen und Mobilmachungen, aber die Mission Hohenlohe nach Rußland sicherte einen Ausgleich: Serbien sollte statt eines Zugangs zum Meer zusätzliches albanisches Gebiet erhalten.

Aber die zeitweilig wiederhergestellten Beziehungen zu den Russen wurden hinfällig, als Österreich, das in den Worten des Königs von Montenegro mit »einer Kanone auf Spatzen schoß«, ein Marinegeschwader entsandte, das Scutari blockieren und die Montenegriner, die es besetzt hielten, vertreiben sollte. Der zweite Balkankrieg – der wie der erste trotz der Warnungen Rußlands und Österreichs stattfand –

stellte Österreich vor weitere schwierige Entscheidungen. Einmal mehr entschied sich Wien gegen eine Intervention – Tisza, der ungarische Ministerpräsident, der Kaiser und Franz Ferdinand waren dagegen –, griff aber dennoch zur Waffengewalt, um die territoriale Vereinigung durchzusetzen. Serbische Truppen hielten albanisches Territorium besetzt, um einen Korridor zum Meer zu sichern, und es bedurfte eines österreichischen Ultimatums, um sie zum Rückzug zu zwingen. Doch jede Genugtuung, die man auf österreichischer Seite empfunden haben mag, wurde durch die Ergebnisse des Vertrages von Budapest überschattet, der dem Krieg ein Ende machte. Sowohl Serbien wie Rumänien machten dabei bedeutende Gebietsgewinne und verfügten nun zudem über kriegserfahrene Armeen mit gestärkter Moral. Das Verhalten der Monarchie wurde zunehmend irrationaler.

Österreich-Ungarn erweckt, soweit es seine Position auf dem Balkan betrifft, nach 1913 den Eindruck wachsender Verzweiflung. Daß man früher oder später mit Serbien fertig werden müsse, wurde in Militärkreisen zur festen Überzeugung. Die Erinnerung an Scutari und an das Ultimatum an Belgrad hatte den Appetit auf eine gewaltsame Auseinandersetzung nur noch gesteigert. Man war zu der Auffassung gelangt, dies sei die einzige Sprache, die die Serben verstünden.

Der Bruch mit Rußland wurde nun für irreparabel gehalten, ungeachtet der Tatsache, daß die Russen für den Ausbruch des Balkankriegs nicht verantwortlich waren, sich mit der Gründung Albaniens einverstanden erklärten und ihre Unterstützung für einen serbischen Seehafen zurückzogen. Und Österreich konnte sich auch nicht als Verteidiger des Status quo ausgeben, da es nicht einmal den Versuch unternommen hatte, die Türkei gegen seinen Verbündeten Italien zu unterstützen.

Dennoch machten sich führende Politiker der Monarchie Sorgen. Die Versöhnung zwischen Rumänien und Rußland im Jahre 1914 wurde für äußerst bedrohlich gehalten, aber am beunruhigendsten war, daß sich die Haltung Deutschlands seit 1909 offenbar verändert hatte. Denn jetzt, wo das wilhelminische Reich sowohl in der Türkei wie auf dem Balkan zum wichtigsten Wirtschaftskonkurrenten der Monarchie geworden war, schien Berlin seine im Zweibund eingegangene Verpflichtung vergessen zu haben und Österreich nicht bei seiner Kriegsdiplomatie unterstützen zu wollen.

Im Gegenteil hatte Deutschland von einer Intervention abgeraten und sich geweigert, Bulgarien nach dem ersten Balkankrieg zu unterstützen. Berlin hatte auch abgelehnt, irgendeine Verantwortung für die Durchsetzung der getroffenen territorialen Vereinbarungen zu übernehmen. Im Juli 1914 stellte das österreichische Außenministerium eine Beschwerdeliste zusammen, mit der unausgesprochenen Drohung, den Zweibund nicht zu erneuern, sollte sich das Benehmen Deutschlands nicht zum Besseren wenden. Doch bevor das Memorandum ab-

geschickt werden konnte, geschah in Sarajewo, der bosnischen Hauptstadt, das Attentat auf den Thronfolger Erzherzog Franz Ferdinand
und seine Gemahlin. Und da die bosnischen Studenten, die sie ermordet hatten, als Agenten Belgrads betrachtet wurden, bot ihr Verbrechen
einen Vorwand für eine Kriegserklärung gegen Serbien.

Gegen eine Mitschuld Serbiens spricht bis heute das Fehlen jeglichen Beweismaterials. Der serbische Ministerpräsident, der von einer
möglichen Verschwörung wußte (sie war von seinen politischen Gegnern in der Armee organisiert worden), hatte Wien zu warnen und zur
Vorsicht zu mahnen versucht. Doch seine Botschaft war in Wien nicht
angekommen, und so hatte der Besuch des Thronfolgers stattgefunden.

Fritz Fischer hat im »Primat der Innenpolitik« den entscheidenden
Kriegsgrund für Deutschland gesehen, und etwas Ähnliches wird auch
im Falle Österreichs oft vermutet. Recht einleuchten will das jedoch
nicht. Keine der großen Parteien und kein bedeutender Politiker war im
Grunde dafür, die Monarchie zu zerstören, die Nationalitätenfrage war
keine existentielle Bedrohung, und die innenpolitische Lage des Habsburger Reiches hatte sich vor 1914 eher verbessert. Die Meinung, die
Doppelmonarchie habe sich vor 1914 in einem kritischen Zustand befunden, der der Auflösung nahe kam und irgendein außenpolitisches
Unternehmen als Ablenkung oder Ausweg dringend erforderlich
machte, ist zwar nicht ohne weiteres von der Hand zu weisen, doch was
auf dem Spiel stand, war ihre Stellung als Großmacht, und »unter diesen Umständen konnte sich die innenpolitische, wirtschaftliche und
militärische Situation innerhalb der Monarchie so oder so nicht auf die
Entscheidung der Regierung auswirken«.[31]

Doch bedarf Bridges Darstellung einer gewissen Ergänzung.
Zunächst einmal gilt es zu bedenken, daß die in Wien befürchtete Gefährdung der Großmachtstellung der Monarchie auf dem Balkan stark
übertrieben war. Außerdem war Krieg keineswegs der einzige Ausweg.
Nur der Ehrgeiz, das eigene Militärprestige zu wahren, begleitet von
der Furcht, der relative militärische Niedergang würde in Zukunft jegliche militärischen Optionen ausschließen, ließ den Krieg als eine Notwendigkeit erscheinen. Die Verbindung von Prestigebedürfnis und Zu-
kunftsangst führte dazu, daß sich in Wien letzten Endes eine irrationale
Einschätzung der eigenen Interessen durchsetzen konnte, ein Irrationa-
lismus, der sich mit dem Begriff der »dynastischen Ehre« zu tarnen versuchte. Denn eine Großmacht wie das Habsburger Reich konnte entsprechend der zeitgenössischen Wertmaßstäbe seine Interessen auf
ehrenhafte Weise nur mit Waffengewalt wahrnehmen; einen Ausgleich
eingehen oder kampflos nachgeben, hieß unehrenhaft zu handeln.
Krieg war schließlich nichts anderes als ein »Duell der Nationen«, und
wenn von Ehrenmännern nach wie vor erwartet wurde, die eigene Ehre
und die des eigenen Standes durch Herausforderung des Gegners zu

bewahren, galt das auch für Herrscher und Staaten. Eine Herausforderung ausschlagen, kam dem Verzicht auf den Rang einer Großmacht gleich. Daher die österreichischen Kriege wegen Italien und Deutschland und die Entscheidung, wegen Bosnien in den Krieg zu ziehen.

Doch eine derartige Erklärung treibt die zeitgenössischen Wertmaßstäbe auf die Spitze. Wenn jede Militärmacht sich stets an diesen Wertvorstellungen orientiert hätte, wäre man ohne eine vorhergehende kriegerische Auseinandersetzung nirgendwo zu diplomatischen Übereinkünften gelangt. Aber genau das fand ja in zahllosen Fällen statt: Immer wieder kam es zwischen den europäischen Mächten zu Übereinkünften, ohne daß vorher ein Krieg hatte geführt werden müssen.

Vielleicht sollte man sich besser an die Kritik von István Diószegi halten: »Die Lage nach den Balkan-Kriegen entsprach sehr genau der veränderten Lage in Italien und Deutschland. Die Monarchie war auch aus diesem Interessengebiet vertrieben worden. Sie behielt nur einen Rest ihres Einflusses übrig, doch ihre territoriale Integrität blieb von den Veränderungen unangetastet. Serbien hatte sich die Vereinigung seiner ethnischen Bevölkerung zum Ziel gesetzt, und die südslawische Bevölkerung Österreichs fühlte sich auch von dem erstarkten Nationalstaat angezogen. Doch die Anziehungskraft war nicht stärker als die, die auf die Deutsch-Österreicher durch das entstehende nationale Deutschland ausgeübt wurde, und hatte weit geringere Bedeutung, was die Gesamtmonarchie anging. Auch wenn Serbien den Gedanken der südslawischen Einheit wach hielt, so konnte es doch nicht daran denken, seine Pläne ohne fremde Hilfe in die Tat umzusetzen. Die Hoffnung auf Unterstützung durch eine Großmacht, im wesentlichen auf einen russischen Krieg gegen Österreich, fiel als rationales Motiv nicht ins Gewicht. Zustimmung zur Umwandlung des Balkans hätte wahrscheinlich keine schlimmeren Folgen gehabt als seinerzeit das Hinnehmen des deutschen und italienischen *Fait accompli*.[32]

Und es gab nur ganz wenige, die nicht bereit waren, sich auf eine derartige Alternative einzulassen: der Kaiser, der Kriegsminister, der Finanzminister, der Stabschef und die Ministerpräsidenten Österreichs und Ungarns. Franz Ferdinand, der eigentliche Anführer der Friedenspartei in Wien, war tot. Doch nur Tisza, der ungarische Ministerpräsident, zögerte. Er brachte noch einmal das alte Argument vor, Serbien könne nicht in die Monarchie einverleibt werden, weil dies eine Gefährdung des Ausgleichs bedeuten könne.

Doch auch er machte schließlich aus einer Reihe von Gründen mit: aufgrund der Angst, in Zukunft nicht mehr auf deutsche Unterstützung rechnen zu können, weil vor der Kriegserklärung noch ein Ultimatum gestellt werden sollte, weil das Gerücht umging, daß Rumänien jedenfalls nicht vorderhand bereit sei, einer Vereinbarung gegen die Einbeziehung serbischen Territoriums in die Monarchie beizutreten, und weil er wußte, daß Franz Joseph nun auf die Seite der Kriegspartei übergewechselt war. Bilinski, der gemeinsame Finanzminister, hatte den Kaiser ausdrücklich darauf aufmerksam gemacht, daß ein Krieg mit Serbien einen europäischen Krieg bedeuten würde. Franz Josephs Antwort war: »Gewiß, Rußland kann diese Note unmöglich akzeptieren.«[33]

Ein ungarischer Historiker hat argumentiert, Tisza habe geglaubt, man werde über die serbische Antwort verhandeln können. Offenbar hatte ihm Berchtold keinen Anlaß gegeben, etwas anderes zu glauben. Doch Berchtold hatte sich wahrhaftig Mühe gegeben, um sicherzustellen, daß das Ultimatum abgelehnt werden würde. Und damit es auch wirklich zum Krieg kam, hatte er seinen Botschafter in Belgrad ausdrücklich instruiert, ein »klares und einfaches Ja« zu fordern.[34]

Es gibt zahllose Meinungsverschiedenheiten im Zusammenhang mit dem Ausbruch des Ersten Weltkrieges. Unumstritten aber ist, daß das österreichisch-ungarische Ultimatum an Serbien mit dem Ziel gestellt wurde, einen Krieg zu entfesseln. Der Krieg ist nicht zufällig ausgebrochen.

Österreich-Ungarn und der Erste Weltkrieg

Es entbehrt nicht einer gewissen Ironie, daß fast alle wissenschaftlichen Untersuchungen über die Politik der Monarchie während des Krieges kaum Raum für Zweifel an der Zielsetzung Wiens lassen. Die Abfolge der Ereignisse wurde durch wenige, aber entscheidende Faktoren bestimmt. Zunächst wurde der Krieg aus österreichischer Perspektive zur Erhaltung der Monarchie geführt. Das bedeutete, daß man Staaten wie Italien und Rumänien gegenüber keine Konzessionen machen konnte, um sie aus dem Kriegsgeschehen herauszuhalten.

Das war vor allem für die Deutschen prekär, die ihre eigenen Gründe für den Kriegseintritt hatten, aber erst nach 1916 entdeckten, daß sie sich durch Österreichs Starrsinn zwei neue Feinde geschaffen hatten. Doch der österreichische Standpunkt war durchaus von innerer Logik: Es machte ja wenig Sinn, für die Beibehaltung der südslawischen Untertanen zu kämpfen, nur um die transsylvanischen oder italienischen zu opfern. Überdies war die Monarchie von Ungarn aus gesehen nur wert, erhalten zu werden, wenn sie eine Doppelmonarchie blieb; jede Veränderung der imperialen Verfassung wurde als unzulässig ausgeschlossen. Damit brachte man während des Krieges sehr viele Demokraten gegen sich auf, darunter auch Franz Josephs Nachfolger, Kaiser Karl, der die Monarchie gerne föderalisiert hätte.

Aber die Ungarn, allen voran Tisza, blieben hart. Sie wollten weder den Föderalismus noch eine Wahlrechtsreform in Ungarn. Das schränkte die im Krieg benötigte politische Flexibilität auf das empfindlichste ein, vor allem nach 1916, als die Solidarität der Nationalitäten abzubröckeln begann.

Und bedenkenswert ist, daß fast die Hälfte der regulären Armee schon in den ersten Feldzügen des Jahres 1914 gefallen war. Conrad hatte die Mobilisierung verpfuscht und die deutsche Unterstützung nicht erhalten, von der er glaubte, daß sie ihm versprochen worden sei. Seit Anfang 1915 war daher die Armee mehr oder weniger eine Miliz. Schon vorher war sie schlecht ausgerüstet gewesen, ungenügend finanziert, technologisch zurückgeblieben, nur eben prächtig uniformiert. Nun hing ihr Schicksal ganz von Deutschland ab. Selbst an der Italienfront, die von den Österreichern als ureigene Aufgabe betrachtet wurde, hätte man ohne deutsche Hilfe den Feldzug von Caporetto nicht gewinnen können. Dabei war die italienische Front noch am leichtesten zu verteidigen: Die Italiener waren gegen ihren Willen in den Krieg geschickt worden, und die Österreicher hatten sichere Festungen in den Alpen. Außerdem hatte man die Italiener in der Vergangenheit noch stets besiegt.

An den anderen Fronten – in Polen und Rumänien – hing der Sieg ausschließlich von den Deutschen ab. Zuletzt war die Monarchie nicht nur auf die deutschen Soldaten, sondern auch auf Nahrungsmittel und Valuta aus Deutschland angewiesen. Das hatte eine entsprechende diplomatische Abhängigkeit zur Folge: Deutschland nahm das Recht für sich in Anspruch, über die Zukunft Polens und Rumäniens zu entscheiden, obwohl Wien davon ausging, diese Länder würden in Zukunft mit den Habsburgern assoziiert werden. Die Deutschen schufen in den Verträgen von Brest-Litowsk Anfang 1918 einen ukrainischen Staat, der von den Österreichern in der irrtümlichen Hoffnung anerkannt wurde, man könnte die ukrainischen Getreidevorräte requirieren (an rumänisches Getreide war, wie sich gezeigt hatte, nicht heranzukommen). Doch erreichte man nur, daß die Polen im Kaiserreich den Habsburgern Verrat vorwarfen.

Damit standen die Polen nicht allein: Im Frühling 1918 mißtrauten selbst die Deutsch-Österreicher der Monarchie. Wie Clemenceau enthüllte, hatte Kaiser Karl in einer erstaunlichen diplomatischen Wendung (der Sixtus-Affäre) Frankreichs Rechte auf Elsaß-Lothringen anerkannt und angeboten, den Krieg zu beenden, indem er die Deutschen mit Galizien entschädigte. Das war das letzte Beispiel einer rein dynastischen Diplomatie in Europa und blieb, wie nicht anders zu erwarten, erfolglos, weil man die Hohenzollern nicht an den Unterhandlungen beteiligt hatte. Danach wurde Karl, der seine Zuverlässigkeit nun um so mehr unter Beweis stellen mußte, mehr oder weniger eine Marionette der Deutschen; Wien war nun bereit, sich an Plänen für ein »Mitteleuropa«, einer mitteleuropäischen Zollunion zu beteiligen. Die Einzelhei-

Am Vorabend des Ersten Weltkrieges im Jahre 1911 fand die Hochzeit Erzherzog Karls, des späteren Kaisers Karl I., mit Zita, Prinzessin Bourbon-Parma, in einem Schloß bei Wien statt. Noch einmal versammelte sich Würde, Glanz und das ästhetisch Bezwingende des Hauses Habsburg, denn die zukünftige Kaiserin war eine gefeierte Schönheit. Nur zwei Jahre sollte sie den Thron innehaben, bis die Revolution ihn mit sich fortriß. Alle Versuche, durch eine Reform in letzter Stunde – nämlich zwei Wochen vor dem Zusammenbruch – die Monarchie in einen Bundesstaat umzuwandeln, scheiterten. Kaiser Karl I. verzichtete aber nur auf die Ausübung der Regierungsgeschäfte, ohne jemals formell abzudanken, wie es die deutsche Dynastie tat. Deshalb verbannte die Republik die Angehörigen des Kaiserhauses aus Österreich.

ten sollten zwar später ausgearbeitet werden, aber die Bedeutung der Vereinbarung war klar. Die Monarchie, die militärisch bereits ein Anhängsel des Deutschen Reiches geworden war, sollte nun auch ein wirtschaftliches Anhängsel werden; im Grunde war sie es schon. 1918 hatte daher die Habsburger Monarchie kaum eine Zukunft als unabhängige Großmacht, selbst wenn Deutschland den Ersten Weltkrieg gewonnen hätte; allenfalls hätte ein deutscher Sieg ihr pures Überleben garantieren können.

Und doch setzten sich sogar die Alliierten fast bis ans Kriegsende für die territoriale Integrität der Monarchie ein. Präsident Wilsons »Vierzehn Punkte« vom Januar 1918 verlangten nur die Reorganisation nach föderalen Richtlinien, nicht aber die Auflösung. Punkt zehn lautete: »Die Völker Österreich-Ungarns, deren Platz unter den Nationen wir geschützt und gesichert zu sehen wünschen, sollen sich so frei wie möglich autonom entwickeln können.« Zu diesem Zeitpunkt zogen die Briten immer noch eine durch polnisches Territorium vergrößerte Monarchie in Betracht, als Gegengewicht gegen Deutschland wie gegen die neu entstandene Sowjetunion.

Angesichts des Scheiterns der Mission Sixtus', der Unterwerfung Karls unter die Deutschen in Spa und der Entscheidung Österreichs, seine ganzen Hoffnungen auf einen deutschen Sieg zu setzen, erwogen die Alliierten allmählich den Gedanken einer Anerkennung der Exil-Nationalkomitees der Tschechen und Slawen. Gleichwohl wurde das tschechische Nationalkomitee erst im September 1918 als kriegführende Regierung im Exil anerkannt. Allerdings war das eine Entscheidung von grundlegender Bedeutung, denn sie vertrug sich nicht nur nicht mit dem Dualismus, sondern bedeutete auch das Ende der alliierten Anerkennung der territorialen Integrität der Monarchie.

Und die innenpolitische Entwicklung folgte einem ähnlichen Trend; im Frühling 1918 war der größte Teil der Bevölkerung kriegsmüde und unterernährt, die Monarchie wurde von Streiks erschüttert, die Tschechen, Polen und Südslawen des Reiches verlangten seine Auflösung. Franz Joseph war am 21. November 1916 gestorben, und obwohl sein Nachfolger nicht unbeliebt war, schien die alte Monarchie mit dem alten Kaiser zu Grabe getragen worden sein. Denn die russische Revolution hatte bewiesen, daß eine alte Dynastie gestürzt werden und die Landkarte Osteuropas neu gestaltet werden konnte. Schlimmer noch, Rußland hatte Österreich Tausende von Kriegsgefangenen, vor allem Tschechen, zurückgeschickt, die eine Neuordnung des Habsburger Reiches verlangten.

Das österreichische Parlament war im Mai 1917 wieder einberufen worden, aber das war allein noch keine Lösung. Das parlamentarische Leben in Österreich galt schon lange als diskreditiert, und in den ersten drei Kriegsjahren war das Parlamentsgebäude als Spital genutzt worden. Franz Joseph hatte keinerlei Notwendigkeit gesehen, die Repräsentanten der Völker zu konsultieren. Das führte dazu, daß Friedrich Adler, ein sozialistischer Deputierter, den österreichischen Ministerpräsidenten erschoß, um auf diesen seltsamen Sachverhalt hinzuweisen. Das Gerichtsverfahren gegen ihn wurde im Grunde zu einem Gerichtsverfahren gegen die Regierung. Karl I. hatte daher guten Grund zur Einberufung des Parlaments. Unter den Kriegsbedingungen war seine Rolle jedoch zwangsläufig begrenzt; die verfassungsmäßigen Rechte des Parlaments waren ohnehin nicht vergrößert worden.

In Ungarn hielt man unterdessen nach wie vor auf das strengste am Dualismus fest. Das Wahlrecht blieb beschränkt, und die ungarische Bürokratie sorgte dafür, daß die ungarischen Weizenreserven zunächst einmal den ungarischen Bedürfnissen zugute kamen. So wurde die

Am 21. November 1916, als die Schlachten des Ersten Weltkrieges tobten, starb Kaiser Franz Joseph. Als Jüngling noch hatte der 18jährige im Revolutionsjahr 1848 die Herrschaft angetreten; im Alter von 86 Jahren starb der Kaiser nach 68jähriger Regierungszeit am Rande einer neuen und endgültigen Revolution, die das uralte Geschlecht der Habsburger den Thron kosten sollte. Der Katafalk wurde von Schloß Schönbrunn über den Franz-Josephs-Kai bis zum Stephansdom und von dort in die Kapuzinergruft geführt. Mit dem Tod dieses uralten Mannes war die letzte Klammer zerbrochen, die den Vielvölkerstaat zusammengehalten hatte.

österreichische Regierung nur noch stärker von der deutschen abhängig. Dadurch wiederum wurde die Autorität Wiens sowohl in diplomatischen Verhandlungen wie in militärischer Hinsicht derart untergraben, daß Conrad, der den Ausbruch der Feindseligkeiten mit der Hoffnung begrüßt hatte, »wenn der Krieg mit einem Sieg endet, wird Österreich-Ungarn so sehr gestärkt werden, daß es Deutschland als ebenbürtig entgegentritt«[35], von Deutschland inzwischen als dem »geheimen Feind« sprach.[36]

Doch von Deutschland hing nun – wie schon seit 1915 – alles ab. Das Schicksal der Monarchie wurde daher durch das Scheitern der deutschen und österreichisch-ungarischen Offensive vom Frühling und Frühsommer 1918 bestimmt. Im September zog sich Bulgarien aus dem Krieg zurück, im Oktober bemühten sich Deutschland, die Türkei und die Monarchie auf der Grundlage der »Vierzehn Punkte« um Frieden.

Am 16. Oktober erließ der Kaiser ein Manifest, das die Monarchie in einen föderalistischen Staat umgestalten sollte. Doch seine Initiative erwies sich als irrelevant, und am 27. Oktober wurde ein neues Kabinett vereidigt, um über die Auflösung des Reiches zu beraten. Unterdessen hatten schon alle Völker ihre Unabhängigkeit erklärt – die Tschechen, Slawen, Ungarn und Polen –, und am 11. November verzichtete der Kaiser auf jeden Anteil an den Regierungsgeschäften.

Seine Truppen hatten bis zum bitteren Ende gekämpft, und als die Italiener am 3. und 4. November die Kapitulation von mehreren hunderttausend Soldaten entgegennahmen, entdeckten sie, daß nur etwa ein Drittel davon Deutsch-Österreicher waren. Der Rest setzte sich aus 83 000 Tschechen und Slowaken, 61 000 Südslawen, 40 000 Polen, 32 000 Ruthenen, 25 000 Rumänen und sogar 7000 Italienern zusammen. In den Worten István Deáks: »Dies war der Gipfel der Ironie: Die letzten Kampftruppen der Habsburger Monarchie waren zu einem großen Teil Slawen, Rumänen und Italiener, theoretisch also Alliierte der Entente-Armeen.«[37] Die Ungarn waren der Gefangennahme fast vollständig entgangen.

Die Habsburger Armee hatte sich bis dahin im Grunde gar nicht schlecht geschlagen. Bis zum Sommer 1918 blieb sie eine respektable und effektive Armee, in der sogar die Südslawen größtenteils bis zum Ende mitkämpften. Die Nationalitätenfrage hatte sie also keineswegs über Gebühr belastet. Sie überstand auch die ungeheuren Verluste, denn als man Bilanz zog, erwies sich, daß von den acht Millionen im Krieg eingezogenen Männern 1 106 200 gestorben waren, etwa die Hälfte auf dem Feld, die andere Hälfte an Verletzungen, Krankheit oder Hunger. Von dem kleinen Berufsoffizierskorps waren etwa 13,5 Prozent im Kampf gefallen, während es bei den rekrutierten Soldaten 9,8 Prozent waren. Die Deutschen und Ungarn hatten durchschnittlich mehr Männer verloren als jede andere der am Kampf auf seiten des Kaiserreichs beteiligte Nationalität.

Alles in allem entsprachen die Verluste »denen jedes anderen wichtigeren Kombattanten im Krieg. Sie zeigen deutlich, daß die Habsburger Armee zu kämpfen und durchzuhalten verstand.«[38] Diese Bilanz ist um so erstaunlicher, bedenkt man, mit welchen Schwierigkeiten sie bei Kriegseintritt zu kämpfen hatte. Nach dem Beginn der Wirtschaftsrezession von 1873 wurden ihre Streitkräfte »wie Waisenkinder behandelt«[39], und 1914 stand die Monarchie in militärischer Hinsicht hinter allen Großmächten zurück. Laut A. J. P. Taylor gab die Monarchie 1914 »weniger als jede andere Großmacht für die Verteidigung aus – ein Viertel der russischen oder deutschen Ausgaben, ein Drittel der britischen oder französischen und sogar weniger als die Italiener«.[40]

Roy Bridge hat darauf hingewiesen, daß »die Untertanen Franz Josephs 1913 mehr als dreimal so viel Geld für Bier, Wein und Tabak aus-

Das Bild des Ersten Weltkrieges lebt im Gedächtnis mit den Schlachten von Tannenberg, Verdun und Flandern weiter. Für das österreichische Bewußtsein spielten die Abwehrkämpfe im Osten und Süden fast die gleiche Rolle. Gegen die Millionenheere des Zaren schlugen sich die Österreicher genauso erbittert und fast ebenso erfolgreich wie die Deutschen; nachdem die verbündete Dreibund-Macht Italien 1915 gegen das Versprechen, die Provinzen Bozen und Trient südlich des Alpenkamms als Preis des Sieges zu erhalten, auf der Seite der Entente in den Krieg eingetreten war, mußte das geschwächte Österreich auch gegen die hochmoderne italienische Armee kämpfen, die mit frischen Kräften die Alpenfront angriff. In immer neuen Isonzo-Schlachten verbluteten die Italiener aber, und am Ende gelang den Österreichern mit deutscher Unterstützung der Durchbruch in die italienische Tiefebene. Hemingways Roman »In einem anderen Land« hat diesen Durchbruchsschlachten ein literarisches Denkmal gesetzt. Hier eine Szene von der Isonzofront.

gaben als für die gesamte Armee der Doppelmonarchie«[41], während Norman Stone auf den niedrigen Prozentsatz der eingezogenen Rekruten hinweist: »Vor 1914 bildete die Monarchie nur 0,29 Prozent ihrer Untertanen im Jahr aus, Frankreich 0,75 Prozent, Rußland 0,35 Prozent, Italien 0,37 Prozent. 1914 betrug die Kriegsstärke der österreichisch-ungarischen Armee 2 265 000 Mann; die Kriegsstärke der französischen Armee, eines Landes, das zehn Millionen weniger Einwohner als Österreich-Ungarn hatte, beinahe vier Millionen.«[42]

Auch technologisch war die Armee zurückgeblieben: Sie blieb größtenteils eine Infanteriemacht, die Artillerie war technisch veraltet, und die Infanterie hatte, verglichen mit italienischen oder russischen Divisionen, zu wenig Maschinengewehre. Außerdem hatte Franz Joseph gepanzerte Wagen als militärisch wertlos abgelehnt, da sie angeblich die Pferde scheu machten (er war ebenso gegen Schreibmaschinen, Telefone und Fahrstühle in der Zivilverwaltung gewesen). Ja nicht einmal genügend Uniformen besaß man.

Wie Norman Stone bemerkt, hatte sich Conrad völlig zu Recht gegen eine Teilnahme der Monarchie an der Haager Abrüstungskonferenz gewandt, da »der gegenwärtige Zustand unserer Armee bereits den Anschein einer ständigen Rüstungsbegrenzung erweckt«.[43] Franz Ferdinand hatte vielleicht die eigentliche Aufgabe der Armee erkannt, als er 1896 erklärte: Ihre Hauptaufgabe »besteht nicht in der Verteidigung des Vaterlands gegen einen äußeren Feind, sondern in dem Schutz und der Erhaltung der Dynastie gegen alle innere Feinde«.[44] International gesehen war sie gerade gut genug, es mit Serbien aufzunehmen.

Aber warum hielt sie dann doch so lange durch? Leichter wurden die Dinge ja nicht. Fast die Hälfte der Soldaten waren schon Ende 1914 gefallen, was dazu führte, daß die Armee neu zusammengestellt und neu organisiert werden mußte. 1915 und 1916 traten zwei neue Feinde, Rumänien und Italien, in den Krieg ein. Die Zahl der Gefallenen blieb außerordentlich hoch, und fast jede Schlacht, bei der die Deutschen nicht mithalfen, ging verloren. Und selbst der Sieg mußte durch Unterordnung unter den Verbündeten bezahlt werden.

In der Heimat sah es auch nicht viel besser aus. Es gab wachsende Spannungen zwischen Österreich und Ungarn und zwischen den verschiedenen Nationalitäten. »Ein besonders wunder Punkt war die ungleiche soziale und ethnische Verteilung der Kriegsgefallenen. Es war kein Geheimnis, daß bestimmte soziale Klassen, vor allem die Bauern, die den Hauptteil der Infanterie stellten, einen ungewöhnlich hohen Blutzoll zahlen mußten. Ebenso verloren manche Nationalitäten, vor allem die Deutsch-Österreicher, Ungarn, Slowenen und Kroaten, sehr viel mehr Männer als andere.«[45]

Die Industrieproduktion zog zwar nach einem schleppenden Anfang an, nahm aber 1917 wegen der Verknappungen von Rohstoffen, Arbeitskräften und Fuhrmaterial wieder ab. Das Transportproblem in der Monarchie ist sogar als die »Achillesferse« der Monarchie im Kriege bezeichnet worden.[46]

Doch damit hörten die Schwierigkeiten nicht auf. Die ländliche Bevölkerung litt unter den brutalen Requirierungen, die städtische Bevölkerung am Hunger, der von 1917 an auch die Truppen traf: »Vor dem Krieg betrug der Pro-Kopf-Verbrauch an Mehl 380 Gramm pro Tag. Im April 1918 standen den Österreichern ohne eigene Nahrungsmittelquellen 165 Gramm und den Ungarn 220 Gramm zu. Der tägliche Pro-Kopf-Verbrauch an Fleisch, vor dem Krieg etwa 82 Gramm, betrug 1918 in Österreich etwa 17 Gramm und in Ungarn 34 Gramm.«[47]

1917 entdeckte die Armeeführung, daß Tausende junger Männer lieber in die Wälder flüchteten oder sich in den Städten versteckten, als im Krieg zu kämpfen. Sie riskierten eher, von den Exekutionskommandos aufgegriffen zu werden, als sich in den Gräben für einen Staat zu schlagen, den sie mehr und mehr verachteten.

Russen, Franzosen und Italiener hatten erwartet, daß der Vielvölkerstaat der Belastung eines lang andauernden Zweifrontenkrieges nicht standhalten würde, da Millionen Tschechen, Slowaken, Polen, Galizier, Slowenen, Kroaten und Bosnier in der österreichischen Armee dienten. Aber das eigentliche Wunder des Ersten Weltkrieges bestand darin, daß die Zahl der Überläufer verschwindend gering blieb. Fast bis zum Schluß kämpften alle Völker unter der einigenden Krone der Habsburger. Das Bild zeigt die Beerdigung eines serbischen Soldaten.

Zwei Dinge jedoch bewahrten die Armee vor dem Auseinanderfallen: »Zunächst einmal behielt die Armee trotz aller Schwierigkeiten eine bemerkenswerte Kampfkraft und war den weit besser ausgerüsteten und besser ernährten Italienern deutlich überlegen. Zweitens, und das ist das eigentlich Paradoxe, schienen die Mittelmächte im Frühling 1918 den Krieg gewonnen zu haben. Das muß der Hauptgrund gewesen sein, der die Armee am Auseinanderfallen hinderte.

Soweit es Österreich-Ungarn betraf, hatte man praktisch alle Kriegsziele erreicht: Serbien und Rumänien waren bestraft und besetzt worden, Rußland war besiegt, und selbst Italien hatte eine Demütigung erlitten, wobei seine Truppen fast bis Venedig zurückgetrieben worden waren.«[48] István Deák fügt hinzu: »Im Sommer 1918 stand die Habsburger Armee dem Feind nur an zwei ziemlich schmalen Abschnitten gegenüber: an einem kleinen Abschnitt der Balkanfront (der Rest wurde von Bulgaren und Deutschen gehalten) und in Norditalien. Die großen und verlustreichen russischen und serbischen Fronten waren verschwunden. Seit 1916 nahm die Zahl der Gefallenen ab, und im vierten Kriegsjahr waren es nur halb soviel wie im ersten Kriegsjahr... Es gab nun sehr viel weniger Soldaten an der Front. 1918 war der Großteil der österreichisch-ungarischen Soldaten gar nicht mehr am Kampf beteiligt: Sie befanden sich entweder zu Hause oder weit von den Kampflinien entfernt.«[49]

Trotz aller durch den Krieg entstandenen Probleme hielt die kaiserliche Armee daher bis zum Ende durch. Doch die Frühlingsoffensive von 1918 hatte nicht den Erfolg, den man sich erhofft hatte. Statt des Endsieges brachte sie eine Vorahnung der Niederlage. Als sich diese Ahnung zu verbreiten begann, brach die Monarchie auseinander. Jedenfalls wurde ihre Auflösung nicht von Alliierten veranlaßt, die im Gegenteil fast bis zuletzt hofften, das Reich könne bestehen bleiben. Vielmehr forderten die Völker der Monarchie zu guter Letzt ihre Rechte ein: Demokratie und Unabhängigkeit wurden ihre Schlagworte, und sie stellten ihre nationalen Grenzpfähle auf, lange bevor die alliierten Truppen auf dem Schauplatz erschienen. Die Friedensverträge bestätigten in mancher Hinsicht nur noch die bereits geschaffenen Fakten.

Später, nach der Katastrophe des Zweiten Weltkrieges, sollte manch ein Zeitgenosse den Untergang der Monarchie beklagen. Und Gründe dafür gab es genug. Doch damals, als das Habsburger Reich zu bestehen aufhörte, hoffte die Mehrheit seiner Einwohner auf bessere Zeiten.

Zusammenfassung

Wie sich herausgestellt hat, ist der Begriff »Niedergang« für die Geschichte der Habsburger Monarchie im 19. und frühen 20. Jahrhundert schlicht irreführend: Sie ging unter, weil sie einen entscheidenden Krieg verlor. Fast bis ganz ans Ende dieses Krieges stand ihr Überleben außer Frage, gesetzt selbst den Fall, daß sie ihn nicht gewinnen sollte, und wahrscheinlich hätte ein deutscher Sieg ihr Überleben in dieser oder jener Form sichergestellt.

Zudem ist keineswegs erwiesen, daß das Nationalitätenproblem für den Fall der Monarchie verantwortlich ist. Die meisten Nationalitäten kämpften während des Ersten Weltkriegs bis zuletzt für die Monarchie. In der Tat schien der Nationalitätenkonflikt vor 1914 einer Lösung näher gekommen zu sein. Die wirklichen Schwächen der Monarchie von 1914 waren militärischer und finanzieller Art, nicht anders als im 19. Jahrhundert. Hätte man sie beheben können, wäre die Geschichte der Habsburger ganz anders verlaufen.

Und damit ist eine weitere Frage berührt: Warum führte die Monarchie so viele Kriege? Mit dem Hinweis auf den wachsenden Nationalismus in Europa hat man die Frage nicht beantwortet. Denn es geht ja darum, weshalb die Habsburger nicht in der Lage waren, mit der Herausforderung des Nationalismus fertig zu werden.

Und das ist der entscheidende Punkt. Zunächst und vor allem war das Habsburger Reich eine »Hausmacht«. Sein Daseinszweck bestand darin, den politischen Ambitionen desjenigen Habsburgers, der es gerade geerbt hatte, eine Machtbasis zu bieten. Er hatte die Pflicht, dafür zu sorgen, daß kein Territorium verlorenging, zumindest nicht ohne entsprechenden Ersatz, er mußte für den Erhalt seiner Erblande kämpfen und dem kaiserlichen Erbe, wenn irgend möglich, etwas hinzufügen. Da es sich dabei um so viele ganz verschiedenartige Gebiete handelte, gehörte es auch zu seinen Pflichten, die Identifikation mit einer bestimmten Gruppe seiner Untertanen zu vermeiden. Wie Erzherzog Albert einmal sagte:»In einem polyglotten, von vielen Stämmen und Rassen bewohnten Reiche darf die Dynastie sich nicht ausschließlich zu einer derselben rechnen. Gleich einer guten Mutter muß sie für alle Kinder gleiche Liebe zeigen, keinem fremd bleiben. Darin liegt ihre Existenzberechtigung, aber auch die Dauerhaftigkeit ihrer Herrschaft... «[50]

Diesem Ideal konnte der Kaiser am besten nachkommen, indem er die Zügel selbst in die Hand nahm. Dementsprechend war das kaiserliche Ziel stets die Schaffung oder Wiederherstellung eines zentralisierten, geeinten Staatswesens, das vom Herrscher mit der Armee und der Bürokratie regiert wurde. Das war das Ideal von Franz I., Metternich und Kolowrat, von Schwarzenberg und Franz Joseph.

Nach 1859 und 1866 konnte man daran nicht länger festhalten; Franz Joseph mußte sich wohl oder übel mit dem Dualismus abfinden. Da er aber nach wie vor für die Außenpolitik und die Armee zuständig war und ihm großer innenpolitischer Einfluß verblieb, kam er bemerkenswert problemlos damit zurecht. Doch das kostete seinen Preis. In innenpolitischer Hinsicht bestanden die Magyaren darauf, daß jede Veränderung und damit auch jede innenpolitische Entwicklung unterblieb. Außenpolitisch wurde man von Ungarn zu einer immer antirussischeren Haltung gezwungen. Die nationalen Vorurteile Ungarns vergifteten allmählich die Brunnen der Habsburger Diplomatie.

Doch nach 1866 mußte sich die Monarchie ohnehin immer mehr um den Balkan kümmern, schon deshalb, weil sich die dynastischen Ambitionen eben nur dort verwirklichen ließen. Im übrigen mußte es keineswegs zwangsläufig zu einer Auseinandersetzung mit Rußland kommen. Im Gegenteil haben beide Mächte bis 1914 auf vielen Gebieten zusammengearbeitet. Nach dem Attentat auf Erzherzog Franz Ferdinand bestand die Monarchie auf Krieg, was letzten Endes eine irrationale Entscheidung war, auch wenn man sie erklären kann.

Einige Historiker neigen dazu, den angeblichen Niedergang der Monarchie unter dem Gesichtspunkt des »Entweder-Oder« zu betrachten. Sie schieben die Schuld entweder auf die Außenpolitik oder auf das Nationalitätenproblem, übersehen dabei aber den Zusammenhang, der zwischen beiden besteht. Denn eben diese Verflechtung hat die habsburgische Geschichte entscheidend geprägt. Der »Gesamteintritt« zum Beispiel wurde folgerichtig zu einem Bestandteil von Schwarzenbergs Deutschlandpolitik, sobald er sich für die Verfassung Stadions mit ihren starken Akzenten auf dem Reichsgedanken entschieden hatte. Dementsprechend konnte auch Franz Joseph seine Bemühungen um die deutsche Kaiserkrone erst nach 1860 wiederaufnehmen, nachdem der Konstitutionalismus wieder eingeführt worden war. Am bedrohlichsten für die Monarchie waren dennoch die außenpolitischen Konsequenzen des Ausgleichs, denn nun konnten die antirussischen Vorurteile Ungarns die Außenpolitik mitbestimmen. Die Tradition geht auf Andrássy zurück, aber Kálnocky und die anderen setzten sie fort.

Doch die Dinge hätten eben nicht zwangsläufig einen derart fatalen Ausgang nehmen müssen. Was die öffentliche Meinung in der Monarchie anging, hatte der Balkan keinen besonders hohen Stellenwert; überdies hätte man auf vielen Gebieten mit Rußland zusammenarbeiten können. Dennoch muß der Faktor in Betracht gezogen werden. Das Nationalitätenproblem war zwar vor 1914 einer Lösung näher gerückt, und die Nationalitäten kämpften fast während des ganzen Weltkriegs für die Monarchie, aber es hat die österreichische Bewertung der Balkanfrage auf gefährliche Weise mitbeeinflußt und 1918 eben doch zum Auseinanderbrechen der Monarchie geführt. Wäre das Habsburger Reich von einer homogenen Bevölkerung bewohnt gewesen, besteht kein Grund zur Annahme, daß es den Krieg nicht hätte intakt überstehen können.

Die Schlüsselfigur bei der Verbindung von Außen- und Innenpolitik war natürlich der Monarch oder gelegentlich diejenigen, die an seiner Statt handelten, also Männer wie Metternich oder Schwarzenberg. Sie stellten persönlich die Verbindung von Innen- und Außenpolitik her. Seit der Revolution 1848 aber war dieses Bindeglied fast ausschließlich Franz Joseph, der innenpolitisch offensichtlich am Ideal einer zentralisierten, geeinten und germanisierten Monarchie festhielt und es zu verwirklichen versuchte, sobald er die Verfassung von Stadion untergraben konnte. Außenpolitisch wollte er die Monarchie zu einer Großmacht machen, die Frankreich, England oder Rußland ebenbürtig zur Seite stand. Und da er den Thron zu einer Zeit bestieg, in der die Habsburger militärische Erfolge erzielt hatten, hielt er ein solches Ziel auch für erreichbar.

Die Demütigung der Preußen durch Schwarzenberg bestärkte ihn nur in dieser Illusion. Daher seine Bereitwilligkeit, sich 1854 gegen Rußland zu stellen. »Es ist hart, gegen frühere Freunde auftreten zu müssen«, schrieb er an seine Mutter, »allein in der Politik ist dies nicht anders möglich, und im Orient ist Rußland jederzeit unser natürlicher

1989 starb die 97jährige Kaiserin Zita, die letzte Habsburgerin, die auf dem Thron gesessen hatte. Siebzig Jahre hatte sie die Dynastie überlebt, die durch die Revolution vom November 1918 gestürzt worden war. Ein Trauerzug bewegte sich in regnerischem Wetter durch die Innenstadt Wiens, wo die gebürtige Prinzessin Bourbon-Parma in der Kapuzinergruft beigesetzt wurde. Das Gemälde des österreichischen Malers Georg Eisler hielt dieses Ereignis fest, das den letzten Abschied von der Monarchie bedeutete. Es war wie ein Symbol, daß sich hier zwei Elemente begegneten, die in der österreichischen Geschichte eine große Rolle gespielt haben – die monarchische Tradition der Habsburger und das Wiener Judentum, das gerade im letzten Jahrhundert einen so großen Beitrag zur österreichischen Kulturgeschichte geleistet hatte – von Mahler über Freud bis zu Hanns Eisler, dem Vater des Malers, der der Komponist der ostdeutschen Nationalhymne war.

Feind.«[51] Nach der russischen Niederlage lag ihm daran, ein langfristiges Bündnis mit den Westmächten auszuhandeln. Er »glaubte, Rußland werde Österreich seine Haltung lange übelnehmen, und wollte sich mit einem Bündnis an die Seemächte binden, und zwar im Hinblick auf ein dauerhaftes politisches System«.[52] Franz Joseph hielt es für selbstverständlich, daß Preußen sich der Wiener Politik anschließen würde, und es bedurfte nicht nur des italienischen und des preußisch-deutschen, sondern auch des Deutsch-Französischen Krieges, um Franz Joseph von seinen Illusionen über Österreichs tatsächliche Situation zu kurieren. Danach hielt er innenpolitisch am Dualismus und außenpolitisch am Bündnis mit Deutschland fest. Lange Perioden der außenpolitischen Zusammenarbeit mit Rußland gab es auch. Und dennoch kam es da nie zu einem dauerhaften Modus vivendi, weil Rußland, wie der Kaiser sagte, Österreichs »natürlicher Feind« im Osten war.

Das eigentliche Problem war der Balkan. Da Franz Joseph stets bereit war, sich an Geist und Buchstaben des Dualismus zu halten, besaß er keine Möglichkeit, seine südslawischen Untertanen mit den Magyaren zu versöhnen. Im Grunde lag ihm das auch nicht allzusehr am Herzen, da ihm der Ausgleich die Kontrolle der Verteidigungs- und Außenpolitik seines Reichs verschafft hatte, und verglichen damit fiel die Notwendigkeit, die lokalen Probleme seiner serbischen und kroatischen Untertanen zu lösen, kaum ins Gewicht. Überdies konnte man die Serben und Kroaten ja mühelos gegeneinander ausspielen.

Dennoch mußte Franz Joseph befürchten, ihre Unzufriedenheit könnte sie eines Tages dem Panslawismus in die Arme treiben, eine Sorge, die mit der Besetzung und schließlichen Annexion von Bosnien-Herzegowina nur noch zunahm. Solange man Serbien unter Kontrolle hatte, schien alles bestens. »Solange Serbien, wie auch immer, unserem Einfluß untersteht«, sagte Kálnocky 1881, »oder besser, solange wir die Herren von Serbien sind, brauchen wir uns um unsere Besitzungen in Bosnien samt Anhang und um unsere Position an der unteren Donau und in Rumänien keine Sorgen zu machen. Nur dadurch bekommt unsere Macht auf dem Balkan die sichere Basis, die den wichtigen Interessen der Monarchie entspricht.«[53]

Aber nach dem Sturz der Dynastie der Obrenovic in Belgrad von 1903, nach dem Ausbruch des »Schweinekrieges« von 1906, nach der Annexion von Bosnien-Herzegowina von 1908 und der sich daraus ergebenden Demütigung Serbiens und Rußlands sah das für die Monarchie ganz anders aus. Unter diesen Umständen drängten die Militärs, vor allem in der Person Conrads, zu einem Präventivkrieg – eine Politik, die sowohl Franz Joseph wie Franz Ferdinand entschieden ablehnten. Franz Joseph hatte Conrad mit aller Deutlichkeit klargemacht, daß die im allgemeinen seinem Außenminister Aerenthal zugeschriebene

Friedenspolitik seine eigene war. »Die Politik mache ich, das ist meine Politik... Meine Politik ist eine Politik des Friedens. Dieser meiner Politik müssen sich alle anbequemen.«[54]

Doch warum änderte Franz Joseph seine Meinung 1914? Daß Ansehen und Ehre des Kaisertums hier eine große Rolle spielten, steht fest, sie könnten sogar ausschlaggebend gewesen sein. Ins Gewicht fielen aber auch die Erfahrungen und Folgen des Balkankriegs: die Schlagkraft der serbischen Armee, Serbiens gewaltiger Gebietszuwachs und seine Bindungen an ein rapide aufrüstendes Rußland, das Gefühl, daß nach der Türkei nun Österreich-Ungarn als Opfer nationalistischer Aggressionen auf dem Balkan an die Reihe kam, und nicht zuletzt die vermeintlichen Lehren von 1912 und 1913, daß nämlich die Androhung von Gewalt sich auszahlt. Ausschlaggebend war auch die Zusicherung deutscher Unterstützung, die 1912–1913 ausblieb.

All diese Faktoren zusammen haben Franz Joseph schließlich bewogen, sich 1914 für den Krieg zu entscheiden. Dafür bezahlte man einen hohen Preis; angesichts der finanziellen und militärischen Schwäche der Monarchie war die Entscheidung mehr oder weniger selbstmörderisch. Aber zwingend war sie nicht. Hätte Franz Joseph es auf sich genommen, sich um die Nationalitätenfrage zu kümmern, seinen Sinn für Verhältnismäßigkeit im Hinblick auf Serbien bewahrt, auf Tisza gehört und Kompromißbereitschaft gezeigt, so hätte er seine Stellung auf dem Balkan festigen können, ohne einen Krieg führen zu müssen. Serbien war ja nicht in der Lage, es mit der Monarchie aufzunehmen, solange es nicht von Rußland unterstützt wurde.

Und diese Unterstützung war äußerst unwahrscheinlich. Mit den Worten von Graf Polzer Hoditz, dem Kabinettschef von Kaiser Karl: »Niemand hat je daran gedacht, unsere Balkanpolitik zu überdenken, denn das hätte eine völlige Änderung auch der Innenpolitik bedeutet. Zur Einsicht, daß der Haß der Serben und Rumänen... durch uns selbst und durch unsere Zollpolitik erzeugt wurde, daß die Südslawen nichts anderes wollten als die Vereinigung und einen Zugang zum Meer, daß wir durch unsere Albanienpolitik das letzte Ventil schlossen und eine Explosion unausweichlich war, zu der Einsicht sind die regierenden Kreise nie gelangt.«[55]

Doch selbst als der Krieg einmal ausgebrochen war, mußte die Monarchie nicht zwangsläufig untergehen. Die Monarchie hatte sich stets auf Rettung von außen verlassen, und im Hinblick auf ihren gesicherten Status als europäische Notwendigkeit hatte sich diese Strategie oft bewährt. Diesmal waren die Deutschen mit der Rolle des Helfers an der Reihe, nur daß eben auch sie leider vermeidbare Fehler begingen, insbesondere durch den Einfall in Belgien von 1914 und den drei Jahre später erklärten unbeschränkten U-Boot-Krieg. Dadurch wurden auch die angelsächsischen Mächte England und die USA in den Konflikt hineingezogen.

Dem Historiker Lothar Höbelt zufolge hat die Intervention der angelsächsischen Mächte entschieden, was sonst ein kontinentales Patt zwischen Frankreich und Rußland auf der einen und Österreich-Ungarn und Deutschland auf der anderen Seite geblieben wäre. Er glaubt daher, daß die Zerstörung der Monarchie auf das Konto der deutschen Militärstrategen geht.[56] Diese These hat einiges für sich, darf jedoch nicht dazu verleiten, daran vorbeizusehen, daß Wien es eher vorzog, einen Weltkrieg zu entfesseln, als sich auf innen- oder außenpolitische Kompromisse in der südslawischen Frage einzulassen. Bedenkenlose Kriegsbereitschaft war den Habsburgern im 19. Jahrhundert zur Gewohnheit geworden. Wahrscheinlich völlig unnötig: Mit den Italienern hätte man sich vor 1848 vergleichen können, mit den Preußen vor 1866, mit den Südslawen und anderen nach 1864. Versagt hat die habsburgische Staatskunst, die davon ausging, dem Status quo käme gleichsam Ewigkeitswert zu, und es sei die Pflicht jeder europäischen Macht, ihn aufrechtzuerhalten. Wenn nicht, dann galt, was Franz Joseph 1866 schrieb und offensichtlich auch später glaubte: »Man muß sich so lange wehren, als es geht, seine Pflicht bis zuletzt tun und endlich mit Ehren zugrunde gehen.«[57]

Das war alles schön und gut und sogar ein bißchen romantisch. Aber 1914 übersah Franz Joseph, daß die Millionen Soldaten, die nun in einem Krieg sterben würden, der, wie er wußte, ein Weltkrieg war, nicht gefragt worden waren, ob auch sie in Ehren zugrunde gehen wollten. Es paßt sehr gut ins Bild, daß der letzte Habsburger seinen Thron ohne eine Danksagung an seine Truppen verließ. Das alte Wort vom »Dank des Hauses Habsburg« hat somit seine ironische Gültigkeit behalten.

Anmerkungen und Bibliographie

Prolog:
Europa und die alten Reiche –
Das letzte Jahrhundert Habsburgs

1 Zitiert nach John Roberts, Europe 1880-1945, London, 1970, S. 63.
2 ebenda, S. 64 f.
3 Zitiert nach Paul M. Kennedy, The Rise of the Anglo-German Antagonism, London, 1987, S. 164.
4 Zitiert nach John C. D. Röhl, Kaiser, Hof und Staat, Wilhelm II. und die deutsche Politik, München, 1987, S. 20.
5 ebenda.
6 R. W. Seton-Watson, The Emperor Franz Joseph, English Historical Review, Bd. 17, Nr. 6, Juli 1932, S. 11-122.
7 Seton-Watson, a. a. O., S. 113 f.
8 C. A. Macartney, The House of Austria, Edinburgh, 1978, S. 231.
9 Richard Pipes, The Russian Revolution, 1899-1919, London 1990, S. 58.
10 ebenda.
11 Röhl, a. a. O.
12 Pipes, a. a. O.
13 Röhl, a. a. O.
14 Norman Stone, Europe Transformed, 1878-1919, London 1983, S. 174.
15 Robert Justin Goldstein, Political Repression in 19th Century Europe, Beckenham, 1983, S. 278.
16 ebenda, S. 284.
17 ebenda, S. 285.
18 ebenda, S. 322.
19 ebenda, S. 249 f.
20 Manfred Rauh, Die deutsche Frage vor 1914: Weltmachtsstreben und Obrigkeitsstaat? In: Josef Becker/Andreas Hillgruber (Herausg.), Die deutsche Frage im 19. und 20. Jahrhundert, Schriften der Philosophischen Fakultäten der Universität Augsburg, Nr. 24, München, 1983, S. 109-166, S. 130 bis 132.
21 Rauh, a. a. O., S. 132, Fußnote 57.
22 M.S. Anderson, The Ascendancy of Europe. Aspects of European History, 1815-1914, London, 1972, S. 77.
23 Stone, a. a. O., S. 201.
24 Stone, a. a. O., S. 202.
25 Richard Pipes, Russia Under The Old Regime, Harmondsworth, 1977, S. 315.
26 Pipes, Russia Under The Old Regime, S. 313-315.

27 George L. Yaney, The Systemization of Russian Government. Social Evolution in the Domestic Administration of Imperial Russia, 1711-1905, Urbana, Chicago, London, 1973, S. 389.
28 ebenda.
29 Richard S. Wortman, The Development of a Russian Legal Consciousness, Chicago and London, 1976, S. 287.
30 Yaney, a. a. O., S. 383.
31 Geoff Eley, Army State and Civil Society: Revisiting the Problem of German Militarism, in: From Unification to Nazism, Reinterpreting the German Past, Boston, London and Sidney, 1986, S. 85-109.
32 ebenda.
33 ebenda.
34 Zahlen aus A. J. P. Taylor, The Struggle for Mastery in Europe, 1848-1918, Oxford, 1965, S. xxix.
35 Jack R. Dukes, Militarism And Arms Policy Revisited: The Origins Of The German Army Law Of 1913, in: Jack R. Dukes und Joachim Remak (Herausg.), Another Germany: A reconsideration of The Imperial Era, Boulder and London, 1988, S. 19-39, S. 36.
36 Dennis E. Showalter, Army State, Society in Germany, 1871-1914: An Interpretation, in: Dukes and Remak (Herausg.), a. a. O., S. 1-18.
37 Showalter, a. a. O., S. 4-10.
38 Showalter, a. a. O., S. 16.
39 Beide Zitate von Gerhard A. Ritter, Social Welfare in Germany and Britain, Origins and Development, Leamington Spa, New York, 1986, S. 34 und S. 47.
40 Zitiert nach Frederick Austin Ogg und Walter Rice Sharp, Economic Development of Modern Europe, New York, 1932, S. 544 f.
41 Ritter, a. a. O., S. 104 f.
42 Ritter, a. a. O., S. 112 f.
43 Ritter, a. a. O., S. 126 f.
44 Frederick Austin Ogg, Ogg und Sharp, a. a. O., S. 302 (Erste Ausgabe 1916, ohne Sharp.)
45 Zitiert nach Rauh, a. a. O., S. 158, Fußnote 123.
46 Michael T. Florinksy, Russia, A history and an Interpretation. 2 Bde., New York, 1965, Bd. 1, S. 1209 f.
47 ebenda, S. 1227.
48 ebenda, S. 1229.
49 Hugh Seton-Watson, The Russian Empire, 1801-1917, Oxford, 1967, S. 652.
50 Zitiert nach Seton-Watson, a. a. O., S. 657.
51 J. M. Westwood, Endurance and Endeavour. Russian History, 1812-1971, Oxford, 1973, S. 199.
52 ebenda, S. 196.
53 Florinsky, a. a. O., S. 1239.
54 Westwood, a. a. O., S. 176.
55 Barbara Jelavich, Modern Austria, Empire and Republic, 1800-1986, Cambridge, 1987, S. 130.
56 Siehe Alan Sked, Britain's Decline, Problems and Perspectives, Oxford, 1987, S. 6-10.
57 Fritz Stern, The Politics of Cultural Despair. A Study in the Rise of the German Ideology. New York 1965.
58 Zitiert nach Andrew Lees, The Civil Pride Of The German Middle Classes, 1890-1918, in: Dukes und Remak (Herausg.), a. a. O., S. 41-59. S. 48.

59 Lees, a. a. O., S. 52.
60 Charles E. McClelland, Republics Within The Empire – The Universities, in: Dukes and Remak (Herausg.), a. a. O., S. 169-180, S. 170 f.
61 Titel seines Artikels in: Die Zeit, 11.9.1981.
62 Gerhard Masur, Imperial Berlin, London, 1971, S. 176.
63 ebenda, S. 238.
64 Zitiert nach Rauh, a. a. O., S. 128.

1.
Fall ohne Niedergang

a Die Erzherzogtümer Nieder- und Oberösterreich, die Herzogtümer Steiermark, Krain und Kärnten; die Grafschaften Tirol und Vorarlberg, Görz und Gradisca; dazu die Markgrafschaft Istrien und die Stadt Triest.

b Die Königreiche von Ungarn, Kroatien und Slowenien, einschließlich der Stadt Fiume; das Großherzogtum von Transsylvanien, außerdem die kroatisch-slowenischen und serbisch-ungarischen Militärgrenzen.

c Das Königreich Böhmen, das Markgrafentum Mähren und das Herzogtum von Ober- und Unterschlesien.

1 István Diószegi (1983), Hungarians in the Ballhausplatz, Studies on the Austro-Hungarian Common Foreign Policy. Budapest, S. 9.

2 Mehr über dieses Thema in: Alan Sked (1981), Historians, the nationality questions and the downfall of the Habsburg Empire, Transactions of the Royal Historical Society, 5th series, Vol. 31, S. 175-93.

3 George Kennan (1979), The Decline of Bismarck's European order. Franco-Russian Relations, 1875-1890. Princeton, S. 423.

4 Wie in: Robert A. Kann (1959), The multinational Empire, 1848-1918, 2 Bde. New York. Aber vgl. auch A. J. P. Taylors vernichtende Kritik (1967), The failure of the Habsburg Monarchy, in: Europe, Grandeur and Decline. Harmondsworth, S. 127-132.

5 Taylor, a. a. O., S. 132.

6 Man vergleiche die Diskussion in Sked, a. a. O., S. 184 f.

7 C. A. Macartney (1978), The House of Austria: The Later Phase, 1790-1918. Edinburgh, S. 1.

8 C. A. Macartney (1968), The Habsburg Empire, 1790-1918. London, S.1.

9 ebenda.

10 A. Wandruszka (1968), Finis Austriae? Reformpläne und Untergangsahnungen in der Habsburger Monarchie, in: Der österreichische Ausgleich von 1867. Seine Grundlagen und Auswirkungen, Buchreihe der Südostdeutschen Historischen Kommission, Bd. 20. München.

11 ebenda.

12 B. Sutter (1963), Erzherzog Johanns Kritik an Österreich, Mitteilungen des Österreichischen Staatsarchivs, Bd. 16, S. 165 ff.

2.
Metternich und sein System, 1815–1848

a Die praktischen Auswirkungen dieses Systems zeigten sich damit in den Karlsbader Beschlüssen von 1819, der Schlußakte des Wiener Kongresses von 1820, der neapolitanischen Intervention von 1821, der in Spanien von 1823, der in den päpstlichen Staaten von 1830, in den Verträgen von Berlin und Münchengraetz von 1833, in der Annexion Krakaus von 1846, in der »Besetzung« Ferraras von 1847 und der Verhaftung solcher Regimegegner wie Confalonieri, Kossuth und Wesselényi.

1 Tablettes Autrichiennes, contenant des faits, des anecdotes et des observations sur les mœurs, les usages des autrichiens et la Chronique Secrete des cours d'Allemagne, par un temoin secret. Brüssel, 1830, S. 191

2 Zitiert nach E. Andics (1973), Metternich und die Frage Ungarns. Budapest, S. 274

3 Elisabeth Herzog (1968), Graf Franz Anton Kolowrat-Liebsteinsky: Seine politische Tätigkeit in Wien, 1826-1848. Unveröffentlichte Doktorarbeit, Wien, S. 62 f.

4 P. W. Schroeder (1962), Metternich's Diplomacy at its Zenith, 1820-23. Texas

5 A. J. P. Taylor (1967), Europe: Grandeur and Decline. Harmondsworth, S. 23.

6a Siehe unter anderem: Sir Charles Webster (1963), The Foreign Policy of Castlereagh, 1812-1822, Britain, Austria and the European Alliance, 2 Bde. London; Sir Charles Webster (1969), The Foreign Policy of Palmerston, Britain, the Liberal Movement and the Eastern Question, 2 Bde. London; Harold Temperley (1979), The Foreign Policy of Canning, 1822-1827, England, the Holy Alliance, and the New World, und Alan Sked, (Herausg.), Europe's Balance of Power, 1815-1848. London und Basingstoke 1979.

6b Castlereagh dominierte den Wiener Kongreß; Palmerston löste die belgische Frage; Rußland und Großbritannien nahmen sich der östlichen Frage an, und in den Angelegenheiten Griechenlands oder Spaniens oder Portugals hatte Metternich kaum etwas zu sagen.

7 Über die Ansichten von Nikolaus I. siehe W. Bruce Lincoln (1978), Nicholas I., Emperor and Autocrat of All the Russias. London, S. 147; über die Auffassungen Nesselrodes siehe: Constantin de Grunwald (1945), Trois Siècles de Diplomatie Russe. Paris, S. 188; über die von Canning siehe: Ian C. Hannah (1938), A History of British Foreign Policy. London, S. 102; weiteres siehe: Viktor Bibl (1936), Metternich, der Dämon Österreichs. Leipzig und Wien, S. 34.

8 E. Radvany (1971), Metternich's Projects for Reform in Austria. Den Haag, S. 15.

9 ebenda, S. 136.

10 ebenda, S. 14 f.

11 ebenda, S. 14.

12 Antonio Schmidt-Brentano (1975), Die Armee in Österreich: Militär, Staat und Gesellschaft, 1848-1867. Boppard am Rhein, S. 106.

13 C. A. Haillot (1846), Statistique militaire et recherches sur l'organisation des armées étrangères, Bd. I. Paris, S. 12.

14 a. a. O., S. 216.

15 ebenda, S. 241.

16 Johann Springer (1840), Statistik des österreichischen Kaiserstaates, 2 Bde, Wien, Bd. II, S. 254.

17 J. H. Blumenthal (1963), Vom Wiener Kongreß zum Ersten Weltkrieg, in: Unser Heer, 300 Jahre österreichisches Soldatentum im Krieg und Frieden. Wien, München und Zürich, S. 216.

18 Alan Sked (1979), The Survival of the Habsburg Empire: Radetzky, the Imperial Army and the Class War, 1848. London and New York, Anm. 47, S. 264.
19 Lincoln, a. a. O., S. 285 f.
20 Sked, The Survival of the Habsburg Empire, S. 55.
21 ebenda.
22 Tut mir leid! Ich habe diesen Satz stets mit Alexander zusammengebracht, aber A. J. P. Taylor zufolge wurde er in Wirklichkeit 1833 von Nikolaus benutzt. Siehe: ders. (1964), The Habsburg Monarchy, 1809-1918, A History of the Austrian Empire and Austria-Hungary. London, S. 43.
23 Lincoln, a. a. O., S. 147.
24 Schroeder, a. a. O.
25 Schroeders Argument, daß er die europäische Solidarität aufgekündigt habe, als er England 1820 in Troppau im Stich ließ, hätte Metternich jedenfalls aufs entschiedenste zurückgewiesen. Europäische Solidarität, würde er argumentiert haben, konnte man am besten dadurch zeigen, daß man Revolutionen nicht nachgab. Aber wie er klagte:»Mit so einem Frankreich und so einem England, was kann man da machen?«(Webster, The Foreign Policy of Palmerston, Bd. I, S. 22.) Für Metternich jedenfalls stand fest:»In Europa gibt es zur Zeit nur eine Angelegenheit von Bedeutung, und das ist die Revolution.« Europa war in seinen Augen eine politische und soziale Ordnung, die vor der Revolution geschützt werden mußte.
26 Bibl, a. a. O., S. 211.
27 Bibl, a. a. O., S. 212
28 Zitiert nach A. Sandemann (1911), Metternich. London, S. 239-40
29 Friedrich Engel-Janosi (1963), Geschichte auf dem Ballhausplatz. Essays zur österreichischen Außenpolitik, 1830-1945. Graz, Wien und Köln, S. 45 f., 66.
30 Norman Rich (1985), Why the Crimean War? A Cautionary Tale. Hanover und London, S. 15.
31 de Grunwald, a. a. O., S. 191, Anm. 1.
32 Alan Sked, The Survival of the Habsburg Empire, S. 96 ff.
33 Alan Sked (The Metternich System), 1815-48, in: Alan Sked (Herausg.), Europe's Balance of Power, S. 98-121, 108-11.
34 ebenda, S. 118.
35 ebenda.
36 ebenda.
37 Engel-Janosi, a. a. O., S. 66 f.
38 Webster, a. a. O., S. 226. Was die Schweiz betrifft, siehe: Alan Sked, The Survival of the Habsburg Empire, S. 119 ff., und Roger Bullen (1971), Guizot and the Sonderbund Crisis, English Historical Review, Vol. LXXXVI, Juli, Nr. CCCXL, S. 497-526.
39 Aberdeen MSS, British Museum 43, 211(1), Sir Robert Gordon to Lord Aberdeen, Vienna 13 Dec. 1842.
40 G. de Berthier de Sauvigny (1962), Metternich and his Times. London, S. 29-30.
41 »...da ich selber zu langweilen verstehe, bin ich genauso fähig, einen Gegner durch das schiere Gewicht der Langeweile zu töten.« Zitiert von Berthier de Sauvigny, a. a. O., S. 136.
42 Zitiert von Alan Sked, Europe's Balance of Power, S. 9.

43 S. Radvany, a. a. O., S. 136.
44 Peter Viereck (1951), New views on Metternich, Review of Politics, XIII, S. 225.
45 Arthur G. Haas (1963), Metternich, Reorganisation and Nationality, 1813 bis 1818. Wiesbaden.
46 ders., (1958), Kaiser Franz, Metternich und die Stellung Illyriens, Mitteilungen des Österreichischen Staatsarchivs, XI, S. 373-98, und (1968), Metternich und die Slawen, Gedenkschrift Martin Gohrung. Wiesbaden, S. 146-61.
47 ebenda, S. 379.
48 In: Revue d'Histoire, Bd. 12 (1965), S. 72.
49 Erzsébet Andics (1973), Metternich und die Frage Ungarns. Budapest, S. 32.
50 Metternich and the federalist myth, in: Alan Sked and Chris Cook (Herausg.), Crisis and Controversy, Essays in Honour of A. J. P. Taylor. London and Basingstoke 1976, S. 1-22
51 Alan Sked, Metternich and Federalist Myth, S. 20.
52 S. Radvany, a. a. O.
53 Herzog, a. a. O.
54 Radvany, a. a. O., S. 110
55 ebenda.
56 Alan Sked, The Metternich System, S. 109.
57 ebenda.
58 ebenda.
59 ebenda, S. 110.
60 A. J. P. Taylor (1934), The Italian Question in European Diplomacy, 1847 bis 1849. Manchester.
61 Alan Sked, The Metternich System, S. 110.
62 ebenda.
63 ebenda.
64 ebenda, S. 111.
65 ebenda.
66 ebenda.
67 Alan Sked, Metternich and the Federalist Myth, S. 11.
68 Andics, a. a. O., S. 81.
69 ebenda, S. 31.
70 ebenda, S. 116.
71 Metternich an Lützow, Wien, 10. Oktober, 1847, in: Richard von und zu Klinkowström u. Alfons von Metternich (Herausg.), Aus Metternichs nachgelassenen Papieren, 8 Bde. Wien 1840-44, Bd. 7, S. 424 f.

3.
1848 – Die Ursachen

1 Graf F. A. Gualterio (1852), Gli Ultime Rivolgimeni Italiani, Memorie Storiche con Documenti Inediti, 4 Bde. Florenz, Bd. 2, S. 286 f.
2 Alan Sked (1979), The Survival of the Habsburg Empire: Radetzky, the Imperial Army and the Class War, 1848. London and New York, S. 43.
3 Howard A. Marraro (1946/47), An American diplomat views the dawn of liberalism in Piemont (1843-48), Journal of Central European Affairs, 6, S. 75 f.

4 J. R. Rath (1963/64), The Carbonari: their origins, initiation, rites and aims, American Historical Review, LXIX.

5 P. Savigear (1969), Carbonarism and the French Army 1815-24, History, LIV.

6 Für die Epoche von 1815-1848 können einige im Haus-, Hof- und Staatsarchiv in Wien unter Provinzen, Lombardei-Venezien gefunden werden.

7 Stuart Woolf (1979), A History of Italy 1700-1860. The Social Constraints of Political change. London, S. 307 f.

8 R. J. Goldstein (1983), Political Repression in 19th Century Europe. London und Canberra, S. 69-70.

9 ebenda, S. 70 f.

10 ebenda, S. 71.

11 ebenda.

12 Donald E. Emerson (1968), Metternich and the Political Police. Security and Subversion in the Habsburg Monarchy, 1815-1830. Den Haag, S. 189.

13 ebenda.

14 Abgesehen von Emerson, a. a. O., siehe auch: Josef Karl Mayr (1935), Metternichs geheimer Briefdienst. Postlogen und Postkurse, Inventare österreichische staatliche Archive, V: Inventare des Wiener Haus-, Hof- und Staatsarchivs 3. Wien; Anna Hedwa Benna (1942), Die Polizeihofstelle. Ein Beitrag zur Geschichte der österreichischen Zentralverwaltung, unveröffentlichte Dissertation, Wien; Harald Hubatschke (1975), Die amtliche Organisation der geheimen Briefüberwachung und der diplomatische Chiffrendienst in Österreich (Von den Anfängen bis etwa 1870), Mitteilungen des Instituts für österreichische Geschichtsforschung, Bd. LXXXIII, S. 352-413; Julius Marx (1959), Die österreichische Zensur im Vormärz. München; und Viktor Bibl (1927), Die Wiener Polizei, Eine kulturhistorische Studie. Leipzig, Wien und New York.

15 Emerson, a. a. O., S. 38.

16 ebenda, S. 38.

17 ebenda, S. 138.

18 ebenda, S. 154.

19 ebenda, S. 179.

20 ebenda, S. 61 f. Man bedenke allerdings, was Peter. J. Katzenstein in seinem Buch: Disjoined Partners, Austria and Germany since 1815. Berkely 1976, S. 61 f. bemerkt hat, nämlich »dieses Überwachungssystem, so beeindruckend es sich damals ausgenommen haben mag, war immer noch klein, wenn man es mit der Gesamtbevölkerung oder den potentiellen liberalen und demokratischen Gegeneliten in Beziehung setzt. 1848 zum Beispiel wurden insgesamt nur 15 000 Briefe durch die österreichischen Zensoren geöffnet, etwa 0,5% des österreichischen Briefverkehrs mit dem Ausland und nur 0,08 der Inlandpost. Das ist sehr wenig, verglichen mit den 96 bis 120 Millionen Briefen und Postkarten, die jährlich von den österreichischen Zensoren zwischen 1916 und 1918 inspiziert wurden, was etwa 25% der österreichischen Auslands- und etwa 10% seiner Inlandspost entsprach. Mit anderen Worten, auf diesem Gebiet wuchs die Fähigkeit zur politischen Kontrolle zwischen 1850 und 1916-18 um das Fünfzig- bis Hundertfache, auch wenn die österreichische Kriegsregierung keineswegs ein Modell der bürokratischen Effizienz oder der totalitären Kontrolle war.«

21 Zitiert nach: R. John Rath (1957), The Viennese Revolution of 1848. Austin, S. 10 f.

22 Count Hartig (1853), Genesis or details of the late Austrian Revolution by an Officer of State, übersetzt als Bd. 4 der Continuation von Archdeacon Coxe's History of the House of Austria. London, S. 38 f.

23 Rath, a. a. O., S. 45

24 ebenda, S. 45 f.

25 ebenda, S. 31, Anmerkung 53. Was die Geheimpolizei in Metternichs Österreich angeht, sind die Kommentare eines britischen Beobachters, die 1840 veröffentlicht wurden, sehr interessant:»Gäbe es da nicht die überall herrschende Ordnung und Sicherheit, würde ein Fremder jenseits der Stadtmauern kaum annehmen, daß es, abgesehen von den Grenzen, überhaupt irgendwelche Polizisten gäbe. Ich habe kein europäisches Land bereist, in dem, außer in den Provinzkapitalen, so wenig von ihr zu sehen oder zu fühlen ist... Soweit es mich betrifft, kann ich Leute, deren gläubige Phantasie sich mit der Vorspiegelung verkleideter Agenten quält, die sich stets an ihre Fußstapfen heften und ihr Benehmen überwachen, nur von Herzen bedauern. Was die Einwohner selber betrifft (ich beschränke mich, wie üblich, auf die deutschen Provinzen), so hat kein Land Europas so wenig eine bezahlte Geheimpolizei nötig wie Österreich.« Öffentliche Zustimmung, so sagte er, sei das wahre Geheimnis der Ordnung. Der gleiche Beobachter hielt auch fest, daß Buchhändler alle Werke importieren und verkaufen konnten, die sie für wichtig hielten, auch wenn sie, was das Ausstellen und Anpreisen regierungskritischer Arbeiten angehe, einigen polizeilichen Beschränkungen unterworfen seien. Grundsätzlich hält er fest:»Daß das gesamte Polizeiaufgebot des Kaiserreichs so beträchtlich nicht ist, mag daraus geschlossen werden, daß sich seine Gesamtausgaben auf jährlich nur 1 643 500 Gulden oder 164 350 Pfund pro Jahr belaufen; und in dieser Summe sind sämtliche Ausrüstungskosten sowie der Unterhalt der beiden italienischen Regimenter enthalten; ebenso die der bewaffneten Kräfte in den deutschen Staaten; die 15 000 Gulden, die der Polizeichef von Wien erhält, sowie der Lohn des einfachsten Angestellten; und alle Pensionen an ehemalige Angestellte, Witwen und Waisen dieser Abteilung.« Siehe Peter Evan Turnbull (1840), Austria, 2 Bde. London, 255-261, 253.

26 Marx, a. a. O., S. 44-53.

27 Rath, a. a. O., Kapitel 2.

28 C. A. Macartney (1965), The Austrian Monarchy, 1792-1848, in: C. A. Crawley (Herausg.), War and Peace in an Age of Upheaval, 1793-1830. The New Cambridge Modern History, Cambridge, Bd. IX, Kapitel XIV, S. 395 bis 411, S. 402.

29 Rath, a. a. O., S. 27.

30 ebenda, S. 35.

31 Hans Sturmberger (1962), Der Weg zum Verfassungsstaat. Die Politische Entwicklung in Oberösterreich von 1792-1861. Wien.

32 ebenda, S. 45.

33 Macartney, a. a. O., S. 410.

34 J. Polisenksy (1980), Aristocrats and the Crowd in the Revolutionary Year 1848. A Contribution to the History of Revolution and Counter-revolution in Austria. Albany.

35 P. Ginsborg (1979), Daniele Manin and the Venetian Revolution of 1848 bis 1849. Cambridge.

36 Zitiert nach Alan Sked, a. a. O., S. 167.

37 Hartig, a. a. O., S. 70.

38 Zitiert nach Alan Sked (1976), Metternich and the federalist myth, in: Alan Sked and Chris Cool (Herausg.), Crisis and Controversy, Essays in Honour of A. J. P. Taylor. London and Basingstoke, S. 4.
39 István Deák (1979), The Lawful Revolution: Louis Kossuth and the Hungarians, 1848-49. New York.
40 E. Heller (1933), Fürst Felix zu Schwarzenberg, Mitteleuropas Vorkämpfer. Wien, S. 265.
41 Kent Roberts Greenfield (1965), Economics and Liberalism in the Risorgimento. A Study of Nationalism in Lombardy, 1881-48, revised edition with an introduction by R. Romeo. Baltimore, S. xvii und xii.
42 Carlo Cattaneo (1848), L'insurrection de Milan en 1848. Paris, S. 12.
43 ebenda, S. 16.
44 ebenda.
45 Luigi Torrelli (1846), Pensieri sull'Italia di un Anonimo Lombardo. Paris.
46 s. Alan Sked, The Survival of the Habsburg Empire, Teil III.
47 ebenda, S. 174.
48 ebenda.
49 ebenda, S. 175.
50 ebenda, S. 168.
51 ebenda, S. 174.
52 Was die Proklamation angeht, siehe N. Bianchi Giovini (1854), L'Autriche en Italie, 2 Bde. Paris, Bd. I, S. 277-9.
53 Alan Sked, The Survival of the Habsburg Empire, S. 110.
54 ebenda, S. 165 ff.
55 ebenda, S. 165.
56 ebenda, S. 272, Anmerkung 17.
57 ebenda, S. 167.
58 ebenda.
59 ebenda, S. 184.
60 ebenda, S. 185.
61 ebenda.
62 ebenda, S. 186.
63 ebenda.
64 ebenda.
65 ebenda.
66 ebenda.
67 David F. Good (1984), The Economic Rise of the Habsburg Empire, 1750 bis 1914. Berkeley and Los Angeles, S. 39.
68 Zitiert nach Good, a. a. O., S. 42.
69 ebenda.
70 ebenda, S. 45.
71 ebenda, S. 45-48.
72 ebenda, S. 48.
73 ebenda.
74 Richard Rudolph (1983), Economic revolution in Austria? The meaning of 1848 in Austrian economic history, in: John Komlos (Herausg.), Economic Development the Habsburg Monarchy in the Nineteenth Century. Essays, S. 165-82, S. 168.
75 ebenda, S. 171 f.
76 Wolfgang Häusler (1979), Von der Massenarmut zur Arbeiterbewegung. Demokratie und Soziale Frage in der Wiener Revolution von 1848. Wien, S. 24.

77 Nachum Gross, Austria-Hungary in the World Economy, in: Komlos (Herausg.), a. a. O., S. 1-45, S. 9.
78 ebenda, S. 14.
79 ebenda, S. 68.
80 ebenda, S. 67.
81 ebenda.
82 ebenda, S. 68.
82a Dabei denkt man vor allem an die Häuser der Rothschild, Schoeller, Geymüller, Sina, Stametz-Mayer und Arnstein-Eskeles.
83 ebenda.
84 Turnbull, a. a. O., Bd. 2, S. 323.
85 ebenda, Bd. 2, S. 324.
86 Antonio Schmidt Brentano (1975), Die Armee in Österreich: Militär, Staat und Gesellschaft, 1848-1867. Boppard am Rhein, S. 109.
87 ebenda.
88 Robert Enderes (1947), Revolution in Österreich, 1848. Wien, S. 38.
89 Conte Corti (1928), The Reign of the House of Rothschild. London, S. 258. (Hier zitiert nach: Conte Corti (1928), Das Haus Rothschild in der Zeit seiner Blüte, 1830-1871. Leipzig, S, 276.) Metternich traf sich mit Salomon Rothschild im November 1847 und im Januar 1848, um das Darlehen zu arrangieren. Das Zitat stammt eigentlich vom Januar-Treffen.
90 ebenda, S. 254 f.
91 Julius Marx (1965), Die wirtschaftlichen Ursachen der Revolution von 1848 in Österreich. Veröffentlichungen der Kommission für Neuere Geschichte Österreichs, Bd. 51. Graz und Köln, S. 254 f., 94.
92 ebenda, S. 99.
93 Turnbull, a. a. O., Bd. 2, S. 21 f., 340, 344.
94 Marx, a. a. O., S. 99.
95 Diese Zahlen sind obigem Werk entnommen, S. 123-167 und Häusler.
96 Good, a. a. O., S. 72 f.
97 Turnbull, a. a. O., Bd. 2., S. 45.
98 ebenda, Bd. 2, S. 33
99 ebenda, Bd. 2, S. 54.
100 Um 1840 wurden in Österreich 45 398 Gulden für »arme Studenten« ausgegeben. An der Universität Wien gab es zum Beispiel unter insgesamt 2000 274 arme Studenten; in Prag waren es 62 unter 1700; in Pavia 26; in Lemberg 33; in Graz 81; in Olmütz 112; und in Padua gab es keine. Am Protestantischen Institut von Wien gab es unter insgesamt 49 Studenten 30 arme. Insgesamt studierten in der Monarchie (abgesehen von Pest) etwa 640 solche Studenten. Das war sehr viel weniger als in Deutschland.
101 Turnbull, a. a. O. S. 150 f.
102 ebenda, S. 150.
103 Rath, a. a. O., S. 14 f. Vergl. auch. Marx, a. a. O., S. 80: »Keinesfalls können jedoch materielle Probleme alleine als treibende Kraft hinter der Revolution gesehen werden; die proletarischen Massen und Handwerker waren national und politisch noch indifferent, sich ihrer sozialistischen Ideen kaum bewußt, ihre Anzahl, im Vergleich mit der Gesamtheit der Bevölkerung, eher klein. Ihre Unzufriedenheit führte bestenfalls zu örtlichen Aufständen, wie sie es bei Bauern wegen des Zehnten und des Frondienstes gab.«
104 Rath, a. a. O., S. 15, Anmerkung 35.
105 Turnbull, a. a. O., Bd. 2, S. 238 f.

106 Marx, a. a. O. S, 142.
107 Turnbull, a. a. O., Bd. 2. S. 219 f.
108 William L. Langer (1966), The patterns of urban revolution, 1848, in: E. M. Ancomb and M. L. Brown (Herausg.), French Society and Culture since the Old Regime. New York, S. 90-108. Ich habe die deutsche Übersetzung benutzt: Das Muster der städtischen Revolutionen von 1848, in: H. Stuke und W. Foestmann (Herausg.), Die europäischen Revolutionen von 1848, Neue Wissenschaftliche Bibliothek, Bd. 103, Regensburg 1979, S. 46-69.
109 Häusler, a. a. O., S. 150.

4.
Das Versagen der Revolutionen von 1848

1 Gunther E. Rothenberg (1976), The Army of Francis Joseph. West Lafayette, S. 35.
2 ebenda, S. 34.
3 György Szabad (1984), Hungary's recognition of Croatia's self-determination in 1848 and its immediate antecedents, in: Béla Király (Herausg.), East Central European Society and War in the Era of Revolutions, 1775-1856, War and Society in East Central Europe, Bd. 4. Brooklyn College Studies on Society and Change, Nr. 13, New York, S. 599-609, S. 593.
4 ebenda, S. 594.
5 ebenda, S. 595.
6 ebenda, S. 600.
7 ebenda, S. 603.
8 Zoltán I. Tóth (1954), The nationality problem in Hungary in 1848-69, in: Acta Historica, S. 235 ff., S. 257.
9 ebenda, S. 243.
10 ebenda.
11 ebenda, S. 256.
12 ebenda, S. 244.
13 István Deák (1979), The Lawful Revolution: Louis Kossuth and the Hungarians, 1848-49. New York, S. 127; aber vergl. Tóth, a. a. O., S. 268.
14 István Bartha (1975), Towards bourgeois transformation, revolution and war of independence (1790-1849), in: E. Pamlényi (Herausg.), A History of Hungary. London und Wellinborough, S. 207-84, S. 261.
15 Deák, a. a. O., S. 117 f.
16 ebenda, S. 280.
17 László Pusztaszeri (1984), General Görgey's military and political role: civil-military relations during the Hungarian Revolution, in: Király (Herausg.), a. a. O., S. 473-518, S. 479 f.
18 Deák, a. a. O. S. 305.
19 ebenda.
20 ebenda.
21 ebenda, S. 329.
22 ebenda, S. 268.
23 ebenda, S. 183 f.
24 ebenda, S. 62.
25 Aladár Urbán (1984), One army and two ministers of war: the armed forces of the Habsburg Empire between Emperor and King: in: Király (Herausg.), a. a. O. S. 419-38, S. 431.

26 Zitiert nach K. Bourne (1970), The Foreign Policy of Victorian England. Oxford, S. 296.

27 Deák, w.o., aber vergl. S. 187-201, und Joseph M. Borus (1984), The military industry in the War of Independence, in: Király (Herausg.), a. a. O., S. 519-37.

28 Alan Sked (1979), The Survival of the Habsburg Empire: Radetzky, the Imperial Army and the Class War, 1848. London and New York, S. 125.

29 ebenda.

30 ebenda, S. 128.

31 ebenda, S. 127.

32 ebenda, S. 129.

33 ebenda, S. 55.

34 ebenda, S. 51.

35 ebenda, S. 55.

36 ebenda, S. 56.

37 ebenda, S. 72.

38 ebenda, S. 73.

39 ebenda, S. 71 f.

40 ebenda, S. 73.

41 ebenda, S. 73 f.

42 ebenda, S. 133.

43 ebenda, S. 135.

44 ebenda, S. 161 f.

45 ebenda, S. 137.

46 ebenda, S. 140.

47 ebenda, S. 141.

48 ebenda, S. 142.

49 Franco della Peruta (1953), I contadini nella rivoluzione lombarda 1848, Movimento Operaio, S. 562 ff.

50 Sked, a. a. O., S. 145.

51 ebenda, S. 146.

52 ebenda, S. 144.

53 ebenda, S. 140.

54 ebenda.

55 Paul Müller (1934), Feldmarschall Fürst Windischgraetz, Revolution und Gegenrevolution in Österreich, Wien und Leipzig, S. 95.

56 Lawrence D. Orton (1978), The Prague Slav Congress of 1848, East European Monographs, Nr. XLXI, New York, S. 102.

56a Thun hatte seine Handlungen zunächst damit gerechtfertigt, die Regierung in Wien habe ihre Autorität an einen Mob von Studenten verloren, nachdem es ihr nicht gelungen sei, am 23. Mai die Wiener Akademische Legion zu zerstreuen, dann damit, die Böhmische Charta habe Böhmen ein unabhängiges Ministerium zugestanden, was nicht der Fall war. Der Thronerbe, Erzherzog Franz Karl, hatte schließlich auf die Wiener Regierung gehört, die davon ausging, Böhmen die Autonomie zuzugestehen, hieße, die Einheit der Monarchie zu zerstören.

57 Müller, a. a. O., S. 109.

58 Friedrich Prinz, Prag und Wien, 1848. Veröffentlichungen des Collegium Carolinum Bd. 21, S. 92.

59 Sked, a. a. O. S. 145 f.

60 ebenda.

61 Friedrich Walter, Die Österreichische Zentralverwaltung, Pkt. III, Von der Märzrevolution 1848 bis zur Dezemberverfassung 1867, Bd. I, Die Geschichte der Ministerien Kolowrat, Ficquelmont, Pillersdorf, Wessenberg-Doblhoff und Schwarzenberg. Veröffentlichungen der Kommission für Neuere Geschichte Österreichs, Bd. 49, S. 192 (beide Zitate).
62 Gunther E. Rothenberg (1965), Jellačič the Croatian Military Border and the intervention against Hungary in 1848, Austrian History Yearbook, S. 442-473, S. 58.
63 M. Hartley (1912), The Man Who Saved Austria, Baron Jellacič. London, S. 230.
64 ebenda, S. 233.
65 Michaela Geisler (1968), Joseph Freiherr von Jellačič de Buzim, Banus von Kroatien, unveröffentlichte Dissertation. Wien, S. 38.
66 Rothenberg, Jellačič, the Croatian Military Border etc., S. 59.
67 ebenda.
68 Geisler, a. a. O., S. 57. Tatsächlich war das Ministerium in Wien geteilter Ansicht darüber, was mit Jellačič zu geschehen habe. Deák zufolge (a. a. O., Kapitel 4, Anm. 4 und S. 363 f.) war Erzherzog Franz Karl, das aktive Oberhaupt der kaiserlichen Familie, entschieden dagegen, ihn zu unterstützen. Nur Latour und Kulmer, der einzige kroatische Repräsentant bei Hofe, traten dafür ein. Doch nicht einmal Latour wollte Jellačič offiziell unterstützen.
69 Jellačič an Latour, Zagreb, 5. August 1848, Wien, Kriegsarchiv, MK (1848) 4014.
70 Jellačič an Latour, Zagreb, 8. August 1848, Wien, Kriegsarchiv, MK (1848) 4123.
71 Jellačič an Latour, Zagreb, 8. Juli 1848, Wien, Kriegsarchiv, MK (1848) 3421 und 3547.
72 Latour an Esterházy, Wien, 12. Juli 1848, Wien, Kriegsarchiv, MK (1848) 3421 und 3547.
73 Latour an Jellačič Wien, 14. August 1848, Wien, Kriegsarchiv, MK (1848) 4123.
74 Latour an Esterházy, Wien, 27. August 1848, Wien, Kriegsarchiv, MK (1848) 4526 und 4527.
75 Hartley, a. a. O., S. 251.
76 Walter, a. a. O., S. 190 f.
77 ebenda.
78 Sked, a. a. O., S. 158.
79 ebenda, S. 160.
80 ebenda, S. 159.
81 ebenda, S. 160.
82 ebenda, S. 161.
83 ebenda.
84 ebenda, S. 198.
85 ebenda, S. 190.
86 ebenda, S. 193.
87 ebenda, S. 202 f.
88 E. Heller (1933), Fürst Felix zu Schwarzenberg, Mitteleuropas Vorkämpfer. Wien, S. 265 f.
89 Hartley, a. a. O.
90 Zitiert nach: Hartley, a. a. O., S. 251.

327

5.
Von der Gegenrevolution zum Ausgleich

1 Was diese Zitate betrifft, siehe: Kenneth W. Rock (1975), Felix Schwarzenberg, military Diplomat, Austrian History Yearbook, Bd. XI, S. 85-109, S. 86 f.
2 Rudolf Kiszling (1952), Fürst Felix zu Schwarzenberg. Der politische Lehrmeister Kaiser Franz Josephs. Graz und Köln, S. 37.
3 ebenda, S. 52.
4 C. A. Macartney, The Habsburg Empire, 1790-1918. London, S. 407.
5 Kiszling, a. a. O., S. 55.
6 Friedrich Walter (1965), Fürst Felix Schwarzenberg im Lichte seiner Innenpolitik, in: Virtute Fideque, Festschrift für Otto von Habsburg zum fünfzigsten Geburtstag, S. 180 f.
7 ebenda.
8 ebenda.
9 ebenda, S. 180 f.
10 ebenda, S. 183.
11 ebenda.
12 ebenda, S. 184.
13 ebenda.
14 ebenda.
15 ebenda.
16 ebenda.
17 Macartney, a. a. O., S. 417.
18 ebenda, S. 422.
19 ebenda, S. 418.
20 Redlichs Meinung wird bekräftigt durch A. Murad (1968), Franz Joseph und sein Reich, New York, S. 130.
21 Zum Beispiel Robert A. Kann (1974), A History of the Habsburg Empire 1526-1918. London, S. 312: »Die Reaktion hat eine große Chance zerstört.«
22 Macartney, a. a. O., S. 418.
23 ebenda, S. 425.
24 Walter, a. a. O., S. 186.
25 ebenda.
26 Macartney, a. a. O., S. 453.
27 ebenda, S. 451.
28 ebenda, S. 456.
29 Siehe vor allem Roy A. Austensen (1977), Felix Schwarzenberg »Realpolitiker« or »Metternichian«? The evidence of the Dresden Conference, in: Mitteilungen des Österreichischen Staatsarchivs, Bd. 30, S. 97-118; aber auch (1973/4), Graf Buol and the Metternich tradition, Austrian History Yearbook, Bd. 9/10, S. 173-93; und (1980), Austria and the 'Struggle for Supremacy in Germany', 1848-64, Journal of Modern History, Bd. 53, S. 195 bis 225.
30 Austensen, Felix Schwarzenberg etc., S. 106 f.
31 Adolph Schwarzenberg (1946), Prince Felix Schwarzenberg, Prime Minister of Austria, 1848-52. New York, S. 167.
32 ebenda, S. 167 f.
33 H. Böhme (1971), The Foundation of the German Empire. Oxford, S. 69 f.

34 ebenda, S. 70.
35 Schwarzenberg, a. a. O., S. 69.
36 Thomas Francis Huertas (1977), Economic Growth and Economic Policy in a Multinational Setting. The Habsburg Monarchy, 1841-1865. Chicago, S. 30.
37 ebenda, S. 34 f.
38 ebenda, S. 35.
39 ebenda.
40 C. A. Macartney (1978), The House of Austria: The Later Phase, 1790-1918. Edinburgh, S. 131.
41 Huertas, a. a. O., S. 26 ff.
42 Macartney, The House of Austria, S. 131.
43 David F. Good (1984), The Economic Rise of the Habsburg Empire, 1750 bis 1914. Berkeley and Los Angeles, S.78.
44 ebenda, S. 92 f.
45 John Komlos (1983), The Habsburg Monarchy as a Customs Union, Economic Development in Austria-Hungary in the Nineteenth Century. Guildford, S. 49.
46 ebenda, S. 50 f.
47 ebenda, S. 39 f.
48 Huertas, a. a. O., S. 19.
49 ebenda, S. 20.
50 ebenda, S. 24 f.
51 Good, a. a. O., S. 81.
52 ebenda, S. 82.
53 Zitiert nach Good, a. a. O., S. 85.
54 László Katus (1983), Transport revolution and economic growth in Hungary, in: Komlos (Herausg.), Economic Development etc. S. 183-204.
55 Richard Rudolph (1983), Economic revolution in Austria? The meaning of 1848 in Austrian economic history, in: John Komlos (Herausg.), Economic Development in the Habsburg Monarchy in the Nineteenth Century, Essays, S. 169.
56 Good, a. a. O., S. 84.
57 ebenda, S. 85.
58 ebenda, S. 86ff.
59 ebenda, S. 87 f.
60 Huertas a. a. O., S. 36.
61 ebenda, S. 40.
62 ebenda, S. 45.
63 ebenda.
64 ebenda, S. 48.
65 A. Milward and S. B. Saul (1977), The Development of the Economics of Continental Europe, 1850-1914. London, S. 296.
66 Huertas, a. a. O., S. 46. Die offensichtliche Interaktion zwischen Wirtschaft und Außenpolitik in der Epoche von 1854–70 betont auch Peter Katzenstein (1976), Disjoined Partners. Austria and Germany since 1815 Berkely, S. 87 f.:»Zwischen 1848 und 1866 verdreifachte sich die Nationalschuld und wurde größtenteils auf ausländischen Märkten aufgenommen...Um eine Politik der bewaffneten Neutralität während des Krimkriegs zu finanzieren, war die österreichische Regierung gezwungen, das ganze österreichische Eisenbahnsystem zu sehr ungünstigen Preisen an ausländische

Bankiers zu verkaufen, die meisten davon Franzosen. Die Staatsfinanzen brachen völlig zusammen, als die Regierung sich bemühte, die Mittel für den Krieg mit Piemont von 1859 zu bekommen. Nur die Hälfte der Kriegsanleihe wurde gezeichnet und selbst dieser kleine Teil mit sehr beträchtlichem Rabatten. In den Augen der Finanziers und Bourgeoisie des Auslands war die Regierung nicht länger ein funktionsfähiger Konzern... Österreichs politische Elite betrachtete zuletzt die Außenpolitik als Roulettespiel.« Katzenstein weist darauf hin, daß die Militärausgaben zwischen 1858 und 1859 um 12% gesenkt wurden, zwischen 1860 und 1863 um 34%. Österreich blieb daher technologisch zurück, war unfähig, sich moderne Waffen zu verschaffen. Für mehr Details siehe H. Brandt (1978), Der österreichische Neoabsolutismus. Staatsfinanzen und Politik, 1848 bis 1860, 2 Bände. Göttingen und Zürich. Ein anderer interessanter Hinweis von Katzenstein (S. 89):»Aber das österreichische Problem bestand nicht nur in finanzieller Schwäche. Schlechte Regierungsführung spielte eine ebenso wichtige Rolle. 1854 betrug die österreichische Armee etwa 1,37% der Gesamtbevölkerung, in Preußen dagegen nur 0,77%. Anderseits gab Preußen für jeden Soldaten fast das Doppelte aus, 209 Taler verglichen mit Österreichs 109. Und dennoch war Preußen in der Lage, einen viel größeren Prozentsatz seiner Gesamtbevölkerung zu mobilisieren. Seine Armee zu Kriegszeiten betrug 428 000 Mann oder 2,59% der Gesamtbevölkerung, außerdem standen zusätzliche ausgebildete Reserven zur Verfügung, die die Gesamtzahl auf etwa 800 000 gebracht haben würden. Verglichen mit Preußen nützte Österreich in Friedenszeiten einen größeren Teil seiner Ressourcen für Militärzwecke, konnte aber in Kriegszeiten nur einen geringeren Teil mobilisieren.«

67 Paul W. Schroeder (1972), Austria, Great Britain and The Crimean War. The Destruction of the European Concert. Ithica and London, S. 413.
68 ebenda, S. 415.
69 ebenda, S. 416.
70 ebenda, S. 418.
71 Austensen, Count Buol etc., S. 193.
72 Zitiert in: G. B. Henderson (1975), Crimean War diplomacy and other historical essays, Glasgow University Publications, LXVIII. New York, S. 187.
73 Norman Rich (1985), Why the Crimean War? A Cautionary Tale. Hannover und London, S. 120.
74 ebenda, S. 123.
75 ebenda, S. 13. Metternich, darauf sollte man hinweisen, hatte Schwarzenbergs Deutschlandpolitik ebenfalls abgelehnt.
76 Henderson, a. a. O., S. 187.
77 Schroeder, a. a. O., S. 395, Anmerkung.
78 Bernhard Unckel (1969), Österreich und der Krimkrieg, Studien zur Politik der Donaumonarchie in den Jahren 1852-1856, Historische Studien, 410, Lübeck und Hamburg.
79 William A. Jenks (1978), Franz Joseph and the Italians, 1849-1859. Charlottesville, S. 145.
80 ebenda, S. 146.
81 Unckel, a. a. O., S. 282.
82 ebenda, S. 140.
83 Zitiert in: Murad, a. a. O., S. 154.
84 István Deák (1984), Defeat at Solferino: the nationality question and the

Habsburg Army in the War of 1859, in: B. K. Király (Herausg.), The crucial decade: east central European society and national defense, 1859-70, War and Society in East Central Europe, Bd. XIV, S. 496-515.
85 ebenda, S. 511.
86 ebenda, S. 497.
87 Austensen, Austria and the ›Struggle for Supremacy‹ in Germany etc., S. 224.
88 Zitiert in: Franco Valsecchi (1966), European diplomacy and the Expedition of the Thousand: the conservative powers, in: Martin Gilbert (Herausg.), A Century of Conflict, 1850-1950, Essays in Honour of A. J. P. Taylor. London S. 60 f.
89 ebenda.
90 Richard B. Elrod (1984), Bernhard von Rechberg and the Metternichian tradition: the dilemma of conservative statescraft, Journal of Modern History, Bd. 56, S. 430-55, S. 44.
91 ebenda.
92 ebenda, S. 450-1.
93 ebenda, S. 449. (Elrod zitiert auf deutsch).
94 M. Derndarsky (1982), Das Klischee von ›Ces messieurs de Vienne...‹ Der österreichisch-französische Geheimvertrag vom 12. Juni 1866 – Symptom für die Unfähigkeit der österreichischen Außenpolitik? in: Historische Zeitschrift, Bd. 235, S. 298-353.
95 Zitiert in: Elrod, a. a. O., S. 452, Anm. 82.
96 Richard B. Elrod (1981/82), Realpolitik or Concert diplomacy: the debate over Austrian foreign policy in the 1860s with comments by M. Derndarsky, Austrian History Yearbook, Bd. 17/18 S. 84-103, S. 95 f.

6.
Die Doppelmonarchie

1 György Szabad (1977), Hungarian Political Trends between the Revolution and the Compromise (1848-1867). Budapest, S. 166 f.
2 László Péter (1984), The dualist character of the 1864 Hungarian Settlement, in: György Ránki (Herausg.), Hungarian history – world history, Indiana Studies on History. Budapest, S. 85-164, S. 118.
3 Zitiert in: B. Sutter (1968), Die Ausgleichsverhandlungen zwischen Österreich und Ungarn, 1767-1918, Österreichisch-Ungarischer Ausgleich von 1867 etc., S. 71-111, S. 90.
4 Der Satz ist apokryph.
5 C. A. Macartney (1970), The Compromise of 1867, in: R. H. Hatton und M. Anderson (Herausg.), Studies in Diplomatic History; Essais in memory of David Bayne Horn. London, S. 287-300, S. 229.
6 A. Murad (1968), Franz Joseph and his Empire. New York, S. 176.
7 Sutter, a. a. O., S. 81.
8 ebenda, S. 92 f.
9 ebenda, S. 106.
10 P. Hanák (1967), Die Stellung Ungarns in der Monarchie, in: F. Engel-Janosi und H. Rumpler (Herausg.), Probleme der Franzisco-Josephischen Zeit, 1848-1916. Wien, S. 79-93, S. 88.
11 Péter, a. a. O., S. 147.

12 ebenda, S. 147 f.
13 ebenda, S. 151.
14 ebenda, S. 150.
15 ebenda, S. 151.
16 ebenda, S. 151 f.
17 ebenda, S. 152.
18 Zoltán Szász (1984), The founding of the Honvédség and the Hungarian Ministry of Defence, 1867-70, in: B. K. Király (Herausg.), The Crucial Decade: east central European society and national defense, 1859-70, War and Society in East Central Europe, Bd. XIV, S. 533 f., S. 533.
19 János Décsy (1984), Gyula Andrássy and the founding of the Honvédség, in: Király, a. a. O., S. 540-50, S. 540.
20 Gábor Vermes (1983), Hungary and the common Army in the Austro-Hungarian Monarchy, in: S. B. Vardy and A. H. Vardy (Herausg.), Society in Change, Studies in Honour of Béla K. Király. New York, S. 89-101, S. 95.
20a Artikel 11 des Ausgleichs legte fest:»In Übereinstimmung mit den verfassungsmäßigen Vorrechten des Herrschers werden alle Angelegenheiten, die das vereinigte Kommando betreffen, die Kontrolle und die interne Organisation der ganzen Armee einschließlich der ungarischen Armee als integraler Teil der ganzen Armee ausschließlich der Verfügung Seiner Majestät überlassen.«
20b Andrássy, der Ungarisch als Kommandosprache für ungarische Regimenter durchzusetzen versucht hatte, wurde mitgeteilt, daß die Ungarn nur etwas über 14% der Gesamttruppe bei 14 von 64 Infanterieregimentern stellten, und weniger als 10-12% bei Jäger-, Artillerie-, Sappeur- und Signalformationen; in der Tat waren nur die vierzehn Husaren-Regimenter 80-100% ungarischsprachig.
21 Szász, a. a. O., S. 358.
22 Gunther E. Rothenberg, The Military Compromise of 1868 and Hungary, in: Király, a. a. O., S. 519-32, S. 526.
23 ebenda, S. 259.
24 ebenda.
25 László Péter, The Army Question in Hungarian Politics, 1867-1914, S. 24. Unveröffentlichte Arbeit, von der eine Kopie freundlicherweise dem Autor übergeben wurde.
26 Norman Stone (1966), Army and society in the Habsburg Monarchy, 1900 bis 1914, Past and Present, Bd. 33, S. 965-1111, S. 106.
27 ebenda, S. 104 ff.
28 Oscar Jászi (1961), The Dissolution of the Habsburg Monarchy. Chicago and London, S. 206.
29 David F. Good (1984), The Economic Rise of the Habsburg Empire, 1750 bis 1914. Berkely and Los Angeles, S. 104.
30 ebenda, S. 124.
31 ebenda, S. 240.
32 ebenda.
33 ebenda, S. 241.
34 John Komlos (1983), The Habsburg Monarchy as a Customs Union, Economic Development in Austria-Hungary in the Nineteenth Century. Guildford.
35 ebenda, S. 218.
36 ebenda, S. 219 f.

37 ebenda, S. 218.
38 ebenda, S. 218.
39 Péter Hanák (1984), Hungary's contribution to the Monarchy, in: G. Ránki (Herausg.), a. a. O., S. 165-80.
40 ebenda, S. 169.
41 ebenda, S. 166.
42 ebenda.
43 ebenda, S. 169.
44 Scott M. Eddie (1984), On Hungary's economic contributions to the Monarchy, in: Ránki, a. a. O., S. 191-207.
45 ebenda, S. 195.
46 Was Seton-Watsons Schriften und Karriere angeht, siehe das Buch seiner Söhne, H. und C. Seton-Watson (1981), The Making of a New Europe. London.
47 C. A. Macartney, The Habsburg Empire, 1790-1918. London, S. 558.
48 ebenda, S. 165.
49 ebenda.
50 Für eine ausgezeichnete Zusammenfassung des Nationalitätenproblems unter dem Dualismus siehe Barbara Jelavich (1983), History of the Balkans, Bd. II, Twentieth Century. Cambridge, Kapitel II. Der gründlichste, auf den allerneuesten Stand gebrachte Bericht auf deutsch kann in den beiden umfangreichen Bänden der Österreichischen Akademie über die Monarchie gefunden werden, nämlich in: A. Wandruszka und Peter Urbanitsch (Herausg.), Die Habsburger Monarchie, 1848-1918, Bd. III, Teil I und II, Die Völker des Reiches. Wien 1980.
51 János, The decline of the oligarchy etc., S. 18 ff.
52 ebenda, S. 43.
53 Horst Haselsteiner (1984), Das Nationalitätenproblem in den Ländern der ungarischen Krone, in: E. Zöllner und H. Mocker (Herausg.), Volk, Land und Staat, Landesbewußtsein, Staatsidee und nationale Frage in der Geschichte Österreichs, Schriften des Institutes für Österreichkunde, 43, S. 118-37, S. 132.
54 ebenda, S. 133.
55 ebenda, S. 132, Anmerkungen 36 und 37.
56 Jelavich, a. a. O., S. 76.
57 Jozo Tomasevich, zitiert von Jelavich, a. a. O., S. 55 f.
58 Jelavich, ebenda, S. 55.
59 ebenda, S. 57.
60 ebenda, S. 66.
61 ebenda, S. 68.
62 A. J. P. Taylor (1964), The Habsburg Monarchy, 1809-1918, A History of the Austrian Empire and Austria-Hungary. London, S. 240 f.
63 V. S. Mamatey (1973), The establishment of the republic, in: V. S. Mamatey und R. Luza (Herausg.), A History of the Czechoslovak Republic, 1918 bis 1948. Princeton, S. 3-38, S. 7.
64 ebenda, S. 8.
65 Suzanne G. Kornish (1959), Constitutional aspects of the struggle between Germans and Czechs in the Austro-Hungarian Monarchy, Journal of Modern History, Bd. 21, S. 231-61, S. 239.
66 Das Hauptthema seines letzten Buches. Siehe: A. Gerschenkron (1977),

333

An Economic Spurt That Failed (Ein steckengebliebener Wirtschaftsaufschwung). Princeton.

67 Kornish, a. a. O., S. 261.
68 Mamatey, a. a. O., S. 5.
69 ebenda.
70 ebenda, S. 5.
71 ebenda.
72 Jelavich, a. a. O., S. 58.
73 Alfred Alexander (1977), The Hanging of Wilhelm Oberdank. London.
74 Hans Kohn (1975), The viability of the Habsburg Monarchy, in: Peter N. Stearns (Herausg.), A Century For Debate, 1789-1914, Problems in the Interpretation of European History. New York und Toronto, S. 466-71, S. 469.
75 Militär und Zivil. Zeitgemäße Betrachtungen von einem Österreicher. Wien und Leipzig, 1904, S. 15, Anmerkung.
76 ebenda.
77 »Wer ein Jude ist, bestimme ich.« S. Menachem Z. Rosenhaft (1976), Jews and Antisemites in Austria at the end of the nineteenth century, Leo Baeck Institute Yearbook, S. 51-86, S. 83. Siehe auch Peter G. J. Pulzer (1964), The Rise of Political Antisemitism in Germany and Austria. London.
78 Hans Mommsen (1979), Arbeiterbewegung und Nationale Frage, Ausgewählte Aufsätze. Göttingen, S. 216.
79 ebenda, S. 216-17.
80 R. A. Kann (1974), A History of the Habsburg Empire, 1526-1918. London, S. 442 f. Siehe auch Arthur G. Kogan (1949), The Social Democrats and the conflict of nationalities in the Habsburg Monarchy, Journal of Modern History, Bd. 21, S. 204-12.
81 Zitiert in: Georg Markus (1984), Der Fall Redl. Wien, S. 109. Laut Quelle waren das Bemerkungen, die Rudolph indirekt von Wilhelms Maitresse und einer Kupplerin zugespielt wurden und die er am 9. April 1887 an den Militärbevollmächtigten der k. u. k. Botschaft in Berlin weiterleitete.
82 A. Wandruszka (1968), Finis Austriae? Reformpläne und Untergangsahnungen in der Habsburger Monarchie, in: Der österreichische Ausgleich von 1867. Seine Grundlagen und Auswirkungen, Buchreihe der Südostdeutschen Historischen Kommission, Bd. 20. München S. 119.
83 ebenda.
84 ebenda.
85 Zitiert in: W. W. Gottlieb (1957), Studies in Secret Diplomacy During the First World War. London, S. 261.
86 ebenda.
87 Carl E. Schorske (1981), Fin de Siècle. Vienna, Politics and Culture. New York.
88 W. Johnson (1972), The Austrian Mind: an Intellectual and Social History, 1848-1938. Berkeley.
89 B. Sutter (1980), Die politische und rechtliche Stellung der Deutschen in Österreich, 1848-1918, in: A. Wandruszka und P. Urbanitsch (Herausg.), a. a. O., Teil I, S. 154-239.
90 ebenda, S. 304.
91 István Diószegi (1985), Die Außenpolitik der Österreichisch-Ungarischen Monarchie, 1871-1877. Wien, Graz und Köln, S. 10.
92 Jelavich, a. a. O., S. 77.
93 ebenda, S. 78.

94 Louis Eisenmann (1910), Austria-Hungary, in: The Latest Age, The Cambridge Modern History, Bd. XII, S. 174-212.
95 A. J. P. Taylor, a. a. O., S. 292.
96 Eisenmann, a. a. O., S. 208.
97 ebenda, S. 210.
98 ebenda, S. 211.
99 ebenda, S. 210 f.
100 ebenda, S. 212.
101 A. Lawrence Lowell (1896), Governments and Parties in Continental Europe, 2 Bde. Bd. 2, S. 70-179, S. 179.
102 ebenda, Bd. 2, S. 177.

7.
Der Weg in die Katastrophe

1 István Diószegi, Die Außenpolitik der Österreichisch-Ungarischen Monarchie, 1871-1877. Wien, Graz und Köln, S. 10.
2 ebenda.
3 New York, 1979, East European Monographs 11, Studies on Society in Change, Nr. 8.
4 ebenda, S. 113.
5 ebenda, S. 114.
6 ebenda.
7 ebenda, S. 102.
8 ebenda, S. 115.
9 ebenda, S. 32.
10 ebenda.
11 Robert A. Kann (1977), Trends Towards Colonialism in the Habsburg Empire, 1878-1918, the case of Bosnia-Hercegovina, 1878-1914, in: D. K. Rowney and G. E. Orchard (Herausg.), Russian and Slawonic History. New York, S. 164-80.
12 ebenda, S. 166 f.
13 ebenda, S. 168.
14 ebenda, S. 170.
15 ebenda, S. 171 f.
16 ebenda, S. 172 f.
17 ebenda, S. 178.
18 Paul W. Schroeder (1972), World War I as Galopping Gertie: a reply to Joachim Remak, Journal of Modern History, Bd. 44, S. 319-45, S. 341 f.
19 Paul W. Schroeder (1976), Munich and the British tradition, The Historical Journal, Bd. 19, S. 223-43, S. 237.
20 ebenda, S. 240.
21 A. J. P. Taylor (1965), The Struggle for Mastery in Europe, London, S. 322.
22 ebenda, S. 456.
23 C. A. Macartney, The Habsburg Empire, 1790-1918, London, S. 808, Anmerkung 1.
24 Barbara Jelavich (1975), The Habsburg Empire in European Affairs, 1814 bis 1918. New York, S. 117.

25 István Diószegi (1983), Hungarians in the Ballhausplatz, Studies on the Austro-Hungarian Common Foreign Policy. Budapest, S. 55.
26 ebenda, S. 82.
27 ebenda, S. 84.
28 ebenda, S. 88.
29 ebenda.
30 ebenda, S. 210.
31 Roy F. Bridge (1972), From Sadowa to Sarajewo: the Foreign Policy of Austria Hungary, 1866-1914. London, S. 370.
32 Diószegi (1983), Hungarians in the Ballhausplatz, S. 228 f.
33 Robert A. Kann (1973), Kaiser Franz Joseph und der Ausbruch des Weltkrieges. In: Mitteilungen des Österreichischen Staatsarchivs, XXVI, S. 448–455. Der Kaiser war, Bilinski zufolge, 1913 auch für einen Krieg wegen Scutari gewesen.
34 Über Tisza siehe Gábor Vermes (1985), István Tisza, The Liberal Vision and Conservative Statecraft of a Magyar Nationalist, East European Monographs CLXXXIV, New York, Kapitel IX. Über Österreich-Ungarns Entschlossenheit, einen Krieg zu beginnen, siehe vor allem William Jannen Jr. (1983), The Austrian Decision for War in July 1914, in: S. R. Williamson Jr. und P. Pastor (Herausg.), Essays on World War I: Origins and Prisoners of War, War and Society in East Central Europe, Bd. V, New York, S. 55-81. Auf Seite 58 schreibt er:»Selbst in der Minister-Beratung vom 19. Juli...gab es keinerlei Diskussion über mögliche Konsequenzen einer russischen Intervention.« Vergl. auch Seite 60: »Die Führer der Monarchie schienen die wahrscheinlichen Reaktionen anderer Mächte völlig außer acht zu lassen.« Vergl. auch den Artikel von Sam Williamson in der gleichen Sammlung, der ähnliche Schwerpunkte setzt.
35 W. W. Gottlieb (1957), Studies in Secret Diplomacy During the First World War. London, S. 263.
36 Der Titel der neuesten und umfassenden Studie der Deutsch-Österreichischen Beziehungen während des Krieges, nämlich Gary W. Shanafelt (1985), The secret enemy: Austria-Hungary and the German Alliance, 1914-1918, East European Monographs, CLXXXVII. New York.
37 István Deák (1985), The Habsburg army in the first and last days of World War I: a comparative analysis, in: B. K. Király and N. F. Dreisiger (Herausg.), East Central European society in World War I, War and Society in East Central Europe, Vol. XIX, East European Monographs, CXCVI. New York, S. 310.
38 Gunther E. Rothenberg (1985), The Habsburg army in the First World War: 1914-1918, in: B. K. Király und N. F. Dreisiger, a. a. O., S. 297.
39 János Décsy (1985), The Habsburg army on the threshold of total war, in: B. K. Király und N. F. Dreisiger, a. a. O., S. 289-300, S. 280-288.
40 A. J. P. Taylor (1964), The Habsburg Monarchy, 1809-1918, A History of the Austrian Empire and Austria-Hungary. London, S. 247.
41 Bridge, a. a. O., S. 23.
42 Norman Stone (1966), Army and society in the Habsburg Monarchy, 1900 bis 1914, Past and Present, Bd. 33, S. 107.
43 ebenda.
44 Gunther E. Rothenberg (1976), The Army of Francis Joseph. West Lafayette, S. 129.
45 Deák, a. a. O., S. 307.

46 J. Robert Wegs (1977), Transportation: the Achilles heel of the Habsburg war effort, in: R. A. Kann, B. K. Király and P. S. Fichtner (Herausg.), The Habsburg Empire In World War I, essays on the intellectual, military, political and economic aspects of the Habsburg war effort, Studies on Society and Change, 2, East European Monographs, XXIII, S. 212-34.
47 Richard Georg Plaschka (1985), The Army and Internal Conflict in the Austro-Hungarian Empire, 1918, in: B. Király und N. F. Dreisiger (Herausg.), a. a. O., S. 338-53.
48 Deák, a. a. O., S. 307 f.
49 ebenda, S. 308.
50 Zitiert in Brigitte Hamann (1982), Die Habsburger und die Deutsche Frage im 19. Jahrhundert, in: H. Lutz und H. Rumpler (Herausg.), Österreich und die Deutsche Frage im 19. und 20. Jahrhundert, Probleme der politisch-staatlichen und sozio-kulturellen Differenzierung im deutschen Mitteleuropa. München, S. 222.
51 G. B. Henderson (1975), Crimean War diplomacy and other historical essays, Glasgow University Publications, LXVIII. New York, S. 21: »Es ist hart, gegen frühere Freunde auftreten zu müssen, allein in der Politik ist dies nicht anders möglich, und im Orient ist Rußland jederzeit unser natürlicher Feind.«
52 ebenda, S. 53 f.
53 Zitiert in: Solomon Wank (1967), Foreign policy and the nationality problem in Austria-Hungary, 1867-1914, Austrian History Yearbook, Bd. 3, S. 33-56, S. 44.
54 E. C. Conte Corti und H. Sokol (1955), Der Alte Kaiser. Graz, Wien und Köln, S. 363.
55 Oscar Jászi (1961), The Dissolution of the Habsburg Monarchy. Chicago und London, S. 363.
56 Lothar Höbelt (1982), Österreich-Ungarn und das Deutsche Reich als Zweibundpartner, in: H. Lutz und H. Rumpler (Herausg.), a. a. O., S. 256 bis 281, 278 f.
57 A. Wandruszka (1968), Finis Austriae? Reformpläne und Untergangsahnungen in der Habsburger Monarchie, in: Der österreichische Ausgleich von 1867. Seine Grundlagen und Auswirkungen. Buchreihe der Südostdeutschen Historischen Kommission, Bd. 20, München, S. 119.

Namenregister

Deutsche Geschichte im Osten Europas

Friedrich Prinz
Böhmen und Mähren
544 Seiten, Abbildungen, Leinen

Böhmen und Mähren waren ein Jahrtausend Herzländer des Heiligen
Römischen Reiches Deutscher Nation. Der deutsche Kaiser Karl IV.
residierte in der »Goldenen Stadt« Prag.
Dieser Band gibt eine glanzvolle Gesamtdarstellung von Ländern, die
Jahrhunderte hindurch zu Habsburg gehörten und in ihren Burgen,
Schlössern, in Städten und Marktflecken – von Karlsbad über Eger
bis zu Teplitz – österreichisch geprägt waren. Das alte Europa war das
modernste Europa: Man fühlte sich seiner Welt, nicht seiner Nation
verbunden.

»Dieser Band ist bester Beweis für das Fehlen finsterer Absichten –
Von Revanchismus keine Silbe. Der Band ist im Grunde genauso eine
Geschichte der Slaven in Böhmen wie auch der dramatischen Einflüs-
se aus Böhmen auf Viele: Ein Pflichtband für jeden an der Geschichte
Böhmens und Mährens und damit an der Geschichte Österreichs In-
teressierten.«

Die Presse, Wien

im
Siedler Verlag

Herwig Wolfram

Die Geburt Mitteleuropas
Geschichte Österreichs vor seiner Entstehung

584 Seiten, Abbildungen, Leinen

Den ereignisreichen Übergang von der Antike zum Mittelalter, rund 550 Jahre bewegter Geschichte, macht der Historiker Wolfram erstmals in seiner Vielfalt zugänglich. Er überträgt das Geschehen in unsere Sprache und uns geläufige Bilder. Was im Donauraum und in den Alpenländern die Menschen im religiösen, politischen, sozialen und wirtschaftlichen Bereich bewegte, gibt eine Vorstellung jener Epoche, die man weder romantisch verklären noch als irrelevant übergehen sollte. Wolfram gelingt, ähnlich wie in seinem vorher erschienenen Werk »Geschichte der Goten«, eine realistische und quellengetreue Analyse.

»Mit Wolfram hat einer der besten Kenner eine quellengesättigte Darstellung vorgelegt, die zugleich dem Interessierten Einblicke und dem Fachgenossen einen Überblick über Quellen und Forschung ermöglicht.«

Frankfurter Allgemeine Zeitung

»Ein Buch, das mit Sicherheit ein Klassiker wird.«

Journal of Medieval History

im
Siedler Verlag

Siedler Deutsche Geschichte

Heinrich Lutz
Zwischen Habsburg und Preußen
528 Seiten, Abbildungen, Leinen

Das Ringen zwischen dem habsburgischen Kaiserstaat im Südosten
und dem preußischen Modernisierungsstaat im Norden um die Vorherrschaft in Deutschland prägte die Epoche zwischen der Errichtung
des Deutschen Bundes und der Schlacht von Königgrätz. Es sind aber
nicht nur die Gegensätze der beiden deutschen Führungsmächte, die
jene Jahrzehnte beherrschen; die erste Hälfte des vorigen Jahrhunderts wird im Inneren von dem Konflikt zwischen den freiheitlichen
Ideen und Bewegungen des Reformzeitalters und dem Beharrungs-
druck der Restaurationsepoche bestimmt.
So steht im Mittelpunkt des Bandes von Heinrich Lutz die bürgerliche
Revolution von 1848 und deren Scheitern, wobei hier zum ersten Mal
die europäische Perspektive – auch die Freiheitskämpfe und der Sieg
der Gegenrevolution im Habsburgischen Vielvölkerstaat – in die Betrachtung der deutschen Dinge einbezogen wird.
Die Hoffnungen der Liberalen und Demokraten wurden enttäuscht,
und die Sehnsucht nach einem Nationalstaat wurde nicht in der
Paulskirche, sondern auf dem Schlachtfeld von Sedan erfüllt. In diesem Dilemma der verlorenen Revolution sieht Heinrich Lutz eine Belastung der deutschen Dinge bis in das zwanzigste Jahrhundert hinein. Das politische Ethos der Rechten und der Linken begegnete sich
seither nur mehr im ungleichen Kampf von oben und unten. Der Ma-
kel, als wirklichkeitsfremde Träumer gescheitert zu sein, hat in
Deutschland alle freiheitlichen Bewegungen der Folgezeit diskreditiert.

im
Siedler Verlag

David Abulafia
Herrscher zwischen den Kulturen
Friedrich II. von Hohenstaufen

416 Seiten, Abbildungen, Leinen

Friedrich II. von Hohenstaufen,»das Staunen der Welt«, ist über nahezu ein Jahrtausend hinweg die bezwingende Gestalt des mittelalterlichen Kaisertums geblieben. Noch immer erschreckt uns seine Grausamkeit und fasziniert uns der Reichtum seiner Persönlichkeit, in der die einen das Mittelalter in seiner Vollendung, die anderen den Anbruch der eigentlichen Moderne sehen.

Friedrich war alles in einem: von einer geradezu stupenden Gelehrsamkeit, die sich in mehr als einem halben Dutzend Sprachen vom Arabischen bis zu den klassischen Sprachen, im Französischen und Italienischen auszudrücken wußte; von erstaunlicher Genialität bei der Organisation des Staates; von einer Kühnheit in der Planung seiner Feldzüge, die ihn zu jenem Jerusalem führten, dessen Krone er sich aufsetzte. Seine Gedichte machen die Sensibilität Friedrichs noch den Zeitgenossen des 20. Jahrhunderts faßbar, und die Leidenschaft des Jägers bezeugt sich noch nach einem Jahrtausend in seinem Buch »Von der Kunst, mit Vögeln zu jagen«.

Aber seine pädagogische Grausamkeit blendete, wen er des Verrates zieh, und er führte seine Opfer mit sich, um die Welt abzuschrecken. Eine verwirrende Gestalt, halb spätantiker Herrscher, halb christlicher Kaiser, der aber in seinem triumphartigen Aufzügen orientalischen Pomp entfaltete. Die Bebilderung dieses Bandes führt die Welt vor, in der Friedrich wirkte: die Landschaften Siziliens und Apuliens, wo sein Castel del Monte noch heute als architektonisches Wunderwerk von seinem Wollen zeugt; daneben dann die hohenstaufischen Bauten in Deutschland bis zu jenem Elsaß, das er stets als »meinem Herzen am nächsten stehend« beschwor.

im
Siedler Verlag

Die Deutsche Bibliothek – CIP-Einheitsaufnahme

Sked, Alan:
Der Fall des Hauses Habsburg:
der unzeitige Tod eines Kaiserreichs/
Alan Sked.
(Aus dem Englischen von Stephen Tree)
1. Aufl. – Berlin: Siedler, 1993
Einheitssacht.: The Decline and Fall
of the Habsburg Empire 1815–1918 ‹dt.›
ISBN 3-88680-409-7

Titel der englischen Originalausgabe
»The Decline and Fall of the Habsburg Empire 1815-1918«
erschienen bei Longman Group
Burnt Mill, Harlow, Essex CM20 2JE, England

Aus dem Englischen
von Stephen Tree

© der deutschen Ausgabe
1993 by Wolf Jobst Siedler Verlag GmbH, Berlin

Der Siedler Verlag ist ein Unternehmen
der Verlagsgruppe Bertelsmann.

Vielvölkerstaat Donaumonarchie

Reichenberg

Prag

TSCHECHEN

DEUTSCHLAND

B

Linz

WIEN

Salzburg

SCHWEIZ

Bregenz

Innsbruck

DEUTSCHE

Trient

SLOWENEN

ITALIENER

Triest

KROAT

S
u

Zadar

ITALIEN